Schriftenreihe der Juristischen Fakultät
der Europa-Universität Viadrina Frankfurt (Oder)

Herausgegeben von
Professor Dr. iur. Dr. phil. Uwe Scheffler, Frankfurt (Oder)

Springer-Verlag Berlin Heidelberg GmbH

Bettina Morhard

Das deutsch-polnische Grenzgebiet als Sonderfall europäischer Regionalpolitik

Die institutionelle Ausgestaltung zur Förderung
grenzüberschreitender Kooperation
im Kontext der EU-Erweiterungsstrategien
im Zeitraum von 1989 bis 1998

Springer

Dr. Bettina Morhard
Gervinusstraße 7
D-10629 Berlin
E-mail: morhard@euv-frankfurt-o.de

ISSN 1431-7923
ISBN 978-3-540-67918-9
Die Deutsche Bibliothek – CIP-Einheitsaufnahme
Morhard, Bettina: Das deutsch-polnische Grenzgebiet als Sonderfall europäischer Regionalpolitik: die institutionelle Ausgestaltung zur Förderung grenzüberschreitender Kooperation im Kontext der EU-Erweiterungsstrategien im Zeitraum von 1989 bis 1998 / Bettina Morhard. – Berlin; Heidelberg; New York; Barcelona; Hongkong; London; Mailand; Paris; Singapur; Tokio: Springer, 2001
(Schriftenreihe der Juristischen Fakultät der Europa-Universität Viadrina Frankfurt (Oder)
ISBN 978-3-540-67918-9   ISBN 978-3-642-56926-5 (eBook)
DOI 10.1007/978-3-642-56926-5

Dieses Werk ist urheberrechtlich geschützt. Die dadurch begründeten Rechte, insbesondere die der Übersetzung, des Nachdrucks, des Vortrags, der Entnahme von Abbildungen und Tabellen, der Funksendung, der Mikroverfilmung oder der Vervielfältigung auf anderen Wegen und der Speicherung in Datenverarbeitungsanlagen, bleiben, auch bei nur auszugsweiser Verwertung, vorbehalten. Eine Vervielfältigung dieses Werkes oder von Teilen dieses Werkes ist auch im Einzelfall nur in den Grenzen der gesetzlichen Bestimmungen des Urheberrechtsgesetzes der Bundesrepublik Deutschland vom 9. September 1965 in der jeweils geltenden Fassung zulässig. Sie ist grundsätzlich vergütungspflichtig. Zuwiderhandlungen unterliegen den Strafbestimmungen des Urheberrechtsgesetzes.

© Springer-Verlag Berlin Heidelberg 2001
Ursprünglich erschienen bei Springer-Verlag Berlin Heidelberg **New York in** 2001

Die Wiedergabe von Gebrauchsnamen, Handelsnamen, Warenbezeichnungen usw. in diesem Werk berechtigt auch ohne besondere Kennzeichnung nicht zu der Annahme, daß solche Namen im Sinne der Warenzeichen- und Markenschutz-Gesetzgebung als frei zu betrachten wären und daher von jedermann benutzt werden dürften.

SPIN 10779986   64/2202-5 4 3 2 1 0 – Gedruckt auf säurefreiem Papier

Vorwort

Die vorliegende Arbeit wurde von der Europa-Universität Viadrina Frankfurt (Oder) im Sommersemester 1999 als Dissertation angenommen. Mit seinem Vorschlag, die lokale deutsch-polnische grenzüberschreitende Zusammenarbeit im Spannungsfeld der Heranführung Polens an die Europäische Union und der Neugestaltung der deutsch-polnischen Beziehungen nach dem Ende des Kalten Krieges zu untersuchen, hatte Herr Professor Dr. Hans N. Weiler, Professor für Politikwissenschaft: Vergleichende Analyse politischer Systeme, Bewegungen und Kulturen an der Kulturwissenschaftlichen Fakultät der Europa-Universität Viadrina Frankfurt (Oder), grundlegende Anregungen für diese Untersuchung gegeben. Ihm möchte ich an dieser Stelle sehr danken für die Bereitschaft zur Betreuung dieser umfangreichen Arbeit, für seine Anregungen, schließlich auch für die Erstellung des Erstgutachtens.

Mein weiterer ausdrücklicher Dank geht an Frau Professor Dr. Anna Schwarz, Professur für Vergleichende Politische Soziologie an der Kulturwissenschaftlichen Fakultät der Europa-Universität Viadrina Frankfurt (Oder), die nicht nur sofort zur Übernahme des Zweitgutachtens bereit war, sondern dieses auch in kürzester Zeit erstellte.

Dank schulde ich ferner den Praktikern aus Politik und Verwaltung, die mir in zahlreichen Interviews und Gesprächen immer hilfsbereit und geduldig wichtige Hintergrundinformationen zur Verfügung stellten. Die zahlreichen Ansprechpartner der lokalen, regionalen, nationalen und europäischen Ebene waren insofern wichtig für die vorliegende Untersuchung, als der Forschungsgegenstand aufgrund der Aktualität einer ständigen Veränderung unterworfen war.

Dank schulde ich auch dem geschäftsführenden Herausgeber, Herrn Professor Dr. Dr. Uwe Scheffler, für die Aufnahme dieser politikwissenschaftlichen Arbeit in die Schriftenreihe der juristischen Fakultät der Europa-Universität Viadrina Frankfurt (Oder).

Frankfurt (Oder), im Juni 2000 *Bettina Morhard*

Inhaltsverzeichnis

Vorwort V
Abkürzungsverzeichnis XIII

Einleitung 1

Herleitung des Themas 1
   Neue Rahmenbedingungen für gesamteuropäische Integration
   bzw. Kooperation 1
   Neue Rahmenbedingungen für grenzüberschreitende Zusammenarbeit 1
   Euroregionen: Kooperation der lokalen Akteure in der Grenzregion 2
Fragestellung 3
   Anforderungen für Erforschung politisch-grenzüberschreitender
   Zusammenarbeit an das Forschungsprofil von Theorien 7
Theoretische Überlegungen 8
   Funktionalismus (David Mitrany) 9
   Neofunktionalismus (Ernst Haas) 10
   Intergouvernementalismus (Stanley Hoffmann),
   Regime- und Interdependenzforschung 11
   Ansätze der Interdependenz- und Regimetheorie 12
   Theorie der Verhandlungssysteme (Fritz Scharpf) 14
   Die Rolle der lokalen und regionalen Akteure im EG-System 15
Gliederung und Inhalt der vorliegenden Arbeit 16
   Teil 1 17
   Teil 2 17
   Teil 3 18
Anmerkungen zum methodischen Vorgehen 19
Begründung der zeitlichen Eingrenzung des Untersuchungszeitraumes 20
Begründung der begrifflichen und geographischen Eingrenzung
der deutsch-polnischen Grenzregion 21
Anmerkungen zum Forschungsstand 23

Kapitel 1   **Die "neue Geschäftsgrundlage" der europäischen Union:
            neue Heranführungsstrategien der EU für die MOE-
            Staaten** 29

1.1.   Erster Heranführungsschritt: Völkerrechtlich verbindliche
           bilaterale Europaabkommen (seit Ende 1991) 34
1.1.1.   Erste Folgeeinschätzung der Europa-Abkommen für die Frage
           einer Osterweiterung 36

1.1.2.	Das PHARE-Programm	38
1.2.	Zweiter Heranführungsschritt: Es soll eine Osterweiterung geben	38
1.3.	Dritter Heranführungsschritt: Die "Heranführungsstrategie" entsteht	41
1.4.	Vierter Heranführungsschritt: Das "Weißbuch" der Europäischen Kommission und der Amsterdamer Vertrag	43
1.4.1.	Das "Weißbuch" formuliert eine konkrete Heranführungsstrategie	43
1.4.2.	Die Regierungskonferenz 1996 - 1997 und der Amsterdamer Vertrag	44
1.4.2.1.	Erste Folgeeinschätzung des Amsterdamer Vertrags für die "Osterweiterungsfähigkeit" der EU	45
1.4.2.2.	Die "institutionellen Fragen"	45
1.4.2.3.	Der Amsterdamer Vertrag aus Sicht der Länder und Regionen	49
1.4.3.	Eine vorläufige Zwischenbilanz aus Sicht der MOE-Staaten: von Kopenhagen nach Amsterdam	51
1.4.3.1.	Von der Europa-Euphorie zur Europa-Ernüchterung: Der Wille zur Vollintegration bleibt konstant	51
1.4.3.2.	Unterschiedliche Heranführungsstrategien bei EU- und MOE-Staaten und Defizite bei der Bestimmung der nationalen Beitrittsinteressen der Kandidaten	53
1.4.3.3.	Das EU-Konzept der transnationalen Kooperation der Beitrittskandidaten findet keine Resonanz bei den MOE-Staaten	55
1.4.3.4	Die politische Erfolgsgeschichte der Heranführungsstrategie durch strategische Politikkonzepte und Vermittlung konkurrierender Prioritäten	56
1.5.	Fünfter Heranführungsschritt: "AGENDA 2000"	56
1.5.1.	Die neue "intensivierte Heranführungsstrategie" für alle 10 Bewerberländer	57
1.5.1.1.	Erste Folgeeinschätzung der "intensivierten Heranführungsstrategie"	59
1.5.2.	Einzelprüfung der Beitrittskandidaten nach Beitrittskriterien der Europäischen Kommission	60
1.5.2.1.	Resümee zu der Beitrittsfähigkeit der MOE-Staaten nach den genannten Beitrittskriterien	61
1.5.3.	Auswirkung der Osterweiterung auf Finanzplanung und ausgewählte Politikfelder der Europäischen Union	62
1.5.3.1.	Vorschläge der Agenda 2000 zur notwendigen GAP-Reform	63
1.5.3.2.	Vorschläge der Agenda 2000 zur Reform der Regional- und Strukturpolitik	64
1.5.3.3.	Anpassung der Institutionen an die Erfordernisse einer Gemeinschaft mit mehr als 20 Mitgliedern	66

1.6.	Sechster Heranführungsschritt: Beitritt der MOE-Staaten: Beitrittszeitplan in Abhängigkeit vom Grad der Übernahme des Acquis communautaires	67
1.7.	Vorläufiges Fazit zur Erweiterungsfähigkeit der EU: "Agenda 2000" versus divergierende Interessen der Mitgliedstaaten	69
1.7.1.	Wirtschaftliche Nettovorteile/-nachteile für die EU-15	69
1.7.2.	Wirtschaftliche Nettovorteile/-nachteile für die beitrittswilligen MOE-Staaten	71
1.7.3.	Sonderproblem: Reform der GAP	72
1.7.4.	Kernprobleme der Osterweiterung für Mittel- und Osteuropa und die EU-15	73
1.7.5.	Vitales sicherheitspolitisches Interesse der EU-15	75
1.7.6.	Osterweiterung als Herausforderung für die EU, die Mitgliedstaaten und die europäischen Regionen	76

Kapitel 2	**Aktuelle Gestaltung der nachbarschaftlichen, nationalen außenpolitisch-institutionellen Beziehungen Deutschlands und Polens nach der politischen Wende und ihre Bedeutung für die grenzüberschreitende Zusammenarbeit in der deutsch-polnischen Grenzregion**	**81**
2.1.	"Vertrag zwischen der Bundesrepublik Deutschland und der Republik Polen über die Bestätigung der zwischen ihnen bestehenden Grenze" ("Grenzvertrag" vom 14.11.1990)	82
2.1.1.	Politisch-institutionelle Voraussetzung für das Zustandekommen des Grenzvertrages	82
2.1.2.	Der Grenzvertrag als Wendepunkt in den deutsch-polnischen Beziehungen	85
2.1.2.1.	Grundsätzliche politische Erfahrungen und Probleme des Grenzvertrages	87
2.2.	"Vertrag zwischen der Bundesrepublik Deutschland und der Republik Polen über gute Nachbarschaft und freundschaftliche Zusammenarbeit" ("Nachbarschaftsvertrag" vom 17.6.1991)	90
2.2.1.	Zentrale Absprachen zur Minderheitenproblematik	91
2.2.2.	Deutsche Fürsprecherrolle bei Polens Westintegration	92
2.2.3.	Grundlagen und Probleme der grenzüberschreitenden Zusammenarbeit (Art. 12 bis 19 des Nachbarschaftsvertrages)	94
2.2.4.	Anknüpfung des Nachbarschaftsvertrages an die Konventionen des Europarates zu grenzüberschreitender Zusammenarbeit und kommunaler Selbstverwaltung	95
	a) "Europäische Rahmenabkommen über die grenzüberschreitende Zusammenarbeit zwischen Gebietskörperschaften" vom 21.5.1980	98

	b) "Europäische Charta der kommunalen Selbstverwaltung" vom 15.10.1985 103
2.2.5.	Der Notenwechsel über die Einrichtung der "Deutsch-Polnischen Regierungskommission für regionale und grenzüberschreitende Zusammenarbeit" (in Anknüpfung an den Nachbarschaftsvertrag) . 105
2.2.6.	Bildung einer "Deutsch-Polnischen Raumordnungskommission" (am 2.7.1992) in Ausfüllung des Nachbarschaftsvertrages 112
2.2.6.1.	Das "Raumordnerische Leitbild für den Raum entlang der deutsch-polnischen Grenze" (Mai 1995) 114
2.2.6.2.	Die Einrichtung der "Deutsch-Polnischen Wirtschaftsförderungsgesellschaft AG" (WFG, 1994) 118
2.2.7.	Bildung des "Deutsch-Polnischen Umweltrates" (17.6.1991) in Ausfüllung des Nachbarschaftsvertrages 122
2.2.8.	Grundsätzliche politische Erfahrungen und Probleme des Nachbarschaftsvertrages 127
2.3.	Interessenabgleich deutsch-polnischer Diplomatie am Beispiel des "Weimarer Dreiecks" 132
2.4.	Bestandsaufnahme der "Dezentralisierung" in Polen und Deutschland und Auswirkungen auf die grenzüberschreitende Zusammenarbeit 135
2.4.1.	Dezentralisierung in Polen: Systemwandel durch Evolution 135
2.4.2.	Dezentralisierung in der Deutschen Demokratischen Republik: Systemwandel durch Integration 141
2.4.3.	Systemwandel und Dezentralisierung als Voraussetzung für lokale, grenzüberschreitende deutsch-polnische Zusammenarbeit .. 143
	a) Rechtliche Rahmenbedingungen für grenzüberschreitende Kooperation für die deutsch-polnischen Grenzkommunen 143
	b) Finanziell-wirtschaftliche Rahmenbedingungen für grenzüberschreitende Zusammenarbeit der deutsch-polnischen Grenzkommunen 145
	c) Politische und politisch-konzeptionelle Rahmenbedingungen für grenzüberschreitende Kooperation der deutsch-polnischen Grenzkommunen 146
Kapitel 3	**Neue Geschäftsgrundlage für lokale grenzüberschreitende Zusammenarbeit in der deutsch-polnischen Grenzregion: Euroregionengründungen nach der politischen Wende** 149
3.1.	Besonderheit von grenzüberschreitender Zusammenarbeit im Rahmen von "Euroregionen" an EU-MOE-Grenzen im Vergleich zu EU-Binnengrenzen 149
3.1.1.	Besondere Probleme bei der Bildung von Euroregionen an der deutsch-polnischen Grenze 149

3.1.2.	Hermetische Abschottung der Grenzen am "Eisernen Vorhang" und zwischen den "sozialistischen Bruderländern" an der Oder-Neiße-Grenze	154
3.1.3.	Westeuropäische Grenzraumpolitik: politisch-institutionelle Vernetzung auf regional-lokaler Ebene und finanzielle Unterstützung für projektbezogene Kooperation	159
3.2.	Deutsch-polnische Euroregionen am Beispiel der "Pro Europa Viadrina"	164
3.3.	Grenzüberschreitende Zusammenarbeit in der deutsch-polnischen Grenzregion im Rahmen der Gemeinschaftsinitiative (GI) INTERREG II und der Aktion PHARE-CBC	171
3.3.1.	Die EU-Regional- und -Strukturpolitik: die GIs und INTERREG II	171
3.3.1.1.	Die Gemeinschaftsinitiativen der Europäischen Kommission (1994 - 1999)	172
3.3.1.1.1.	Die Operationellen Programme	173
3.3.1.1.2.	Die Gemeinschaftsinitiative INTERREG II (am Beispiel des Landes Brandenburg)	174
3.3.2.	Die EU-MOE-Politik: das PHARE-Programm und PHARE-CBC	182
3.3.2.1.	Das EU-Hilfsprogramm PHARE für die MOE-Staaten	182
3.3.2.2.	Das PHARE-Sonderprogramm 1994-1999 PHARE-CBC	186
3.3.3.	Koordination der grenzüberschreitenden Zusammenarbeit im Rahmen der EU-Gemeinschaftsinitiative und der EU-Aktion PHARE-CBC	190
3.3.3.1.	Antragstellung und Durchführung der Projekte bei GI INTERREG II	190
3.3.3.2.	Antragstellung und Durchführung der Projekte bei PHARE-CBC	195
3.3.3.3.	Koordination von Aktivitäten im Rahmen des PHARE-CBC- und INTERREG-II-Programms durch den JPMC-Ausschuss	199
3.3.3.4.	Die Probleme mit der mangelnden Komplementarität der Förderinstrumente INTERREG II und PHARE-CBC	202
3.3.3.5.	Fallbeispiel für Projektantragstellung und Umsetzung im Rahmen von INTERREG II und PHARE-CBC in der deutsch-polnischen Grenzregion	206
3.3.3.5.1.	"Wissenschaft an der Grenze" am Beispiel Europa-Universität Viadrina Frankfurt (Oder) im Land Brandenburg und Collegium Polonicum (Słubice/PL)	210
3.3.3.5.2.	"Bildung an der Grenze" am Beispiel der Schulprojekte im Land Brandenburg	214
3.3.3.5.3.	Vorläufiges Fazit (Fallbeispiele)	219
Kapitel 4	**Fazit**	223
Summary		239

Abbildungsverzeichnis 249

Literaturverzeichnis 251

Abkürzungsverzeichnis

a.a.O.	am angegebenen Ort
Abs.	Absatz
Abl.	Amtsblatt (der EG)
ACE	Action for Cooperation in the field of Economics (ACE Quarterly - PHARE)
AdR	Ausschuss der Regionen
a.E.	am Ende
AFG	Arbeitsförderungsgesetz
AGEG	Arbeitsgemeinschaft europäischer Grenzregionen
ARGE ALP	Arbeitsgemeinschaft Alpenländer
Art.	Artikel
BB	Bundesland Brandenburg
BdV	Bund deutscher Vertriebener
BK	Bundeskanzler
BIP	Bruttoinlandsprodukt
Bln.	Berlin
BMA	Bundesministerium für Arbeit und Sozialordnung
BML	Bundesministerium für Ernährung, Landwirtschaft und Forsten
BMWI	Bundesministerium für Wirtschaft
BSP	Bruttosozialprodukt
CIMAB	Communauté d'intérêts Moyenne-Alsace-Breisgau
COMECON	Rat für gegenseitige Wirtschaftshilfe (Council for Mutual Economic Assistance (siehe auch: RGW)
DDR	Deutsche Demokratische Republik
DIHT	Deutscher Industrie- und Handelstag
EA	Europa-Abkommen (seit 1994)
EAGFL	Europäischer Ausrichtungs- und Garantiefonds für die Landwirtschaft
EBRD	European Bank for Reconstruction and Development
EBWE	Europäische Bank für Wiederaufbau und Entwicklung
ECU	European Currency Unit (Europäische Währungseinheit)
EEA	Einheitliche Europäische Akte
EFRE	Europäischer Fonds für regionale Entwicklung
EFTA	European Free Trade Association
EG	Europäische Gemeinschaft (Gemeinschaften) bis 30.10.1993
EGV	Vertrag zur Gründung der Europäischen Gemeinschaft (EG) in der Fassung vom 7. Februar 1992
EGKS	Europäische Gemeinschaft für Kohle und Stahl
EGMR	Europäischer Gerichtshof für Menschenrechte (Europarat)

EIB	Europäische Investitionsbank
EP	Europäisches Parlament
ERH	Europäischer Rechnungshof
ESF	Europäischer Sozialfonds
EU	Europäische Union (ab 1.11.1993)
EU-15	15 Mitgliedsländer der Europäischen Union (Stand: 1999)
EuGH	Europäischer Gerichtshof
EUREK	Europäisches Raumentwicklungskonzept (Entwurf von 1995)
EuRH	Europäischer Rechnungshof
Euro	Namensbezeichnung für die einheitliche europäische Währung
EUV	Vertrag über die Europäische Union (EU) vom 7. Februar 1992
EWG	Vertrag zur Gründung der Europäischen Wirtschaftsgemeinschaft vom 25.März 1957
EWGV	Vertrag zur Gründung der Europäischen Wirtschaftsgemeinschaft
EWI	Europäisches Währungsinstitut
EWR	Europäischer Wirtschaftsraum
EWS	Europäisches Währungssystem
EWWU	Europäische Wirtschafts- und Währungsunion (WWU)
EZB	Europäische Zentralbank
f, ff	folgende, fortfolgende
FAZ	Frankfurter Allgemeine Zeitung
FIAF	Einheitliches Finanzinstrument für die Fischerei
Fn.	Fußnote
GA	Gemeinschaftsaufgabe zur Förderung der regionalen Wirtschaftsstruktur
GAP	Gemeinsame Agrarpolitik
GASP	Gemeinsame Außen- und Sicherheitspolitik
GATT	General Agreement on Tariffs and Trade
GD	Generaldirektion
GG	Grundgesetz der Bundesrepublik Deutschland
GI	Gemeinschaftsinitiative
GO	Geschäftsordnung
GUS	Gemeinschaft unabhängiger Staaten
Hrsg.	Herausgeber
IHK	Industrie- und Handelskammer
INTERREG	Gemeinschaftsinitiative für Grenzgebiete
IWF	Internationaler Währungsfonds
Jg.	Jahrgang
JOPP	Joint-venture-PHARE-Programm
KMU	Kleine und mittlere Unternehmen
KOM	Kommission der Europäischen Gemeinschaften
KSZE	Konferenz für Sicherheit und Zusammenarbeit in Europa
LACE	Linkage Assistance and Cooperation for the European Border Regions
MdEP	Mitglied des Europäischen Parlaments
Mio.	Millionen
MOE	Mittel- und Osteuropa

MOEL	Mittel- und Osteuropäische Länder
Mrd.	Milliarden
MV	Land Mecklenburg-Vorpommern
m.w.N.	mit weiteren Nachweisen
NATO	North Atlantic Treaty Organization
NBL	Neue Bundesländer der Bundesrepublik Deutschland
NUS	die Neuen Unabhängigen Staaten (seit 1993)
OECD	Organisation for economic co-operation and development
p.a.	pro anno
PHARE	Hilfsprogramme zur Umgestaltung der Wirtschaft in Mittel- und Osteuropa (Poland-Hungary Aid for the Reconstruction of the Economy, Programm PHARE)
RGRE	Rat der Gemeinden und Regionen Europas
PHOS	PHARE Operational Service; Operationeller Dienst PHARE
PIU	Project Implementation Unit
PMU	Project Management Unit
SA	Bundesland Sachsen
SchDÜk	Schengener Durchführungsabkommen
s.	siehe
SU	Sowjetunion
SWZ	Sonderwirtschaftszone (in Polen, seit 10/1994)
TACIS	Technical Assistance for the Commonwealth of Independent States (Programm TACIS)
TAIEX	Technical Assistance Information Exchange (Büro Brüssel)
UdSSR	Union der Sozialistischen Sowjetrepubliken (bis Ende 1991)
UNO	United Nations Organization
VO	Verordnung
VRE	Versammlung der Regionen Europas
WFG	Deutsch-Polnische Wirtschaftsförderungsgesellschaft (seit 1994)
WSA	Wirtschafts- und Sozialausschuss der EG/EU
WWU	Wirtschafts- und Währungsunion
zit.	zitiert (nach)

Einleitung

Herleitung des Themas

Untersucht werden soll die Rolle der politisch-institutionellen grenzüberschreitenden lokalen Zusammenarbeit in der deutsch-polnischen Grenzregion, im Rahmen einerseits der integrativen Tendenzen der Europäischen Union sowie andererseits der sich normalisierenden deutsch-polnischen Nachbarschaftsbeziehungen, in einem gesamteuropäischen Entwicklungszusammenhang.

Neue Rahmenbedingungen für gesamteuropäische Integration bzw. Kooperation

Nach dem Ende des Kalten Krieges hat sich der internationale Kontext für Außen- und Sicherheitspolitik grundlegend verändert und somit auch der Kontext für regionale Integration. Dabei spielen die Beziehungen der EU zu den Staaten Mittel- und Osteuropas (und den GUS-Republiken) eine zentrale Rolle bei der Neuordnung Europas.

Demnach hat das Ende des Kalten Krieges eine Debatte über die Neuorientierung des europäischen Kontinents ausgelöst. Der geopolitische Schwerpunkt ist nach Osten gewandert. Durch das Verschwinden des Comecon und des Warschauer Paktes liegt allerdings der institutionelle Schwerpunkt weiterhin im Westen (EU/NATO). Mittel- und Osteuropa sind der Knotenpunkt dieser widersprüchlichen Tendenzen. Die Gestaltung der Beziehungen von EU zu MOE-Staaten in einem größeren europäischen Kontext wird eine der zentralen Fragen für die Zukunft sein. Dabei ist die Debatte um die sogenannte Osterweiterung der EU Teil der Gesamtdebatte um die Vertiefung und Erweiterung der Europäischen Union.

Neue Rahmenbedingungen für grenzüberschreitende Zusammenarbeit

Die Veränderung der Geopolitik nach dem Ende des Kalten Krieges hat jedoch nicht nur die Beziehungen der Staaten beeinflusst, sondern auch die Lage und Situation der Regionen in Europa, vor allem im Verhältnis zum Zentrum der EU und zum Zentrum Europas, verändert. Dadurch geraten die Regionen in West- und Südwesteuropa weiter an die Peripherie, wohingegen die Zentrumsnähe mittel- und osteuropäischer Regionen erheblich wächst.

Einleitung

Durch den Wegfall des "Eisernen Vorhangs" haben sich insbesondere neue Möglichkeiten nachbarschaftlicher, lokaler, grenzüberschreitender Kooperation zu den MOE-Staaten an der Außengrenze der EU ergeben. Der weltweite Entspannungsprozess, in Verbindung mit den friedlichen Revolutionen in den MOE-Staaten und der Deutschen Demokratischen Republik (DDR), hat durch die deutsche Einigung zu einem Wegfall der Grenze Bundesrepublik Deutschland - Deutsche Demokratische Republik geführt und eine Öffnung der deutschen Grenze zu den östlichen Nachbarn ermöglicht.[1] Nach der Wiedervereinigung Deutschlands am 3. Oktober 1990 bekam Deutschland im Osten eine gemeinsame Grenze mit Polen. Die Oder-Neiße-Grenze wurde im Grenzvertrag vom 14.11.1990 von der Republik Polen und der Bundesrepublik Deutschland als unverletzliche Staatsgrenze festgeschrieben.[2] Gleichzeitig ist sie die Außengrenze der Europäischen Union.

Durch die geschilderten veränderten Ordnungsstrukturen und Beziehungsmuster der (gesamt)europäischen Politik ist der Aufbau grenzüberschreitender Zusammenarbeit in der deutsch-polnischen Grenzregion erst möglich geworden. Die Festschreibung der deutsch-polnischen Grenze als unverletzliche Staatsgrenze stellte die Voraussetzung für die "Überwindung" dieser Grenze dar. Im Artikel 10 des deutsch-polnischen Nachbarschaftsvertrages vom 17.6.1991 wird dabei ausdrücklich auf die Bedeutung von partnerschaftlicher Zusammenarbeit von Regionen, Städten und Gemeinden in Deutschland und Polen hingewiesen.

Euroregionen: Kooperation der lokalen Akteure in der Grenzregion

Bei der deutsch-polnischen, grenzüberschreitenden Zusammenarbeit haben sich seit 1992 über den gesamten Grenzverlauf zwischen der Republik Polen und der Bundesrepublik Deutschland sogenannte Euroregionen gegründet: die Pomerania, die Pro-Europa-Viadrina, die Spree-Neiße-Bober und die (trinationale) Neiße-Nisa-Nysa. Diese Euroregionen haben keine eigene Rechtspersönlichkeit. Sie leiten ihre Rechtsfähigkeit nur aus den geschlossenen Verträgen ab, auf deren Basis die Euroregionen beiderseits der Grenze gegründet worden sind. Dabei schließen sich auf deutscher Seite Kreise, Gemeinden und Städte nach dem deutschen Vereinsrecht zusammen. Auf polnischer Seite haben sich die polnischen Kommunen nach dem polnischen Gesetz über Kommunalverbände zu Gemeindeverbänden zusammengeschlossen.

Als konkrete Herausforderung für die lokalen Akteure in der deutsch-polnischen Grenzregion kristallisiert sich die Nutzung der Ressource Kooperation[3]

---

[1] Die neue Visa-Regelung, die am 8.4.1991 in Kraft trat, bedeutete einen visafreien Zugang für u.a. polnische Bürger in die Bundesrepublik Deutschland und auch in die anderen Partnerländer des Abkommens von Schengen.
[2] Wladyslaw Czaplinski: Die neuen polnisch-deutschen Verträge und der Wandel in der politischen Struktur Europas. In: Wulf Schade (Hrsg.): Die Mühen der Ebene - Ein Jahr nach den Verträgen. 4. Deutsch-Polnisches Gespräch - Düsseldorf, 1993, S. 21-31.
[3] Zur Definition des Begriffs "Kooperation" in Abgrenzung zum Begriff der "Integration", vgl. Kapitel Anforderung für Erforschung politisch-grenzüberschreitender Zusammenarbeit an Forschungsprofil von Theorien.

heraus. Ausgehend von der Vernetzung lokaler Akteure im deutschen und polnischen Teil der Grenzregion (politisch-institutionell in Form von Euroregionen) kann konzeptionell und zielorientiert eine eigene Entwicklungsperspektive für die deutsch-polnische Grenzregion definiert werden. Darüber hinaus heißt die Herausforderung für die Grenzgemeinden "Maßstabsvergrößerung des kommunalen Handelns": Aufgrund der "Maßstabsvergrößerung von Entscheidungsfeldern"[4] im Rahmen der nationalstaatlichen Kooperation bzw. (gesamt)europäischen Integration wächst die Notwendigkeit der Grenzgemeinden, ihr Selbstführungspotential zu entwickeln, mittelfristige Handlungsorientierungen zu definieren und offensiv die Mitwirkung der anderen Akteure (Region, Staat, EU) einzufordern. Außerdem müssen die Grenzgemeinden und Teilregionen der deutsch-polnischen Grenzregion auch auf der übernationalen und europäischen Ebene mehr Präsenz zeigen, um an den dort getroffenen Entscheidungen über Rahmenvorgaben mitzuwirken.

Fragestellung

Am Fallbeispiel der deutsch-polnischen Grenzregion[5] soll untersucht werden, wie sich konkret die grenzüberschreitende Kooperation im Kontext der europäischen Integration, im Spannungsfeld lokaler, regionaler, nationaler und europäischer Politik darstellt. Trotz der peripheren Lage spielt die nationale deutsch-polnische Grenze eine wichtige Rolle als Brücke zwischen Deutschen und Polen; gleichzeitig kommt ihr als EU-Außengrenze eine wichtige Brückenfunktion zwischen der EU im Westen und den neuen parlamentarischen Demokratien im Osten zu, die mittelfristig EU-Mitglieder werden.

Lokale Politik in der deutsch-polnischen Grenzregion stellt sich in zweifacher Weise dar: einmal als "kleine Außenpolitik" der lokalen Akteure in der deutsch-polnischen Grenzregion selbst, aber auch in bezug auf Koordinationsprozesse mit regionalen, nationalen und europäischen Akteuren. Diese Kooperation wird in Zukunft immer wichtiger, lässt sich aber immer weniger nur noch aus der Perspektive der kommunalen Akteure gestalten. Der Handlungsspielraum der lokalen Akteure in der deutsch-polnischen Grenzregion wird maßgeblich durch regionale, nationale, europäische und gesamteuropäische Rahmenbedingungen geprägt, auf die die lokalen Akteure nur sehr bedingt Einfluss nehmen können:

Die Qualität und die Intensität der kommunalen/euroregionalen, grenzüberschreitenden Zusammenarbeit in der deutsch-polnischen Grenzregion werden unmittelbar von den nationalen und supranationalen Rahmenbedingungen beeinflusst:

---

[4] Dietrich Fürst: Regionen in Europa - Herausforderung für die kommunale Zusammenarbeit. In: Beate Kohler-Koch (Hrsg.): Staat und Demokratie in Europa - Opladen, 1992, S. 313-323.

[5] Zur begrifflichen Definition von Grenzregion/Euroregion, vgl. Kapitel Begründung der begrifflichen und geographischen Eingrenzung der deutsch-polnischen Grenzregion.

- Der euroregionale Handlungsspielraum wird auf nationaler Ebene durch das Aufeinandertreffen unterschiedlicher nationaler Systeme und Strukturen, wie Rechtssysteme, Verwaltungsstrukturen, Wirtschaftsformen, Normen, Finanzsysteme und Kulturkreise, beeinträchtigt. Hier müssen Euroregionen mit neuen Formen der Kooperation und Verständigung experimentieren, die zwischenstaatliche Asymmetrie überwinden können, ohne die Souveränität der betroffenen Nationalstaaten zu verletzen. Die Persistenz nationalstaatlicher Strukturen bleibt für die grenzüberschreitenden Beziehungen ein Faktor von strategischer Bedeutung. Untersucht werden soll insbesondere für den deutsch-polnischen Grenzraum, wie für die Institutionalisierung lokaler, grenzüberschreitender Euroregionen von den zuständigen regionalen und nationalen Akteuren dafür eine solide politisch-rechtliche Basis geschaffen werden kann.

- Der euroregionale Handlungsspielraum wird auf europäischer Ebene durch das übergeordnete Ziel der zwischenstaatlichen Integration bestimmt. Aus Sicht der Europäischen Kommission werden Grenzgebiete als Regionen an den Binnen- und Außengrenzen der Gemeinschaft als "spezifische Räume"[6] definiert. Das Spezifische der Grenzregionen aus Sicht der EU-Kommission ist deren Betroffenheit durch die europäische Integration - aufgrund der abnehmenden Bedeutung der Binnengrenzen und ihrer Randlage an den Grenzen zu Drittländern. Die EU hat die Euroregionen-Gründungswelle an der deutsch-polnischen Grenzregion durch entsprechende EU-Grenzlandförderungsprogramme[7] begünstigt. Ostdeutsche und polnische Kommunen verfügen so einerseits über zusätzliche und nicht unerhebliche Investitionsmittel, aber andererseits nimmt - durch die inhaltlich-rechtlichen Auflagen der Förderprogramme - auch der Einfluss der EU auf die Formen und Inhalte administrativer, euroregionaler Zusammenarbeit an der EU-Außengrenze zu. Inwieweit lokale Akteure an Handlungsspielraum für grenzüberschreitende Zusammenarbeit gegenüber dem nationalstaatlichen Akteur durch die EU-Grenzraumförderung und ihre Abstimmungsprozesse auf lokal-regional-national-europäischer Ebene gewinnen, muss im einzelnen untersucht werden. Zu analysieren bleibt auch, wie sich die Noch-nicht-Mitgliedschaft Polens in der EU auf die EU-Grenzraumförderung und die euroregionale Zusammenarbeit auswirkt.

Schließlich hängen die Qualität und die Intensität der euroregionalen, grenzüberschreitenden Zusammenarbeit in der deutsch polnischen Grenzregion auch von der eigentlichen lokalen grenzüberschreitenden Kooperation und Initiative der lokalen Akteure selbst ab:

---

[6] Europäische Kommission: Europa 2000 - Luxemburg, 1991, S. 20.
[7] Auf die EU-Grenzlandförderung soll insbesondere im dritten Kapitel der vorliegenden Arbeit eingegangen werden. Gemeint sind spezielle Förderinstrumentarien der EU (INTERREG II-PHARE-CBC) zur Unterstützung der grenzüberschreitenden Zusammenarbeit.

Der euroregionale Handlungsspielraum wird auf lokaler Ebene durch mangelnde historische und soziokulturelle Gemeinsamkeiten, ein starkes Wohlstandsgefälle[8] und andere schroffe strukturelle Unterschiede in der deutsch-polnischen Grenzregion eingeschränkt. Das Euroregionen-Konzept, das an westeuropäische Vorläufer anknüpft, muss in der deutsch-polnischen Grenzregion lokal Partner vernetzen, die von extrem unterschiedlichen Ausgangsvoraussetzungen und Interessen ausgehen, was die Formulierung gemeinsamer wirtschaftlich-politischer Entwicklungskonzepte für die deutsch-polnische Euroregion zusätzlich erschwert. Gleichzeitig stellen diese extremen Ungleichgewichte auch eine Chance für die Euroregionen dar: Basierend auf der Erkenntnis gegenseitiger Abhängigkeit und der Unteilbarkeit der natürlichen Umwelt könnte sich in der deutsch-polnischen Grenzregion ein Leitbild einer modifizierten Euroregionenpolitik mit veränderten Entwicklungsstrategien an der EU-Außengrenze herausbilden.

Ausgehend von diesen Überlegungen steht im Mittelpunkt der Arbeit die Frage, inwieweit sich in der grenzüberschreitenden Zusammenarbeit in der deutsch-polnischen Grenzregion Grundlagen für die Kooperation von lokalen Akteuren im europäischen Mehrebenensystem ausmachen lassen. Die Handlungsspielräume für die politisch-institutionelle grenzüberschreitende Zusammenarbeit sollen nicht nur horizontal (Euroregion), sondern auch vertikal (Spannungsverhältnis von Grenzregion - Nation - Europäische Union) untersucht werden.

Die politikwissenschaftliche Untersuchung der komplexen politisch-institutionellen Verflechtungsstrukturen der beteiligten Akteure (der lokalen, regionalen, nationalen und europäischen Ebene) bei der grenzüberschreitenden Zusammenarbeit erfordert ein angemessenes Analyseinstrument. In der vorliegenden Arbeit wird auf die Policy-Netzwerkanalyse[9] zurückgegriffen. Der Policy-Netzwerkansatz in der Politikwissenschaft ist in bezug auf die Analyse von Politikfeldern auf der nationalen Ebene entwickelt worden; erst in jüngster Zeit wurden Anstrengungen unternommen, den Policy-Netzwerkansatz mit Politikgestaltungsprozessen in der EU zu verbinden.[10] Die Attraktivität des Netzwerkansatzes beruht, so Kohler-

---

[8] Krätke betont, dass es zwar ein Wohlstandsgefälle gäbe, aber dass "the gap between the Voivodship Gorzów and the East Brandenburg region is considerably smaller than the difference in economic strength between East Brandenburg and Berlin or between East Brandenburg and West Germany (...). Measured by differences in regional economic strength, the 'border of affluence' lies between West and East Germany rather than between East Brandenburg and western Poland." In: Stefan Krätke: Regional Integration or Fragmentation? The German-Polish Border Region in a New Europe, Vortragsmanuskript, September 1997, S.7.

[9] Vgl. Frans van Waarden: Dimensions and Types of Policy Networks. In: European Journal of Political Research, 21/1992, S. 131-162 und Policy-Analyse. Kritik und Neuorientierung/Hrsg. Adrienne Héritier - Opladen, 1993.

[10] Policy-Netzwerkanalyse der europäischen Regionalpolitik in verschiedenen EU-Mitgliedstaaten, vgl. Beate Kohler-Koch: Regionen als Handlungseinheiten in der europäischen Politik. In: Welttrends Nr. 11 (Juni 1996), S. 7-35.

Koch "auf der Plausibilität seiner Grundannahmen, wonach die politische Steuerung ausdifferenzierter und hoch komplexer Gesellschaftssysteme nur noch über Verhandlungsprozesse möglich ist und deren Organisation zu flexiblen, aber auch über beschränkte Zeitperioden doch recht stabilen Interaktionsstrukturen führt. Eine realitätsgerechte Politikanalyse legt es folglich nahe, die Konfiguration solcher Politiknetze und die sich in ihnen vollziehenden Willensbildungsprozesse unter die Lupe zu nehmen."[11] Die Tatsache, dass politisch-administrative subnationale Akteure (Kommunen, Regionen, territoriale Verbandsorganisationen) auf europäischer Ebene nach formeller und informeller Teilhabe am europäischen Entscheidungsprozeß streben, hat die Entstehung europäischer Vernetzung regionaler Akteure zu einem bevorzugten Untersuchungsgegenstand werden lassen.[12] Kohler-Koch erscheint die "Rekonstruktion der tatsächlichen Vernetzungen [der subnationalen Akteure auf europäischer Ebene] und der sich in ihnen vollziehenden Tauschprozesse sehr viel aussagekräftiger, als die Beschränkung auf die formalen Prozesse europäischer Entscheidungsfindung."[13]

Der vorliegenden Untersuchung liegt eine eher politikwissenschaftliche Betrachtung von Policy-Netzwerken zugrunde, die die Vorstellung von *Netzwerken zur Politiksteuerung* (zur Politikformulierung und -implementation) in den Vordergrund stellt.[14] Der Policy-Netzwerkansatz ermöglicht es, die einzelnen politischen - sowohl vertikal als auch horizontal differenzierten - Ebenen zunächst zu trennen und dann in der Analyse zusammenzuführen. Anhand des Politikfeldes der grenzüberschreitenden Beziehungen werden politisch-rechtliche Handlungsspielräume der Akteure, der Grad der Institutionalisierung der Beziehungen sowie ihre verschiedenen Verhaltensregeln berücksichtigt. Insbesondere anhand des Politikfeldes der europäischen Strukturförderung (Steuerungsinstrument INTERREG II) in Verbindung mit dem Politikfeld der europäischen Außenwirtschaftsförderung (PHARE-CBC) in der deutsch-polnischen Grenzregion können Politikprozesse im Verhandlungssystem analysiert werden, da hier subnationale Einheiten (deutsche und polnische, lokale und regionale Akteure) neben den Nationalstaaten (Deutschland und Polen) Zugang zur stattfindenden, europäischen Mehrebenenpolitik finden. Der empirische Forschungsaufwand der Arbeit soll durch die Beschränkung auf dieses EU-Politikfeld eingegrenzt werden. Im Ergebnis der Arbeit kann nur eine vergleichende Darstellung der bereichsspezifischen Entscheidungssysteme auf lokaler, grenzregionaler, nationaler und EU-Ebene geboten werden. Die Analyse der Politikprozesse zwischen den lokalen Akteuren der Grenzregion, den Bundesländern und Wojewodschaften, der deutschen und der

---

[11] Beate Kohler-Koch 1996, ebd., S. 12. Vgl. auch Renate Mayntz: Policy-Netzwerke und Logik von Verhandlungssystemen. In: Policy-Analyse. Kritik und Neuorientierung/ Hrsg. Adrienne Héritier - Opladen, 1993, S. 39-75.
[12] Kohler-Koch 1996, ebd. S. 12.
[13] Kohler-Koch 1996, ebd., S. 12.
[14] Vgl. Renate Mayntz: Policy-Netzwerke und Logik von Verhandlungssystemen. In: Policy-Analyse. Kritik und Neuorientierung/Hrsg. Adrienne Héritier - Opladen, 1993, S. 43 ff.

polnischen Regierung und der EU zielt auf die Beziehungsstrukturen dieser Gebietskörperschaften im genannten Politikfeld.

Eine Evaluierung der EU-Förderinstrumentarien (z.B. hinsichtlich des volkswirtschaftlichen Nutzens in der deutsch-polnischen Grenzregion), soll und kann in der vorliegenden Arbeit nicht geleistet werden, auch wenn in der Analyse positive und negative Folgen der EU-Förderinstrumentarien deutlich werden. Auch sollen die Euroregionen nicht im einzelnen nach ihren Stärken und Schwächen untersucht werden (z.B. hinsichtlich der sozioökonomischen, demographischen, infrastrukturellen, soziokulturellen Bestimmungsfaktoren) - auch wenn diese Bestimmungsfaktoren hinsichtlich der Charakteristik der besonderen Chancen und Probleme deutsch-polnischer Euroregionen in der vorliegenden Untersuchung benannt werden und insbesondere die historischen Rahmenbedingungen als besonders prägende Faktoren (für die heutige Ausgangslage deutsch-polnischer Euroregionen im Vergleich zu westlichen Euroregionen) interpretiert werden. In der vorliegenden Untersuchung werden eher die gleichgelagerten institutionell-politischen Rahmenbedingungen deutsch-polnischer Euroregionen im europäischen Mehrebenensystem herausgearbeitet.

Anforderung für Erforschung politisch-grenzüberschreitender Zusammenarbeit an das Forschungsprofil von Theorien

Aus diesen Überlegungen heraus sind für die Erforschung politisch-institutioneller, grenzüberschreitender Zusammenarbeit im Kontext europäischer Integration und neuer Formen der Ost-West-Kooperation folgende Forderungen an das Forschungsprofil von Theorien zu stellen:

Wissenschaftlich ist zu fordern, dass die Wahl der Analyseebene sich nicht nur auf die lokale Ebene (auf die Akteure in der Grenzregion selbst) beschränken darf, sondern diese muss um die regionale, staatliche und europäische Ebene erweitert werden.

Auch bei der Wahl der Methode reicht es nicht aus, grenzüberschreitende Zusammenarbeit auf die Kooperationsbeziehung zwischen Staaten zu reduzieren. Geordnete Beziehungen zwischen Staaten lassen sich durch die Begriffe *Kooperation* und *Integration* beschreiben: Bei beiden Methoden wird das Verhältnis von Nationalstaaten im Gefolge des westeuropäischen Einigungsprozesses untersucht. Während Kooperation die Zusammenarbeit von Staaten umfasst, bei denen auf freiwilliger Basis Formen und Verfahren der Zusammenarbeit entstehen, ohne eine Veränderung der bestehenden politischen Struktur zu bewirken, beabsichtigt Integration die Zusammenarbeit von Staaten mittels der Umwandlung der bestehenden politischen Struktur. Eine politische Integration von Staaten kann demnach definiert werden als "... eine (begrenzte) Verschmelzung zwischen vorher getrennten Einheiten durch die Aktion gemeinsamer Organe mit (begrenzten) eigenen Entscheidungsbefugnissen und Kompetenzen, die den beteiligten Einheiten

(Staaten) effektiv genommen worden sind, und die Schaffung einer neuen, autonomen Rechtsordnung ... "[15]

Gerade aber die grenzüberschreitende Zusammenarbeit in der deutsch-polnischen Grenzregion findet in einem Spannungsfeld von Integration und Kooperation statt. Da aber nicht nur die Nationalstaaten oder die Europäische Union mit ihren Institutionen involviert sind, sondern auch die lokalen und regionalen Akteure in der Grenzregion, bietet sich hier an, bei der Methode Kooperation neben der Kooperation von Staaten, auch die Kooperation subnationaler Akteure im europäischen Mehrebenensystem zu berücksichtigen.[16]

Theoretische Überlegungen

Um die Rolle grenzüberschreitender Kooperation im Kontext europäischer Integration und Kooperation mit den MOE-Staaten zu verstehen, reicht die obige Darstellung der grenzüberschreitenden Zusammenarbeit im europäischen bzw. gesamteuropäischen Integrationsgeschehen nicht aus. Es bedarf zusätzlicher theoretischer Überlegungen. Entscheidend wird es dabei sein, Variablen zu ermitteln, die den Fortschritt oder die Stagnation in den einzelnen Integrationsdimensionen bestimmen.

Die Frage, was die entstandene und sich weiterentwickelnde politische Organisationsform der EU ausmacht, hat zu der Formulierung verschiedener Integrationstheorien geführt. In der vorliegenden Arbeit soll zunächst ein kurzer Überblick über die Konzepte und die Reichweite der klassischen Integrationstheorie (Funktionalismus, Neo-Funktionalismus) und der Theorie der internationalen Beziehungen (Intergouvernementalismus, Regime- und Interdependenzforschung) gegeben werden:

Integrationstheorien befassen sich mit der Erklärung des Zusammenwachsens von Nationalstaaten zu einem größeren Ganzen und des gemeinschaftlichen Vollzugs nationalstaatlicher Aufgaben auf der zwischenstaatlichen Ebene. Dabei hat sich die Integrationsforschung immer stark auf die EU konzentriert und Integrationsansätze anderer Weltregionen (z.B. EFTA = European Free Trade Association, NAFTA = North American Free Trade Area ect.) vernachlässigt. Das politische System der EU ist auch Gegenstand der *Theorien internationaler Beziehungen*, die die Bildung internationaler Organisationen und internationaler Kooperationen analysieren; diese haben das EU-System aufgrund seiner weitgehenden

---

[15] Christian Welz/Christian Engel: Traditionsbestände politikwissenschaftlicher Integrationstheorien: Die Europäische Gemeinschaft im Spannungsfeld von Integration und Kooperation. In: Armin Bogdandy (Hrsg.): Die europäische Option, Eine interdisziplinäre Analyse über Herkunft, Stand und Perspektiven der europäischen Integration - Baden-Baden, 1993, S. 136.

[16] Der Begriff "supranational" kennzeichnet die Ebene der europäischen Gemeinschaftsorgane; analog dazu meint "national" die Ebene der EU-Mitgliedstaaten und "subnational" die territorialen Einheiten unterhalb des Gesamtstaates.

Aufgabenbereiche und seiner komplexen Institutionenstruktur immer als Sonderfall behandelt. Während *prozessorientierte Theorien* (wie die Integrationstheorien) die bedeutende Handlungsebene im politischen EU-System sehen, betonen *staatszentrierte Theorien* (wie die Theorien internationaler Beziehungen), dass die Mitgliedstaaten die dominierenden Akteure darstellen.

Die Integrationstheorie des (Neo-)Funktionalismus erklärt die Dynamik des westeuropäischen Integrationsprozesses mit dem Konstrukt des Spill-over-Mechanismus, der den Domino-Effekt von Kompetenzverlagerungen der nationalen zur supranationalen Ebene bezeichnet. Die Verlangsamung des europäischen Integrationsprozesses in den 70er Jahren und Anfang der 80er Jahre bewirkte, dass der Neo-Funktionalismus kaum noch als Erklärungsansatz herangezogen worden ist.

Deshalb wurden Theorien der internationalen Beziehungen, die die Vorrangstellung der Nationalstaaten vor dem Integrationssystem betonen, zur Erklärung der Einflussgrößen des europäischen Integrationsprozesses herangezogen. Die Verabschiedung der Einheitlichen Europäischen Akte (EEA) von 1986 beendete die Stagnation des europäischen Integrationsprozesses, indem sie die Vollendung des Binnenmarktes bis zum Ende des Jahres 1992 festlegte. Neue und erweiterte Zuständigkeiten für Politikfelder wurden von den Mitgliedstaaten auf die EU übertragen und verfeinerte Entscheidungsverfahren eingeführt. Dieser Trend hat sich bei der Verabschiedung des Maastrichter Vertrages über die Europäische Union von 1992 fortgesetzt. Da die Theorien der internationalen Beziehungen die ständig wachsende Bedeutung der europäischen Institutionen für den Einigungsprozess vernachlässigen, gerieten auch die staatszentrierten Kooperationstheorien in die Kritik.

Auf der Grundlage der Kritik an den Integrationstheorien und den Theorien der Internationalen Beziehungen wird die Theorie der Verhandlungssysteme zur Erklärung der europäischen Integration eingeführt. Aus der Diskussion um die Politikverflechtung in der Bundesrepublik Deutschland, ist eine auf das europäische System übertragbare Theorie der Verhandlungssysteme entstanden.[17] Demnach besitzen in dem europäischen Mehrebenensystem die europäische, die nationale und die regionale Ebene der EU-Mitgliedstaaten eigene Funktionen und sind dennoch in ihrer Aufgabenwahrnehmung miteinander verflochten. Das Mehrebenenmodell lässt nicht nur die Veränderungen, die die europäischen Nationalstaaten seit einiger Zeit durchlaufen, sehr deutlich werden; der Mehrebenenansatz bezieht auch die subnationale Ebene mit ein und betont deren Bedeutung für die europäische Politikgestaltung.

Funktionalismus (David Mitrany)

David Mitrany legte noch während des zweiten Weltkriegs seinen funktionalistischen Friedensentwurf für eine universelle Nachkriegsordnung vor.[18]

---

[17] Vgl. Fritz W. Scharpf/Bernd Reissert/Fritz Schnabel: Politikverflechtung, Theorie und Empirie des kooperativen Föderalismus in der Bundesrepublik - Kronsberg, 1976.

[18] Vgl. David Mitrany: A Working Peace System - Chicago, 1944.

Die funktionale Zusammenarbeit von Staaten auf einem spezifischen Sektor, auf dem ihr Interesse am stärksten konvertiert, soll die Basis für ein dauerhaft Frieden sicherndes System schaffen. Dabei geht Mitrany von einer Abgrenzung einzelner funktioneller Sektoren aus. Integrationsprozesse sollen demnach durch die Zusammenarbeit in zunächst technisch-unpolitischen Bereichen vonstatten gehen. Dadurch sollen Konfliktsituationen zwischen Staaten vermieden werden. Einer technokratischen Behörde sollen die Planung und die Durchführung der technischen Kooperation obliegen, so dass die Nationalstaaten in diesen Teilbereichen Souveränität verlieren.

Mitrany bricht somit den Zusammenhang von Herrschaft und Territorium und ersetzt diesen durch Autorität und spezifische Funktion. Bei dem funktionalistischen Ansatz steht nicht der politische Wille am Anfang, sondern die graduell fortschreitende Entpolitisierung der internationalen Beziehungen durch die kontinuierliche Ausweitung technischer Kooperation auf nicht-kontroverse Sachgebiete. Mitrany postuliert die Trennbarkeit von technischen und politischen Problemen: Die funktionale Notwendigkeit, nur noch auf international-technokratischem Wege bestimmte Aufgaben bewältigen zu können, führt dann zu dem unbegrenzten Fortschreiten des einmal in Gang gesetzten Prozesses internationaler Kooperation. Diese Verknüpfung beschreibt Mitrany als "Form follows function"-Diktum.

Neofunktionalismus (Ernst Haas)

Anknüpfend an Mitrany versucht Haas[19] in seiner revidierten Funktionalismusvariante, dem *Neofunktionalismus,* die politische Motivation von staatlicher Zusammenarbeit stärker zu berücksichtigen und die Idee Mitranys von der graduellen Zusammenarbeit von Staaten weiterzuentwickeln.

Während der Altfunktionalismus auf Kooperation von Staaten in bestimmten technischen Teilbereichen abhebt, wird beim Neofunktionalismus die institutionelle Dimension des Integrationsprozesses aufgewertet: Integration wird sowohl als ein Prozess gemeinsamer politischer Entscheidungsfindung definiert als auch als Prozess der Herausbildung eines neuen politischen Systems.

Der Neofunktionalismus legt den Schwerpunkt der Analyse auf die Systemebene der EG. Politische Integration bedeutet nach Haas einen "... process whereby actors on several distinct national settings are persuaded to shift their loyalties, expectations and political activities toward a new centre, whose institutions possess or demand jurisdiction over pre-existing national states".[20] Politische Integration im Sinne der Neofunktionalisten meint demnach die Schaffung eines neuen Systems mit supranationaler Entscheidungsstruktur, zu dessen Gunsten die beteiligten Staaten unwiderruflich Hoheitsrechte transferiert haben.

---

[19] Ernst B. Haas: Beyond the Nation-State, Functionalism and International Organization - Stanford, 1964.

[20] Ernst B. Haas: The Uniting of Europe: political, social, and economic forces - Stanford, 1958, S. 16.

Das Herzstück des Neofunktionalismus ist das Konstrukt des *Spill-over*-Mechanismus, der als Erklärung für die Dynamik des westeuropäischen Integrationsprozesses dient. Haas hat hierzu das Postulat Mitranys von der Trennung von technischen und politischen Aufgaben modifiziert. Im Unterschied zu Mitrany zielt der Neofunktionalismus nicht nur auf eine Kooperation von Staaten auf bestimmten technischen Teilbereichen ab, sondern auf eine regionale politische Integration, die auf ein neues politisches System mit autonomer institutioneller Struktur hinausläuft.

Die EG-Ebene ist die bevorzugte Analyseebene des Neofunktionalismus. Auch sind die Hauptakteure in erster Linie im politischen System der EG verankert. Als Analyseraster betont der Neofunktionalismus die wichtige Rolle der Gemeinschaftsorgane und der (trans)nationalen Eliten als der wesentlichen Akteure auf der Systemebene der EG.

Neben der Betonung der institutionellen Dimension des Integrationsprozesses, der Betonung der Integration als gemeinsamer politischer Entscheidungsfindung, bringt Haas die sozialpsychologische Integration als neuen Parameter. In dem Maße, in dem das neue politische EG-System Kompetenzen erhält, findet ein Loyalitätstransfer statt, bei dem nationale Eliten (nationale Regierungen, nationale politische Eliten wie Beamte, Angehörige von Interessenvertretungen, Angehörige von Parteien) ihre Loyalität vom Nationalstaat auf die neue supranationale Gemeinschaft verlagern. Während bei Mitrany noch die Akzeptanz der breiten Bevölkerung im Mittelpunkt stand, betont Haas die Elitenakzeptanz: Die Akzeptanz nationaler Eliten ist von Bedeutung, da diese über politische Entscheidungs- und Partizipationsmöglichkeiten verfügen, die von zentraler Bedeutung für die institutionelle Dimension der Integration und somit wichtig für den Prozess der Entscheidungsfindung sind.

Der Neofunktionalismus hat den Staat als Akteur und "key player" zu stark ausgeblendet und sich statt dessen auf die nationalen und europäischen Eliten fixiert. Die Rolle der subnationalen Ebene und der Interessenverbände im Integrationsprozess findet im Neo-Funktionalismus keine Berücksichtigung, da die Regionen und Interessenvertretungen erst in den letzten Jahren eine politikgestaltende Kraft auf europäischer Ebene entwickelt haben, die in dieser Form nicht absehbar war.

Intergouvernementalismus (Stanley Hoffmann), Regime- und Interdependenzforschung

Genau an dieser Kritik an den Neofunktionalisten, den Staat als "key player" zu stark ausgeblendet zu haben, setzte Stanley Hoffmann anlässlich der EG-Krise Mitte der 60er Jahre an: Haas habe zwar die Prozessgerichtetheit der Integration erkannt, dabei aber den politischen Willen und die Entscheidungsmacht auch der staatlichen Akteure vernachlässigt.[21] Für Hoffmann sind Staaten und Regierungen

---

[21] Stanley Hoffmann: Obstinate or Obsolete: The Fate of the Nation-State and the Case of Western Europe, Daedalus, 1966.

nach dem 2. Weltkrieg die dominierenden politischen Akteure geblieben. Obwohl sie an Souveränität eingebüßt haben, da sie nicht mehr in der Lage sind, wesentliche Funktionen wie Garantie der äußeren Sicherheit und wirtschaftliche Prosperität zu erfüllen, existieren sie weiter. Die Gemeinschaft wird dabei als Handlungsrahmen verstanden, der die weitere Existenz des Nationalstaates als Grundbaustein der Organisation politischen Lebens in Westeuropa ermöglicht. Die Nationalstaaten existieren weiter, und sei es auch, weil sie nicht durch eine überstaatliche Organisation ersetzt oder überlagert worden sind.

Die treibende Kraft für die Zusammenarbeit von Staaten innerhalb des Rahmens der EG (um nicht von Integration zu sprechen) sieht Hoffmann in der "Verwundbarkeit" der Staaten. Er versucht demnach, das Verhalten der Staaten und ihrer Regierungen aus ihrer Interdependenz zu erklären.

Die Relevanz eines Transfers von Hoheitsrechten wird von Hoffmann bestritten. Er geht (wie auch die Funktionalisten) von einer Trennung von *high politics* (der Außen- und Sicherheitspolitik) und *low politics* (dem Rest) aus. Auch wenn die Regierungen in ihrer Handlungsfreiheit eingeschränkt sind, erfüllen sie weiterhin die Rolle des *gate keepers* zwischen der innenpolitischen Arena und den Gemeinschaftsorganen. Somit sind die Interessen der Staaten und Regierungen für die Formulierung *gemeinsamer*, aber nicht *gemeinschaftlicher* Regeln auf der europäischen Ebene verantwortlich.

Die Relevanz der Übertragung von Hoheitsrechten kann deshalb in Frage gestellt werden, weil angenommen wird, dass die Existenz der Gemeinschaft zur Stärkung der Mitgliedstaaten beiträgt, indem sie eine regionale, kontrollierbare Bewältigung von Turbulenz erlaubt. Dieses Argument entspricht auch dem Kern des Regimeansatzes.

Ansätze der Interdependenz- und Regimetheorie

Angesichts der offensichtlichen Dominanz internationaler Interdependenz erklärte auch Haas, als führender neofunktionalistischer Vertreter, die regionale Integrationstheorie für obsolet[22]. Nicht mehr Integration als Umwandlungsprozess regionaler Beziehungen stand im Vordergrund des Interesses, sondern die gegenwärtige konkrete Verfasstheit des europäischen Gemeinschaftssystems. Integration bezieht sich in diesem Zusammenhang auf "... institutionalized procedures devised by governments for coping with the condition of interdependence".[23]

Donald Puchala charakterisierte die EG als ein "Konkordanzsystem" eigener Art, dessen zentrale Akteure weiterhin die die Mitgliedstaaten repräsentierenden Regierungen sind.[24] Integration wurde bei Puchala zur *managed interdependence* reduziert und die EG als ein regional begrenztes Regime zur Bewältigung von

---

[22] Ernst B. Haas: The Obsolescence of Regional Integration Theory - Berkeley, 1975.
[23] Ernst B. Haas: Turbulent Fields and the Theory of Regional Integration. In: International Organization, 13/1976, S. 210.
[24] Donald J. Puchala: Of blind men, elephants and international integration. In: Journal of Common market studies, 3/1972, S. 267-284.

Interdependenzproblemen abgewertet. Europäische Integration wurde zur "collaboration among governments that results in collective programs addressed to solving transnational problems".[25] In empirischen Studien wurde nachgewiesen, dass die politische Realität der EG nach wie vor dem Muster intergouvernementaler Beziehungen entsprach, wobei die nationalen Administrationen immer noch mit großem Erfolg die innenpolitische Interessenaggregation betreiben konnten. Auf der EG-Ebene werden die Regierungen als einzig relevante Akteure eingeschätzt, die ihre nationalen Interessen definieren und bündeln und in den EG-Rahmen einbringen und vertreten. Andere Akteure können gegenüber den dominierenden gouvernementalen Akteuren keine autonomen Prozesse in den Institutionen herbeiführen.

Somit stehen die theoretischen Angebote des Intergouvernementalismus, der Interdependenz- und Regimetheorie im diametralen Gegensatz zu neofunktionalistischen Theorieangeboten. Hoffmann hat an Haas berechtigterweise kritisiert, dass dieser die Staaten als Akteure im Integrationsprozess zu sehr ausgeklammert hat. Durch die Konzentration auf den Prozess haben die Neofunktionalisten die Frage nach politischer Entscheidungsmacht bzw. Autorität und Interessen der staatlichen Akteure zu stark vernachlässigt. Allerdings haben die realistischen Interdependenz- und Regimetheoretiker die EG auf einen Rahmen für eine dauerhafte zwischenstaatliche Zusammenarbeit reduziert und die Relevanz der gemeinsamen Institutionen, des EG-Entscheidungsverfahrens und die Rolle des EG-Gemeinschaftsrechts heruntergespielt bzw. geleugnet. Während der Neofunktionalismus das Bild einer Gemeinschaft mit staatsähnlichem Charakter als Endzustand entwarf, was einen Souveränitätsverzicht der beteiligten Staaten bedeutet, betont die Interdependenzforschung das Zusammenlegen von Hoheitsrechten - und eben nicht deren unwiderruflichen Transfer. Dabei wird der Begriff der Integration vernachlässigt. In Abgrenzung zu den Neofunktionalisten wird Integration als eine Form staatlicher Kooperation gesehen.

Die Einschätzung der möglichen Entwicklung grenzüberschreitender lokaler Zusammenarbeit in der deutsch-polnischen Grenzregion, im Spannungsverhältnis von europäischer Integration und neuen Formen der Ost-West-Kooperation, ist eng an die Vorstellung der künftigen Verfasstheit der europäischen Gemeinschaft gebunden.

Die beiden dargestellten Theorierichtungen stellen dabei die beiden extremen Pole dar: Während den Neofunktionalisten in der ursprünglichen Haasschen Fassung letztlich doch das Bild einer neuen Gemeinschaft mit staatsähnlichem Charakter vorschwebte, das zwar noch nicht mit konkreten Vorstellungen über die Form einer möglichen europäischen Verfassung verbunden war, aber von dem zunehmenden Funktionsverlust der Nationalstaaten zugunsten einer überstaatlichen, hoheitlichen Institution ausgeht, steht dagegen die Annahme staatszentrierter Theorien, die die Supranationalität der EG ableugnen und die EG zum Regime und europäische Integration als Kooperation zwischen Staaten in einem geeigneten EG-institutionellen Rahmen abwerten.

---

[25] Donald J. Puchala: Fiscal Harmonization in the European Communities. National Politics and International Cooperation - London, 1984, S.13.

Die beiden Ansätze haben jeder für sich große Erklärungskraft für das Phänomen EG. Die unterschiedliche Deutung der EG hängt primär mit den unterschiedlichen Erkenntnisinteressen der jeweiligen Forscher zusammen. Da das Forschungsinteresse sich entweder eher auf die Analyseebene der EG und auf das Prozesshafte der Integration (Funktionalisten, Neofunktionalisten) oder auf die Analyseebene Staat und staatlicher Kooperationsformen im Rahmen der EG (Intergouvernementalismus, Interdependenz- und Regimetheorie) konzentriert, führt dies zu monokonzeptionellen Theorien.

Theorie der Verhandlungssysteme (Fritz Scharpf)

Heute wird man davon ausgehen, dass es nicht zu einem schlichten Transfer von nationalen Kompetenzen kommen wird. Das europäische Mehrebenensystem der EU beruht auf einem stetig fortschreitenden Prozess der Einrichtung und des Ausbaus von Institutionen und der Einführung von Erneuerung von Entscheidungsverfahren. Dabei werden nationalstaatliche Kompetenzen nach oben auf die supranationale Ebene verlagert und in einigen Bereichen Aufgaben nach unten auf die subnationale Ebene übertragen. Das politische Mehrebenensystem wird dadurch charakterisiert, dass mehrere, an sich souveräne Staaten sich zusammenschließen, um gemeinsame Lösungen für Probleme, die von den einzelnen politischen Einheiten nicht mehr gelöst werden können, zu suchen.[26]

Politische Entscheidungen werden nicht länger in relativ abgeschlossenen nationalstaatlichen Systemen mittels eines hierarchischen Politikmodus getroffen. Chancen und Restriktionen des EG-Integrationsprozesses hängen nach Scharpf von der "Handlungsfähigkeit des modernen Staates am Ende des 20. Jahrhunderts" ab, einmal angesichts globaler Interdependenzen, zum anderen aus den sich ergebenden Restriktionen für die Herausbildung einer politischen Gemeinschaft auf supranationaler Ebene.[27] Die Hoheitsgewalt nach innen und die Souveränität nach außen weichen im Rahmen der Übertragung von Hoheitsrechten an die EU auf. Laut Scharpf ist der "... nach außen souveräne ... und nach innen hierarchisch integrierte Staat der frühen Neuzeit ..." abgelöst worden.[28] Durch die institutionellen Mehrebenenstrukturen hat sich die Qualität der Zusammenarbeit von Staaten geändert. Laut Scharpf wird die EU ein Verbundsystem bleiben, in dem politische Entscheidungen dem Muster horizontaler Verhandlungen folgen. Zwar ist das Rechtssystem mit dem Vorrang des Gemeinschaftsrechts vor nationalem Recht hierarchisch gegliedert, aber wenn es um die Festlegung von Politik geht, gibt es keine Priorität der Ebenen, sondern *organisierte Politikverflechtung*[29], in der Ent-

---

[26] Nicola Staeck: Politikprozesse der Europäischen Union: Eine Policy-Netzwerkanalyse der europäischen Strukturfondspolitik - Baden-Baden, 1997, S. 37-39.
[27] Fritz W. Scharpf: Die Handlungsfähigkeit des Staates am Ende des Zwanzigsten Jahrhunderts. In: Beate Kohler-Koch (Hrsg.): Staat und Demokratie in Europa - Opladen, 1992, S. 93-116.
[28] Fritz W. Scharpf 1992, ebd., S. 93.
[29] Fritz W. Scharpf: Die Politikverflechtungsfalle: Europäische Integration und deutscher Föderalismus im Vergleich. In: Politische Vierteljahresschrift 26, 1985, S. 323-356.

scheidungen sich aufgrund eines technokratisch-bürokratisch verarbeiteten Mixes unterschiedlicher politischer Kalküle ergeben. Scharpf spricht in diesem Zusammenhang von der EG als einem *transnationalen Verhandlungssystem*, das von der Dominanz der nationalstaatlichen Systeme, ihren Mechanismen der innerstaatlichen Abstimmung und von der Rolle nationaler Regierungen im politischen Prozess auch weiterhin geprägt sein wird.

Die Rolle der lokalen und regionalen Akteure im EG-System

Die Fortschritte der europäischen Einigung tragen zu einer Veränderung der Nationalstaatlichkeit in Westeuropa bei. Auf der europäischen Ebene bilden sich neue Institutionen, die teilweise mit supranationalen Entscheidungsbefugnissen ausgestattet sind und durch stetig zunehmende Kompetenzen der EU eine Aufgabenerweiterung erfahren. Eine Souveränität des Staates, die sich über eine nach außen und innen uneingeschränkte und nicht abgeleitete Herrschafts- und Entscheidungsgewalt definiert, existiert nach Scharpf (s.o.) nur noch in einem eingeschränkten Sinn.

Seit der Verabschiedung des Maastrichter Vertrages über die Europäische Union (1992) wurden neue Zuständigkeiten von den Mitgliedstaaten auf die EU übertragen (in den Bereichen der Industriepolitik, Wirtschafts- und Währungspolitik sowie in der Kultur- und Bildungspolitik). Bei der Innen- und Rechtspolitik und der Außen- und Sicherheitspolitik wurden vertiefte intergouvernementale Kooperationen vereinbart. Des weiteren wurden Verfahrensänderungen beschlossen (Verfahren der Mitentscheidung für das EP). Schließlich hatten die Einführung des Subsidiaritätsprinzips und die Einrichtung des Ausschusses der Regionen die stärkere Einbeziehung der subnationalen Ebene der Mitgliedstaaten zur Folge.

Die fortschreitende Übertragung von nationalstaatlichen Kompetenzen auf die EU führt nicht nur dazu, dass sich die Rolle des westeuropäischen Nationalstaates ändert, da viele politische Steuerungsprozesse, die vormals im Rahmen des Nationalstaates stattfanden, nun in vielen Bereichen in einem transnationalen System vonstatten gehen. Je nach staatlicher Verfasstheit verändert sich auch die Rolle der Regionen der Mitgliedstaaten stärker oder schwächer im europäischen Integrationsprozess. Durch formelle und informelle Mitwirkung können die Regionen Einfluss auf das europäische Policy-Making gewinnen:

Seit der Verabschiedung der Einheitlichen Europäischen Akte hat sich die Landschaft der EU-Interessenpräsentationen verändert: Die EU-Kommission schätzt die Zahl der EU-Lobbyisten auf bis zu zehntausend. In der politischen Öffentlichkeit wurde besonders das Auftreten neuer Akteure registriert. Hierzu zählen die subnationalen politischen Akteure, wie die deutschen Länder (vollständig) oder die deutschen Kommunen (Europabüro der deutschen kommunalen Selbstverwaltung), die eigene Vertretungen in Brüssel eröffnet haben.[30]

---

[30] Vgl. Beate Kohler-Koch: Interessen und Integration: Die Rolle organisierter Interessen im westeuropäischen Integrationsprozess. In: Politische Vierteljahresschrift, Sonderheft 23, 1992, S. 81-119.

Die Gründe für diese Entwicklung sind offensichtlich. Die Übertragung weiterer Kompetenzen an die EG durch die Einheitliche Europäische Akte und den Vertrag von Maastricht sowie den Abbau der Wirtschaftsgrenzen und damit der nationalen Regulierungskompetenzen, die der Verwirklichung des Binnenmarktes entgegenstehen könnten, zwingen dazu, sich dorthin zu wenden, wo die politischen Entscheidungen getroffen werden.

Eigene EG-Vertretungen von Ländern, Regionen und autonomen Gebietskörperschaften sind Ausdruck einer Stärkung ihrer Position, da sie ihre Rechte durch Einflussnahme am Willensbildungsprozeß der EG sichern wollen. Aus diesem Grund wurde, besonders auf Druck der deutschen Länder, im Maastrichter Vertrag der beratende Ausschuss der regionalen und lokalen Gebietskörperschaften (nach Artikel 198 a bis c Maastrichter Vertrag) eingerichtet. Die Regionen können sogar - durch die Prinzipien der Partnerschaft und Subsidiarität sowie den neuen Ausschuss der Regionen - Einfluss auf die Politikgestaltung nehmen (auch wenn sie keine Mitentscheidungskompetenzen auf europäischer Ebene haben).

Hier drängt sich die Schlussfolgerung auf, dass die Regierungen der Mitgliedstaaten zunehmend ihre Fähigkeit verlieren, die unterschiedlichen Interessen zu einem nationalen Standpunkt zusammenzufassen; dazu gehören die divergierenden Interessen von Regionen und Kommunen, aber auch von Grenzregionen mit ihren spezifischen Problemen.

Aus diesen Überlegungen lassen sich Rückschlüsse für die integrationsfördernde Wirkung institutioneller lokaler grenzüberschreitender Zusammenarbeit ableiten. In den funktionalistischen Theorieansätzen war Lernen eine Schlüsselgröße, um den Prozess der Europäisierung zu erklären. Für die lokalen Akteure in der Grenzregion steht die grenzüberschreitende Zusammenarbeit in Form der Vernetzung lokaler Aktivitäten im Vordergrund. Die Abhängigkeit von und Einbindung in nationale bzw. gesamteuropäische Politiknetze führen dazu, dass sich die Definition ihrer eigenen lokalen, grenzüberschreitenden Interessen und die Präferenz für Problemlösungen verschieben. Der Wahrnehmungshorizont lokaler Akteure weitet sich aus in dem Maße, wie sich das politische Handlungsfeld um die transnationale und europäische Dimension ausweitet und damit auch neue politische Akteure als Adressaten für die Durchsetzung eigener Forderungen einschließt. Dadurch ergibt sich auch eine andere Bewertung von Lösungsansätzen: die lokalen Akteure aus der deutsch-polnischen Grenzregion müssen auch auf der übernationalen und europäischen Ebene mehr Präsenz zeigen, um an den dort getroffenen Entscheidungen über Rahmenvorgaben mitzuwirken.

Gliederung und Inhalt der vorliegenden Arbeit

Entsprechend den theoretischen Vorüberlegungen will die Arbeit anhand dreier Großkapitel die Rahmenbedingungen für grenzüberschreitende Kooperation in der deutsch-polnischen Grenzregion analysieren. Als Analyseebenen werden in drei Kapiteln die Rahmenbedingungen für grenzüberschreitende Zusammenarbeit durch die europäische Integration (Teil 1), durch die nationale deutsch-polnische Kooperation (Teil 2) und die euroregionale Zusammenarbeit (Teil 3) und methodisch wird der politisch-institutionelle Handlungsspielraum im Verhältnis von Euroregion - Staat - Europa analysiert:

Teil 1: Der sich ständig wandelnde Bezugsrahmen dessen, was "Einigung Europas" bedeutet, und seine Bedeutung für die deutsch-polnische grenzüberschreitende Zusammenarbeit

Der Grenzregion wird insofern eine besondere Bedeutung zugemessen, als sie die Nahtstelle für die Integration der EU-Staaten, aber zugleich Drehpunkt für den Kontakt und Ausbau politischer und wirtschaftlicher Beziehungen zu Nicht-EU-Staaten ist. Durch das Ende des Kalten Krieges und den damit einhergehenden Wandel im internationalen Umfeld der EU ändert sich auch der Bezugsrahmen dessen, was "Einigung Europas" heißt. Durch die veränderten Ordnungsstrukturen und Beziehungsmuster der europäischen Politik ist der Aufbau grenzüberschreitender nachbarschaftlicher deutsch-polnischer Beziehungen erst möglich geworden und erwünscht. Die Idee der europäischen Integration, die bisher nur in Westeuropa politische Gestaltungskraft erlangt hat, wird seit einigen Jahren auch in den mittel- und osteuropäischen Staaten politisch wirksam und öffnet den Weg für die Einigung Gesamteuropas. Deshalb sollen in dem ersten Teil der Arbeit die gesamteuropäischen Rahmenbedingungen (Fragen der Heranführung Polens an die EU, Probleme der Erweiterung und Vertiefung der EU) analysiert und hinsichtlich ihrer Relevanz für die grenzüberschreitenden Beziehungen untersucht werden.

Teil 2: Aktuelle Gestaltung der nachbarschaftlichen, nationalen außenpolitisch-institutionellen Beziehungen der Bundesrepublik Deutschland und der Republik Polen nach der politischen Wende und ihre Bedeutung für die grenzüberschreitende Zusammenarbeit in der deutsch-polnischen Grenzregion

Während der Grenzvertrag die grenzüberschreitenden Beziehungen erst ermöglicht, räumt der Nachbarschaftsvertrag diesen ausdrücklich eine führende Rolle beim Aufbau einer neuen Qualität der deutsch-polnischen Beziehungen ein. Deshalb soll im zweiten Teil der Arbeit ausführlich auf die Bedeutung dieser beiden nationalen Verträge für die Gestaltung grenzüberschreitender Beziehungen in der deutsch-polnischen Grenzregion eingegangen werden.

Ebenfalls zu Beginn der 90er Jahre wird die deutsch-polnische Bilaterale um den französischen Nachbarn zur Trilaterale erweitert: das "Weimarer Dreieck" sollte nicht nur die deutsch-polnische Bilaterale verbessern, sondern auch die Brücke zum Übergang Polens in die EU symbolisieren. Da die deutsch-polnische Grenze nicht nur die nationale, sondern auch die EU-Außengrenze darstellt, sollen auch die deutsche und die polnische Außenpolitik hinsichtlich ihrer neuen Rolle in Europa, am Beispiel der Erfahrungen aus der Trilaterale, diskutiert werden. Die Gestaltung der deutsch-polnischen Beziehungen wurde konsequent von Anfang der 90er Jahre an von beiden Ländern immer sowohl als Bilaterale als auch gleichzeitig eine Beziehung, die als Bestandteil des gesamteuropäischen Einigungsprozesses wirkte, verstanden. Deshalb konnte auch die grenzüberschreitende Zusammenarbeit von den politischen Akteuren in der deutsch-polnischen Grenzregion quasi zweifach, sowohl als nationale als auch als europäische Herausforderung, wahrgenommen und gestaltet werden.

Im Bereich der Außenpolitik soll so gezeigt werden, wie Deutschland und Polen außerordentlich erfolgreich gemeinsame nationale Interessen in Übereinstimmung bringen konnten:

- die vertragliche Anerkennung der polnischen Westgrenze
- die vertraglich festgelegten Grundlagen für Interessenausgleich und Zusammenarbeit von Deutschland und Polen (auf lokaler, regionaler, nationaler Ebene) sowie die
- Öffnung Polens nach Westen (angestrebte EU- und NATO-Mitgliedschaft) mit vertraglich zugesicherter deutscher Unterstützung.

Diese drei Kernelemente deutsch-polnischer Diplomatie bilden auch die Rahmenbedingungen und Grundlagen für die lokale grenzüberschreitende Zusammenarbeit in der deutsch-polnischen Grenzregion, die durch bilateral-nationale und supranational-europäische Unterstützung erst tragfähig und zukunftsweisend gestaltet werden kann.

Da die "kleine Außenpolitik" der lokalen Akteure schließlich auch von dem nationalen politischen Handlungsspielraum abhängt, soll schließlich auf die unterschiedlichen nationalen, politisch-institutionellen Dezentralisierungsprozesse in Deutschland und Polen eingegangen werden und deren Auswirkungen für die grenzüberschreitenden Beziehungen dargestellt werden.

Teil 3: Rahmenbedingungen für grenzüberschreitende Zusammenarbeit in der deutsch-polnischen Grenzregion selbst

Die zunehmende nationale Kooperation zwischen West- und Osteuropa stellt die deutsch-polnischen Grenzregionen vor völlig neue Perspektiven und Herausforderungen. Nach Beendigung des Kalten Krieges bekommen die Grenzregionen an der EU-Außengrenze die historische Chance, ihre wirtschaftliche und politische Rolle neu zu definieren und die Nachteile ihrer peripheren Lage abzuschwächen bzw. zu überwinden. Aus der Erkenntnis, dass der deutsch-polnische Grenzraum an der EU-Außengrenze wirtschaftlich, demographisch und siedlungsstrukturell eine europäische Peripherie ist, leiten die lokalen Akteure beiderseits der Grenze die Notwendigkeit ab, durch grenzüberschreitende deutsch-polnische Zusammenarbeit gemeinsame Lösungen für dringende ökonomische, ökologische und soziale Probleme zu finden. Der Wiederaufbau der wirtschaftlichen Verflechtung in der deutsch-polnischen Grenzregion nach der Wende und eine auf Gegenseitigkeit beruhende politische Kooperation sind wichtige Voraussetzungen für die deutsch-polnische Versöhnung und Normalisierung des Lebens an Oder und Neiße.

Allerdings unterscheidet sich die "neue Geschäftsgrundlage" der neu gegründeten Euroregionen an der deutschen EU-Außengrenze zu Polen deutlich von westeuropäischen, grenzüberschreitenden Regionen. Nach der Analyse ausgewählter Bestimmungsfaktoren, die die Arbeit der lokalen Akteure in der deutsch-polnischen Grenzregion befördern, aber auch behindern, soll am Beispiel der Brandenburger Euroregionen (insbesondere der Pro Europa Viadrina) die innere politisch-institutionelle Verfasstheit der Euroregionen selbst untersucht werden. Die politisch-institutionelle Vernetzung von Euroregion - Staat - Europa erfolgt über die europäische Regional- und Außenwirtschaftspolitik im Rahmen der Gemeinschaftsinitiative INTERREG II und der Aktion PHARE-CBC. Die Chancen und Probleme dieser neuen Förderinstrumente für die Ost-Euroregionen werden ausführlich dokumentiert und anhand von Fallbeispielen (Projekte aus Wissenschaft und Bildung an der deutsch-polnischen Grenze) gründlich analysiert. Außerdem lässt sich anhand der europäischen Regional- und Außenwirtschaftspolitik auch sehr gut die politisch-institutionelle Kooperation an sich untersuchen, wie beispielsweise die Probleme der Inkompatibilität der politischen Systeme und der unterschiedlichen politischen Motivationen und Interessen an der Kooperation auf den unterschiedlichen Ebenen (innerhalb Polens und Deutschlands: Verhältnis Nation - Region -Kommune und im Verhältnis Polen - Deutschland). Gleichzeitig bekommt die nationale grenzüberschreitende Kooperation durch die europäischen Förderinstrumente eine weitere, supranational-europäische Dimension.

In der abschließenden Diskussion soll aufgezeigt werden, wie sich der Handlungsspielraum bei der lokalen grenzüberschreitenden Kooperation in der deutsch-polnischen Euroregion - durch die Einbindung in nationale deutsch-polnische und europäische Politiknetze - gestaltet und wo Entwicklungsperspektiven bzw. Hemmnisse zu identifizieren sind.

Anmerkungen zum methodischen Vorgehen

Zur Methodik dieser Arbeit sei angemerkt, dass neben der obligatorischen Auswertung allgemein zugänglicher Literatur über die angesprochenen Themenbereiche (in Form von Gesetzen, Verordnungen, Richtlinien, Geschäftsordnungen, Stellungnahmen der betroffenen Gremien, Pressemitteilungen, Sekundärliteratur) auf eine große Menge unveröffentlichter Materialien (Positionspapiere, Protokolle von Ausschuss-Sitzungen usw.) zurückgegriffen worden ist.

Eine wichtige Quelle stellte die Befragung von Einzelpersonen auf der Basis eines hypothesengenerierenden Interviewleitfadens dar. Diese Art der Befragung gilt als ein Standardinstrument empirischer, qualitativer Sozialforschung bei der Ermittlung von Fakten, Wissen, Meinungen und Bewertungen im sozialen Anwendungsbereich. Auf der Basis des entwickelten Fragebogens mit den für alle Befragten gleichen Formulierungen und gleicher Reihenfolge der Fragen entstand eine strukturierte Interviewsituation. Die Durchführung von Interviews mit Experten, die in Institutionen der EU- sowie Bundes-, Landes- und Lokalebene in Bereichen der deutsch-polnischen grenzüberschreitenden Zusammenarbeit sowie der Europapolitik (insbesondere der europäischen Regional- und Außenwirtschaftspolitik) beschäftigt sind, hat einen wichtigen Teil des empirischen Materials bereitgestellt. Mittels des Interviewleitfadens sind Auskünfte über Inhalte und Entscheidungsprozesse der deutsch-polnischen grenzüberschreitenden Zusammenarbeit und der europäischen Steuerungsinstrumente für grenzüberschreitende Zusammenarbeit (INTERREG II und PHARE-CBC) sowie über die Art der Beziehung zwischen den Akteuren (lokal-regional-national-europäisch) zusammengetragen worden. Um die gewünschte Anonymität der Interviewten zu bewahren, wird im Text nicht direkt auf die Gespräche Bezug genommen.

Im Verlauf der Interviewdurchführung und einer ersten Auswertung der Gespräche (die im Zeitraum 2.4.1996 bis 22.5.1996 stattfanden), wurden spezifische Problemstellungen, die mit der Aktualität des Themas zusammenhingen, deutlich: Die relativ jungen Euroregionen und die Abstimmungsprozesse innerhalb der Euroregion und von Euroregionen mit den Vertretern von Landes- und Bundesregierungen sowie den polnischen Partnern auf lokaler, regionaler und nationaler Ebene - und nicht zu vergessen: der EU-Kommission - waren erst im Entstehen begriffen. Die mit dem qualitativen Ansatz verbundene zeitintensive Aufarbeitung der Informationen erforderten eine zusätzliche, flexiblere, schneller verwertbare und kontinuierlichere Methode heranzuziehen. Im weiteren Verlauf wurden deshalb offene, nicht standardisierte Interviews eingeführt, die es ermöglichten, den sich ständig verändernden Rahmenbedingungen des Forschungsgegenstandes auf europäischer, nationaler, regionaler und lokaler Ebene gerecht zu werden. Darüber hinaus wurde eine schriftliche Umfrage zur Erfassung von Projekten im Rahmen von PHARE-CBC und INTERREG II in den Bereichen Bildung/Aus- und Weiterbildung und Beschäftigung/Forschung bei den Geschäftsstellen der deutsch-polnischen Euroregionen durchgeführt, die als Fallbeispiele Chancen und Probleme der EU-Grenzraumförderung aufzeigen sollen.[31]

Des weiteren war es wichtig, mit den beteiligten politischen Akteuren vor Ort eng zusammenzuarbeiten und dadurch wertvolle Erkenntnisse und Informationen in den Forschungsansatz zu integrieren (viermonatiges Praktikum in der Landesregierung Brandenburg, in der zuständigen Abteilung für deutsch-polnische grenzüberschreitende Zusammenarbeit; derzeitige Vertreterin der Europa-Universität Viadrina in der Arbeitsgruppe Projektmanagement der Euroregion Pro Europa Viadrina, die für die Auswahl der deutschen INTERREG-II-Projekte auf Ebene der Euroregion zuständig ist; Mitglied im Vorstand der Deutsch-Polnischen Gesellschaft e.V. Land Brandenburg von 1996 bis 1997).

Einen weiteren Ansatz bildete die Diskussion erster entwickelter Thesen im Rahmen von wissenschaftlichen Konferenzen.

Begründung der zeitlichen Eingrenzung des Untersuchungszeitraums

Die Untersuchung wurde auf den Zeitraum von 1989/90 bis 12/1998 eingegrenzt. Diese Zeitspanne deckt den Beginn der neuen Geschäftsgrundlage für grenzüberschreitende deutsch-polnische Kooperation nach dem Ende des Kalten Krieges (1989/90) bis hin zur *AGENDA 2000* und dem Ende der EU-Förderphase (Europäische Regionalförderung und Außenwirtschaftsförderung, bis Ende 1999; neue

---

[31] Die Ergebnisse dieser schriftlichen Umfrage wurden in Kapitel 3.3.3.5 dokumentiert.

Förderphase: 2000 bis 2006) ab. Da seit dem 1. Januar 1999 in Polen die neuen Verwaltungsstrukturen gelten, bot es sich auch an, die Untersuchung auf das Ende des Jahres 1998 zu begrenzen. Im Rahmen der Arbeit wird die Verwaltungsreform in Polen (und die vorhergegangenen Dezentralisierungen in Ostdeutschland) ausführlich analysiert; die Auswirkungen auf die grenzüberschreitende Zusammenarbeit sind aber eher hypothetischer Natur, da durch die Wahlen in Polen (Ernennung neuer Wojewoden, Wahlen auf Kreis- und Gemeindeebene) erst jetzt nach und nach die Gremien der Euroregionen (und der anderen deutsch-polnischen Ausschüsse auf regionaler und nationaler Ebene) mit neuen polnischen Mitgliedern besetzt werden. Auch verändert sich die geographische Abgrenzung der polnischen Seite der Euroregion durch den Neuzuschnitt der Wojewodschaften. Deshalb können, aufgrund der geringen Erfahrungswerte der deutsch-polnischen Zusammenarbeit unter neuen polnischen, dezentralen Verwaltungsstrukturen derzeitige wissenschaftliche Aussagen über die langfristigen Auswirkungen auf die deutsch-polnische grenzüberschreitende Zusammenarbeit als verfrüht betrachtet werden. Die abschließende Diskussion am Ende der Arbeit wird die Perspektiven der grenzüberschreitenden Bedingungen ab 2000 (unter neuen polnischen politisch-institutionellen Rahmenbedingungen und den modifizierten europäischen Förderinstrumentarien für die Grenzregion) darstellen.

Begründung der begrifflichen und geographischen Eingrenzung der deutsch-polnischen Grenzregion

Eigentlich sind Grenzgebiete ein eigener Typus von Region, auch wenn sie nicht als solche in der "Nomenclature of territorial units for statistics" (NUTS) als solche aufgeführt werden. Diese Nomenklatur des europäischen Statistikamtes "Eurostat" in Luxemburg erfasst die Regionen nach bestimmten Typen und sieht dabei drei unterschiedliche Kategorien vor, die je nach nationalstaatlicher und institutioneller Einordnung unterschiedlich sind (für die Bundesrepublik Deutschland sind dies: Länder, Regierungsbezirke, Kreise). Grenzregionen werden nicht als Regionentyp aufgeführt, da diese keine Gebietskörperschaft im rechtlichen Sinn darstellen.

Daran lässt sich ablesen, dass eine Typologie von Grenzregionen nach ihren Verwaltungsgrenzen kein ausreichendes Erkennungsmerkmal für Grenzregionen sein kann. Für Jens Gabbe, den Generalsekretär der Arbeitsgemeinschaft der Europäischen Grenzregionen (AGEG), lassen sich Grenzregionen definieren als "grenzüberschreitende Räume und Regionen, [...] als konkrete Räume, die funktionell verflochten sind."[32] Grenzüberschreitende Beziehungen ließen sich auch nicht nur auf die EU-Binnengrenzen beschränken, sondern beziehen sich auch auf Drittländer. Das Charakteristische an den Grenzräumen oder Grenzregion, so Gabbe sei, dass hier unterschiedliche nationale Systeme und Strukturen (Rechts-

---

[32] Regionalentwicklung im föderalen Staat: wissenschaftliche Plenarsitzung 1988/ Hrsg. Akademie für Raumforschung und Landesplanung - Hannover, 1989, S. 71.

systeme, Verwaltungsstrukturen, Wirtschaftsformen, Normen, Finanzsysteme, Kulturkreise) zusammenstoßen.[33]

Auch die Europäische Kommission definiert bereits Anfang der 90er Jahre Grenzgebiete als Regionen an den Binnen- und Außengrenzen der Gemeinschaft, die sich als "spezifische Räume"[34] darstellen würden. Das Spezifische der Grenzregionen ist aus Sicht der Europäischen Kommission deren Betroffenheit durch die europäische Integration - aufgrund der abnehmenden Bedeutung der Binnengrenzen und ihrer Randlage an den Grenzen zu Drittländern. Deshalb sollen die Gemeinschaftsinitiative INTERREG an den EU-Binnengrenzen und spezielle PHARE- und TACIS-Haushaltslinien an den EU-Außengrenzen den Grenzregionen bei der Bewältigung ihrer besonderen Entwicklungsprobleme helfen.

Die Grenzregionen an den Binnengrenzen definieren sich häufig selbst nicht nur ausschließlich nach Verwaltungsgrenzen. Vielmehr betonen die westeuropäischen Euroregionenvertreter, dass besonders auch geographisch-naturräumliche, historisch-kulturelle, aber auch politisch-wirtschaftliche Gemeinsamkeiten die Grenzregionen definierten. Die Situation an der deutsch-polnischen Grenze stellt sich dazu konträr dar: Die deutsch-polnischen Euroregionen wurden nach dem Ende des Kalten Krieges zügig und quasi "künstlich" von kommunalen Akteuren beiderseits der Grenze begründet, mit Unterstützung durch deutsche und polnische Regierungs- und Regionalvertreter sowie der EU-Kommission und des Europäischen Parlaments. Während an den EU-Binnengrenzen die Gründung von Euroregionen eine langjährige Nachbarschaftsbeziehung politisch-institutionell verfestigt, hat die Euroregionengründung an der deutsch-polnischen Grenzregion den Aufbau dieser Nachbarschaftsbeziehung erst zum Ziel.

Deshalb lässt sich die räumliche Abgrenzung des Untersuchungsraumes der deutsch-polnischen Euroregion als Fallstudie für die vorliegende politikwissenschaftliche Studie eindeutig geographisch nach den räumlichen Abgrenzungen deutscher und polnischer Gebietskörperschaften beiderseits der Grenze definieren. Die deutsch-polnischen Euroregionen haben diese geographische Abgrenzung in den deutsch-polnischen Gründungsverträgen der jeweiligen Euroregionen definiert. Auch wird in den Selbstdarstellungen der deutsch-polnischen Euroregionen anhand von Karten die räumliche Abgrenzung klar definiert und dokumentiert.

Allerdings wird diese scheinbar eindeutige Geographie beispielsweise in bezug auf die europäische Grenzraumförderung nicht mehr so strikt eingehalten. Während die deutsche Seite der Euroregion (Abgrenzung: Landkreise) mit den NUTS-III-Vorgaben förderfähiger Gebiete im Rahmen der INTERREG-II-Förderung identisch ist, gehen auf polnischer Seite die förderfähigen Gebiete über die eigentliche räumliche Abgrenzung der polnischen Seite der Euroregionen hinaus. Hier wird bei der Grenzraumförderung im Rahmen von PHARE-CBC unterschieden in Projekte in der "ersten Reihe der Wojewodschaft" und Projekte in der daran angrenzenden "zweiten Reihe der Wojewodschaft". Allerdings sieht mittlerweile auch INTERREG II die Förderung von Projekten vor, die sich nicht nur auf den engen grenz-überschreitenden Raum beziehen. So werden im Rahmen von IN-

---

[33] Ebd., S. 67.
[34] Europäische Kommission: Europa 2000 - Luxemburg, 1991, S. 20.

TERREG IIc im Bereich der Raumordnung und Verhütung von Überschwemmungen auch sogenannte "transnationale Projekte" gefördert.

Die vorliegende Untersuchung bezieht sich in erster Linie auf eine *regionale deutsch-polnische Grenzzone*, die den "Kooperationsgrenzen" der deutsch-polnischen Euroregionen entspricht. In den "Raumordnerischen Leitbildern für den Raum entlang der deutsch-polnischen Grenze"[35] wird auch eine ähnliche Zuordnung vorgenommen: Dort wird unterschieden in einen sogenannten "direkten Grenzraum" der unmittelbaren Grenzkreise und -gemeinden, in eine sogenannte "regionale Zone" der grenznahen Landkreise und Wojewodschaften (die den Abgrenzungen der Euroregionen in etwa entsprechen) und eine sogenannte "überregionale Zone" von großräumigen Verkehrsachsen und großstädtischen Verflechtungen.

Wenn in der vorliegenden Arbeit von "grenzüberschreitenden Beziehungen" die Rede ist, so sind damit die Kooperationsbeziehungen der lokalen und regionalen Akteure im "direkten Grenzraum" und in der "regionalen Zone" gemeint. Der Begriff "Euroregion" meint im Unterschied zu dem eher geographisch-regionalen Raumbezug des Begriffs "Grenzregion" eine bestimmte Form politisch-institutionalisierter Zusammenarbeit von Partnern aus der deutsch-polnischen Grenzregion, die sich vertraglich über bestimmte Formen von grenzüberschreitenden Kooperationsbeziehungen in einer geographisch definierten "regionalen Grenzzone" geeinigt haben.

Die weiteren Implikationen des Begriffs "Euroregion" für die deutsch-polnische Grenzregion selbst, in bezug auf den Handlungsradius und die Abstimmungsprozesse zwischen den grenz-regionalen Akteuren selbst, aber auch in bezug auf nationale und europäische Akteure und Handlungsebenen sowie auch in bezug auf die Übertragbarkeit des "westeuropäischen Euroregionenmodells" auf gänzlich andere Rahmenbedingungen an der EU-MOE-Grenze sollen in der vorliegenden Arbeit diskutiert werden.

Anmerkungen zum Forschungsstand

Der aktuelle Forschungsstand lässt sich gut anhand einer ausführlichen Bibliographie von Aufsätzen in Monographien und Sammelwerken sowie Fachzeitschriften belegen. Dazu habe ich *261 Fachaufsätze* (ohne Zeitungsartikel und Monographien) ausgewertet, die sich hauptsächlich im Zeitraum 1991-1998 mit Fragen der deutsch-polnischen grenzüberschreitenden Zusammenarbeit in all ihren Facetten beschäftigen. Diese Aufsätze werden in der Bibliographie im Anhang der Arbeit aufgeführt. Beiträge, die sich nicht ausschließlich mit der engeren deutsch-polnischen Grenzregion beschäftigen, wurden nicht berücksichtigt (19 Veröffentlichungen). Die Aufsätze sind hauptsächlich in Deutschland und Polen, aber auch vereinzelt in den Niederlanden und in Großbritannien erschienen oder wurden von

---

[35] Raumordnerische Leitbilder für den Raum entlang der Deutsch-Polnischen Grenze/ Hrsg. Bundesministerium für Raumordnung, Bauwesen und Städtebau. Deutschsprachige Zusammenfassung - Bonn, Mai 1995, S. 8.

amerikanischen Forschern in deutschen Fachzeitschriften veröffentlicht. Die Selbstdarstellungen der Euroregionen (mit den Geschäftsführern als Herausgeber) wurden hierbei nicht berücksichtigt. Ohne Anspruch auf eine lückenlose Dokumentation der wissenschaftlichen Debatte zu den deutsch-polnischen Euroregionen erheben zu wollen, können anhand dieser knapp 300 Veröffentlichungen doch eindeutige Trends im Forschungsinteresse aufgezeigt werden.

Dabei konnte ich über 20 Themengebiete mit klarer Dominanz der ersten 7 Themenbereiche (zwischen 54 bis 12 Veröffentlichungen) ausmachen. Dominiert wird das Forscherinteresse von der Untersuchung der kommunal-grenzüberschreitenden Zusammenarbeit der deutsch-polnischen Euroregionen (54 Aufsätze), gefolgt von den sozioökonomischen deutsch-polnischen Beziehungen und Fragen der Raumordnung in der deutsch-polnischen Grenzregion (35 und 34 Aufsätze). Viel beachtet sind auch allgemeine ökologische Probleme und Fragen, die mit der Gründung des "Deutsch-Polnischen Nationalparks Unteres Odertal" zusammenhängen (16 Aufsätze). Bei Untersuchungen zur kommunal-grenzüberschreitenden Zusammenarbeit werden die deutsch-polnischen Zwillingsstädte gesondert analysiert (14 Aufsätze). Die Bedeutung der Grenzregion innerhalb der Europäischen Union, unter dem Aspekt der europäischen Grenzraumförderung oder auch unter neuen gesamteuropäisch-geopolitischen Rahmenbedingungen, findet auch das Interesse der Wissenschaft (12 Aufsätze, s. Abb. 1).

Die dramatischen Grenzöffnungen nach 1989/90, die neuartige Formen grenzüberschreitender Zusammenarbeit an den östlichen Außengrenzen der EU ermöglichten, wirkten sich auch auf das Forschungsinteresse, hauptsächlich von Raumplanern und Geographen, aus. In der DDR-Geographieforschung war das geographische Grenzproblem zum Tabu erklärt worden; erst nach der Wiedervereinigung und den dramatischen Veränderungen erfolgte in Ostdeutschland die Wiederbelebung dieses Forschungssegmentes.[36]

Die jüngste deutsch-polnische Grenzraumforschung ist problemorientiert und interdisziplinär. Die westeuropäische Forschung betont v.a. die Probleme der gegenseitigen Abhängigkeit (Umweltprobleme, Naturschutz, Infrastruktur etc.). Ein starker Akzent wird auch bei der politisch-grenzüberschreitenden Kooperation gesetzt. Neben offiziellen Formen der Zusammenarbeit werden auch informelle Kooperationsbeziehungen in der deutsch-polnischen Grenzregion thematisiert.

Ausführlich dokumentiert ist die Herausbildung grenzüberschreitender Regionen unter neuen geopolitischen, gesamteuropäischen Rahmenbedingungen. Die Euroregionen werden ausführlich in ihrer Entstehung, Zusammensetzung, mit ihren Stärken und Schwächen sowie den soziokulturellen, wirtschaftlichen, historischen und politischen Rahmenbedingungen beschrieben. *Hartmut Kowalke* von der Universität Potsdam kritisiert berechtigterweise das Fehlen eines ausreichenden Analysekonzeptes bzw. eines normativen Leitbildes für die Erforschung grenzüberschreitender Verflechtung und grenzüberschreitender Regionen. So

---

[36] Frank-Dieter Grimm: Veränderte Grenzen und Grenzregionen, veränderte Grenzbewertungen in Deutschland und Europa. In: Grimm u.a.: Regionen an deutschen Grenzen. Strukturwandlungen an der ehemaligen innerdeutschen Grenze und an der deutschen Ostgrenze - Leipzig, 1994, S. 1-16.

bemängelt er, dass kaum nach dem Sinn und Zweck politisch-administrativer Regionenbildung gefragt wird.[37]

1. Politisch-institutionelle Zusammenarbeit in der deutsch-polnischen Grenzregion: Euroregionen (54 Aufsätze)
2. Grenzüberschreitende Wirtschaftsbeziehungen in der deutsch-polnischen Grenzregion (35 Aufsätze)
3. Raumordnung in der deutsch-polnischen Grenzregion (34 Aufsätze)
4. Ökologische Probleme der deutsch-polnischen Grenzregion (von Nationalpark, Kohlekraftwerke, Umweltverschmutzung bis zu Umweltschutz) (16 Aufsätze)
5. Geschichte der Oder-Neiße-Grenze oder Geschichte der deutsch-polnischen Nachbarschaft und ihre Bedeutung für die deutsch-polnische Grenzregion (18 Aufsätze)
6. Bedeutung der Zwillingsstädte in der deutsch-polnischen Grenzregion, kommunale Zusammenarbeit in der deutsch-polnischen Grenzregion (14 Aufsätze)
7. Deutsch-polnische Grenzregion im europäischen bzw. gesamteuropäischen Kontext (12 Aufsätze)

Weitere Themenbereiche der deutsch-polnischen, grenzüberschreitenden Forschung sind beispielsweise:

8. Arbeiten und Wohnen/Stadtentwicklung in der deutsch-polnischen Grenzregion (9 Aufsätze)
9. Wissens- und Technologietransfers/wissenschaftliche Kooperation in der deutsch-polnischen Grenzregion (8 Aufsätze)
10. Administrative Zusammenarbeit in der deutsch-polnischen Grenzregion (5 Aufsätze)
11. Deutsch-polnische Grenzregion im Vergleich zu anderen Grenzregionen (USA - Mexiko, Deutschland - Niederlande etc., 5 Aufsätze)
12. Identität in der deutsch-polnischen Grenzregion/Öffentliche Meinung der Bewohner in der deutsch-polnischen Grenzregion (5 Aufsätze)
13. Theoretische Überlegungen zur Grenzraumforschung aus raumordnerischer Perspektive (5 Aufsätze)
14. Deutsch-polnischer Grenzverkehr (5 Aufsätze)
15. Rechtliche Probleme der deutsch-polnischen, grenzüberschreitenden Zusammenarbeit (3 Aufsätze)
16. Kultur in der deutsch-polnischen Grenzregion (3 Aufsätze)
17. Verhältnis von deutsch-polnischer Grenzregion zu nationaler Kooperation und europäischer Integration (3 Aufsätze)
18. Karten der deutsch-polnischen Grenzregion (Euroregionen, Bevölkerung in der Euroregion, 2 Aufsätze)
19. Deutsch-polnische Grenzregion und ländlicher Raum (2 Aufsätze)
20. Deutsch-polnische Grenzregion und Tourismus (2 Aufsätze)
21. Demographische Entwicklung in der deutsch-polnischen Grenzregion (2 Aufsätze)
22. Deutsch-polnische Grenzregion und Oderhochwasser (1 Aufsatz)

Abb. 1: 261 ausgewählte Fachaufsätze zur grenzüberschreitenden deutsch-polnischen Zusammenarbeit (ca. 1991-1998), geordnet nach Themen (1-22) und Häufigkeit der Veröffentlichungen

---

[37] Hartmut Kowalke: Themen und Perspektiven der "neuen" Grenzraumforschung. In: H. H. Bürkner (Hrsg.): Geographische Grenzraumforschung im Wandel, Universität Potsdam - Potsdam, 1996, S. 77-82.

Auch *Hans-Joachim Bürkner* beklagt insbesondere bei der deutschsprachigen Grenzraumforschung Defizite bei der theoretischen Bestimmung der sozioökonomischen Folgen von Grenzöffnungen. Bislang seien überwiegend empirische Wege bei der neuen Grenzraumforschung in bezug auf Ostmitteleuropa beschritten worden, um neue Strukturen an den EU-Außengrenzen zu dokumentieren. Die Forschung gehe einerseits von der Hoffnung auf eine stärkere selbstbestimmte Entwicklung der Grenzregionen aus, gleichzeitig wird immer mehr die Tragfähigkeit westeuropäischer Modelle (Euroregionen) unter völlig anderen Voraussetzungen an den EU-Außengrenzen bezweifelt.[38] Angesichts der krassen Unterschiede, die die deutsch-polnische Grenzregion in fast allen Lebens-, Arbeits-, Politik- und Wirtschaftsbereichen kennzeichnet, warnt auch *Frank-Dieter Grimm* vor dem "Suggestivbegriff Euroregion", gleichzeitig ist er überrascht von der Geschwindigkeit, mit der grenzüberschreitende Euroregionen seit Anfang der 90er Jahre begründet worden sind.[39]

Auch die raumstrukturellen Auswirkungen der neuen deutsch-polnischen Grenze werden ausführlich analysiert und dokumentiert. Insbesondere die Raumplaner zeigen in ihren Analysen konkrete Handlungsempfehlungen für koordinierte Raumordnungspolitik in einem übergeordneten Entwicklungsrahmen auf, wobei immer eine abgestimmte Strategie unter Federführung der regionalen Akteure (Länder/Wojewodschaften) unter Einbeziehung der Euroregionen und der nationalen und europäischen Raumordnungskonzepte empfohlen wird.

Zu wenig werden in der Erforschung des deutsch-polnischen Grenzraumes die Erfahrungen anderer Länder (USA, Kanada, Mexiko) berücksichtigt. *James Scott* schlägt vor, den praktischen Erkenntnisstand und das kleinräumige Detailwissen der europäischen Grenzraumforschung mit der nordamerikanischen Grenzraumforschung (mit Forschungsschwerpunkten in den Bereichen Umweltschutz, Kriminalität, illegale Einwanderung, wirtschaftliche und urbane Entwicklung, bei Berücksichtigung eher informeller grenzüberschreitender Problemlösungen im Rahmen einer losen zwischenstaatlichen Kooperation) zu verbinden. Er erhofft sich davon insbesondere Synergieeffekte für die Forschung, zumal die zunehmende Kooperation und europäische Integration zwischen West- und Osteuropa die Grenzregionen vor völlig neue Perspektiven und Herausforderungen stellen würde.[40] Im Vergleich zu den westdeutschen Wissenschaftlern war der Aufbau von Euroregionen für die polnischen (und ostdeutschen) Wissenschaftler ein ganz neues Problem, so *Tadeusz Stryjakiewicz*. Er spricht sogar von einer "Erfah-

---

[38] Hans-Joachim Bürkner: Geographische Grenzraumforschung vor neuen Herausforderungen - Forschungskonzeptionen vor und nach der politischen Wende in Ostmitteleuropa. In: H.-J. Bürkner: Geographische Grenzraumforschung im Wandel - Potsdam, 1996, S. 1-10.

[39] Frank-Dieter Grimm: Veränderte Grenzen und Grenzbewertungen in Deutschland und Europa. In: Grimm u.a.: Regionen an deutschen Grenzen. Strukturwandlungen an der ehemaligen innerdeutschen Grenze und an der deutschen Ostgrenze - Leipzig, 1994, S. 1-16.

[40] James Scott: Der grenzüberschreitende Regionalismus als Gegenstand der internationalen Forschung. In: Regionen im Umbruch - Berlin, 1995, S. 167-171.

rungsasymmetrie"[41]. Dennoch liegen systematische Untersuchungen zur veränderten Grenzsituation im östlichen Mitteleuropa vor allen von der polnischen Seite vor. Andrzej Stasiak zeigt in 12 Heften umfassend die Vielfalt grenzüberschreitender deutsch-polnischer Strukturen und Probleme auf.[42] Die deutsche Forschung ist heterogener und weniger systematisch. Sie berücksichtigt unterschiedliche Politikfelder der grenzüberschreitenden Zusammenarbeit.

Im Mittelpunkt des Forschungsinteresses stehen eher die Euroregionen an den EU-Außengrenzen zu den MOEL, mit den intensivsten wirtschaftlichen Aktivitäten (und weniger die neuen MOE-MOE-Euroregionen). Auf Interesse stößt die Tatsache, dass die bisherige Peripherie relativiert wird oder sich durch die Nähe zum EU-Binnenmarkt sogar in ihr positives Gegenteil verwandelt. So ist aus der polnischen Sicht der Grenzraum (auf polnischer Seite) zu Deutschland ein "Speckgürtel", während aus deutscher Sicht die deutsche Seite der Grenzregion zu den wirtschaftlich benachteiligten Teilregionen zählt.

Die politikwissenschaftliche Analyse der deutsch-polnischen, grenzüberschreitenden Beziehungen lässt zu wünschen übrig. Die Forscher beschränken sich bei der Analyse politisch-institutioneller Netzwerke häufig auf die lokale bzw. regionale Analyseebene (Euroregion) und versäumen, die Gestaltung der grenzüberschreitenden Beziehungen als komplexes Beziehungsgefüge zwischen einerseits nationalen Akteuren auf lokaler, regionaler und nationaler Ebene zu analysieren; andererseits werden die Rahmenbedingungen der grenzüberschreitenden Beziehungen auch immer mehr von europäischen bzw. gesamteuropäischen/globalen Entwicklungsprozessen bestimmt. Bei der Analyse der Euroregionen wird nicht nur kaum nach Sinn und Zweck politisch-administrativer Regionenbildung gefragt. Auch der reale, politisch-institutionell-rechtliche Handlungsspielraum der Akteure auf der jeweiligen Handlungsebene bleibt unbestimmt. Das Beziehungsgeflecht der verschiedenen Ebenen zueinander, z.B. in Form ablauforganisatorischer Analysen von Entscheidungsprozessen in bestimmten Politikbereichen, im europäischen Mehrebenensystem wird nicht analytisch erfasst. Auch werden die Handlungsmotivationen und politischen Konzepte der Akteure nicht hinterfragt und bestimmte Probleme oder neue Entwicklungsperspektiven so nicht erkannt. Entsprechend vage sind die Aussagen z.B. zu den Handlungsperspektiven und Einflussmöglichkeiten der Euroregionen in bestimmten Politikbereichen (z.B. Raumordnung, Infrastruktur etc.).

Insofern leistet die vorliegende Untersuchung wissenschaftliche Basisarbeit. Allerdings waren die Recherchen sehr aufwendig und aufgrund der Aktualität des Themas immer wieder regelmäßig vorzunehmen. Alle aufgeführten deutsch-polnischen Ausschüsse und alle ablauf-organisatorischen Darstellungen von Entscheidungsprozessen wurden in mühsamer Recherche, meistens direkt bei den betroffe-

---

[41] Tadeusz Stryjakiewicz: Euroregionen an der deutsch-polnischen Grenze und Probleme der grenzüberschreitenden Zusammenarbeit. In: H.-J. Bürkner (Hrsg.). Geographische Grenzraumforschung im Wandel - Potsdam, 1996, S. 43-54.

[42] Vgl. Einschätzung von Andrzej Stasiak: Transborder cooperation under the concept of the strategic development of Poland. In: Planerische und raumordnungsrechtliche Betrachtung der grenzüberschreitenden Zusammenarbeit aus polnischer und deutscher Sicht - Hannover, 1996, S. 20-27.

nen Ausschussmitgliedern und auf der Basis der entsprechenden Geschäftsordnungen, recherchiert und bei Bedarf aktualisiert. Deshalb war für die vorliegende Arbeit, neben der gründlichen Literaturrecherche, auch die praktische Erfahrung für das Verständnis von Ablauf- und Entscheidungsprozessen wichtig, die bereits ausführlich dokumentiert wurde.

1. Die "neue Geschäftsgrundlage" der EU: neue Heranführungsstrategien der EU für die MOE-Staaten

Das Ende des Kalten Krieges hat eine Debatte über die Neuorientierung des europäischen Kontinents ausgelöst. Die Gestaltung der Beziehungen von EU zu MOE-Staaten in einem größeren europäischen Kontext wird eine der zentralen Fragen für die Zukunft sein. Dabei ist die Debatte um die sogenannte Osterweiterung der EU Teil der Gesamtdebatte um die Vertiefung und Erweiterung der Europäischen Union. In Westeuropa kann die EU seit Mitte der 80er Jahre den Prozess der Vertiefung der Integration erfolgreich vorantreiben - zuletzt mit dem Abschluss des Vertragswerkes von Maastricht über die Europäische Union[1], in dem die beiden Verträge über die Errichtung einer Wirtschafts- und Währungsunion (WWU) und der politischen Union zusammengefasst wurden. Da Westeuropa zusätzlich auch als tragender Akteur der Neugestaltung der Ost-West-Beziehungen auf dem Kontinent erschien, war nicht nur bei den Mittelosteuropäern die Westorientierung auszumachen; dies hatte auch zur Folge, dass die EFTA-Staaten ihre zum Teil zögerliche Haltung aufgaben und ihrerseits erfolgreich den EU-Beitritt forcierten. Die EFTA-Staaten wollten nicht erst zusammen mit den neuen ostmitteleuropäischen Demokratien in die nächste Aufnahmerunde gehen. Die vierte Erweiterung der EU erfolgte 1995 deshalb zunächst nicht mit den MOE-Staaten, sondern mit Österreich, Finnland und Schweden, also Ländern mit hohem wirtschaftlichen und sozialen Entwicklungsstand und Erfahrungen mit bereits existierenden Partnerschaftsbeziehungen.

---

[1] Das europäische Vertragswerk wurde 1993 umfassend reformiert. Die Beschlüsse hierzu fielen auf dem Gipfel des Europäischen Rates in Maastricht im Dezember 1990. Im Vertrag von Maastricht (der am 1.11.1993 nach schwierigem Ratifizierungsprozedere in Frankreich, Dänemark und Deutschland in Kraft trat) wurde die Entwicklung der Europäischen Union (EU) zur Wirtschafts- und Währungsunion und zu einer politischen Union festgelegt. Die Vertragsstruktur nach der Reform wurde in der Literatur wegen der unterschiedlichen Integrationsqualität häufig mit einer Tempel-Konstruktion verglichen: erste Säule = EG; zweite Säule = Gemeinsame Außen- und Sicherheitspolitik; dritte Säule = Zusammenarbeit in der Innen- und Rechtspolitik. Allerdings wird in der Literatur betont, dass es sich bei den Begriffen "Tempel/Säule/Dach" zur Erfassung des EU-Vertrages aus rechtswissenschaftlicher Sicht um nicht anschlussfähige Metaphern handelt. s. Armin von Bogdandy, Martin Nettesheim: Die Europäische Union: Ein einheitlicher Verband mit eigener Rechtsordnung - In: Europarecht, 31. Jg. 1996, H. 1, S. 7.

Angesichts der Desintegration im Osten ist es nicht verwunderlich, dass bei den MOE-Staaten eine starke Westorientierung auszumachen ist, die auf eine Einbindung in die westlich geprägten politischen, wirtschaftlichen und sicherheitspolitischen Strukturen (EU und NATO) abzielt. Symptomatisch dafür war das Drängen der MOE-Staaten auf die Verankerung von bilateralen Verträgen, die die Unterstützung der westlichen Partnerländer für die Perspektive der EU-Vollmitgliedschaft sichern sollten. Die MOE-Staaten sahen in dem Abschluss der EG-Assoziierungsabkommen ein wichtiges Zwischenziel auf dem Weg zu ihrer künftigen Integration in die Europäische Gemeinschaft. Für Elizabeth Pond sind gerade diese "postnationalen Bewusstseinsänderungen" der MOE-Staaten die eigentliche Revolution. Gerade weil sie kein "telegenes Blutvergießen" verursachten, seien diese "erstaunlichen Abweichungen von Jahrhunderten der Konfrontationspolitik in den internationalen Beziehungen" fast unbemerkt vor sich gegangen. Historisch gesehen sind diese Entwicklungen ihrer Meinung nach wesentlich bedeutsamer als die "Rückkehr zum archaischen Chauvinismus am Rande Europas"[2].

Allerdings befinden sich die MOE-Staaten in einem Dilemma: Einerseits setzten eine integrative Verflechtung und die Übertragung von Funktionen und Loyalitäten eine relativ fortgeschrittene innere Entwicklung in den postkommunistischen Ländern voraus. In MOE-Europa gerät die gerade wiedergewonnene Souveränität (Eigenstaatlichkeit, Selbstbestimmung, Identitäts- und Legitimationsbildung) durch die Befürworter supranationaler und europäischer Institutionen und Regime gleichsam unter Druck.[3] Die Eigenstaatlichkeit ist zugleich die endogene Basis für die Integration der MOE-Staaten in größere, regionale oder überstaatliche Zusammenhänge.

In Mittel- und Osteuropa ist der wirtschaftliche Rückstand gegenüber den westeuropäischen Ökonomien derzeit riesig.[4] Das kumulierte Bruttoinlandsprodukt der zehn Beitrittskandidaten beträgt gegenwärtig nicht einmal 4 % des BIP der Union und entspricht damit etwa dem der Niederlande. Das durchschnittliche Volkseinkommen pro Kopf liegt bei nur 30 % des EU-Durchschnitts. Der Anteil der Landwirtschaft am BIP und der Prozentsatz der in der Landwirtschaft Beschäftigten liegen mit 7,8 % bzw. 26,7 % weit höher als die entsprechenden Mittelwerte in der Union (2,5 % bzw. 7,8 %).[5] Gleichzeitig ist auch das Erwartungspotential an

---

[2] Elizabeth Pond: Brief aus Bonn: Europäische Visionen, In: Europäische Rundschau, 25. Jg., 4/97, S. 34.

[3] So wird beispielsweise die reservierte Haltung der tschechischen Regierung gegenüber der Abtretung nationaler Souveränitätsrechte an die EU oft mit dem britischen Europaskeptizismus gleichgesetzt. Auch wenn die beiden Phänomene eigentlich nicht vergleichbar sind, so kommt doch die Furcht der Tschechen zum Ausdruck, die gerade erst wiedergewonnene Unabhängigkeit an einen "neuen Block" zu verlieren.

[4] S. zusammenfassende Darstellung: Peter Achten: Die Osterweiterung der Europäischen Union. Beitritts- und Erweiterungshindernisse im Spiegel ökonomischer Kritik - Köln u.a., 1996.

[5] Gerd Tebbe: Die Politik der Europäischen Union zur Assoziierung und Integration der mittel- und osteuropäischen Länder. In: Osterweiterung der Europäischen Union: sind die mittel- und osteuropäischen Länder und die EU reif für eine Erweiterung?/Hrsg. Otto G. Mayer u.a. - Baden-Baden, 1997, S. 66.

Westeuropa riesig, und damit verbunden sind auch unvermeidliche Desillusionierungen. Im kollektiven Bewusstsein der östlichen Gesellschaften steht die Europäische Union nicht nur als Garant für die Unumkehrbarkeit der demokratischen Entwicklung ihrer Staaten; die EU steht als eine Sanierungs- und Modernisierungsagentur vor allem für wirtschaftliche Prosperität.

Politische, ökonomische oder soziokulturelle Symmetrie auf gesamteuropäischer Ebene wird auf absehbare Zeit nicht erreicht werden. Schließlich hat sich die alte Ost-West-Bipolarität nicht nur in machtpolitischer und militärischer Gegnerschaft ausgedrückt, sondern auch in konträren sozioökonomischen und politischen Ordnungen, unterschiedlichen sozialen Systemen, Normen, kulturellen Orientierungen und Lebensstilen.

Angesichts dieses Dilemmas müssen die Westeuropäer eine neue "gesamteuropäische Geschäftsgrundlage" schaffen, die zur Leitlinie für politisches Handeln wird. Sowohl die Tiefe des Integrationsprozesses ("Vertiefung") als auch seine räumliche Dimension ("Osterweiterung") bedürfen neuer Überlegungen. Die grundsätzliche Frage von "Vertiefung" oder "Erweiterung" stellt sich heute jedoch nicht mehr.[6] Der Europäische Rat hat eine eindeutige Entscheidung für den möglichen Beitritt der mittel- und osteuropäischen Staaten getroffen. Das heißt, das Vertiefung und Erweiterung pari passu, also gleichzeitig und schrittweise, bewältigt werden müssen: indem sich die Union erweitert und in dem Maße, wie sie sich erweitert, muss sich auch ihre Vertiefung vollziehen. Deshalb kann es nur noch um die Frage der Konditionen und des zeitlichen Rahmens gehen. Strukturelle Defizite der EG sind das eine Problem, die Einbindung der EG in eine veränderte geopolitische und geostrategische Lage das andere Problem.

Stand bisher die Bewertung der Transformation zu Demokratie und Marktwirtschaft in Mittel- und Osteuropa im Blickpunkt, so wird den Mitgliedstaaten mehr und mehr bewusst, dass sich die Osterweiterung auch in einer EU-Transformation fortsetzt. Wie der in Maastricht vertraglich besiegelte Weg zur Wirtschafts- und Währungsunion wird auch die Osterweiterung, die grundlegende EU-Reformen erzwingt, das Bild wie Selbstbild Europas verändern. Jannings prophezeit, dass "die Rückkehr des Ostens nach Europa [...] die politisch-kulturelle Nische seines westlichen Teils"[7] auflösen wird. Diese neue Geschäftsgrundlage der Europäischen Union soll im folgenden anhand der unterschiedlichen Heranführungsphasen der mittel- und osteuropäischen Staaten an die EU diskutiert werden.

Zunächst soll auf die Chronologie der Heranführungsschritte der beteiligten MOE-Staaten an die EU eingegangen werden, die in dem Strategiekonzept der Europäischen Kommission, der "Agenda 2000", einen vorläufigen Höhepunkt finden. Das eher theoretische Erweiterungskonzept der "Agenda 2000" soll, ge-

---

[6] Für Dahrendorf ist die "baldige Aufnahme einiger ostmitteleuropäischer Staaten, insbesondere Polens, nicht Erweiterung im Unterschied zu Vertiefung, sondern ist selbst Vertiefung der Union. Sie bekräftigt die politische Grundabsicht der Integration weit mehr als eine partielle Währungsunion". In: R. Dahrendorf: Warum Europa? In: Merkur, 1996, Vol. 50, Nr. 7, S. 559.

[7] Josef Janning und Claus Giering: Mythos der Erweiterungsfähigkeit. In: Internationale Politik, 11/1997, S.33.

messen an den europapolitisch relevanten und durchaus divergierenden Interessen und Konfliktlinien der unterschiedlichen Alt- und zukünftigen Neu-Mitgliedstaaten, eine realistische Einschätzung der "Erweiterungsfähigkeit" der EU annähernd ermöglichen.

Seit ihrer Gründung im Jahr 1957 haben die Europäischen Gemeinschaften eine kontinuierliche Expansion von ursprünglich sechs zu momentan fünfzehn Mitgliedern erfahren:

- Die sechs Gründungsstaaten sind Belgien, Frankreich, Deutschland[8], Italien, Luxemburg und die Niederlande,
- 1973 folgen Dänemark, Irland und Großbritannien;
- Griechenland wurde 1981 Mitglied;
- Spanien und Portugal wurden 1986 zu EU-Mitgliedern;
- Österreich, Finnland und Schweden folgten 1995; lediglich in Norwegen scheiterte der EU-Beitritt an einer Volksabstimmung.

Falls die Erweiterungsverhandlungen erfolgreich sein werden, kann die Europäische Union (EU) künftig 25 oder mehr Mitglieder umfassen. Der EU liegen zur Zeit Beitrittsgesuche von drei mediterranen Ländern mit langjährigem Assoziiertenstatus (Malta, Zypern, Türkei) und von zehn assoziierten mittel- und osteuropäischen Staaten (Polen, Ungarn, Tschechische Republik, Slowenien, Estland, Bulgarien, Rumänien, Lettland, Litauen, Slowakei) vor.[9] Die künftigen Beitrittsländer weisen substantielle Unterschiede zu den vorangegangenen Neumitgliedern auf. Darüber hinaus stellen die Kandidaten im Süden und Osten - gemessen an wirtschaftlichen, politischen und sicherheitspolitischen Kriterien sowie Unterschieden zwischen großen Staaten (Polen) als auch "Mikro-Staaten", wie Malta oder den baltischen Staaten - eine außerordentlich heterogene Gruppe dar.

---

[8] Mit der Einheit Deutschlands auf der Grundlage von Art. 23 des Grundgesetzes vollzog sich am 3. Oktober 1990 die Integration der ehemaligen DDR in die EG, ohne dass eine Änderung der Verträge erfolgte. Dieser in der Geschichte der europäischen Integration einmalige Vorgang hat das Spannungsverhältnis zwischen deutscher und europäischer Einigung konstruktiv gelöst. Die deutsche Vereinigung, oder zumindest die Anpassung, die der Billigung durch die Europäischen Gemeinschaften bedurfte, wurde durch die europäische Kommission zügig und umsichtig erleichtert, in diesem Falle mit großer Unterstützung des Europäischen Parlamentes. So hat die Osterweiterung der Gemeinschaft im Grunde bereits 1990 mit der deutschen Wiedervereinigung begonnen. Vgl. auch: Beate Kohler-Koch (Hrsg.): Die Osterweiterung der EG. Die Einbeziehung der ehemaligen DDR in die Gemeinschaft - Nomos, 1991.

[9] Beitrittsgesuche zur Mitgliedschaft in die EU wurden an den Europäischen Rat adressiert von: Türkei (April 1987), Zypern (Juli 1990), Schweiz (Mai 1992; aber ablehnendes Referendum vom Dezember 1992), Ungarn (Mai 1994), Polen (April 1994), Rumänien (Juni 1995), Slowakei (Juni 1995), Lettland (Oktober 1995), Estland (Dezember 1995), Litauen (Dezember 1995), Bulgarien (Dezember 1995), Tschechische Republik (Januar 1996), Slowakei (Juni 1996), Slowenien (Juni 1996); Russland und andere unabhängige Staaten sind durch Partnership und Cooperation Agreements (PCAs) mit der EU verbunden, die aber nicht das Ziel der EU-Mitgliedschaft nennen.

Chronologisch lassen sich derzeit sechs große Etappen der Heranführung der MOE-Staaten an die Europäische Union unterscheiden. Als Steuerungsinstrumente für die Beitrittsvorbereitung und Heranführung der MOE-Staaten an die EU wurden auf den Ratsgipfeln drei unterschiedliche und zum Teil innovative Methoden gewählt:

- das bilaterale Steuerungsinstrument der Europaabkommen,
- das neue multilaterale Steuerungsinstrument des "Strukturierten Dialogs" und später modifiziert der "multilaterale Ad-hoc-Dialog" sowie die "Europa Konferenz" und
- die eigentlichen Beitrittsverhandlungen als direktesten Weg zur EU-Mitgliedschaft.

Diese Annäherungsmethoden werden flankiert durch die finanzielle und technische Unterstützung des PHARE-Programms.

Die folgende Chronologie will die wichtigen zeitlichen und inhaltlichen Etappen der Heranführungsstrategie und ihre Steuerungsinstrumente zunächst benennen und in den genannten sechs Phasen zuordnen, um diese dann im einzelnen nach Kriterien wie Effektivität oder Legitimität hin zu bewerten:

1. Heranführungsschritt: völkerrechtlich verbindende bilaterale Europaabkommen, die jeweils eine unbefristete Assoziierung zwischen der Gemeinschaft und den zehn MOE-Staaten begründen und eine Beitrittsperspektive eröffnen (seit Ende 1991).

2. Heranführungsschritt: Auf der Tagung des Europäischen Rats in Kopenhagen wird 1993 beschlossen, dass es eine Osterweiterung für die assoziierten mittel- und osteuropäischen Staaten geben soll, die dies wünschen (ab 6/1993).

3. Heranführungsschritt: Auf der Tagung des Europäischen Rats in Essen entsteht im Dezember 1994 die eigentliche "Heranführungsstrategie", mit der die assoziierten MOE-Staaten auf den Binnenmarkt vorbereitet werden sollen; als neuartiges Instrument im Vorfeld einer Erweiterung der Gemeinschaft wird der sogenannte "Strukturierte Dialog" eingeführt, als multilaterale Konsultation zu verschiedenen Politikfeldern auf Ministerebene (ab 12/1994).

4. Heranführungsschritt: In dem beim europäischen Ratstreffen in Cannes vorgelegten "Weißbuch" der Europäischen Kommission wird die Heranführungsstrategie konkret formuliert (ab 5/1995).

5. Heranführungsschritt: In der "AGENDA 2000" schlägt die Europäische Kommission fünf der zehn MOE-Staaten (Ungarn, Polen, Estland, Tschechische Republik, Slowenien) und Zypern für Beitrittsverhandlungen vor. Die Heranführungsstrategie soll intensiviert werden, wozu die beiden neuen Steuerungsinstrumente "Beitrittspartnerschaften" und "Teilnahme der Beitrittskandidaten an Gemeinschaftsprogrammen und Durchführungsmechanismus des Acquis communautaires" dienen sollen. Anstelle des "Strukturierten Dialogs" befür-

wortet die EU-Kommission die Möglichkeit eines "Ad-hoc-Dialogs" sowie die Schaffung einer regelmäßigen "Europa-Konferenz". Der Prozess der offiziellen Beitrittsverhandlungen begann im März 1998 mit sechs Beitrittskandidaten.[10]

6. Heranführungsschritt: Der Zeitpunkt des eigentlichen Beitritts hängt entscheidend vom Grad der Übernahme, Umsetzung und Anwendung des Acquis communautaires ab. Einen verbindlichen Zeitplan bis zum Beitritt bekommen die Kandidaten nicht, da nicht vorherzusehen ist, wie lange die Verhandlungen dauern werden und wann die Beitritte ratifiziert werden können. Da die Beitrittsverhandlungen Anfang 1998 begannen, wird die eigentliche Osterweiterung wahrscheinlich ab dem Jahr "2002 plus X" realisiert werden können.

1.1. Erster Heranführungsschritt: Völkerrechtlich verbindliche bilaterale Europaabkommen (seit 1991)

Die EU reagierte auf den Zusammenbruch des Ostblocks zunächst mit dem Abschluss von Handels- und Kooperationsabkommen seit 1989. Danach folgten seit 1994 die Abschlüsse von "Assoziierungsabkommen" mit den Europäischen Gemeinschaften und der Europäischen Gemeinschaft für Kohle und Stahl auf der Grundlage von Artikel 238 der Römischen Verträge, die jeweils eine unbefristete Assoziierung zwischen der Gemeinschaft und den zehn MOE-Staaten begründen. In den auch als "Europa-Abkommen" (EA) bezeichneten bilateralen Assoziierungsverträgen hat die Europäische Union erstmals das Streben des jeweiligen Partnerlandes nach Mitgliedschaft anerkannt und die Assoziierung als einen Beitrag zur Verwirklichung dieses Ziels definiert. Neben der Schaffung einer Freihandelszone beinhalten die EAs Bestimmungen über den politischen Dialog, die Freizügigkeit der Arbeitnehmer, die Erbringung von Dienstleistungen, den Kapital- und Zahlungsverkehr, Wettbewerb, Rechtsangleichung, wirtschaftliche, kulturelle und finanzielle Zusammenarbeit und schafften einen eigenen institutionellen Rahmen (s. Abb. 2).

Im Dezember 1991 werden die ersten Abkommen zunächst mit Ungarn und mit Polen unterzeichnet, weitere Abkommen werden mit der Tschechischen Republik, der Slowakischen Republik, Bulgarien, Rumänien, Estland, Lettland, Litauen und Slowenien geschlossen. Die Tatsache, dass die Europäische Union quasi einen Kern bildet, der mit jedem Assoziationspartner bilateral ein separates Abkommen abschließt, wird auch als "Hub-and-Spoke-Bilateralism"[11] charakterisiert.

---

[10] Die EU-Kommission hat sich auf das Beitrittsszenario des "Gruppenmodells" festgelegt: Seitens der Union wird eine Differenzierung vorgenommen ("Gruppenbildung") zwischen den Assoziierten *vor* Aufnahme von Beitrittsverhandlungen. Das Europäische Parlament bevorzugte eher ein Beitrittsszenario nach dem sogenannten "Startlinienmodell".

[11] Vgl. Richard Baldwin: Towards an Integrated Europe - London, 1994, S. 129 ff.

Die Europaabkommen sind sogenannte "gemischte Abkommen": Sie regeln gleichzeitig Bereiche, in denen die EG ausschließlich zuständig ist, sowie Bereiche, in denen nach wie vor die Mitgliedstaaten zuständig sind. Aus diesem Grund müssen die Europa-Abkommen zusätzlich durch die nationalen Parlamente ratifiziert werden. Dieser Ratifizierungsprozess nahm jeweils ungefähr zwei Jahre in Anspruch und führte, aufgrund der zeitlichen Verzögerung, zu einer Desillusionierung der MOE-Assoziationspartner.[12] Um jedoch schon früher mit dem Abbau der Zölle und anderer Handelsschranken beginnen zu können - ausschließliche Zuständigkeit der EU -, wurden gleichzeitig Interimsabkommen, die den handelsrelevanten Teil der Europaabkommen beinhalten, abgeschlossen und kurz darauf in Kraft gesetzt.

Bis zur vollständigen Übernahme der Abkommen ist grundsätzlich eine in zwei Fünfjahresperioden geteilte Übergangszeit von zehn Jahren vorgesehen. Nach Ablauf dieser zehn Jahre läuft das Europaabkommen unbegrenzt weiter. Ein automatischer Beitritt zur EU ist nicht vorgesehen. Die Assoziierung könnte durch einen Beitrittsvertrag und die Beitrittsakte abgelöst werden. Die Beitrittsreife eines assoziierten Staates kann nur durch Verhandlungen gemäß Art. 0 EU-Vertrag ermittelt werden:

"Jeder europäische Staat kann beantragen, Mitglied der Union zu werden. Er richtet seinen Antrag an den Rat; dieser beschließt einstimmig, nach Anhörung der Kommission und nach Zustimmung des Europäischen Parlaments, das mit der absoluten Mehrheit seiner Mitglieder beschließt. Die Aufnahmebedingungen und die erforderlich werdenden Anpassungen der Verträge, auf denen die Union beruht, werden durch ein Abkommen zwischen den Mitgliedern und dem antragstellenden Staat geregelt".[13]

Präambel		
Titel I	Art. 2-5:	Politischer Dialog
Titel I	(Art.6):	Allgemeine Grundsätze
Titel III	(Art. 7-36):	Freier Warenverkehr
Titel IV	(Art. 37-58):	Freizügigkeit der Arbeitnehmer
Titel V	(Art. 59-69):	Zahlungen, Kapitalverkehr, Wettbewerb und sonstige wirtschaftliche Bestimmungen, Angleichung der Rechtsvorschriften
Titel VII	(Art. 70-96):	Wirtschaftliche Zusammenarbeit
Titel VII	(Art. 97):	Kulturelle Zusammenarbeit
Titel VIII	(Art. 98-103):	Finanzielle Zusammenarbeit
Titel IX	(Art. 104-124):	Institutionelle, Allgemeine und Schlussbestimmungen
Protokolle		

Abb. 2: Aufbau des Europaabkommens

---

[12] Vgl. Barbara Lippert, The Europe Agreements: Beyond Eurocratic Language. In The International Spectator, Volume XXIX, No. 1, 1-3 1994, S. 111-112.
[13] S. Art. 0 EU-Vertrag.

1.1.1. Erste Folgeeinschätzung der Europa-Abkommen für die Frage einer Osterweiterung

Die Europaabkommen stellen die Beziehungen der MOE-Staaten auf eine völlig neue Grundlage. Durch die Regelung der Marktöffnung, der industriellen Kooperation, der Niederlassungsfreiheit, des grenzüberschreitenden Dienstleistungsverkehrs, des Kapitalverkehrs, des Verkehrs von Arbeitnehmern, der Verpflichtung zur Anwendung des EU-Rechts und der Rechtsangleichung gehen sie weit über die herkömmlichen Handels- und Kooperationsabkommen hinaus. Darüber hinaus eröffnen sie neue Kooperationen in den verschiedenen Bereichen.

Die Assoziierungsabkommen als Basis für wirtschaftliche Beziehungen zwischen der Europäischen Union und den assoziierten Staaten bieten aber auch Ansatzpunkte für Kritik: die Öffnung der EU-Märkte geht trotz zunächst anderslautendem Wortlaut der Abkommen nur zögerlich und unzureichend vonstatten. Die Exportschwerpunkte der Reformstaaten kollidieren mit den Protektionsschwerpunkten der EU, so dass in den Abkommen eine Vielzahl von Ausnahmeregelungen vereinbart wurden: Kohle, Stahl, Textil- sowie bestimmte chemische Erzeugnisse wurden den sensiblen Bereichen zugeordnet, für die Handelserleichterungen nur in geringem Umfang gewährt werden; bei den landwirtschaftlichen Produkten bleiben dauerhafte Handelsbarrieren zunächst bestehen. Allerdings stellen diese sensiblen Erzeugnisse einen maßgeblichen Bestandteil der Exporte der Reformländer in die EU dar.[14]

Mangels gesamteuropäischer Freihandelszone kommt es so zu nachfrage- und handels-umlenkenden Effekten in Richtung relativ teure EU-Güter. Das Netz bilateraler Handelsabkommen verursacht vor allem im Bereich der Ursprungsregeln hohe Kosten sowohl im Bereich der Verwaltung als auch innerhalb der Unternehmen. Aus diesem Grund ist das "Hub-and-Spoke-System" suboptimal. Es führt, trotz positiver Akkumulationseffekte, zu einem geringeren Wachstum, als es potentiell möglich wäre.[15] Auch durch die zögerliche Umsetzung der mitteleuropäischen Freihandelszone CEFTA wurde die Entwicklung des innerost-europäischen Handels unnötig verzögert. Die osteuropäischen Unternehmen werden so daran gehindert, durch den Ost-Ost-Handel an Konkurrenzfähigkeit zu gewinnen. Welfens konstatiert, dass trotz der EU-Importkontingente und Antidumping-Maßnahmen, die die Europaabkommen vorsehen, die Westexporte der Transformationsländer in der ersten Hälfte der neunziger Jahre zweistellig wuchsen und die EU zum größten Handelspartner der assoziierten Staaten avancieren ließen.[16]

Da die mittel- und osteuropäischen Staaten nur im Rahmen eines EU-Beitritts wirkliche Handelsliberalisierung erfahren würden, haben die Reformstaaten seit April 1994 - auch aus wirtschaftlichen Gründen - die Beitrittsanträge bei der

---

[14] Paul J. J. Welfens: Die Europäische Union und die mittelosteuropäischen Länder: Entwicklungen und wirtschaftspolitische Optionen. In: Aus Politik und Zeitgeschichte, Beilage zur Wochenzeitung Das Parlament, 39/1995 S. 22-31.

[15] Vgl. Richard Baldwin: Towards an Integrated Europe - London, 1994, S. 130.

[16] Paul J. J. Welfens: Konsequenzen einer Osterweiterung für die EU und deren Reformbedarf. In: Osterweiterung der Europäischen Union - Baden-Baden, 1997, S. 155.

Europäischen Kommission in Brüssel hinterlegt. Die Europaabkommen waren tatsächlich nie wirklich als Alternative zu einem EU/EG-Beitritt konzipiert. Sie sollten vielmehr dazu dienen, die MOE-Staaten politisch und wirtschaftlich zu stabilisieren und der EG den Einfluss auf die MOE-Staaten langfristig zu sichern.[17]

Ungeachtet ihres weitgehend wirtschaftlichen Inhalts wird die Formulierung in der Präambel auf ein Recht auf spätere Mitgliedschaft in der EU als das entscheidende politische Element der Europa-Abkommen gewertet, da die Perspektive auf Mitgliedschaft eine politische Dynamik beinhaltet. Über das traditionelle Assoziationsverhältnis hinaus weisen die Abkommen den mittel- und osteuropäischen Staaten eine privilegierte Stellung als künftige Mitglieder der Union zu. So dürfen diese beispielsweise an Sitzungen des EU-Ministerrates teilnehmen, sofern die zu verhandelnden Themen für sie von Belang sind.

Ein wesentlicher Fortschritt gegenüber den Handels- und Kooperationsabkommen sind die Schaffung gemeinsamer Institutionen zwischen der EU und den einzelnen MOE-Staaten sowie die Initiierung des politischen Dialogs, der den assoziierten Ländern in außen- und sicherheits-politischen Fragen von gemeinsamem Interesse angeboten wird. Die gemeinsamen Institutionen haben beratenden Charakter. Sie entscheiden aber auch über den weiteren Fortgang der Liberalisierung wie auch in Streitfällen.

Die Annäherung soll durch die Liberalisierung des Handels zwischen den einzelnen MOE-Staaten und der EU erreicht werden, bei finanzieller Unterstützung durch das PHARE-Programm. Auf politischer Ebene hat sich die Multilateralität bereits durchgesetzt, da sich im Rahmen des politischen Dialogs die Vertreter aller assoziierten Staaten stets mit jenen der EU treffen.

Erörtert werden Fragen der praktischen Umsetzung und Anwendung der "Europa-Abkommen":

- im jeweiligen Assoziationsrat, bestehend aus Mitgliedern des EU-Rates, Mitgliedern der Kommission und den jeweiligen MOE-Regierungsmitgliedern,

- im Assoziationsausschuss, bestehend aus Vertretern des Rates, der Kommission und Vertretern der jeweiligen MOE-Regierungen auf höherer Beamtenebene, oder in seinen Sonderausschüssen und Arbeitsgruppen (zu Zollkooperation, Transport, Landwirtschaft, Rechtsangleichung etc.) und

- im Parlamentarischen Ausschuss, bestehend aus einer Anzahl von MOE-Abgeordneten des jeweiligen Landes und des europäischen Parlamentes, die zweimal jährlich tagen und Empfehlungen an den Assoziationsrat richten können.

---

[17] Vgl. Marc Maresceau/Elisabetta Montaguti: The Relations Between the European Union and Central and Eastern Europe: A Legal Appraisal. In Common Market Law Review 32, 1995, S. 1328.

Im Ergebnis wurde die Einrichtung des politischen Dialogs nicht maximal ausgeschöpft. Er diente einerseits dazu, auf Ministerebene die assoziierten Staaten über die Tätigkeiten der EU zu informieren, andererseits führen langatmige Vorträge der Vertreter der MOE-Staaten dazu, dass der politische Dialog in einem unstrukturierten Monolog endet.

Mit weiteren Staaten hat die EU Freihandelsabkommen, Partnerschafts- und Kooperationsabkommen abgeschlossen.

1.1.2. Das PHARE-Programm

Finanziell engagierte sich die EU zunächst bei der Gründung der auch als Osteuropabank bezeichneten Bank für Wiederaufbau und Entwicklung[18], die gezielt Investitionsvorhaben in den Reformländern fördert. Neben der Kreditvergabe durch die Europäische Investitionsbank stellt seit 1990 das PHARE-Programm[19] der EU das derzeit wichtigste Instrument finanzieller und technischer Zusammenarbeit zur Unterstützung des Prozesses der politischen und wirtschaftlichen Reformen in Mittel- und Osteuropa dar, in der Anfangsphase in Form von Beihilfen für technische Unterstützung, Know-how-Transfer und Investitionen. PHARE stellte zunächst nur für Polen und Ungarn zeitlich befristete Mittel bereit; das EU-Hilfsprogramm wurde aber mittlerweile sowohl auf andere Reformländer als auch in seiner zeitlichen Befristung ausgedehnt.

1.2. Zweiter Heranführungsschritt: Es soll eine Osterweiterung geben

Der Europäische Rat beschloss im Juni 1993 in Kopenhagen (damals noch zu zwölft), dass die assoziierten mittel- und osteuropäischen Staaten, die dies wünschen, Mitglieder der Europäischen Union werden können. Damit hat der Rat explizit eine neue, auf Integration abzielende Strategie in Hinblick auf die Beziehungen zu den östlichen Nachbarn formuliert. Zuvor hatte der Europäische Rat von Edinburgh am 12. Dezember 1992 erstmals offiziell den (einseitigen) Beitrittswillen der Reformstaaten anerkannt.

Mit der Kopenhagener Erklärung wollten die Staats- und Regierungschefs die politische Glaubwürdigkeit hinsichtlich der Erweiterungsbereitschaft der Europäischen Union zurückgewinnen und dem Assoziierungsprozess mit der Perspektive auf die spätere Mitgliedschaft eine neue, dynamische Perspektive verleihen. Einschränkend stellt der Europäische Rat in Kopenhagen fest, dass der Beitritt nur

---

[18] S. Günter Winkelmann: Die Osteuropabank ist nicht überflüssig. In: FAZ, Nr. 62, 14.03.1995, S.21.
[19] Das PHARE-Programm nahm 1989 seine Arbeit auf, die Anzahl der unterstützten Länder stieg von den ersten zwei im Jahre 1989 (Polen und Ungarn) auf mittlerweile zwölf an. S. Kapitel 3.3.2.

erfolgen kann, wenn ein assoziiertes Land in der Lage ist, den mit einer Mitgliedschaft verbundenen Verpflichtungen nachzukommen und die erforderlichen wirtschaftlichen und politischen Bedingungen zu erfüllen.

Der Beitritt zur Union anhand der aufgeführten Beitrittskriterien verlangt von den betroffenen mittel- und osteuropäischen Staaten eine enorme Reformanstrengung. Es geht dabei einmal um eine Reihe politischer Bedingungen - die Stabilität der demokratischen Institutionen, die Beachtung der Menschenrechte, der Schutz von Minderheiten -, die gewährleistet sein müssen. Zum anderen gibt es eine Reihe von ökonomischen Kriterien, die in der Formulierung zusammengefasst sind, dass die Beitrittsländer funktionierende marktwirtschaftliche Mechanismen haben und in der Lage sein müssen, sich dem Wettbewerbsdruck innerhalb der Europäischen Union zu stellen. Und drittens gehört in den Bedingungskatalog die Forderung, dass die Beitrittskandidaten willens und in der Lage sein müssen, den gesamten gemeinschaftlichen Besitzstand zu übernehmen.

Die Union muss diesen Reformprozess wirtschaftlich und politisch unterstützen. Sie muss schließlich ihre eigenen Strukturen und Politikfelder überprüfen und reformieren, um die Handlungsfähigkeit einer erweiterten Union sicherzustellen. Der Europäische Rat betont, dass auch die Fähigkeit der Europäischen Union, neue Mitglieder aufzunehmen und dabei die Integrationsdynamik der Europäischen Union zu erhalten, ein sowohl für die Beitrittskandidaten als auch für die EU wichtiger Gesichtspunkt sei.

Auf der Basis der Europa-Abkommen baut die EU multilaterale "strukturierte Beziehungen" der MOE-Staaten zu Institutionen der EU auf, die ebenfalls der Europäische Rat in Kopenhagen beschlossen hat. Diese "strukturierten Beziehungen", die später als "strukturierter Dialog" bezeichnet wurden, waren Teil dieser versuchten "relance" der Europaabkommen und neuen Partnerschaft der MOE-Staaten mit der EU. Die "strukturierten Beziehungen" erweiterten den bilateralen "Politischen Dialog" der Europa-Abkommen zu einer multilateralen Zusammenarbeit zwischen der Union und allen assoziierten mittelosteuropäischen Staaten auf allen vom Maastrichter Vertrag erfassten Gebieten.

Sie vollzieht sich in Treffen zwischen dem Rat und der Union und den jeweiligen Fachministern der Partnerländer, auf denen alle Fragen von gemeinsamem Interesse diskutiert werden können (Themen transeuropäischer Dimension wie: Verkehr, Energie, Umwelt, Forschung und Entwicklung, GASP, Zusammenarbeit in Innen- und Rechtspolitik). Die mulilateralen strukturierten Beziehungen sollten dazu beitragen, ein Klima gegenseitigen Vertrauens zu schaffen und die Bindungen zwischen der Union und ihren mittel- und osteuropäischen Partnern zu vertiefen.

Allerdings haben seit Einführung der "strukturierten Beziehungen" unterschiedliche Vorstellungen beider Seiten über den Charakter der "strukturierten Beziehungen" (Meinungsaustausch oder Darstellung von Leistungsnachweisen durch die MOE-Staaten) und die unzureichend vorbereiteten Treffen Anlass zur Kritik gegeben. Von Seiten der MOE-Staaten wurde zudem das Fehlen förmlicher Schlussfolgerungen, infolge des ausschließlich beratenden Charakters des strukturierten Dialogs, bemängelt. Ende Februar 1996 haben schließlich die Außenminister, auf Anregung der Kommission, Maßnahmen für eine intensivere Vorbereitung künftiger Treffen verabschiedet.

Auf seiner Tagung im Juni 1994 in Korfu hat der Europäische Rat die Kommission aufgefordert, so rasch wie möglich konkrete Vorschläge für die weitere Durchführung der Europaabkommen und der vom Rat in Kopenhagen gefassten Beschlüsse auszuarbeiten und diese dem Rat in Essen zu unterbreiten. Daraufhin erfolgt am 13. Juli eine Mitteilung der Kommission an den Rat über "Die Europaabkommen und die Zeit danach: Eine Strategie zur Vorbereitung des Beitritts der Länder Mittel- und Osteuropas". Diesem sehr allgemein gehaltenen Papier folgt am 27. Juli eine weitere Mitteilung mit konkreten Vorschlägen und Maßnahmen.

Am 30. August 1994 wird die Kommission vom Rat ermächtigt, mit den mittel- und osteuropäischen Staaten zusätzliche Protokolle zu den Europaabkommen auszuhandeln, um ihnen eine Teilnahme an Gemeinschaftsprogrammen auf speziellen Gebieten wie u.a. Forschung, Umwelt, Bildung, Tourismus und Energie zu ermöglichen. Außerdem legte der Europäische Rat in Korfu die Prozedur zur Einberufung einer Regierungskonferenz fest.[20] Auf der rechtlichen Grundlage des Art. N Abs. 2 des Vertrages über die Europäische Union sollte 1996 eine Regierungskonferenz einberufen werden, um insbesondere die Bestimmungen des Maastrichter Vertrages zur Gemeinsamen Außen- und Sicherheitspolitik und die Zusammenarbeit in den Bereichen Justiz und Inneres zu überprüfen.

Am 1. September 1994 löst das Grundsatzpapier über die Europapolitik der CDU-Fraktion im Deutschen Bundestag eine deutsche und europaweite Debatte über die Integrationsstrategie der EU, über den Zielkonflikt zwischen künftiger Erweiterung und Vertiefung und die Debatte um ein "Europa mehrerer Geschwindigkeiten" bzw. ein "Kerneuropa"[21] aus, was die politische Brisanz der Heranführungsstrategie deutlich macht.

---

[20] Danach wurde der Einberufung der Regierungskonferenz eine zweistufige Vorbereitungsphase vorgeschaltet. Zunächst sollten die Organe der EU Berichte über das Funktionieren des Vertrags über die EU erstellen. Im Juni 1995 sollte eine Reflexionsgruppe zur Vorbereitung der Regierungskonferenz ihre Arbeit aufnehmen. Zur Arbeit der Reflektionsgruppe s. Michael Hennes: Die Reflexionsgruppe der Europäischen Union. In: Außenpolitik, Jg. 47, H.1, 1996, S. 33-42.

[21] Die Diskussion um das Kerneuropa-Modell geht auf ein Positionspapier "Überlegungen zur europäischen Politik" von Wolfgang Schäuble MdB, Karl Lamers MdB, Michael Glos MdB und Günter Rinsche MdEP vom 1. September 1994 zurück. Das sogenannte Schäuble/Lamers-Papier signalisiert gegenüber Frankreich, Frankreich solle sich zu einem vertieften, föderalen Europa als hartem Kern (Kerneuropa) und einer erweiterten Union bekennen. Die französische Reaktion entsprach nicht den deutschen Hoffnungen, und damit fehlt einer betont integrativen Politik Deutschlands der notwendige Partner. Frankreich ist bereit, auf dem Währungssektor eine Vergemeinschaftung zu betreiben, um eine währungspolitische Hegemonie Deutschlands zu verhindern, ist aber nicht bereit, in anderen Sektoren (z.B. GASP) Souveränität abzugeben. Frankreich strebt nicht nach einem föderalen Kerneuropa (BRD) und auch nicht nach einem Europa als einer bloßen Freihandelszone (GB), sondern eher nach mehreren europäischen Kernen in einem erweiterten Europa. Politische Brisanz hatte das „Kerneuropa-Papier" auch durch die namentliche Aufführung einiger voraussichtlich zum Kerneuropa gehörender Staaten. Dies führte zu intensiven politischen Debatten in denjenigen Ländern, die die im Maastrichter Vertrag geforderten Stabilitätskriterien möglicherweise nicht einhalten können.

1.3. Dritter Heranführungsschritt: Die "Heranführungsstrategie" entsteht

Auf der Tagung des Europäischen Rats in Essen vom 9./10.12.1994 wird bekräftigt, dass assoziierte MOE-Staaten Mitglieder der Europäischen Union werden, wenn sie dies wünschen und sobald sie in der Lage sind, die notwendigen Bedingungen zu erfüllen. Unter deutschem Vorsitz und auf Vorschlag der Europäischen Kommission wird eine umfassende Heranführungsstrategie zur Beitrittsvorbereitung beschlossen. Der Bilateralismus der Europa-Abkommen und der Multilateralismus der "strukturierten Beziehungen" bilden den Rahmen für die beschlossene "Heranführungsstrategie".

Auf der Tagung des Europäischen Rats in Essen im Dezember 1994 wird das multilaterale Dialogschema der „strukturierten Beziehungen" des Kopenhagener Gipfels präzisiert und zum "strukturierten Dialog" (in der Langform: "strukturierte Beziehungen zwischen den mittel- und osteuropäischen Staaten und den Institutionen der Europäischen Union") erweitert.

Der "strukturierte Dialog" umfasst die für die Heranführung an den Acquis communautaire zentralen Gemeinschaftsbereiche, vor allem solche mit transeuropäischer Dimension, ferner die GASP und die Bereiche Justiz und Inneres. Die Staats- und Regierungschefs vereinbarten, ab 1995 multilaterale Treffen zu Kernbereichen mit den assoziierten Partnern abzuhalten. Grundsätzlich finden die Ministertreffen im Anschluss an die entsprechende Ratstagung statt:

- Treffen der Staats- und Regierungschefs: Treffen einmal im Jahr am Rande des Europäischen Rates
- Treffen der Außenminister: halbjährliches Treffen zur Erörterung der gesamten Breite der Beziehungen zu den assoziierten Staaten, insbesondere des Standes und der Perspektiven des Heranführungsprozesses
- Treffen der Minister mit Zuständigkeit für die Binnenmarktentwicklung, insbesondere Finanz-, Wirtschafts- und Landwirtschaftsminister: Treffen einmal im Jahr
- Treffen der Verkehrs-, Telekommunikations-, Forschungs- und Umweltminister: Treffen einmal im Jahr
- Treffen der Minister der Justiz und/oder Inneres: halbjährlich ein Treffen
- Treffen der Minister für Kultur und Bildung: jährlich ein Treffen

Im Mittelpunkt der Heranführungsstrategie steht die Vorbereitung der assoziierten MOE-Staaten auf die Teilnahme am Europäischen Binnenmarkt. Dazu gibt der Europäische Rat in Essen das später vom Europäischen Rat in Cannes gebilligte Weißbuch zur Erweiterung in Auftrag.

Auf dem Essener Gipfel wird auch die Rolle des PHARE-Programms als das wichtigste finanzielle Instrument der EU für die Vorbereitung der zukünftigen Mitgliedschaft der MOE-Staaten in der Europäischen Union bekräftigt. Das PHARE-Programm ist auf dem Essener Gipfel von einem jährlich zu verlängernden auf ein Mehrjahresprogramm umgestellt worden. PHARE gewinnt auch zwei neue Dimensionen, da seit dem Essener Gipfel bis zu 25 % der EU-PHARE-Mittel seitens der MOE-Staaten für Infrastrukturprojekte bzw. transeuropäische Netze eingesetzt werden können.[22]

Auch besteht seit dem Essener Gipfel in EU-Grenzregionen mit Mittelosteuropa die Möglichkeit, INTERREG-Fördermittel auf EU-Seite und PHARE-Mittel auf MOE-Seite einzusetzen.[23]

Der Erfolg der Umsetzung dieser strategischen Schritte hängt sehr stark von der Bereitschaft und Fähigkeit der assoziierten Staaten zur intraregionalen Kooperation ab. Dies macht der Europäische Rat in Essen deutlich. Bereits mehrmals fordert die Union ihre Assoziationspartner auf, den Freihandel innerhalb ihrer Regionen zu verwirklichen, da die Zusammenarbeit zwischen Nachbarstaaten ein Wesensmerkmal der Unionsmitgliedschaft ist. Das Konzept der CEFTA (Central European Free Trade Agreement) ist ein Schritt in diese Richtung.

Frankreich und die südeuropäischen Mitgliedsländer setzten zudem auf dem europäischen Gipfel in Essen als Gegengewicht die europäisch-mediterrane Partnerschaft mit Mittelmeerländern durch, die nicht der Europäischen Union angehören. Die Länder im Norden Afrikas, deren politische wie wirtschaftliche Instabilität sich verheerend auf die EU auswirken kann, sollen näher an die EU herangeführt werden.

Auch das Europäische Parlament äußert sich in seiner Entschließung zur "Strategie der Europäischen Union zur Vorbereitung des Beitritts der Staaten Mittel- und Osteuropas im Hinblick auf die Tagung des Europäischen Rates in Essen (9.-10.12.1994)"[24] positiv zur Erweiterung der EU um Mittelosteuropa. Am 5.4.1995 erfolgt auf Einladung des europäischen Parlamentspräsidenten nach Straßburg ein Treffen der sechs Parlamentspräsidenten der assoziierten Staaten mit den MdEPs[25] zum Einfädeln des Dialogs zwischen den Parlamentariern in den "gemischten parlamentarischen Ausschüssen" (EA[26]-EP).

---

[22] Auf dem Kopenhagener Gipfel war eine Grenze von 15% zur Unterstützung des Ausbaus der Infrastruktur im Rahmen von PHARE vorgegeben.
[23] Gemäß den Vereinbarungen des Rates "Allgemeine Angelegenheiten" vom 31. Oktober, Einführung eines Programms für die regionale Zusammenarbeit und "gutnachbarschaftliche Beziehung" für mehrjährige und mehrere Länder einbeziehende Projekte der Zusammenarbeit in Land- und Seegrenzen.
[24] Abl. Nr. C 363/16 vom 19.12.1994.
[25] Mitglied des Europäischen Parlaments.
[26] Europa-Abkommen.

1.4. Vierter Heranführungsschritt: Das "Weißbuch" der Europäischen Kommission und der Amsterdamer Vertrag

1.4.1. Das "Weißbuch" formuliert eine konkrete Heranführungsstrategie

Das entscheidende Instrument zur Umsetzung der in Essen entwickelten "Heranführungsstrategie" ist das von der Kommission im Mai 1995 vorgelegte und vom Europäischen Rat in Cannes am 27.6.1995 gebilligte Weißbuch[27].

Es identifiziert 23 Bereiche, in denen Rechtsangleichungen an das EU-Recht primär notwendig sind. Das Weißbuch besteht aus zwei Teilen. Der Hauptteil (39 Seiten) legt Inhalt und Konzept des Weißbuches dar, der zweite Teil umfasst den Annex (438 Seiten) sowie eine Liste von 23 Rechtsbereichen mit über 800 umzusetzenden Rechtsakten. Darüber hinaus gibt das Weißbuch an, welcher institutionelle Rahmen in den mittel- und osteuropäischen Staaten geschaffen werden muss, damit diese wesentlichen europäischen Rechtsvorschriften zur Verwirklichung des europäischen Binnenmarktes von den assoziierten Partnern wirksam praktisch umgesetzt und durch deren Verwaltung angewendet werden.

Dabei gilt das Weißbuch den MOE-Staaten als Leitlinie bei der Reform von Gesetzgebung und Verwaltung im Hinblick auf die Mitgliedschaft und Teilnahme am Europäischen Binnenmarkt. Inhaltliche Schwerpunkte des Weißbuches betreffen den freien Warenverkehr und die Wettbewerbspolitik, insbesondere die Transparenz und die EU-Kompabilität staatlicher Beihilfen. Dazu gewährt die EU den assoziierten Partnern finanzielle und technische Hilfe bei der Umsetzung des Weißbuchs im Rahmen des PHARE-Programms.

Mit dem Auftrag des Europäischen Rates von Madrid vom 15./16. Dezember 1995 an die Europäische Kommission, ihre Stellungnahme zu den einzelnen Beitrittsanträgen sowie ein Gesamtdokument über die Erweiterung sobald wie möglich nach Abschluss der Regierungskonferenz vorzubereiten, ist die Erweiterung der EU nach Mittel- und Osteuropa in das Stadium der praktischen Umsetzung getreten. Der Europäische Rat von Madrid bekräftigt, dass die Erweiterung „eine politische Notwendigkeit und zugleich eine historische Chance für Europa" sei. Der Europäische Rat von Madrid hat ausdrücklich „die Notwendigkeit einer guten Vorbereitung der Erweiterung auf der Grundlage der in Kopenhagen festgelegten Kriterien und im Rahmen der in Essen definierten Heranführungsstrategie" betont. Die EU erzeugt einen gewissen Reformdruck, da der Beginn der Beitrittsverhandlungen von dem Stand der Beitrittsvorbereitungen der MOE-Staaten selbst abhängig gemacht wird. Der Europäische Rat von Madrid stellt aber in Aussicht, dass die Anfangsphase der MOE-Beitrittsverhandlungen mit dem Beginn der Verhandlungen mit Zypern und Malta zusammenfallen wird.

Eine Mehrheit für die Osterweiterung wird bei den EU-Mitgliedstaaten nur erreichbar sein, wenn auch eine Süderweiterung mit Zypern und Malta umgesetzt

---

[27] Europäische Kommission: Weißbuch über die Vorbereitung der assoziierten Staaten Mittel- und Osteuropas auf die Integration in den Binnenmarkt der Union, Europäische Kommission, KOM(95) 163 endg. vom 3.5.1995.

wird (namentlich in den Parlamenten von Portugal, Griechenland und Spanien). Deshalb soll die nächste Erweiterungs-runde sechs Monate nach Abschluss von Maastricht II zunächst mit den Inselstaaten Zypern und Malta starten, für deren Beitritt die Europäische Kommission bereits im Juni 1993 positive Stellungnahmen abgegeben hat. Zur schwierigen Frage der Süderweiterung gehört auch das Verhältnis der Europäischen Union zur Türkei, deren Beitrittsantrag schon lange auf dem Tisch liegt.

Ferner ist mit dieser Festlegung des inhaltlichen und zeitlichen Horizontes für die Entwicklung der Union im nächsten Jahrzehnt[28] zugleich der in der politischen, vor allem aber in der akademischen Diskussion immer wieder hervorgehobene Gegensatz zwischen Vertiefung und Erweiterung in der Union überbrückt. Aus dem Beschluss von Madrid geht eindeutig hervor, dass erst nach erfolgreichem Abschluss der Regierungskonferenz und nach Abschluss des Ratifizierungsprozesses in den 15 Mitgliedstaaten die Rechtsgrundlage für die Beitrittsverhandlungen gegeben sein wird. Ohne Abschluss der Regierungskonferenz wird es keine Aufnahme neuer Mitglieder geben.

1.4.2. Die Regierungskonferenz 1996 - 1997 und der Amsterdamer Vertrag

Die Regierungskonferenz[29] zur Revision des Maastrichter Vertrages wurde am 29. März 1996 in Turin mit Vertretern der 15 Regierungen, zwei Vertretern des Europäischen Parlamentes[30] sowie dem Kommissionspräsidenten eröffnet. Nach über zwei Jahren Vorbereitung und 129 Verhandlungstagen der Regierungskonferenz wurde der Vertrag von Amsterdam mit 144 Seiten, 116 neuen Artikeln, 13 Protokollen und 45 Erklärungen Mitte Juni 1997 verabschiedet. Die endgültige Vertragsversion wurde am 2. Oktober 1997 von den Außenministern in Amsterdam unterzeichnet. Danach soll in allen EU-Mitgliedstaaten das Ratifikationsverfahren möglichst zügig in Gang gesetzt werden. In Dänemark wird ein Referendum zu den Vertragsveränderungen durchgeführt.

Das Schlusskommuniqué des Amsterdamer Gipfels der Staats- und Regierungschefs betont, dass die Union das selbstgesetzte Ziel "erfolgreich" erreicht

---

[28] Der Madrider Gipfel hat auch die Festlegung eines konkreten Zeitplans für die WWU vorgelegt und den Namen Euro für die Währungseinheit festgelegt (bis Ende 1996: Vorbereitung der rechtlichen, organisatorischen und logistischen Voraussetzungen zur Einführung der einheitlichen Währung; Frühjahr 1998: Entscheidung über den Kreis der Teilnehmerstaaten, die die strengen Konvergenzkriterien erfüllen; 1.7.2002: bei den an der Währungsunion teilnehmenden Staaten verlieren die bisherigen nationalen Banknoten und Münzen ihre Gültigkeit als gesetzliches Zahlungsmittel).

[29] S. Mathias Jopp/Otto Schmuck (Hrsg.): Die Reform der Europäischen Union. Analysen - Positionen - Dokumente zur Regierungskonferenz 1996/97.- Bonn, 1996.

[30] MdEP Elisabeth Guigou (parti socialiste, Frankreich) und MdEP Elmar Brok (CDU, Bundesrepublik Deutschland). Allerdings wurde das EP zu den offiziellen Verhandlungen im Rahmen der Regierungskonferenz nicht zugelassen. Statt dessen wurde ein Verfahren der Beteiligung eingerichtet, das eine regelmäßige und ausführliche Information der Abgeordneten über den Stand der Beratungen vorsah.

habe, sich institutionell für die beabsichtigte Aufnahme neuer Mitglieder vorzubereiten: "Damit ist der Weg für die Einleitung des Erweiterungsprozesses gemäß den Schlussfolgerungen des Europäischen Rates von Madrid geebnet."[31] Die nun verabschiedeten Verfahren sollen für eine EU bis zu 20 Mitgliedern gültig sein; spätestens ein Jahr vor dem Zeitpunkt, zu dem die Zahl der Mitgliedstaaten der EU zwanzig überschreiten wird, soll, laut Art. 2, "Protokoll über die Organe im Hinblick auf die Erweiterung der Europäischen Union"[32], eine erneute Regierungskonferenz zusammentreten, um die Bestimmungen der Verträge betreffend die Zusammensetzung und die Arbeitsweise der Organe umfassend zu überprüfen (Art. 2, ebd.).

1.4.2.1. Erste Folgeeinschätzung des Amsterdamer Vertrags für die "Osterweiterungsfähigkeit" der EU

Die politischen und wissenschaftlichen Analysen[33] der Ergebnisse des Amsterdamer Vertrages sind unterschiedlich und auch davon abhängig, von welchem Grundverständnis des Integrationsprozesses man ausgeht. Die Einschätzung konzentriert sich im folgenden auf zwei ausgewählte Aspekte, a) die Erhaltung der Handlungsfähigkeit der Union als eine der Hauptziele der Regierungskonferenz zur Vorbereitung auf die Osterweiterung (institutionelle Fragen) und b) die Einschätzung des Amsterdamer Vertrages aus Sicht der deutschen Länder:

1.4.2.2. Die "institutionellen Fragen"

Für die Erweiterungsfähigkeit der "Union nach Amsterdam" bedeuten insbesondere die ungeklärten Fragen im Bereich der "institutionellen Fragen"[34], dass die Beitrittsverhandlungen ab 1998 nicht leichter werden. Im Vertrag von Amsterdam

---

[31] Erster Absatz der Einleitung der Schlussfolgerung des Vorsitzes über die Sitzung des Europäischen Rates in Amsterdam vom 16./17. Juni 1997.

[32] Protokoll über die Organe im Hinblick auf die Erweiterung der Europäischen Union, EUV.

[33] Vgl. zur wissenschaftlichen Debatte: Rudolf Hrbek (Hrsg.): Die Reform der Europäischen Union. Positionen und Perspektiven anlässlich der Regierungskonferenz - Baden-Baden, 1997; Mathias Jopp/Otto Schmuck (Hrsg.): Die Reform der Europäischen Union. Analysen, Positionen, Dokumente zur Regierungskonferenz 1996/1997- Bonn, 1996; Werner Weidenfeld (Hrsg.): Reform der Europäischen Union. Materialien zur Revision des Maastrichter Vertrages - Gütersloh, 1996; Heinrich Schneider: Von Amsterdam in die Zukunft. In: Integration 4/97, 20. Jg., S. 197-203; Wolfgang Wessels: Der Amsterdamer Vertrag - Durch Stückwerkreformen zu einer effizienteren, erweiterten und föderalen Union? In: Integration, Nr. 3/97, S. 117-135. Melanie Piepenschneider: Der Vertrag von Amsterdam - Analyse und Bewertung, Konrad Adenauer Stiftung, Bereich Forschung und Beratung - Internationale Politik - Sankt Augustin, Januar 1998.

[34] Zur kritischen Analyse der Demokratiedefizite nach Amsterdam vgl. Andreas Maurer: Demokratie in der Europäischen Union nach Amsterdam. In: Internationale Politik und Gesellschaft (Hrsg. FES), Heft 4/1997, S. 425-442.

hat die Europäische Union verschiedene Fortschritte bei den institutionellen Reformen vorgenommen, jedoch konnten über verfahrensmäßige Änderungen (wie den Ausbau der Anwendung von Mehrheitsentscheidungen im Rat um weitere 4 Rechtsgrundlagen[35] oder eine Ausdehnung des Mitentscheidungsrechts des Europäischen Parlaments gem. Art. 189b EG-Vertrag auf insgesamt 40 Rechtsgrundlagen im Mitentscheidungsverfahren[36] sowie die Einigung, dass die Anzahl der Mitglieder im Europäischen Parlament 700 nicht überschreiten darf) hinausgehend nur wenige institutionelle Fragen materiell zufriedenstellend gelöst werden.[37] Ungeklärt ist die Frage der langfristigen Zusammensetzung der Europäischen Kommission sowie der künftigen Stimmengewichtung im Ministerrat.

Der neue Vertrag ändert die Zusammensetzung der Kommission (ein Mitglied pro Staat) nur unter der Bedingung, dass zuvor eine neue Gewichtung der Stimmen im Rat erfolgt. Bis dahin bleibt die bisherige Art der Verteilung erhalten. Dies kann dazu führen, dass der Rat von seiner Befugnis gemäß Art. 157 Abs. 2 EGV Gebrauch macht und die Gesamtzahl der Mitglieder der Kommission erhöht, um den bestehenden Verteilungsschlüssel beibehalten zu können.

Deutlich wird damit die Kontroverse zwischen "größeren", (bevölkerungsreicheren) und "kleineren" (bevölkerungsärmeren) Mitgliedstaaten. Die Stimmenverteilung im Rat ist auch Indikator eines vertraglich dokumentierten "Machtstatus" des jeweiligen Staates. Die kleineren Staaten lehnen eine Verkleinerung der Kommission ab, die den Verzicht auf die Nominierung eines Kommissionsmitgliedes bedeutet hätte. Sinnvoller wäre die Reform hin zu einer Kommission mit verkleinertem Kollegium (10 Kommissare), verbunden mit einer Umstrukturierung im Rat, der seine Arbeit auf eine kleinere Zahl von Räten und auf politische Schlüsselbereiche - ähnlich der Struktur nationaler Regierungen - konzentrieren würde.

Problematisch ist auch die nur sehr zögerliche Ausdehnung von Mehrheitsentscheidungen im Rat. Gegenstand aktueller politischer Diskurse ist auch die Frage nach dem Prinzip der Gleichheit im Rat, die mögliches Thema einer weiteren Regierungskonferenz vor der nächsten Erweiterungsrunde sein könnte: die Stim-

---

[35] Art. 45 Abs. 3, 130 i Abs. 1, 130 i Abs. 2 und 130 o EG-Vertrag.
[36] Dietmar Nickel: Ein Kommentar zum Amsterdamer Vertrag aus Sicht des Europäischen Parlamentes. In: Integration 20. Jh., 4/97, S. 220. Die Lesungen im Mitentscheidungsverfahren wurden 1993 neu im Maastrichter Vertrag eingeführt.
[37] Vgl. Roland Bieber: Reformen der Institutionen und Verfahren - Amsterdam kein Meisterstück. In: Integration, 4/97, S. 236 ff. und Wolfgang Wessels: Der Amsterdamer Vertrag - Durch Stückwerkreformen zu einer effizienteren, erweiterten und föderalen Union? In: Integration, 20. Jg., 3/97, S. 117-134.

mengewichtung bei Abstimmungen mit "qualifizierter Mehrheit"[38] im Ministerrat ist ursprünglich nach einem politischen Kalkül so ausgestaltet, dass zwei der großen Mitgliedstaaten alleine eine Entscheidung nicht verhindern können, während andererseits bestimmte Staatengruppen, etwa die südlichen Mitgliedstaaten, es verhindern können, majorisiert zu werden. Als problematisch kann sich erweisen, dass so aber auch die Macht der großen Länder im Zuge des Erweiterungsverfahrens laufend an Gewicht verloren hat. Für den Fall der EU-Osterweiterung könnte sich von daher das gravierende Problem einer geschwächten EU-Achse Deutschland - Frankreich ergeben; oder die Stimmenzahlen im Ministerrat müssten zu Lasten der kleineren Länder reduziert werden.

An demokratischen Grundsätzen gemessen, ergibt sich schon bislang im Ministerrat eine starke Bevorteilung kleiner Länder, die - sofern arm - auch erheblich überproportional von EU-Transfers profitiert haben. Für die stärkere demographische Gewichtung der Mitgliedstaaten bei allen Ratsentscheidungen - und damit auch einer Stimmenmehrung zugunsten der großen EU-Staaten - plädierten auch in einer deutsch-französischen Initiative, Kohl und Chirac, im Dezember 1995 in einem gemeinsamen Brief an die EU-15-Partner.[39]

Für die Bewahrung des Prinzips der Gleichheit im Rat sprach, das Vertrauen und Wohlwollen kleinerer Mitgliedstaaten zu gewinnen, da die großen Mitgliedstaaten ungleich mehr Möglichkeiten besitzen, ihre Interessen zu verteidigen. Außerdem ist fraglich, ob der deutsch-französische Vorschlag die Zustimmung der kleineren Mitgliedstaaten finden würde.

Gleichzeitig macht diese Diskussion deutlich, dass die europäische Integration seit 1989/90 in ein völlig anderes Kräftefeld geraten ist und sich deshalb gründlich verändert hat. Angesichts der neuen "Gravitationslinien des Kontinentes" scheint es immer weniger abwegig zu sein, von einer zunehmenden Ungleichheit zwischen größeren und kleineren Mitgliedstaaten zu sprechen. Möglicherweise ist es für die kleineren EU-15-Mitglieder strategisch sinnvoller, im Interesse eines handlungsfähigen erweiterten Europas, zukünftig auf gewohnte Rechte zu verzichten, um das große politische Gewicht Deutschlands und der deutsch-französischen Achse für eine Vertiefung der Europäischen Integration zu nutzen.

Nicht nur für die Stimmengewichtung im Ministerrat, auch für die Konstruktion des Ratsvorsitzes im Ministerrat müssten bei weiteren Erweiterungsrunden ganz

---

[38] Die Abstimmungsmodalitäten im Ministerrat sind nicht zentral, sondern in Einzelzuweisungen geregelt. Eine Beschlussfassung im Ministerrat mit der einfachen Stimmenmehrheit ist vertraglich immer dann vorgesehen, wenn nichts anderes bestimmt ist. Abstimmungen mit "qualifizierter Mehrheit" oder mit "Einstimmigkeitserfordernis" stellen allerdings die Regel dar. Bei Abstimmungen mit qualifizierter Mehrheit werden die Stimmen der Mitgliedstaaten gemäß den Bestimmungen des Art. 148 EWGV wie folgt gewichtet: Deutschland, Frankreich, Italien, Großbritannien je 10, Spanien 8, Belgien Griechenland, Niederlande und Portugal je 5, Österreich, Schweden je 5, Dänemark, Finnland, Irland je 3, Luxemburg 2. Eine qualifizierte Mehrheit ist dann erreicht, wenn mindestens 62 der insgesamt 87 Stimmen einen Beschluss unterstützen, so dass 25 Stimmen eine "qualifizierte Mehrheit" darstellen.

[39] S. Gisela Müller-Brandeck-Bocquet: Reform der Europäischen Union. In: Dokumente, Jg. 52, H. 6, 1996, S. 456-461.

neue Berechnungen erfolgen.[40] Da die Schwerfälligkeit von EU-Entscheidungen infolge erhöhter Mitgliederzahl weiter zunehmen wird, könnte im Interesse der Handlungsfähigkeit der Union eine mögliche Lösung des Problems darin bestehen, dass der Ratsvorsitz im Fall kleiner Länder stets von einer Ländergruppe ausgeführt wird (z.B. Benelux-Gruppe, Visegrád-Länder[41] etc.). Allerdings wird es schwierig sein, eine überzeugende Ländergruppen-Zusammensetzung zu finden.

Das Europäische Parlament hat immer den Standpunkt vertreten, dass nur durch eine substantielle Ausdehnung des Anwendungsbereiches von Mehrheitsentscheidungen ohne Erhöhung der Schwelle zum Erreichen der qualifizierten Mehrheit - mit Blick auf die anstehende Erweiterung auf 20 und mehr Mitgliedstaaten - ein Abgleiten der Gemeinschaft in eine gehobene Freihandelszone verhindert werden kann. So kritisierte MdEP Klaus Hänsch (SPD), dass "manche Regierungen beim Amsterdamer Ratstreffen die innere Reform der EU blockierten, um die Osterweiterung zu verhindern. Andere wollten die Osterweiterung ohne Reformen, damit die EU zur bloßen Freihandelszone verkomme."[42]

Durch den Vertrag wurde - trotz der geäußerten Kritik - vom Europäischen Rat erfolgreich der Weg für Verhandlungen mit den beitrittswilligen Ländern geebnet. Es sind dennoch erhebliche Zweifel angebracht, ob der so revidierte Vertrag das sich selbst gesetzte Ziel erreicht hat, sich institutionell für die beabsichtigte Aufnahme neuer Mitglieder vorzubereiten. Die Nichteinigung zur Frage der Stimmengewichtung gibt aber Gelegenheit, darauf hinzuwirken, dass vor dem ersten Beitritt noch andere institutionelle Anpassungen vorgenommen werden. Das gilt insbesondere für die Ausdehnung des Anwendungsbereichs von Mehrheitsentscheidungen im Bereich der vergemeinschafteten Bereiche der Innen- und Rechtspolitik und im Bereich der Außenwirtschaftspolitik.

Zu überprüfen wäre auch das Einstimmigkeitsprinzip beim Entscheidungsverfahren in der europäischen Strukturpolitik, da aufgrund der Blockademöglichkeiten jedes einzelnen Mitgliedstaats gerade in der Strukturpolitik die Einstimmigkeit die Nettozahler insgesamt teuer zu stehen kommt. Die Regierungskonferenz ist demnach weit davon entfernt, ein Regel-/Ausnahmeprinzip zu installieren, wonach im Grundsatz Entscheidungen mit qualifizierter Mehrheit und nur als Ausnahme

---

[40] Schon bei der Erweiterung um Finnland, Schweden und Österreich wurde eine erste Konsequenz gezogen, indem von dem Prinzip der alphabetisch erfolgten Rotation beim Ratsvorsitz abgewichen wurde. Es wurde 1996 ein Rhythmus festgelegt, der für die nächsten Jahre sicherstellt, dass immer ein großes Land in der aus dem Vorsitzland sowie seinem Vorgänger und Nachfolger bestehenden Troika vertreten ist - mit der Konsequenz, dass beispielsweise Deutschland den Ratsvorsitz häufiger übernimmt als Griechenland oder Portugal. Bekanntlich sieht das Troika-Prinzip vor, dass das die Ratspräsidentschaft für ein halbes Jahr innehabende Land sowie das Vorgänger- und Nachfolgerland dieser Präsidentschaft eng zusammenwirken.

[41] Am 15.2.1991 erfolgte in Visegrád (Ungarn) die Unterzeichnung des Kooperationsabkommens zwischen Ungarn, Polen und der Tschechoslowakei über die trilaterale Zusammenarbeit auf dem Weg in die europäische Integration.

[42] FAZ, 17.7.1997.

mit Einstimmigkeit zu treffen sind.⁴³ Der Effizienz dient dieses Beharren der Regierungen auf der Möglichkeit einer Blockade von Gesetzgebungsprojekten nicht.

Ralf Dahrendorf geht in seiner Kritik an der Regierungskonferenz über die angesprochenen institutionellen Reformdefizite hinaus. Er kritisiert, dass es der EU bisher nicht gelungen sei, Themen aufzunehmen, die die EU nicht "selbst erfindet", sondern die sich aus "realen Entwicklungen" ergeben (Arbeitslosigkeit, sozialer Ausschluss, notwendige Reformen des Sozialstaates, Recht und Ordnung etc.). Unter diesem Gesichtspunkt halte er die Regierungskonferenz für "so überflüssig wie einen Kropf". Wenn es Probleme des Entscheidungsprozesses gäbe, könnten die bestehenden Institutionen sie lösen. Die abstrakten Diskussionen möglicher Probleme aber machten die EU nur lächerlich, oder schlimmer noch, so Dahrendorf, sie bedeuteten (in der Sprache Washingtons), dass die Union und ihre Kopfschmerzen "auf dem Bildschirm der wichtigen Ereignisse überhaupt nicht erscheinen" würden.⁴⁴

1.4.2.3. Der Amsterdamer Vertrag aus Sicht der Länder und Regionen

Bei der Regierungskonferenz verfolgten die Regionen vorrangig das Ziel, vorhandene Mitwirkungsmöglichkeiten zu konsolidieren und vorsichtig auszubauen. Die Regionen hatten bereits mit dem Maastrichter Vertrag eine deutliche Aufwertung erfahren, und die deutschen Länder konnten zudem innerstaatlich mit den dazugehörigen Begleitgesetzen eine weitreichende Positionsverbesserung in der Europapolitik erreichen.⁴⁵ Der Forderung einiger Länder und Regionen, den Ausschuss der Regionen⁴⁶ zu einem reinen Regionalorgan weiterzuentwickeln oder gar Entscheidungsrechte für die Institutionen zu fordern, war von den jeweiligen Mehrheiten im Bundesrat und auch im Ausschuss der Regionen eine deutliche Absage erteilt worden.⁴⁷

---

⁴³ Die Mehrheitsentscheidungen im Rat wurden neu für 25 Fälle (einschließlich der Fälle, für die in Zukunft das Mitentscheidungsverfahren gilt) eingeführt. Nach wie vor gilt Einstimmigkeit zum Beispiel in den Bereichen: Strukturfonds (Art. 161 EG-V), Agrarpolitik (Art. 37 EG-V), Diskriminierungsverbot (Art. 13 EG-V), Freizügigkeit (Art. 18 EG-V), soziale Sicherheit für Wanderarbeitnehmer (Art. 42-EG-V), Berufsordnung (Art. 47 Abs. 3 EG-V), Steuern (Art. 93 EG-V), Kultur (Art. 151 EG-V), Umweltfragen (Art. 175 Abs. 2 EG-V) und Industriepolitik (Art. 157 EG-V).
⁴⁴ Ralf Dahrendorf: Warum Europa? Nachdenkliche Anmerkungen eines skeptischen Europäers. In: Merkur, Vol. 50, Nr. 7, S. 586.
⁴⁵ Vgl. Franz H. U. Borkenhagen (Hrsg.): Die deutschen Länder und Europa. Politische Union und Wirtschafts- und Währungsunion - Baden-Baden, 1992; Rudolf Hrbek/ Sabine Weyand: Betrifft: Das Europa der Regionen - München, 1994.
⁴⁶ Zur Funktion des Ausschusses der Regionen vgl.: Christian Tomuschat (Hrsg.): Mitsprache der dritten Ebene in der Europäischen Integration: Der Ausschuss der Regionen - Bonn, 1995.
⁴⁷ Otto Schmuck: Der Amsterdamer Vertrag aus Sicht der Länder und Regionen. In: Integration, 4/1997, S. 228.

In der Bilanz wurden wesentliche Forderungen der deutschen Länder im Amsterdamer Vertrag durchgesetzt. Dies betrifft den Inhalt des vereinbarten Subsidiaritätsprotokolls[48] ebenso wie die Weiterentwicklung des Ausschusses der Regionen (AdR)[49], der einen eigenen organisatorischen Unterbau sowie Geschäftsordnungsautonomie (neuer Art. 198b Absatz 2 EG-V) und obligatorische Anhörungsrechte in den Bereichen Soziales, Gesundheitswesen, Verkehr, Beschäftigung, Umwelt und berufliche Bildung erhält.[50] Begrüßt wurden von den deutschen Ländern auch die Fortschritte in den Sachpolitiken (neuer Titel zur Beschäftigungspolitik im EG-Vertrag, neue Regelungen zur Umweltpolitik, Vereinbarung zur Gleichstellung von Mann und Frau, kritische Einschätzung der Innen- und Rechtspolitik sowie der GASP).

Nicht erreicht werden konnten die von deutschen Ländern geforderte vertragliche Verankerung des kommunalen Selbstverwaltungsrechtes und eine verbesserte Abgrenzung der Kompetenzen zwischen EU, den Mitgliedstaaten und den Regionen.[51] Die deutschen Länder waren auch an einem Protokoll zum EG-Vertrag über den öffentlich-rechtlichen Rundfunk und einer Erklärung zu öffentlich-rechtlichen Kreditinstituten interessiert. Kritisiert wird, dass die Vereinbarungen im institutionellen Bereich zu Kommission und Rat deutlich hinter den Vorstellungen der deutschen Länder zurückbleiben und diese auch im Hinblick auf die in Aussicht genommene Erweiterung der EU nicht ausreichen würden.[52]

Eine interessante Neuerung für die europäischen Regionen in der Verfassung der Europäischen Gemeinschaft ist die Tatsache, dass der Amsterdamer Vertrag erstmals die grenz-überschreitenden Kooperationen (Euroregionen/Europäische Regionen) im Unterschied zu den innerstaatlichen Regionen erwähnt. Der Amsterdamer Vertrag sieht vor, dass in Fällen, in denen Rat oder Kommission es für zweckdienlich erachtet, es zu einer fakultativen Anhörung des Ausschusses der Regionen kommen kann (Art. 198c Abs. 1 EGV), wobei nun ausdrücklich erstmals Fragen der grenzüberschreitenden Kooperation genannt werden.

---

[48] Mit dem im Maastrichter Vertrag verankerten Prinzip der Subsidiarität ist eine grundsätzlich sinnvolle Begrenzung des Brüsseler Expansionsdrangs verankert worden, wobei allerdings das Subsidiaritätsprinzip nur im Verhältnis von EU zu Mitgliedstaaten gilt. Das in Amsterdam vereinbarte Subsidiaritätsprotokoll stellt klar, dass gemeinschaftliches Handeln nur dann gerechtfertigt ist, wenn beide Bedingungen des Subsidiaritätsprinzips erfüllt sind, das heißt, die Gemeinschaft soll nur dann tätig werden, wenn ein Handeln der Mitgliedstaaten zur Erreichung eines Ziels nicht ausreicht und dieses daher besser durch Maßnahmen der Gemeinschaft erreicht werden kann. Die Wirksamkeit des Subsidiaritätsprinzips der Europäischen Union wird damit deutlich gestärkt.

[49] Vgl.: Stellungnahme des Ausschusses der Regionen über die "Revision des Vertrags über die Europäische Union" vom 21. April 1995 - Entschließung; überreicht vom Ausschuss der Regionen.

[50] Aufhebung des Protokolls Nr. 16 zum EUV.

[51] Otto Schmuck 1997, ebd., S. 232.

[52] Otto Schmuck 1997, ebd. , S. 231.

1.4.3. Vorläufige Zwischenbilanz aus Sicht der MOE-Staaten: von Kopenhagen nach Amsterdam

Zu Recht wurde die Europäische Kommission, nach einer frühen Phase des Aktivismus als Antwort auf die Ereignisse nach 1989, für ihre Zurückhaltung kritisiert, von einer reinen Hilfe (PHARE) zu einer echten Partnerschaft und Integration zu gelangen. Der zögerliche Verlauf der Gespräche bis Mitte der 90er Jahre zwischen der EU und den mittel- und osteuropäischen Staaten und die widersprüchlichen Verlautbarungen führender Politiker aus den EU-15-Ländern zeigten, dass es diesen zunächst an durchdachten Konzepten mangelte, die der "beispiellosen historischen Umbruchsituation nach dem Kollaps des Kommunismus" gerecht werden konnten.[53] Die geschilderten Schritte der Heranführungsstrategie der Europäischen Union weisen eine kontinuierliche Entwicklung auf, die sich auf Druck seitens der deutschen Regierung, seitens der europäischen Kommission und nicht zuletzt von Seiten der Assoziierten selbst massiv vollzog.

1.4.3.1. Von der Europa-Euphorie zur Europa-Ernüchterung: Der Wille zur Vollintegration bleibt konstant

Auf die Beitrittswünsche der MOE-Staaten reagiert Brüssel zurückhaltend und zunächst nicht mit Integrations-, sondern mit Kooperationsangeboten. Die seit 1991 abgeschlossenen Assoziierungsabkommen oder Europa-Abkommen (gemäß Artikel 238 des EWG-Vertrags) sehen u.a. wirtschaftliche, technische und politische Kooperation zwischen der EU und den MOE-Staaten vor, allerdings ist die gegenseitige Marktöffnung asymmetrisch, da die EU sowohl Handelsbeschränkungen als auch Beitrittsbarrieren vorerst aufrechterhält.[54]

Die Assoziierungsabkommen schienen den alten Status quo zu verteidigen, während die Transformationsländer, von ihrem alten Status quo befreit oder dessen beraubt, dringend an einem neuen und stabilen System interessiert waren. Die Beibehaltung des Status quo würde die Errichtung einer funktionierenden Freihandelszone, wie sie durch die Europaabkommen vorgesehen ist, zum Ziel haben. Allerdings ist ein Open-end-Verharren auf dem Niveau der Europaabkommen für die MOE-Staaten nicht akzeptabel.

Ziel ist für die MOE-Staaten die EU-Vollmitgliedschaft, möglichst ohne Zwischenstufen. Zusätzlich zum Europaabkommen brächte eine Vollmitgliedschaft nicht nur die Übernahme der vier Grundfreiheiten (Waren, Personen, Dienstleistungen und Kapital) mit sich, die MOE-Staaten kämen auch in den Genuss höherer Finanztransfers durch die europäische Strukturförderung und die Gemeinsame Agrarpolitik. Politisch wären die MOE-Staaten auch am Entscheidungsprozeß der Union beteiligt und könnten in allen Institutionen der EU mitwirken. Der Wert einer teilweisen Mitgliedschaft (Europe à la carte, z.B. ein ostmitteleuropäischer

---

[53] M. Dauerderstädt: Osterweiterung der EU: Lösung ohne Problem? In: Wirtschaftsdienst, 10/1995, S. 533-541.
[54] Rudolf Hrbek: Die Rolle der EG beim Aufbau einer gesamteuropäischen Ordnung. In: Cord Jacobeit (Hrsg.): Gesamteuropa. Analysen, Probleme und Entwicklungsperspektiven - Opladen, 1993, S. 586 ff.

Staat wird Mitglied der Union ohne Teilnahme an der GAP und/oder ohne Strukturfondshilfen und/oder ohne Stimmrecht) ist aus Sicht der MOE-Staaten zweifelhaft. Teilweise Mitgliedschaften führen nicht nur zu einem bürokratischen Mehraufwand - so müssten bei einem Ausschluss des Agrarhandels strikte Grenzkontrollen beibehalten werden -, sondern auch zu einer Zweiklassengesellschaft. Ein Europe à la carte mit 20-25 Mitgliedern wird nicht administrierbar.

In den ostmitteleuropäischen Hauptstädten wurde heftig kritisiert, dass die Westeuropäer versuchten, den vereinbarten Assoziationsstatus für die mittlerweile zehn beitrittswilligen Ostmitteleuropäer zu verwässern und den Zeitpunkt ihres Vollbeitritts über das Jahr 2000 hinauszuschieben. Inzwischen wird dieser "beschämende und verschämte Protektionismus" nicht nur von den mittel- und osteuropäischen Staaten, sondern auch von den westeuropäischen Staaten vielfach kritisiert.[55]

Auch die folgenden europäischen Gipfeltreffen in Kopenhagen (6/1993) und Essen (12/1994) konnten die MOE-Staaten zunächst nicht voll zufrieden stellen. Mit Genugtuung wurde zwar in Essen zur Kenntnis genommen, dass unter deutscher Präsidentschaft der Osterweiterung höchste Priorität eingeräumt wurde. Bei den in Kopenhagen in Aussicht gestellten "strukturierten Beziehungen" erfahren die MOE-Staaten auch, dass es sich dabei nicht mehr um bloße Rhetorik handelt, vielmehr nehmen diese Beziehungen allmählich Gestalt an. Mit Enttäuschung wurde aber registriert, dass die EU, trotz der ständigen Mahnungen der MOE-Staaten, keinen konkreten Termin für den Beitritt zu nennen bereit ist. Aus Sicht der beitrittswilligen Staaten sind eindeutig formulierte Aufnahmekriterien und ein konkreter Zeitplan für die Beitrittsverhandlungen erforderlich. Nur dadurch sei für sie eine verlässliche Beitrittsperspektive vermittelbar.

Auf dem europäischen Gipfel in Kopenhagen im Juni 1993 wurde ein Katalog von Aufnahmekriterien beschlossen, der speziell an die mittel- und osteuropäischen Staaten gerichtet ist. Als problematisch wurde von den MOE-Staaten empfunden, dass diese Kriterien (Stabilität der Demokratie, Einverständnis mit den Zielen der EU, Erfüllung des Gemeinschaftsrechts, Einführung einer funktionierenden Marktwirtschaft, Wettbewerbsfähigkeit innerhalb der EU) sehr subjektiv und damit nur schwer messbar waren. Vor allem aber stellten diese Kriterien lediglich notwendige, aber keine hinreichenden Voraussetzungen einer Aufnahme dar und konnten den MOE-Staaten damit keine verlässliche Beitrittsperspektive bieten.

Erst auf dem europäischen Gipfeltreffen in Madrid im Dezember 1995, vier Jahre nach Abschluss der Assoziierungsabkommen, wurde dem Drängen der MOE-Staaten nachgegeben und ein Zeitrahmen für die Aufnahme von Beitrittsverhandlungen festgesetzt (Beitrittsverhandlungen sollen "im Prinzip" zur selben Zeit beginnen wie jene mit Zypern und Malta), ohne jedoch die Länder zu nennen, die zu diesem Zeitpunkt die Aufnahme von Beitrittsverhandlungen angeboten bekommen.

Die Europa-Euphorie von 1989, die bei den ostmitteleuropäischen Ländern in der erhofften "Rückkehr nach Europa" seinen Ausdruck fand, ist Mitte der Neun-

---

[55] Vgl. z.B. T. Garton Ash/M. Mertes/D. Moisi: Warten auf ein Ja aus Brüssel. In: Die Zeit, 4.2.1994, S. 8.

ziger in den betroffenen Kandidaten-Ländern in eine allgemeine Ernüchterung umgeschlagen. Das Drängen auf EU-Mitgliedschaft der MOE-Staaten wird trotzdem nicht abnehmen. Der Konsens über die EU-Mitgliedschaft als "überzeugende Zukunft" wird allenfalls beeinträchtigt durch das wachsende Bewusstsein der MOE-Regierungen, durch den europäischen Binnenmarkt einen Verlust an wirtschaftlicher Autonomie einerseits und andererseits verstärkte "Zugriffsmöglichkeiten" ausländischer Investoren zu antizipieren. Kritisch hinterfragt wird auch zunehmend das Verhältnis von nationaler Identität der einzelnen MOE-Staaten versus europäische Integration.

1.4.3.2. Unterschiedliche Heranführungsstrategien bei EU- und MOE-Staaten und Defizite bei der Bestimmung der nationalen Beitrittsinteressen der Kandidaten

Sicherlich war das Weißbuch (6/1995) auch der Versuch der EU, die Forderungen der MOE-Staaten nach konkretem Handeln zu befriedigen. Mit dem Weißbuch der Kommission wurden die für den Binnenmarkt notwendigen Anpassungsschritte in überschaubare und konkrete Schritte aufspaltet und untergliedert. Damit hat die Europäische Kommission die Anpassung für die Assoziierten leichter durchführbar und realistischer gestaltet und zugleich die Widerstände auf Seiten der Union auszuräumen versucht. Dadurch wurde, ebenfalls im Sinne der MOE-Staaten, eine Diskussion ausgelöst, die zwischen notwendigen und wünschenswerten Anpassungsleistungen unterscheidet. Hartnäckig verwies die Europäische Kommission dennoch auf ihren Standpunkt, dass das Weißbuch nur die Beteiligung der MOE-Staaten am Binnenmarkt umfasse und keinesfalls Grundlage von Beitrittsverhandlungen darstelle, da für den Fall eines Beitritts das gesamte Gemeinschaftsrecht der EU durch die MOE-Staaten zu übernehmen sei.

Hier kommt auch ein grundsätzlicher Konflikt zum Ausdruck: Während die MOE-Staaten auf einen raschen Beitritt mit Übergangslösungen um das Jahr 2000 drängen, macht die EU immer wieder unmissverständlich deutlich, dass die Errungenschaften der Gemeinschaft nicht um einer raschen Integration der MOE-Staaten willen "verwässert" werden dürften. Grundsätzlich müssten sie, so die Kommission, den Besitzstand der Union ohne Einschränkungen akzeptieren. Verhandelt werden könne allenfalls über den Umfang und die Dauer von Übergangsregelungen, um den Beitrittsprozess im Interesse beider Seiten so unkompliziert wie möglich zu machen. Auch äußerten einige Kommissionsmitglieder die Befürchtung, dass die MOE-Staaten das Weißbuch als Kontrollliste von Bedingungen auffassen könnten, die bei Erfüllung abgehakt werden könnten.

Tatsächlich bestand auch bei den MOE-Staaten zu diesem Zeitpunkt durchaus noch die Auffassung, dass die Anpassung an die EU-Erfordernisse ein einmaliger Vorgang (und nicht ein ständiger, dynamischer Anpassungs- und Gestaltungsprozess der Mitgliedstaaten) sei. Nicht nur bei der EU und den Mitgliedstaaten, auch bei den mittel- und osteuropäischen Staaten fehlte es trotz der überwältigenden Zustimmung der Bevölkerung zur EU vielfach an einem konkreten Bewusstsein der Interessen, der Kosten und Nutzen sowie der notwendigen Reformen, die mit einem EU-Beitritt verbunden sind. Deren Drängen auf eine schnelle Aufnahme in die EU schien deshalb vor allem durch den abstrakten Wunsch nach Wohlstand und Sicherheit sowie durch das Bestreben motiviert zu sein, sich radikal vom alten kommunistischen System sowjetischer Prägung abzuwenden. Dies deutet auch auf ein fehlendes kohärentes Konzept der MOE-Staaten hin, wie diese selbst eine nationale, koordinierte und kohärente Heranführungsstrategie an die EU gestalten wollen:

Einerseits könnte das Fehlen einer dezentralisierten politischen Struktur - auf administrativer und gesellschaftlicher Basis - die Entwicklung einer realistischen und kohärenten Politik gegenüber der EU langfristig beeinträchtigen. Für die MOE-Staaten wäre es sinnvoll, die Beziehungen zur EU nicht nur auf die Regierungsebene zu beschränken. Eine stärkere Einbeziehung lokaler und regionaler Akteure würde auch zu einer größeren Identifikation der Bevölkerung mit dem "Europa-Projekt" führen. Bei einer EU-Osterweiterung wäre von daher auch in Mittelosteuropa auf föderale Strukturen mit handlungsfähiger, effizienter Finanzverfassung hinzuwirken.

Andererseits hat eine andere politische Kultur der Politiker aus den postkommunistischen Regime oft zu Missverständnissen bei den EU-Akteuren und Mitgliedstaaten in bezug auf die nationalen Heranführungsstrategien der MOE-Staaten an die EU geführt.[56] Auf Seiten der MOE-Politiker wurde der spezifische "Europa-Diskurs", der auch in den Stellungnahmen zum Ausdruck kommt, oft missverstanden. Für die EU-Eliten waren hingegen die öffentlichen Äußerungen von Vertretern der Beitrittsländer oft unberechenbar, da diese nicht sorgfältig ausformulierte Produkte eines gründlichen Argumentationsprozesses waren. Auch die Einbeziehung von Experten bei der Regierungspolitik als Beratung für die Entscheidungsträger wird von den Reformländern noch zu wenig wahrgenommen und ist immer noch mangelhaft ausgebildet. Zudem hat die vertikale Struktur der politischen Systeme zur Folge, dass es von wenigen profilierten Politikern dominiert wird, die häufig nicht bereit sind, Aufgaben zu delegieren, und daher einen unangemessen hohen persönlichen Einfluss auf die Richtung der Politik ausüben. Das Ergebnis ist, dass die Strategien der MOE-Staaten gegenüber der EU oft auf unvollständigen und vereinfachten Analysen beruhen.[57]

Es klafft also eine große Lücke in der Bestimmung der Beitrittsinteressen der Kandidaten. Ihre interne Debatte ist unterentwickelt, wenn auch in unterschiedlichem Ausmaß. Dabei ist eine Konkretisierung für die unterschiedlichen MOE-Staaten um so dringlicher, je näher die eigentlichen Beitrittsverhandlungen ab Frühjahr 1998 rücken.

---

[56] Die politisch-kulturellen Voraussetzungen der MOEL-EU-Integration kommen in der wissenschaftlichen Debatte zu kurz, die in der Regel meist auf ökonomisch geprägte Aspekte zur Beitrittsfähigkeit eingeht. Ausnahmen bilden die Beiträge von Heinrich Schneider und Wolfgang Wessels in dem Sammelband von Barbara Lippert/Heinrich Schneider: Monitoring Association and Beyond - Bonn, 1995 sowie der Beitrag von Jacqui Moorhouse: Ostmitteleuropa auf dem Weg in die Europäische Union. In: Außenpolitik, Jg. 47, H. 4, 1996, S. 367-378.

[57] Jacqui Moorhouse: Ostmitteleuropa auf dem Weg in die Europäische Union. In: Außenpolitik, Jg. 47, H. 4, 1996, S. 367-378.

Diese "Konzeptions- und Kommunikationsprobleme" sind auch im Jahr des Beginns erster Beitrittsverhandlungen immer noch virulent: In Polen wirkt beispielsweise im Februar 1998 die Uneinheitlichkeit der öffentlichen Regierungsäußerungen zur EU-Politik verwirrend und schadet der politischen Glaubwürdigkeit des Landes - dies, obwohl das generelle politische Ziel einer EU-Mitgliedschaft in Polen unumstritten ist. Auch kritisiert die EU-Kommission, dass kurz vor Beginn der Beitrittsverhandlungen mit Polen die Zahl der Ansprechpartner zu groß und "ein gewisser Kompetenzwirrwarr in Warschau in Europa-Angelegenheiten" auszumachen sei.[58] Die Kritik gipfelt in dem Verdikt der Europäischen Kommission im Juni 1998, dass "Technische Mängel bei der Antragstellung" dazu führten, dass die EU-Kommission die Mittel aus dem PHARE-Programm für Polen um 34 Millionen ECU kürzte, die Polen in diesem Jahr 1998 für Vorhaben erhielt, die der Integration in die EU dienen.[59]

1.4.3.3. Das EU-Konzept der transnationalen Kooperation der Beitrittskandidaten findet keine Resonanz bei den MOE-Staaten

Unterschiedliche gegenseitige Wahrnehmungen und Zielvorstellungen führten auch in anderen Bereichen zu Irritationen. Der Wunsch der EU, dass eine regionale Zusammenarbeit auch unter den Beitrittskandidaten die EU-Mitgliedschaft eher befördere, stieß bei den MOE-Staaten zunächst auf Unverständnis. Während für die EU der Ausbau der regionalen Ost-Ost-Bindungen als wichtiges Versuchsfeld für eine zukünftige EU-Mitgliedschaft angesehen wurde, sahen viele MOE-Staaten in der Wiederherstellung von Bindungen zu den östlichen Nachbarn den Schritt zurück und fürchteten, das Visegráder Vorzimmer zur EU solle zu einem ständigen Wohnsitz gemacht werden.

Auch hatte der Visegrád-Prozess von Anfang an eine konkurrenzfördernde Tendenz, die unter den beitrittswilligen Ländern noch durch die Frage verschärft wurde, ob sie einzeln eher Chancen auf den Beitritt hätten als bei einem Beitritt "en bloc". Deshalb befürworteten die MOE-Staaten vehement Einzelverhandlungen, da sie befürchteten, von den schwächsten Mitgliedern der Gruppe aufgehalten zu werden. Diese Konkurrenz, die sich noch verstärkte, als sich Bundeskanzler Kohl im Dezember 1995 entschieden gegen Gruppenverhandlungen oder gar einen Gruppenbeitritt der MOE-Staaten in die EU ausgesprochen hatte[60], senkte zusätzlich die Bereitschaft zu einer verstärkten regionalen Kooperation.

Zwar konnten die MOE-Staaten nach und nach das Interesse der EU an einer Stabilität in der Region insgesamt nachvollziehen sowie auch das Interesse der EU, regionale Streitigkeiten vor dem Beitritt der MOE-Staaten zur EU zu lösen. Trotzdem konnte die regionale Initiative innerhalb der MOE-Staaten niemals das von der EU erwartete Qualitätsniveau erreichen. Auch durch die zögerliche Umsetzung der mitteleuropäischen Freihandelszone CEFTA, die erst 1998 vollständig abgeschlossen wurde, ist die Entwicklung des innerosteuropäischen Handels un-

---

[58] FAZ, 6.2.1998.
[59] FAZ, 4.6.1998.
[60] FAZ, 16.12.1995, S.2, Keine Vorbehalte Kohls gegen EU-Beitritt der baltischen Länder.

nötig verzögert worden, obwohl der Anteil des Osthandels dieser Länder am gesamteuropäischen Handel bis zu 30 % betragen könnte.[61] Mangels des vollständigen Freihandels zwischen allen Assoziationspartnern werden mitteleuropäische Unternehmen daran gehindert, an Konkurrenzfähigkeit aufzubauen.

Nach der Regierungskonferenz, die von den MOE-Staaten kritisch und aufmerksam verfolgt wurde, betonten die Regierungsvertreter der Beitrittsländer, dass die Reform der gemeinsamen Institutionen nicht der Erweiterung durch neue Mitgliedsländer im Wege stehen darf.[62] Gleichzeitig dürfte den zukünftigen Mitgliedern bewusst sein, dass die Voraussetzungen für eine handlungsfähige Union mit mehr als 16 Mitgliedern über die institutionellen Modifikationen hinausreichen: Das neue Gefälle in einer derart erweiterten Union macht eine grundlegende Reform wesentlicher Politiken notwendig, insbesondere der Agrarpolitik, der Strukturpolitiken und der Finanzverfassung der EU.

1.4.3.4. Die politische Erfolgsgeschichte der Heranführungsstrategie durch strategische Politikkonzepte und Vermittlung konkurrierender Prioritäten

Politisch und psychologisch hat die Heranführungsstrategie der EU in den MOE-Staaten zwar einerseits zur Ernüchterung, andererseits aber auch zu einer eher realitätsnahen Einstellung gegenüber der EU geführt. Auch auf Seiten der EU musste zunächst ein Verständnis für die Notwendigkeit der Osterweiterung und die spezifische politische Kultur der MOE-Regierungsvertreter entwickelt werden. Das Modell der Europa-Abkommen - wie begrenzt es auch immer sein mag - war der (rückwirkend gesehen) erfolgreiche Ausgangspunkt für die darauf aufbauende "Heranführungsstrategie" für die MOE-Staaten und ist bisher von einer Koalition aus Europäischer Kommission und einigen entschlossenen Förderern im Rat abhängig gewesen.

Neben dem strategischen Ansatz der europäischen Kommission (der in der Agenda 2000 gipfelt) sind das deutsche Engagement, Absprachen zwischen Deutschland und Frankreich sowie Verhandlungen auf höchster Ebene im Ministerrat und im Europäischen Rat, für den Prozess der Vorbereitung der EU-Osterweiterung maßgeblich. Man kann diesen Prozess auch als einen neuen und schwierigen, mehr und mehr beidseitigen, vertrauensbildenden politischen Prozess zwischen der EU und den MOE-Staaten begreifen, der noch andauert.

1.5. Fünfter Heranführungsschritt: "AGENDA 2000"

In der am 16. Juli 1997 vorgelegten 1200 Seiten umfassenden sogenannten "AGENDA 2000" fasst die EU-Kommission ihre Vorschläge zur Osterweiterung

---

[61] Vgl. Richard Baldwin, Towards an Integrated Europe - London, 1994, S. 102.
[62] So auch der polnische Ministerpräsident Buzek angesichts eines Besuchs beim Bundeskanzler Kohl am 3.2.1998 in Bonn, FAZ, 4.2.1998.

der EU, verbunden mit einem Plädoyer für eine weitere umfassende Reform zur Stärkung der Institutionen der Gemeinschaft, zusammen. Diese Vorschläge, insbesondere auch die Vorstellungen der EU-Kommission zur Agrarreform und zum Umbau der Strukturhilfen, wurden von den EU-Regierungen geprüft. Über die im Rahmen der Agenda 2000 vorgelegten Kommissionsvorschläge sowie über die Stellungnahmen der Mitgliedstaaten, des Europäischen Parlamentes, des Rates (zunächst auf Arbeits- und dann auf Ministerebene) hatte der Europäische Rat am 12. und 13. Dezember 1997 in Luxemburg zu beraten.

Im Auftrag des Europäischen Rates von Madrid im Dezember 1995 hat die Europäische Kommission einen mehrbändigen Bericht vorgelegt[63]: In einem ersten Teil, dem sogenannten "Gesamtdokument" zur Erweiterung, werden Vorschläge für die Weiterentwicklung der EU in verschiedenen Politikbereichen dargestellt (Wachstum und Beschäftigung, Bildung, Strukturpolitik, Agrarpolitik, Kohärenz der Außenbeziehungen u.a.) sowie EU-interne Reformen als Voraussetzung für die Osterweiterung diskutiert. In einem zweiten Teil der Agenda 2000 begründet die Kommission ihre Auffassung, zunächst mit 5 mittel- und osteuropäischen Ländern und Zypern Beitrittsverhandlungen aufzunehmen, und stellt die neue "intensivierte Heranführungsstrategie" für MOE-Beitrittskandidaten vor. In einem dritten Teil wird der neue Finanzrahmen (2000-2006) vorgeschlagen, nach dem die Eigenmittelobergrenze von 2,27 % des Bruttosozialproduktes ungeachtet der Osterweiterung nicht verändert werden soll. Teil der Agenda 2000 sind des weiteren die zehn Stellungnahmen der Kommission zu den Anträgen auf EU-Beitritt von Bulgarien, Estland, Lettland, Litauen, Polen, Rumänien, der Slowakei, Slowenien, Tschechei und Ungarn.[64] Die Beziehungen zur Türkei werden in einer besonderen Mitteilung[65] behandelt. Dort zieht die Kommission die Türkei für einen Beitritt in Betracht, was aber bei den Mitgliedsstaaten nicht unumstritten ist.

Die Osterweiterung kann nur in diesem geschilderten Gesamtzusammenhang gesehen und erfolgreich realisiert werden. Die Regierungskonferenz zur Reform des Maastrichter Vertrages ist ein wichtiger Baustein zur Integration Europas, der weitere Reformen im Bereich der Politikfelder und der Institutionen folgen müssen, um die Herausforderung der Erweiterung und Vertiefung meistern zu können.

1.5.1. Die neue "intensivierte Heranführungsstrategie" für alle 10 Bewerberländer

Zur Bewältigung der Osterweiterung der Europäischen Union hat die EU-Kommission eine modifizierte, neue Strategie zur Vorbereitung unter dem Stichwort "intensivierte Heranführungsstrategie" vorgestellt. Dabei soll die mehrgleisige

---

[63] Europäische Kommission: AGENDA 2000 - Eine stärkere und erweiterte Union, Beilage 5/97 zum Bulletin der Europäischen Union - Luxemburg, 1997, 153 S. Die Veröffentlichung stützt sich auf das Dokument KOM(97) 2000 endg.

[64] Europäische Kommission: Agenda 2000, Stellungnahme der Kommission zum Antrag ... auf Beitritt zur Europäischen Union, Brüssel 1997 (DOC/97/11-20).

[65] Mitteilung der Kommission an den Rat und das Europäische Parlament über die weitere Entwicklung der Beziehungen zur Türkei, 8/1997.

Heranführungsstrategie des Europäischen Rats 1993 in Kopenhagen und 1994 in Essen, basierend auf den Europa-Abkommen, dem Weißbuch über den Binnenmarkt, dem strukturierten Dialog sowie dem PHARE-Programm, präzisiert und fortgeschrieben werden. Die intensivierte Heranführungsstrategie will im Rahmen eines kohärenten Gesamtkonzeptes jedem der Bewerber bedarfsgerechte Hilfestellungen im Hinblick auf die Verhandlungen bieten.

Die aktualisierte Strategie zur Vorbereitung der Erweiterung umfasst vier neue Elemente:

- Schwerpunkt der intensivierten Heranführungsstrategie ist das neue Instrument der "Beitrittspartnerschaften". Verschiedene Formen der Hilfeleistungen durch die Union sollen zu einem einheitlichen Gesamtkonzept zusammengefügt werden, wobei der Gesamtrahmen auf jeweils nationale Programme speziell zugeschnitten ist, die sich auf die in den jeweiligen Kommissionsstellungnahmen genannten vorrangigen Bereiche konzentrieren. Die Beitrittsländer legen sich auf vorrangige Zielvorgaben sowie einen Zeitplan für die zur Vorbereitung auf den Beitritt erforderlichen Arbeiten fest.

Die Europäische Kommission will den Europäischen Rat ab Ende 1998 jährlich in Fortschrittsberichten über den Stand der Verwirklichung der Ziele bei der jeweiligen Beitrittspartnerschaft informieren. Erfüllen die Bewerber aus Sicht der Kommission die notwendigen Bedingungen, so empfiehlt die Kommission dem Europäischen Rat die Eröffnung von Verhandlungen. Das vorgeschlagene Konzept der regelmäßigen jährlichen Überprüfungen der Beitrittsfähigkeit in den Fortschrittsberichten eröffnet auch die Möglichkeit einer schrittweisen Erweiterung des Kreises der Verhandlungspartner. Diese Strategie kann langfristig das Abkoppeln der übrigen mittel- und osteuropäischen Staaten von den Verhandlungen vermeiden. Der Schock der Zurückweisung kann abgefedert werden.

- Zum anderen sollen die Bewerberländer im Rahmen der intensivierten Heranführungsstrategie - durch die "Teilnahme der Beitrittskandidaten an Gemeinschaftsprogrammen und Durchführungsmechanismen des Acquis communautaires" - mit den Politikbereichen und den Arbeitsmethoden der Union vertraut gemacht werden. Die Europa-Abkommen sehen bereits die Teilnahme der Beitrittsländer an Programmen der Gemeinschaft vor (berufliche Bildung, Forschung, Kultur, Umwelt, KMU und Binnenmarkt und Zukunft verstärkt in den Bereichen öffentliche Aufträge, Niederlassungsrecht, Mehrwertsteuer).[66]

Problematisch ist eine "echte Mitwirkung"[67] an den Programmen. Die Europäische Kommission lehnt Entscheidungsbefugnisse bei Ländern, die noch nicht Mitglieder in der Europäischen Union sind, kategorisch ab. Um eine Mitwirkung (neben der Mitsprache) bei PHARE zu erreichen, schlägt die Kommission eine Neudefinierung bei der Mitfinanzierung von PHARE-Maßnahmen vor.

---

[66] Europäische Kommission, Agenda 2000, 1997, ebd., S. 60.
[67] Europäische Kommission, Agenda 2000, 1997, ebd., S. 60.

Um Probleme auf technischer Ebene besser zu lösen, schlägt die EU-Kommission die Intensivierung des Kontaktes zu den Ämtern der Gemeinschaft vor.

- Eine Wende der bisherigen Dialogformen stellt auch der vorgeschlagene Verzicht auf den strukturierten Dialog und statt dessen die Befürwortung eines "multilateralen Ad-hoc-Dialogs" dar. In dessen Rahmen sollen länderübergreifende Beitrittsfragen multilateral zwischen dem EU-Vorsitz, der Kommission und den zehn mittel- und osteuropäischen Staaten verhandelt werden können.

- Schließlich befürwortet die Europäische Kommission die Schaffung einer jährlichen "Europa-Konferenz", bei der alle Mitgliedstaaten der Union und alle europäischen Länder, die für einen Beitritt in Frage kommen und über ein Assoziierungsabkommen mit der Union verbunden sind, auf Ebene der Staatsbzw. der Regierungschefs sowie des Präsidenten der Europäischen Kommission sowie gegebenenfalls auf Ministerebene zusammenkommen.[68] Als Themen werden vor allem die Bereiche GASP und Justiz und Inneres genannt.

1.5.1.1. Erste Folgeeinschätzung der "intensivierten Heranführungsstrategie"

Mit der intensivierten Heranführungsstrategie versucht die Europäische Kommission allen Beitrittsbewerbern ein kombiniertes Angebot zu präsentieren, das den jeweils unterschiedlichen Ausgangspositionen der Bewerber gerecht werden kann.

Positiv ist, dass diese Strategie auch den "Pre-Ins" (heute noch nicht genügend qualifizierte Bewerberländer) ermöglicht, durch individuelle Beitrittspartnerschaften und durch die Teilnahme an Gemeinschaftsprogrammen kontinuierlich ihre Beitrittsfähigkeit weiter zu steigern. Die Glaubwürdigkeit der Heranführungsstrategie hängt auch davon ab, dass den verbleibenden Kandidaten nicht nur eine "Nachrückmöglichkeit", sondern eventuell auch eine "Überholmöglichkeit" eingeräumt wird.

Fraglich bleibt, ob die Europa-Konferenz die in sie gesetzten Erwartungen erfüllen kann. Zunächst war sie als Angebot für MOE-Staaten konzipiert, mit denen keine Beitrittsverhandlungen aufgenommen wurden. Im Unterschied zum Ad-hoc-Dialog geht der Teilnehmerkreis der Europa-Konferenz weit über die 10 MOE-Staaten hinaus und erhält damit eine andere Dimension. Der Inhalt und die genaue Zielsetzung des Konferenzmodells bleiben vage. Da auch weitere assoziierte Staaten - von Island, Norwegen, Schweiz, Malta bis zur Türkei - einbezogen werden können, ist es fraglich, ob dieser Konferenzrahmen für die bereits besser qualifizierten MOE-Staaten, mit denen parallel über einen Beitritt verhandelt wird, überhaupt noch attraktiv ist.

Politisch außerordentlich brisant erscheint, dass weiterhin auch diejenigen Staaten in die Europa-Konferenz eingebunden werden, die noch nicht zu den assoziierten Beitrittskandidaten zählen und auch langfristig keine realistische Beitrittsperspektive haben. Um den politischen "Zurückweisungsschock" abzuschwächen, scheint es ratsam zu sein, spätestens nach dem Vorliegen des zweiten Fortschritts-

---

[68] Europäische Kommission, Agenda 2000, 1997, ebd., S. 62.

berichtes, über die Tragfähigkeit des Modells der Beitrittspartnerschaften zu entscheiden. Insgesamt wäre eine Mitgliederexplosion der Arbeitsweise und Effektivität der Europa-Konferenz abträglich.

Das "politische Europa" wird auch in Zukunft nicht das "gesamte geographische" Europa umfassen können. Weiteren am Beitritt interessierten europäischen Staaten sollte die Europäische Union statt Integrations- Kooperationsangebote im Rahmen von Handels- und Kooperationsabkommen oder auch vertieften Assoziierungsabkommen anbieten. Perspektivisch bieten Konferenzmodelle - wie das der Europa-Konferenz - auch die Möglichkeit, über eine intensive Zusammenarbeit der MOE-Staaten hinaus auch zusätzlich andere Staaten zu beteiligen.

1.5.2. Einzelprüfung der Beitrittskandidaten nach Beitrittskriterien der Europäischen Kommission

Der Europäische Rat von Madrid vom 15./16. Dezember 1995 hat die Kommission um die Ausarbeitung eines Gesamtdokumentes ersucht, das Auskunft darüber geben soll, wie die verschiedenen Beitrittsanträge geprüft wurden, welche Hauptprobleme diese aufwerfen und welcher Zeitplan für den Beginn der Verhandlungen realistisch erscheint. Diese Forderung wurde auf dem europäischen Ratsgipfel von Florenz vom 21./22. Juni 1996 wiederholt. In Übereinstimmung mit dem Artikel 0 des Maastrichter Vertrags (der die Erweiterungsprozedur spezifiziert) hat der Europäische Rat die Kommission aufgefordert, die Beitrittsgesuche zu prüfen.[69]

Bei der Erarbeitung ihrer Stellungnahmen zu den Beitrittsanträgen der zehn assoziierten mittel- und osteuropäischen Länder (MOE-Staaten) in der Agenda 2000 stützte sich die Kommission auf folgende Kriterien bzw. Informationen:

- die Kriterien, die vom Europäischen Rat in Kopenhagen im Juni 1993 festgelegt wurden.[70] Da die Kriterien von Kopenhagen einerseits politisch und wirtschaftlich weit gefasst sind und über den gemeinschaftlichen Besitzstand hinausgehen (beispielsweise bei der Beurteilung der Kapazität von Verwaltung

---

[69] Gemäß Artikel 0 des Vertrages über die Europäische Union kann jeder europäische Staat die Mitgliedschaft in der EU beantragen. Nach Artikel F muss er jedoch demokratisch verfasst sein sowie die Grundfreiheiten und Menschenrechte achten. Im Vertrag zur Gründung der Europäischen Gemeinschaft wird darüber hinaus in Artikel 3a von den Mitgliedern das Bekenntnis zu einer dem "Grundsatz einer offenen Marktwirtschaft mit freiem Wettbewerb" verpflichteten Wirtschaftspolitik gefordert.

[70] Institutionelle Stabilität als Garantie für demokratische und rechtsstaatliche Ordnung, Wahrung der Menschenrechte sowie die Achtung und der Schutz von Minderheiten (politische Kriterien), eine funktionsfähige Marktwirtschaft und die Fähigkeit, dem Wettbewerbsdruck und den Marktkräften innerhalb der EU standzuhalten (wirtschaftliche Kriterien), sowie die Fähigkeit des Beitrittskandidaten, die aus einer Mitgliedschaft erwachsenden Verpflichtungen zu übernehmen und sich auch die Ziele der politischen Union und der Wirtschafts- und Währungsunion zu eigen machen zu können (sonstige Verpflichtungen der Mitgliedschaft).

Die neue Geschäftsgrundlage der Europäischen Union 61

und Justiz) und andererseits sich der Besitzstand selbst sich seit den letzten Erweiterungen beträchtlich vergrößert hat (GASP, Justiz und Inneres, politische Union, Wirtschafts- und Währungsunion) und sich in anderen Bereichen wie Umweltschutz und Technologie weiter verändern wird, waren dies aus Sicht der Bewerber schwierig einzuschätzende Kriterien.

- Um die Stellungnahmen zu den Beitrittsländern (sogenannten "Avis" pro Land) möglichst breit abzusichern, wurde die "Aktion Fragebogen" der EU-Kommission an die zehn Beitrittskandidaten Polen, Ungarn, Tschechei, Slowakei, Slowenien, Rumänien, Bulgarien, Lettland, Estland und Litauen ins Leben gerufen. Ab April 1996 konnten die Kandidaten den 200seitigen Fragekatalog nach dreimonatiger Bearbeitungszeit am 31.7.1996 fristgerecht versenden, um der EU-Kommission Auskunft über die politische, wirtschaftliche und rechtliche Lage ihres Landes zu geben.

- Weiterhin stützte sich die Kommission für die Stellungnahmen auf die Bewertungen der EU-Mitgliedstaaten, des Europäischen Parlaments und anderer Einrichtungen.

Die Europäische Kommission nahm im Rahmen der Agenda 2000 zehn Stellungnahmen[71] pro Land vor (Avis). Darin geht es um eine ausführliche Beurteilung, ob jeder der Kandidaten in der Lage ist, die Rechte und Pflichten von EU-Mitgliedern zu übernehmen. Vor allem auf der Basis dieser Dokumente konnte dann der Ministerrat über die Eröffnung von Verhandlungen entscheiden. Die Stellungnahmen zu den Beitrittsgesuchen der Türkei (am 20. Dezember 1989), Zyperns und Maltas (beide am 30. Juni 1993) wurden zuvor bereits veröffentlicht.

1.5.2.1. Resümee zu der Beitrittsfähigkeit der MOE-Staaten nach den genannten Beitrittskriterien

Die Europäische Kommission erklärt grundsätzlich, dass die Erweiterung durch den Beitritt der assoziierten Staaten Mittel- und Osteuropas "... eine große Chance sowohl für die beitretenden Länder als auch für die Europäische Union in ihrer Gesamtheit ist"[72]. Die Europäische Kommission unterstützt nachdrücklich die Entscheidung für die Erweiterung durch die Aufnahme der assoziierten Staaten Mittel- und Osteuropas. Sie ist der Meinung, dass der Erweiterungsprozess unumkehrbar ist.[73] Der Abschluss der Beitrittsverhandlungen wird weitgehend davon abhängen, inwieweit die einzelnen Beitrittskandidaten die in der jeweiligen Stellungnahme genannten Auflagen erfüllen.
In der AGENDA 2000 schlug die EU-Kommission vor, Anfang 1998 offizielle Beitrittsverhandlungen mit einer Gruppe von sechs Staaten zu beginnen: Polen,

---

[71] Europäische Kommission: Agenda 2000, Stellungnahme der Kommission zum Antrag ... auf Beitritt zur Europäischen Union, Brüssel 1997 (DOC/97/11-20).
[72] Europäische Kommission, Agenda 2000, 1997, ebd., S. 101.
[73] Europäische Kommission, Agenda 2000, 1997, ebd., S. 102.

Ungarn, der Tschechischen Republik, Slowenien, Estland und Zypern, selbst wenn sie noch nicht alle die aufgestellten Kriterien erfüllten. Die dort am stärksten vorangeschrittene politische und wirtschaftliche Entwicklung lasse die ersten Beitritte, so Kommissionspräsident Santer, im Zeitraum zwischen 2001 und 2003 erwarten. Diese Auswahl stellt die Fortschritte im wirtschaftlichen und politischen Bereich Transformationsprozess in den Vordergrund und deutet auf mehrere Erweiterungsrunden hin.

Die übrigen Anwärter - Bulgarien, Rumänien, Lettland, Litauen und die Slowakei (und die Türkei) - können langfristig dennoch Mitglieder werden; Beitrittsverhandlungen sind derzeit jedoch nicht nur aus wirtschaftlichen Gründen, sondern auch aus politischen Gründen (Verstöße gegen demokratische Grund- und Minderheitenrechte in der Slowakei, wo auch die Rechte der ungarischen Minderheit in Frage gestellt werden; Probleme bei Behandlung von Minderheiten - z.B. der Roma) in einer Reihe von Staaten ausgeschlossen[74]. Für die Europäische Kommission erfüllt derzeit keiner der 10 Beitrittskandidaten alle Beitrittskriterien im vollen Umfang. Auf mittlere Frist haben die 6 genannten Staaten die besten Aussichten, wenn sie ihre Anstrengungen entsprechend fortsetzen und von den EU-Staaten unterstützt werden. Dennoch ist damit nicht garantiert, dass alle 6 Beitrittskandidaten gleichzeitig der EU werden beitreten können.

1.5.3. Auswirkung der Osterweiterung auf Finanzplanung und ausgewählte Politikfelder der Europäischen Union

Nach der mittelfristigen Finanzplanung der AGENDA 2000 schätzt die EU-Kommission die Kosten der Osterweiterung als geringer ein als vielfach befürchtet: Für die Eingliederung von Polen, Ungarn, der Tschechischen Republik, Slowenien, Estland und Zypern sowie die Vorbereitungshilfen für die übrigen mittel- und osteuropäischen Beitrittskandidaten veranschlagt die Kommission von 2000 bis 2006 insgesamt rund 150 Mrd. DM. Diese Finanzmittel sollen ohne eine Neuverhandlung der Finanzverfassung aufgebracht werden, da die Beitragsobergrenze von 1,27 % des EU-BSP ausreichend finanziellen Spielraum biete. Voraussetzung dafür ist jedoch, dass das von der Kommission unterstellte Wirtschaftswachstum von jährlich 2,5 % in der heutigen Gemeinschaft der fünfzehn und von 4 % in den Beitrittsländern eintrifft.

Den Beitragsschlüssel zwischen den Mitgliedstaaten will die Kommission vorerst nicht antasten. Die Kommission rechnet aber damit, dass die Regelung des Rabatts neu verhandelt werden muss, sobald die ersten Kandidaten beigetreten sind und die Finanzierungsstruktur insgesamt auf den Prüfstand muss. Die Kommission kommt in der AGENDA 2000 zu dem Schluss, dass sich das EU-Finanzierungssystem bewährt habe, eine Reform in absehbarer Zeit unnötig sei und dass

---

[74] Europäische Kommission, Agenda 2000, 1997, ebd., S. 46.

das geltende Finanzierungssystem der EU für 2000 bis 2006 ausreichend Finanzmittel garantiere[75].

Der Kommissionspräsident Jacques Santer bescheinigt in einer Rede vor dem Europäischen Parlament am 15.7.1997 den zehn beitrittswilligen mittel- und osteuropäischen Staaten sowie Zypern ein Anrecht auf die EU-Mitgliedschaft. Die "historische Verpflichtung" auf die Erweiterung verlange aber nicht nur tiefgreifende Reformen der Agrar- und Strukturpolitik der EU, sondern auch eine weitreichende Anpassung der Institutionen an die Erfordernisse einer Gemeinschaft mit mehr als 20 Mitgliedstaaten.

Dementsprechend macht die Europäische Kommission in der Agenda 2000 weitreichende Vorschläge für die Fortentwicklung der EU (Wachstum und Beschäftigung, Bildung, Regional- und Strukturpolitik, Agrarpolitik, Kohärenz und Außenbeziehungen) und macht Reformvorschläge zur Wahrung der Handlungsfähigkeit der Institutionen.[76] Bei den Reformvorschlägen zur europäischen Agrar- und Strukturpolitik - mit achtzig Prozent der Haushaltsmasse[77] - wird schon jetzt branchen- bzw. länderspezifischer Widerstand deutlich, da die Nettoempfänger unter den Altmitgliedern dem Beitritt nicht zustimmen wollen, wenn sie dadurch schlechter gestellt werden. Auf die Reformvorschläge der Agenda 2000 in diesen drei Bereichen (GASP, Regional- und Strukturpolitik, Institutionen) soll im folgenden eingegangen werden:

1.5.3.1. Vorschläge der Agenda 2000 zur notwendigen GAP-Reform

Die Europäische Kommission schlägt in der Agenda 2000 eine Vertiefung und Erweiterung der Reform der Gemeinsamen Agrarpolitik (GAP) von 1992 durch weitere Verlagerungen von den Preisstützungen hin zu Direktzahlungen vor.[78] Dieser Prozess sollte mit einer kohärenten Politik der ländlichen Entwicklung einhergehen. Um die Erweiterung finanzierbar zu machen, ist es nach Ansicht der Kommission unvermeidlich, die GAP weiter zu reformieren, wozu die Kommission konkrete Vorschläge für einzelne Sektoren unterbreitet (pflanzlicher Sektor, Rindfleisch, Milchprodukte, Übergangsfristen und Strukturanpassungshilfen für Landwirtschaft und die Nahrungsmittelindustrie in den MOE-Staaten, Acquis

---

[75] Die deutsche Forderung einer Änderung des Finanzierungssystems (Senkung der Beitragszahlungen für Deutschland ca. 13 Mrd. ECU) wird nicht berücksichtigt. Der britische Sonderrabatt soll laut AGENDA 2000 erst nach der Erweiterung überprüft werden.

[76] Agenda 2000, ebd., S. 17 ff.

[77] Gegenwärtig werden 53,7 % des Haushalts 1996 für die Agrar- und Fischereipolitik der EU verwendet; 33,8 % des EU-Haushalts 1996 für regional- und strukturpolitische Maßnahmen verwendet, wobei in den förderfähigen Regionen 51 % der Bevölkerung leben.

[78] Die letzte Reform von 1992 betraf im wesentlichen die Marktordnungen für Getreide und Rindfleisch. Nach der vollen Umsetzung dieser Reform im Jahr 1996 entfielen in den betroffenen Marktordnungen nur noch ca. 15 % der Gesamtkosten auf die Marktordnung i.e.S. (bspw. Lagerkosten), der Rest waren Preisausgleichszahlungen an die Landwirte zur Kompensation des Abbaus zuvor gezahlter Subventionen.

communautaires-Übernahme im Bereich Lebensmittelrecht und Verbraucherschutz).

Ohne eine Reform der Agrarpolitik ist eine Erweiterung der EU um die heute prozentual stärker agrarisch geprägten mittel- und osteuropäischen Staaten nicht finanzierbar. Der heutige Subventionsgrad der Landwirtschaft im Agrarsektor wird nicht mehr aufrechtzuerhalten sein.[79] Auch wenn die MOE-Staaten nach dem Beitrittszeitpunkt mit Übergangsfristen bis zur kompletten Teilnahme an der EU-Agrarpolitik rechnen, so dürfen diese Fristen nicht allzu lange ausgedehnt werden. Die EU wird verpflichtet sein, so ein Botschafter beim COREPER, im Jahr 1999 mit der zweiten Phase der Reform der EU-Landwirtschaftspolitik zu beginnen, das heißt, die Subventionen weiter zu kürzen. Bei einer langen Übergangsfrist seien dann die an die polnische Landwirtschaft zu zahlenden Leistungen zu schaffen.[80]

1.5.3.2. Vorschläge der Agenda 2000 zur Reform der Regional- und Strukturpolitik

Ähnlicher Reformbedarf ist auch bei der Regional- und Strukturpolitik festzustellen, allerdings sind hier die Widerstände weniger sektoraler als überwiegend regionaler Art. Die Kommission schlägt vor, im Zeitraum 2000 bis 2006 gut 70 Milliarden DM für die neuen Mitglieder und weitere 14 Milliarden DM für die Vorbereitungshilfen bereitzustellen. Im Jahr 2006 würde knapp ein Drittel der gesamten Strukturausgaben, auf die auch nach 1999 nicht mehr als 0,46 % des BSP entfallen sollen, für die MOE-Beitrittsländer aufgewendet werden[81]. Voraussetzung ist eine Konzentration der Strukturförderung in der heutigen Fünfzehnergemeinschaft.

Der von den Regionalprogrammen abgedeckte Bevölkerungsanteil soll hier von bisher 51 auf höchstens noch 35 bis 40 Prozent der EU-Bevölkerung sinken. Auch

---

[79] Die Agrarausgaben betragen zur Zeit knapp 50 % des Anteils am EU-Haushalt. Insgesamt angestrebt ist nach der Reform eine Absenkung des Agraranteils auf ca. 44 % am EU-Haushalt.

[80] Elizabeth Pond: Brief aus Bonn: Europäische Visionen, In: Europäische Rundschau, 25. Jg., 4/97, S. 36.

[81] Gemäß dem Beschluss des Europäischen Rates von Edinburgh vom Dezember 1992 ist das Budget der EU für den wirtschaftlichen und sozialen Zusammenhalt 1999, d.h. am Ende des derzeitigen Finanzierungszeitraumes, mit 0,46 % des BSP der EU festgesetzt. Der derzeit geltende Finanzrahmen, das "Delors II Paket" (1993-1999) vom Europäischen Rat in Edinburgh wird abgelöst werden durch das "Santer-Paket" im Rahmen der Agenda 2000 für den Zeitraum 2000-2006. Dies wird angesichts der zu erwartenden Erweiterung der EU um 6, dann um weitere 4 Reformländer beträchtliche finanzielle Herausforderungen an die EU stellen. Die Kommission will für die Jahre 2000-2006 die Eigenmittel-Obergrenze bei 1,27 % des BIP belassen (beim BIP-Anteil am EU-Budget wird ein jährlich festzusetzender Prozentsatz auf die Summe aller BIPs der Mitgliedstaaten angewandt). Auch die Einführung einer Gesellschafts- oder Körperschaftssteuer als weitere Einkommensquelle für die EU für 2000 bis 2006 wird von der EU-Kommission nicht erwogen.

inhaltlich würden die Förderprogramme erheblich gestrafft, indem sie auf nur noch drei statt der bisherigen sechs Oberziele konzentriert würden.

Die derzeit 7 Förderkriterien in der Regionalpolitik sollen auf drei zusammengefasst und prioritär auf die Bekämpfung der Arbeitslosigkeit ausgerichtet werden. Zwei der neuen Ziele sollen regionaler Art sein (Ziel 1 und 2) und eines sich als horizontales Ziel auf Humanressourcen erstrecken (Ziel 3).[82] Ein "Phasing-out" von Ziel-1-Maßnahmen ist vorgesehen für Regionen, die derzeit noch im Rahmen von Ziel 1 förderfähig sind, in Zukunft aber über dem Schwellenwert von 75 % liegen (BIP pro Kopf in den letzten drei Jahren weniger als 75 % des EU-Durchschnitts). Ziel 2 betrifft alle Regionen mit einem wirtschaftlichen und sozialen Umstellungsbedarf. Ziel 3 soll für Regionen geschaffen werden, die nicht unter Ziel 1 und 2 fallen, mit dem Zweck, den Mitgliedstaaten bei der Anpassung und Modernisierung ihrer Ausbildungs-, Berufs- und Beschäftigungssysteme zu helfen.

Pro Region soll in Zukunft nur ein mehrjähriges Programm für die Ziele 1 und 2 erstellt werden, in dem die Fonds (EFRE, ESF, EAGFL, FIAF) eingesetzt werden. Bei Ziel 3 kann neben einem nationalen Programm auch eine Bündelung von mehreren Regionalprogrammen pro Region zum Einsatz kommen. Dies soll die Planungsphase für alle beteiligten Akteure erleichtern und letztlich zu einem transparenteren System führen - mit einfacher Verwaltung und flexibler und dezentraler Durchführung der Maßnahmen und operationellen Verfahren - mit dem Ziel, die Effizienz der Strukturfonds zu steigern. 1999 wird die Kommission die neuen Ziel-1-2-3-Gebiete für den nächsten fünfjährigen Programmplanungszeitraum (2000-2005) festsetzen.

Im Bestreben um eine höhere Effizienz und größere Transparenz der Strukturfonds schlägt die Kommission auch eine Verringerung von Gemeinschaftsinitiativen vor. Die 13 Initiativen, die zu 400 Förderprogrammen geführt haben, sollen auf drei Initiativen beschränkt werden und sich auf Bereiche beziehen, in denen der gemeinschaftliche Mehrwert am deutlichsten zum Tragen kommt: grenzübergreifende transnationale und interregionale Zusammenarbeit in der Raumordnung (INTERREG III); Entwicklung des ländlichen Raums; Humanressourcen im Bereich der Chancengleichheit. Neu ist weiterhin, dass die einzelnen Gemein-

---

[82] Reduzierung der bisherigen Förderziele auf drei:
– *Ziel 1* (regional begrenzt): weniger entwickelte Regionen. Kriterium: Pro-Kopf-BIP weniger als 75 % des EU-Durchschnittes;
– *"neues" Ziel 2* (regional begrenzt): Regionen mit einem bedeutendem Umstellungsbedarf in den Bereichen Industrie-, Dienstleistungs- oder Fischereisektor; ländliche Gebiete mit starker rückläufiger Entwicklung wg. unzureichender wirtschaftlicher Entwicklung wg. unzureichender wirtschaftlicher Diversifikation; Stadtviertel, die infolge verlorengegangener wirtschaftlicher Tätigkeiten in Schwierigkeiten geraten sind.
– *"neues" Ziel 3* (horizontal): Entwicklung der Humanressourcen: für die nicht unter die Ziele 1 und 2 fallenden Regionen zur Anpassung der Ausbildungs-, Berufs- und Beschäftigungssysteme mit folgenden Maßnahmen: Begleitung des wirtschaftlichen und sozialen Wandels, lebenslanges Lernen und Fortbildungssysteme, aktive Arbeitsmarktpolitik zur Bekämpfung der Arbeitslosigkeit, Bekämpfung der sozialen Ausgrenzung.

schaftsinitiativen nur noch von einem Strukturfonds finanziert werden. Zukünftig sollen nur noch 5 % (statt bisher 9 %) des für 2000 bis 2006 vorgesehenen Gesamtbetrags der Strukturfonds EFRE, EAGFL, Abteilung Ausrichtung, ESF zur Verfügung stehen.

Um die Beitrittskandidaten in der Vorbereitungsphase zu unterstützen, will die Kommission von dem Jahr 2000 an jährlich rund 6 Milliarden DM bereitstellen. Auch nach der ersten Beitrittswelle soll dieser Betrag in vollem Umfang erhalten bleiben, so dass die Hilfen für die erst später beitretenden Länder entsprechend intensiviert werden könnten. Die Hälfte der Vorbeitrittshilfen soll aus dem PHARE-Programm kommen, der Rest aus den Strukturfonds und dem Agrarhaushalt.[83]

Am 18. März 1998 hat die Europäische Kommission ihre Vorschläge für die Verordnungen der Strukturfonds für die Jahre 2000-2006 vorgestellt. Diese Vorschläge präzisieren den Kurs, den die Kommission in der AGENDA 2000 dargelegt hat. Die Reform ist entlang dieser drei strategischen Schwerpunkte der AGENDA 2000 aufgebaut: größere Konzentration der Förderung, vereinfachte und dezentralisierte Durchführung der Fonds sowie Stärkung ihrer Effizienz und Kontrolle. Die geplanten Verabschiedungsverfahren sind für die verschiedenen Verordnungen unterschiedlich:

- Zustimmung des EPs und einstimmiger Beschluss des Rates für die allgemeinen Verordnungen,
- Kooperationsverfahren für die Verordnungen des EFRE und des ESF und
- Zustimmung des Europäischen Parlaments für den EAGFL, den EFRE sowie den ESF und
- Zustimmung des EPs für den EAGFL und das FIAF.

Nach der Unterzeichnung des Vertrags von Amsterdam werden die Verfahren verabschiedet (für 1999 unter deutscher Ratspräsidentschaft geplant). Um eine Vorbereitung der Programme ab 1999 und ihre Umsetzung ab dem 1. Januar 2000 gewährleisten zu können, sollten diese Verordnungen bis Anfang 1999 vom Rat verabschiedet werden.

1.5.3.3. Anpassung der Institutionen an die Erfordernisse einer Gemeinschaft mit mehr als 20 Mitgliedern

Nach der Tagung des Europäischen Rats in Amsterdam Mitte Juni 1997 kritisiert der EU-Kommissionspräsident Santer die EU-Mitgliedstaaten, dass die beschlossenen Vertragsreformen nicht ausreichten, um den Herausforderungen einer um mehr als fünf Mitgliedstaaten erweiterten Gemeinschaft gerecht zu werden.[84]

Die Kommission schlägt deshalb in der Agenda 2000 vor, die vorgesehene Neuregelung der Stimmengewichtung im Ministerrat, die - laut Amsterdamer

---

[83] Europäische Kommission: Agenda 2000, Pressemitteilung IP/97/660, Brüssel, den 16.7.1997.
[84] FAZ, 17.7.1997.

Vertrag - mit einer Verringerung der Zahl der Kommissionsmitglieder auf einen Vertreter je Mitgliedstaat verbunden ist, "geraume" Zeit vor dem Jahr 2000 zu treffen. Außerdem fordert sie die generelle Einführung der Beschlussfassung mit qualifizierter Mehrheit als Regelentscheidungsverfahren, wobei die Stimmenverteilung im Ministerrat angesichts des absehbaren Anstiegs der Zahl kleinerer Mitgliedstaaten überprüft werden sollte. Diese Schritte sind aus Sicht der Kommission auf einer neuen Regierungskonferenz bereits vor dem ersten Beitritt vorzunehmen.

Die Stärkung des EU-Kommissionspräsidenten, der künftig über eine Art Richtlinienkompetenz verfügen wird, begrüßt die Kommission in der Agenda 2000. Darüber hinaus hat sich die Kommission verpflichtet, rechtzeitig für die im Jahre 2000 beginnende Amtszeit eine interne Reorganisation vorzunehmen.

Auffallend ist, dass sich die Agenda 2000 auf die exekutiven Kontakte (EU-Beitrittskandidaten) beschränkt und bestehende bilaterale parlamentarische Assoziationsausschüsse auf legislativer Ebene ebenso wenig in den Begleitmaßnahmen zur "intensivierten Heranführungsstrategie" berücksichtigt, wie eine mögliche Beteiligung von Vertretern aus den Beitrittsländern im Wirtschafts- und Sozialausschuss (WSA) oder im Ausschuss der Regionen (AdR).[85]

1.6. Sechster Heranführungsschritt: Beitritt der MOE-Staaten: Beitrittszeitplan in Abhängigkeit vom Grad der Übernahme des Acquis communautaires

Trotz der kritischen Analyse warnt die EU-Kommission, nicht in "übertriebenen Pessimismus" zu verfallen. Der genaue Zeitrahmen von Beitrittsverhandlungen ist schwierig im Voraus zu bestimmen. Im Fall von Österreich, Schweden und Finnland wurden die Beitrittsverhandlungen nach dreizehn Monaten abgeschlossen. Auch sind Beitrittsverträge mit längeren Übergangs- und Anpassungsfristen bis

---

[85] Dies wird auch von MdB Meckel, Vorsitzender der deutsch-polnischen Parlamentariergruppe und Stellvertretender Vorsitzender des Auswärtigen Ausschusses des Bundestages in der Zeit vom 15.1.1998 kritisiert. Meckel schlägt vor, mit der Wahl zum Europäischen Parlament im Sommer 1999 den Beitrittskandidaten die Möglichkeit zu eröffnen, Beobachter zu entsenden, die in allen Gremien des Parlamentes gleichberechtigt mitarbeiten sollen und mit Mitarbeitern und Büros ausgestattet werden sollen. Meckel schlägt nach einem Schlüssel, bei dem die Zahl der Beobachter je nach Bevölkerungszahl festgesetzt wird, vor, insgesamt 95 Beobachter aus den MOEL und Zypern in das EP zu entsenden. Um Übersetzungsprobleme zu vermeiden, sollen sprachkundige Beobachter entsandt werden. Diese sollten möglichst in ihren Ländern direkt gewählt werden, da dies eine Auseinandersetzung - durch den Wahlkampf - mit der EU und der Bevölkerung der Beitrittsländer bewirken würde. In: Die Zeit, 15.1.1998, "Die Kandidaten ins Parlament!"; Anmerkung: Im Amsterdamer Vertrag wird die Zahl der Abgeordneten, wie vom EP vorgeschlagen (Entschließung vom 17. Mai 1995, Abl. C 151/1995, S. 56, Ziff. 23.), auf 700 begrenzt. Das EP hat heute 626 Abgeordnete, so dass bereits nach der ersten Erweiterungsrunde die Zusammensetzung des EP revidiert werden muss.

zur vollständigen Übernahme des Acquis communautaires für die MOE-Staaten möglich. Einen verbindlichen Zeitplan bis zum Beitritt bekommen die Beitrittskandidaten nicht, da nicht vorherzusehen ist, wie lange die Verhandlungen dauern werden und wann die Beitritte dann ratifiziert werden können.

Die Aufnahme von Beitrittsverhandlungen begann am 30. März 1998 unter britischer EU-Präsidentschaft. Begonnen haben die Verhandlungen mit einer Durchleuchtung des Sekundärrechts, um die Hauptprobleme zu ermitteln.[86] Der Beitrittszeitplan wird entscheidend vom Grad der Übernahme des Acquis communautaires abhängen, da der Europäische Rat - wie schon bei früheren Erweiterungen - jeglichen Gedanken einer nur teilweisen Übernahme des Besitzstandes ausgeschlossen hat.[87]

In ihrem Avis geht die Kommission davon aus, dass in einem Zeitraum von fünf bis zehn Jahren alle Beitrittsbewerber in der Lage sein werden, den Acquis communautaires im Bereich der Strukturpolitik zu übernehmen. Primär sollen die Bewerberländer so rasch wie möglich mit den Zielen und Verfahrensweisen der Strukturfonds vertraut gemacht werden, um zu gewährleisten, dass sie zu gegebener Zeit die Regeln der Strukturfonds anwenden und die ersten Zahlungen aus den Fonds sachgerecht einsetzen können.

Programm der Bestandsaufnahme oder "Screening" zur Vorbereitung der Beitrittsverhandlungen

Die Europäische Kommission hat im Juni 1998 die ersten Vorgespräche mit den MOE-Beitrittskandidaten abgeschlossen, in denen bereits Schwerpunkte und Ausgangspositionen für die Beitrittsverhandlungen benannt werden sollen. Die Ende April eingeleitete Bestandsaufnahme ("Screening"), die voraussichtlich erst Mitte 1999 abgeschlossen sein wird, soll klären helfen, inwieweit die Beitrittskandidaten bereit sind, den Acquis communautaire zu übernehmen, wozu 80.000 Seiten Gesetzestexte mit den Kandidaten erörtert werden. Insgesamt sollen in den Bestandsaufnahmen vierzig Themengebiete behandelt werden. In den ersten Gesprächsrunden ging es um Themenfelder, bei denen die Beitrittskandidaten vergleichsweise geringe Schwierigkeiten mit den EU-Vorgaben haben (Wissenschaft und Forschung, Telekommunikation, Erziehung und Kultur, Industrie- und Mittelstandspolitik, GASP, EU-Gesellschaftsrecht etc.).

In der Regel folgen nach einem Treffen mit allen sechs Kandidaten jeweils bilaterale Gespräche, in denen die einzelnen Beitrittsanwärter zum Acquis communautaires Stellung nehmen. Im Zeitplan des Screenings wurden die von den geplanten Reformvorhaben unmittelbar berührten Themen in der Landwirtschafts- und Regionalpolitik möglichst weit nach hinten verschoben. Beabsichtigt ist, dass die interne Debatte über die Reform der Struktur- und Agrarpolitik sowie die neue Finanzverfassung der Gemeinschaft (Agenda 2000) sich bis dahin abschließen lässt und über diese Themen nicht parallel mit den Beitrittsanwärtern verhandelt werden muss. Mit den EU-Reformbeschlüssen wird nach allgemeiner Auffassung erst zum Ende der deutschen EU-Präsidentschaft (Juni 1999) gerechnet. Mit Vorlage der Ergebnisse dieses Screening-Verfahrens soll die eigentliche Verhandlung

---

[86] Europäische Kommission, Agenda 2000, 1997, ebd., S. 58.
[87] Europäische Kommission, Agenda 2000, 1997, ebd., S. 50-51.

über Zeitpunkt, Ausnahmeregelung und Übergangsfristen für den Beitritt beginnen.

1.7. Vorläufiges Fazit zur Erweiterungsfähigkeit der EU: Agenda 2000 versus divergierende Interessen der Mitgliedstaaten

Das eher theoretische Erweiterungskonzept der „Agenda 2000" soll, gemessen an den europapolitisch relevanten und durchaus divergierenden Interessen und Konfliktlinien der unterschiedlichen Mitgliedstaaten, eine realistische Einschätzung der "Erweiterungsfähigkeit" der EU annähernd ermöglichen.

Die Agenda 2000 macht Vorschläge in einem strategischen Gesamtkonzept; die Vorschläge bedingen sich gegenseitig, so dass gravierende Änderungen aufgrund von Einwänden einiger Mitgliedstaaten in einem Bereich auch die Tragfähigkeit anderer Bereiche in Frage stellt. Das Vorschlagspaket der Agenda 2000 stützt sich zwar formell auf das Mandat des europäischen Ratsgipfels von Madrid (Dez. 1995), dennoch kann die Agenda 2000 nicht über unterschiedliche Interessenlagen und Präferenzen der EU-15-Mitgliedstaaten hinwegtäuschen. Dabei lassen sich folgende Konfliktlinien identifizieren, die sich auf perspektivisch unterschiedlich ausfallende politische und wirtschaftliche Nettovorteile/-nachteile jedes einzelnen Mitglieds sowie Verteilungskonflikte bei Struktur-/Agrar- und Kohäsionsfonds, angesichts der Osterweiterung, konzentrieren:

1.7.1. Wirtschaftliche Nettovorteile/-nachteile für die EU-15

Die bisherigen EU-15-Länder würden von der Aufnahme der mittel- und osteuropäischen Staaten in die EU profitieren: Die wachsende Nachfrage nach westeuropäischen Konsumgütern stärkt die Wachstumsdynamik des Binnenmarktes. Für die EU-15-Länder ergibt sich die Möglichkeit, hochwertige Vorprodukte und Dienstleistungen aufgrund erheblich niedriger Arbeits- und Energiekosten zu weitaus geringeren Kosten zu beziehen und dadurch die bestehenden komparativen Nachteile gegenüber Japan und den USA abzubauen.[88] Allerdings stellen sich die Vorteile und Nachteile einer Osterweiterung für die Altmitglieder sehr unterschiedlich dar.

Eine EU-Osterweiterung verschiebt den geopolitischen und wirtschaftspolitischen Schwerpunkt der Union nach Zentraleuropa - insbesondere auf Deutschland - hin. Wie sich schon im Zuge der Europa-Abkommen gezeigt hat, wird sich die Osterweiterung regional und sektoral unterschiedlich auswirken. Die Bundesrepublik Deutschland als größter Exporteur von Kapitalgütern in der EU wird von anhaltendem Wirtschaftswachstum in den Reformländern Mittelosteuropas besonders stark profitieren.

---

[88] P. J. J. Welfens: EU und ostmitteleuropäische Länder: Probleme und Optionen der Integration. In: Außenpolitik, 3/1995, S. 237.

Während sich Agglomerationsvorteile einiger EU-Mitgliedsländer verstärken, werden andere EU-Länder von der Osterweiterung unterdurchschnittlich und indirekt profitieren oder sogar von dem deutschen Osteuropaboom negativ betroffen sein, wenn z.B. bisher bevorzugte west-europäische Standorte deutscher multinationaler Unternehmen zugunsten neuer osteuropäischer Standorte zurückgestuft werden.

Auch die außenpolitische Perspektive Deutschlands verändert sich. Anlässlich der EU-Erweiterung um Schweden, Finnland und Österreich erklärt die Bundesregierung am 10.4.1994 deutlich, sie wolle durch die Nord- und Osterweiterung "die Gemeinschaft innerlich stärker ausbalancieren" und die "Balance Europas" wiederherstellen, damit das vereinte Deutschland nicht "das östliche Grenzland der Europäischen Union" bleibt, sondern auch "politisch wieder in die Mitte Europas" rückt und seine Mittellage mit "großem Gewinn" nutzen kann.[89]

Während also die mit den mittel- und osteuropäischen Staaten wirtschaftlich bereits relativ stark verflochtenen Nachbarländer (Deutschland, Österreich, Finnland und Schweden) den größten Nutzen aus einer wirtschaftlichen und politischen Integration ziehen würden, dürften die Länder der westlichen und südlichen Peripherie (Portugal, Spanien, Irland und Griechenland) die wachsende Konkurrenz der mittel- und osteuropäischen Niedriglohnländer um Investitionen und Transfereinnahmen aus den Struktur- und Agrarfonds der EU fürchten.[90]

Großbritannien und Dänemark stehen der Osterweiterung eher aus politischen Gründen positiv gegenüber, da sie sich davon erhoffen, die "Vertiefung der EU" mit Unterstützung der MOE-Staaten verzögern zu können.

Die französische Gesamtstrategie besteht darin, durch Süderweiterung (Zypern) und durch eine Intensivierung der Mittelmeerpolitik der EU ein regionales Gegengewicht zur Osterweiterung zu schaffen, weil die Osterweiterung die asymmetrische Gewinnverteilung der Integration zugunsten Deutschlands programmiert und Frankreich in eine Randlage bringt. Anders als Großbritannien und Dänemark ist Frankreich[91] aber bereit, auf dem Sektor der Währungspolitik eine Vergemeinschaftung zu betreiben, um die währungspolitische Hegemonie Deutschlands zu verhindern bzw. zu beseitigen.

Da nur einige der jetzigen Mitglieder beträchtlich von einer EU-Osterweiterung profitieren werden, ist abzusehen, dass eine Erweiterung mit diversen politischen "packet deals" auf EU-Ebene verknüpft wird: Die "Verlierer" unter den jetzigen Mitgliedsländern werden Kompensationen im Wege erhöhter Zuwendungen aus

---

[89] Zit. nach Werner Link: Integration und Kooperation. In: Die politische Meinung, 1995, Jg. 40, H. 312, S. 37.

[90] Dirk Holtbrügge: Ökonomische Voraussetzungen und Folgen einer Osterweiterung der Europäischen Union. In: Osteuropa, 1996, Vol. 46, Nr. 6, S. 545.

[91] Die generell proeuropäische Linie der französischen Regierung zeigt sich an ihren unpopulären Entscheidungen zur Haushaltskonsolidierung, um die Eintrittsbedingungen in die Währungsunion zu erfüllen. Mehrwöchige Streiks Ende November/Dezember 1995 waren die Folge.

den Strukturfonds oder andere Vergünstigungen erwarten.[92] Der größte Widerstand dürfte sich gegen die Konzentration der Mittel der Strukturfonds und die Kappungsgrenze erheben, insbesondere bei einem Wegfall der Förderung aus dem Kohäsionsfonds für die Teilnehmer der dritten Stufe der Währungsunion. Damit besteht die Gefahr, dass eine erweiterte EU unter ökonomischen Gesichtspunkten ineffizient zu werden droht, wenn derart steigende Zahlungen aus den Strukturfonds oder Kohäsionsfonds drohen.

Den geschilderten ökonomischen Vorteilen der Osterweiterung für die EU-15 stehen jedoch erhebliche Kosten gegenüber. Den Alt-Mitgliedstaaten droht nicht nur der Verlust von Transfers aus der EU-Kasse. Sie werden auch für die Osterweiterung zahlen müssen. Die Vorgabe der Europäischen Kommission, das EU-Budget sei dauerhaft auf 1,27 % des Bruttoinlandsproduktes zu begrenzen, suggeriert fälschlicherweise, die Osterweiterung sei ohne zusätzliche Kosten für die EU-15-Länder zu haben. Die auf der Tagesordnung stehenden Reformen führen zwangsläufig auch zu Belastungen. Die Entlastung der EU-Haushalte schafft dann den finanziellen Raum für eine gemeinsame Außen- und Sicherheitspolitik und für notwendige Hilfen an Drittländer im Mittelmeerraum und die Nicht-MOE-Beitrittsstaaten, aber nicht für Kompensationszahlungen an die EU-15.

1.7.2. Wirtschaftliche Nettovorteile/-nachteile für die beitrittswilligen MOE-Staaten

Während der Nutzen für die EU-Altmitglieder im einzelnen zweifelhaft ist, ist die EU-Osterweiterung für diejenigen Transformationsländer, die der EU beitreten, fast ohne Einschränkung wirtschaftlich als Gewinn anzusehen. Durch die EU-Aufnahme und den damit verbundenen Abbau tarifärer und nicht tarifärer Handelshemmnisse würde der Außenhandel der MOE-Staaten zusätzlich stimuliert (trade creation effect) und der Absatzmarkt vergrößert. Dies würde wiederum eine Ausweitung der inländischen Produktion und damit die Ausnutzung von Kostendegressionseffekten (economies of scale) ermöglichen.

Durch die Aufnahme in die EU würden die mittel- und osteuropäischen Staaten jedoch nicht nur in den Genuss eines freien Warenverkehrs ohne Binnenzölle mit den anderen EU-Staaten kommen, sondern auch von der Freizügigkeit des Dienstleistungs-, Kapital- und Zahlungsverkehrs sowie des unbeschränkten Niederlassungsrechts profitieren. Ausländische Direktinvestitionen könnten wiederum

---

[92] So hat beispielsweise die spanische Regierung gefordert, dass die zukünftige Gestaltung der europäischen Regionalpolitik sich nach der Jahrhundertwende nur noch auf die bedürftigen Regionen beziehen dürfte. Der Beschluss des EPs, die Kohäsionsmittel für diejenigen Staaten zu streichen, die die Aufnahme in die Währungsunion geschafft haben, hat in Spanien im Juni 1998 für Proteste gesorgt. Spanien ist derzeit mit 9,7 Milliarden DM (1997) der größte Netto-Empfänger von EU-Mitteln. Die Losung des Ministerpräsidenten José Aznars "Die Osterweiterung darf nicht auf Kosten der Süderweiterung gehen" deutet darauf hin, dass die überfällige Neuordnung der EU-Finanzen im Rahmen der Agenda 2000 heftige Nord-Süd-Streitereien auslösen wird (FAZ, 8.6.1998, FAZ 3.6.1998).

durch den Import von Kapital sowie von modernen Technologien und Management-Know-how dazu beitragen, die Wettbewerbsfähigkeit der mittel- und osteuropäischen Staaten zu steigern, die Wettbewerbsintensität in den vielfach durch hohe Unternehmenskonzentration charakterisierten Branchen zu erhöhen sowie positive Beschäftigungseffekte zu bewirken.[93]

1.7.3. Sonderproblem: Reform der GAP

Die Reform der GAP stellt ein Sonderproblem dar. Eine Reform der EU-Agrarpolitik ist angesichts der Osterweiterung und auch durch die GATT-Uruguay-Vereinbarungen unabdingbar. Die traditionell - auch militant vertretenen - Eigeninteressen der Agrarlobby der EU-15, insbesondere der deutschen[94] und französischen Landwirte, können die EU-Osterweiterung zum politischen und ökonomischen Stolperstein werden lassen. Die Tatsache, dass eine Osterweiterung um 10 MOE-Staaten 55 % mehr landwirtschaftliche Fläche und eine Erhöhung der Beschäftigten im Agrarsektor um 115 % bedeuten würde, macht deutlich, dass sich die EU mit Reformen in der GAP auseinandersetzen muss.

Aus Sicht der mittel- und osteuropäischen Beitrittskandidaten liegen die größten Hindernisse der Osterweiterung bei den Folgen der gemeinsamen Agrarpolitik. Die Flächen- und die Arbeitsproduktivität der Landwirtschaft sind zum Teil beträchtlich niedriger als in der Europäischen Union, allerdings mit erheblichen Unterschieden innerhalb der Visegrád-Staaten.

In der Landwirtschaft Polens ist die Produktivität am niedrigsten und der Anteil der Beschäftigten am höchsten. Trotz des Rückstandes in der Arbeits- und Bodenproduktivität gegenüber dem EU-Durchschnitt hat die Landwirtschaft der Beitrittskandidaten komparative Vorteile aufzuweisen: Sie konzentrieren sich in Polen jedoch auf wenige ausgewählte Produkte der Tierhaltung und der Obst- und Gemüseproduktion. Besondere Chancen werden dem ökologischen Landbau in Polen eingeräumt. Notwendige Strukturreformen sollten auf die Vergrößerung der Betriebe und die Reduzierung der Arbeitskräftezahl, die Veränderung der Produktionsstruktur zugunsten höherverarbeiteter Erzeugnisse und vor allem Verbesserung ihrer Qualität abzielen. Das hohe Exportpotential Polens kann aber nur wirksam werden, wenn die von der EU aufgestellten Barrieren abgebaut werden. Eine stärkere Ausrichtung auf die östlichen Märkte kann zwar zu einer Exportauswei-

---

[93] Dirk Holtbrügge 1996, ebd., S. 542-543.
[94] Die geplante Agrarreform stößt in der deutschen Landwirtschaft und stieß auch beim ehemaligen Bundesminister Jochen Borchert auf entschiedenen Widerspruch. Die deutschen Bauern befürchten deutliche Einkommensbußen. Die Ministerpräsidenten der Länder haben sich in diesem Sinne am 8. Juni 1998 im Rahmen einer Sonderkonferenz über die Europapolitik geäußert. Der damalige Kanzler Kohl wurde aufgefordert, sich in Brüssel für Änderungen der Agenda 2000 einzusetzen (FAZ, 8.6.1998). Auch der Generalsekretär des Deutschen Bauernverbandes, Helmut Born, fordert für die mittel- und osteuropäischen Länder statt der Leitidee der Agenda 2000 - Weltmarktorientierung und massiver Direktausgleich - lange Übergangsfristen von mindestens 15 Jahren, in denen der Aufholprozess der östlichen Länder geschützt werden könne (FAZ, 5.6.1998).

tung beitragen, stellt aber langfristig keine Alternative zur Integration Polens in die westlichen Agrarmärkte dar.[95]

Derzeit erschwert das Angebot subventionierter landwirtschaftlicher Erzeugnisse aus der EU sowohl in Polen als auch in den agrarisch geprägten Ländern Mittel- und Osteuropas eher die Entwicklungsmöglichkeiten einer einheimischen bäuerlichen Landwirtschaft.

Die Erwartungen an Vertiefung und Osterweiterung sind demnach in den fünfzehn Mitgliedstaaten und den zukünftigen Mitgliedstaaten der Europäischen Union sehr unterschiedlich - je nach europapolitischen Leitbildern und den von der EU-Mitgliedschaft erwarteten politischen und ökonomischen Nettovorteilen.

Alle Mitgliedstaaten teilen mittlerweile jedoch weitgehend die Auffassung, dass sich die Europäische Union für die im Grundsatz beschlossene Erweiterung um eine Vielzahl von Staaten in Mittel- und Ost- und Südeuropa institutionell und ordnungspolitisch vorbereiten muss, um das Ziel eines politisch stabilen und ökonomisch effizienten erweiterten Europas für die Zeit nach 2000 realisieren zu können. Die Kernprobleme der Osterweiterung sind den jetzigen und zukünftigen Unions-Mitgliedern bewusst.

1.7.4. Kernprobleme der Osterweiterung für Mittel- und Osteuropa und die EU-15

Die EU-Osterweiterung um die Visegrád-Staaten[96] droht innerhalb von Mittelosteuropa zu einer Spaltung zu führen. Ökonomisch gegenüber dem EU-Durchschnitt aufholende Neumitglieder werden weiterhin gegenüber den mittelosteuropäischen Nichtmitgliedern ein wachsendes Pro-Kopf-Gefälle aufbauen. Die verbleibenden "postsozialistischen Outsiderländer" werden nur mit relativ geringer Intensität über multilaterale oder regionale Kooperationsarrangements an die Europäische Union gebunden werden können. Dadurch wird der Migrationsdruck innerhalb

---

[95] Helga Herbert: Polen: Erfolge der Schocktherapie und ungelöste Strukturprobleme. In: Transformation des Wirtschaftssystems in den mittel- und osteuropäischen Ländern: Außenwirtschaftliche Bedingungen und Auswirkungen/Hrsg. Dieter Schumacher, Harald Trabold u.a. - Berlin, 1997 (DIW Sonderheft 161, 1997), S. 104 ff.

[96] Polen, Tschechische Republik, Slowakische Republik und Ungarn

Mittelosteuropas steigen, was innenpolitische und ökonomische Krisen verursachen kann[97].

Der Europäischen Union selbst droht bei einer Osterweiterung, dass die deutsch-polnische Grenze eine extreme Wohlfahrtsgrenze zwischen einerseits armen EU-Neumitgliedern und andererseits wohlhabenden EU-Altmitgliedern markiert. Die EU fürchtet massiven Einwanderungsdruck im Fall einer EU-Osterweiterung auch innerhalb des europäischen Binnenmarktes.[98] Auch wird auf absehbare Zeit eine scharfe Standortkonkurrenz zwischen West- und Osteuropa im Industrie- und Dienstleistungssektor (aufgrund des gegenüber Westeuropa gebremsten realen Lohnanstieges) bestehen bleiben. Insbesondere bei lohn- und energieintensiven Produktionsbereichen wird es zu Standortverlagerungen von West- nach Osteuropa kommen. Westeuropäischen Arbeitnehmern drohen nicht nur der Verlust von zahlreichen Arbeitsplätzen in Westeuropa. Die Tendenz zu einem weiteren Sozial- und Reallohnabbau in Westeuropa erhält letztlich auch dadurch Auftrieb, dass eine Osterweiterung sehr teuer wird. Die soziale Dimension des Integrationsprozesses steht auf dem Prüfstand.

Diese mit der Osterweiterung verbundenen Probleme treffen die westeuropäischen Länder der EU in einer schwierigen gesamtwirtschaftlichen Übergangssituation, die von hohen Arbeitslosenquoten und Sozialversicherungsproblemen in der Mehrheit der Mitgliedsstaaten geprägt ist. Wenn die Institutionen und Entscheidungsverfahren der Europäischen Union nach 2000 mit vermutlich mehr als 20 Mitgliedern nicht mit dieser sehr großen Heterogenität innerhalb der EU fertig werden, drohen nicht nur wachsende wirtschaftspolitische Ineffizienz auf supranationaler Ebene, sondern auch eine Schwächung von Legitimität und Effizienz der europäischen Integration als Ganzes.

---

[97] Angesichts des Migrationsdruckes auf ihre aus der Sowjetunion hervorgegangenen vier neuen Nachbarstaaten und der Erwartungen der EU hat bspw. Polen Ende Dezember 1997 ein neues Ausländerrecht in Kraft gesetzt. Einschneidendste Veränderung ist die Verschärfung der Einreisebestimmungen für Bürger Russlands und Weißrusslands (die Einreise ist zwar visumfrei, doch müssen Reisende registrierte Einladungen aus Polen oder Hotelgutscheine vorweisen). Ukrainer und Litauer dürfen dagegen ohne Visum und Einladung einreisen, müssen jedoch an der Grenze einen bestimmten Geldbetrag zur Finanzierung ihres Aufenthaltes vorweisen. (FAZ, 2.2.1998, S. 10). Die verschärften Einreiseregelungen stießen innenpolitisch auf Protest, da diese im Handel mit dem Osten Verluste von mehreren Milliarden Dollar und der Erwerbsgrundlage von Zehntausenden bedeuten könnten (FAZ, 3.2.1998, S. 14, Nr. 28). Weitere durch das Gesetz betroffene Gruppen sind Auslandspolen und Asylbewerber. Auch die polnischen Zollbehörden werden schrittweise westeuropäische Vorschriften übernehmen, wie die EU und Polen Ende Januar 1998 vereinbart haben. In: FAZ, 2.2.1998, S. 10.

[98] Es gibt aber auch Studien, die die Befürchtungen einer massiven Zuwanderung aus den assoziierten Ländern in die EU relativieren, da das Bevölkerungswachstum in den MOEL gering sei und das wirtschaftliche Wachstum in den Herkunftsländern als wichtigstes Mittel gegen die Migration diene. Quantitativ bedeutsamer sei in Zukunft der Migrationsdruck aus dem Mittelmeerraum mit eher hohem Bevölkerungswachstum und kaum vergleichbaren wirtschaftlichen Entwicklungsperspektiven. S. Christian Weise: Der EU Beitritt ostmitteleuropäischer Staaten: Ökonomische Chancen und Reformbedarf für die EU. In: Integration, 20. Jg., 3/97, S. 175 ff.

Eine erweiterte Europäische Union wird nur dann stabil sein, wenn es auf Seiten von Alt- und Neumitgliedern erwartete Nettovorteile gibt. Die vorgeschlagenen EU-Reformen liegen im Interesse der heutigen und zukünftigen EU-Mitglieder; sie erhöhen die Effizienz der heutigen EU-Politiken und verleihen der Beitrittsperspektive Glaubwürdigkeit. Dennoch ist zu ihrer Durchsetzung ein hohes Maß an politischer Überzeugungskraft notwendig, da in allen EU-15-Mitgliedstaaten die Kosten für die Osterweiterung und den Verlust von Transfermitteln aus dem EU-Haushalt vordergründig die öffentlichen Debatten dominieren werden, während die langfristigen Vorteile der Reformstrategie weniger konkret und offensichtlich sind.

1.7.5. Vitales sicherheitspolitisches Interesse der EU-15 im Rahmen der Osterweiterung in bezug auf MOE-Staaten, Russland und die anderen GUS-Staaten

Bei allen denkbaren Problemen einer EU-Osterweiterung für Alt- und Neumitglieder ist in jedem Fall zu bedenken, welche Kosten auf die EU im Fall einer Nichtintegration zukämen. Es kann kaum im EU-Interesse sein, mittelosteuropäische Staaten mit ihren zum Teil schwierigen ökonomischen und ethnischen Konflikten in einem Integrationsvakuum zu lassen, zumal dies die politischen Instabilitäten in der Region weiter verstärken könnte.

Indirekt kann die Osterweiterung der EU zur Stabilisierung in Russland und der Ukraine[99] beitragen, soweit die kleineren mittelosteuropäischen Transformationsländer durch wachsenden Ost-Ost-Handel und regionale Kooperation[100] hierzu beitragen. Die Union misst den Formen regionaler Zusammenarbeit als Mittel der

---

[99] Die Europäische Union hat mit der Ukraine ein Partnerschaftsabkommen abgeschlossen, das am in Kraft trat. Durch die Normalisierung des ukrainisch-russischen Verhältnisses 1997 konnte im Februar 1998 der Besuch des Bundespräsidenten Herzog erst im siebten Jahr nach der Unabhängigkeit der Ukraine erfolgen. Herzog machte bei seinem Besuch deutlich, dass die Bundesrepublik sich um die "Existenzfähigkeit" der Ukraine sorge - angesichts des schleppenden Fortgangs des Reformprozesses, insbesondere beim Rechtssystem und dem auch 1997 noch festzustellenden Niedergang der Wirtschaft. Allerdings würdigte Herzog auch das "erfolgreiche Bestreben der Ukraine", Schwierigkeiten mit den Nachbarstaaten zu bereinigen, wodurch sie zu einem "Stabilitätsfaktor in Europa" geworden sei. Die Ukraine ist, abgesehen von Russland, der größte Staat Europas mit gut 50 Mio. Einwohnern. In: FAZ, 5.2.1998.

[100] Foren regionaler Zusammenarbeit als Mittel der politischen und wirtschaftlichen Stabilisierung unter den mittel- und osteuropäischen Staaten sind beispielsweise die von Polen, Ungarn, der Tschechischen Republik und der Slowakei ins Leben gerufene Mitteleuropäische Freihandelszone *CEFTA*, der *Baltische Rat* (Estland, Lettland, Litauen), der *Rat der Ostsee-Staaten* (alle Ostseeanrainerstaaten, EU-Staaten, MOEL und Russland sowie die Europäische Kommission). Auch konnte auf Initiative der EU im Rahmen der Gemeinsamen Aktion "Europäischer Stabilitätspakt" (12/1993-5/1995) mit den assoziierten MOEL als Akt präventiver Diplomatie der Abschluss eines *Grundlagenvertrags zwischen Ungarn und der Slowakei* verabschiedet werden.

politischen und wirtschaftlichen Stabilisierung große Bedeutung bei. Finanziell und technisch unterstützt die EU insbesondere Projekte zur grenzüberschreitenden Zusammenarbeit, die einen Förderschwerpunkt des PHARE-Programms bilden.

Im Gegensatz zur der positiven Haltung der MOE-Staaten zu Verbindungen mit westlichen Partnern sind regionale Initiativen immer in einem negativen Licht gesehen worden. Daher haben die Ost-Ost-Initiativen niemals ihr volles Potential entfalten können, und das eigentliche Ziel der regionalen Kooperation wurde verfehlt. Der regionalen Zusammenarbeit wird aus Sicht der MOE-Staaten nur sekundäre Bedeutung für den EU-Beitritt beigemessen, im Gegensatz zur Auffassung der EU, die an einer Stabilität der Region insgesamt interessiert ist.

Gleichzeitig droht eine Osterweiterung der EU für Russland und die anderen GUS-Staaten, vor allem für die relativ kleinen Volkswirtschaften und direkten Nachbarn einer erweiterten EU (Ukraine und Weißrussland), mit erheblichen negativen ökonomischen Folgen verbunden zu sein. Die Nachfolgestaaten der ehemaligen UdSSR wären aufgrund des traditionell relativ großen Außenhandelsumsatzes mit den MOE-Staaten von spürbaren Abschließungseffekten betroffen. Die Integration der MOE-Staaten in die EU wäre wirtschaftlich mit einer Desintegration nach außen verknüpft.[101] Umso wichtiger ist auch die Formulierung einer tragfähigen politisch-wirtschaftlichen Konzeption für die Politik der EU gegenüber Russland und den anderen GUS-Staaten.

Da Russlands Zukunft nicht absehbar ist - Konsolidierung der Reformen oder Rückfall in nationalchauvinistische Allüren -, empfiehlt es sich für die EU, ihre Russlandpolitik weitestgehend zu konzentrieren. Sonderbeziehungen zu Russland, nicht von einzelnen westlichen Nationen (deutsche, französische oder englische Sonderbeziehungen), sondern von der Europäischen Union insgesamt, würden nicht nur Russlands Bemühungen um die Aufrechterhaltung eines weltpolitischen Status entgegenkommen; sie würden auch die schrittweise Integration Ost- und Mitteleuropas in westliche Institutionen abfedern helfen. Ob die Einbindung Russlands in verschiedene europäisch-russische bzw. atlantisch-russische Quasi-Institutionen wie den NATO-Kooperationsrat "Partnerschaft für den Frieden" sowie das Abkommen über Partnerschaft und Kooperation zwischen der EU und Russland vom 24.6.1994 dazu eine ausreichende Basis darstellen, ist derzeit fraglich.[102]

1.7.6. Osterweiterung als Herausforderung für die Europäische Union, die Mitgliedstaaten und die europäischen Regionen

Derzeit kristallisieren sich folgende Herausforderungen für die Europäische Union, die Mitgliedstaaten und die europäischen Regionen heraus:

---

[101] Dirk Hotbrügge: Ökonomische Voraussetzungen und Folgen einer Osterweiterung der Europäischen Union. In: Osteuropa, 1996, Vol. 46, Nr. 6, S. 544.

[102] Dieter Senghaas: Die Außenperspektive der Europa-Debatte. In: Universitas, 1996, Jg. 51, Heft 7, S. 631-638.

Osterweiterung als Herausforderung für die Europäische Union: WWU-Realisierung und Doppelteilung Europas verhindern.

Die Europäische Union steht vor zwei großen Herausforderungen: Die erste Herausforderung ist, die EU-Osterweiterung zum Anlass zu nehmen, supranationale Politik auf den Reformprüfstand zu stellen, um die EU-Osterweiterung für alle Mitgliedstaaten zu einem nützlichen Projekt werden zu lassen. Der Reformbedarf und die Herausforderung sind beträchtlich, auch hinsichtlich eines gesamteuropäischen Integrationsmodells im Kontext der WWU. Dies wird auch an der Kohl-Chirac-Initiative deutlich, die, wenige Wochen, nachdem die EU die elf Teilnehmerländer an der Europäischen Währungsunion im Mai 1998 benannt hat, eine klare Aufgabenteilung zwischen den supranationalen Zuständigkeiten der Gemeinschaft und den 15 Mitgliedsländern sowie der Regionen gefordert hat.[103] Die projizierten Kosten einer Erweiterung schrecken die Nettozahler.

Daraus ergibt sich ein mögliches Szenario, wonach sich in einer erweiterten Union die Differenzierung von Regeln und Beteiligungsformen in bestimmten Regime verstärken und zugleich die Basis von Solidarität und gegenseitiger Verpflichtung geschwächt würde: Als Ausweg aus dem Finanzierungsdilemma einer Osterweiterung für die Altmitglieder - bei Beibehaltung der bisherigen Integrationslogik der EU - wird das Europamodell der "konzentrischen Kreise" diskutiert. Das Modell geht, nach Ziebura, "von einer räumlichen Differenzierbarkeit der Integration aus, so dass um einen inneren Kern Ringe weniger dichter Integration zu liegen kommen."[104]

Da 1999 die EU-Währungsunion umgesetzt wurde, ist eine potentielle EU-Erweiterung auch im Kontext mit der Währungsunion bzw. dem Europäischen Währungssystem II zu sehen. Die Osterweiterung der EU wird zwangsläufig bei der Integration eine Differenzierung notwendig machen. Durch die WWU entsteht unweigerlich ein währungspolitisches „Kerneuropa" (gruppiert um Deutschland und Frankreich). Bei einer Osterweiterung müssten die Transformationsländer zunächst Mitglied des neu aufgelegten Europäischen Währungssystems (EWS II) sein, ehe sie nach einer im Einzelfall langen Übergangszeit der Währungsunion beitreten. Als problematisch zeigt sich jetzt schon, dass die Wirtschafts- und Wäh-

---

[103] In einem gemeinsamen Schreiben an Premierminister Blair, den Gastgeber des Treffens der Staats- und Regierungschefs der EU in Cardiff am 15.6.1998, hatten Kohl und Chirac angeregt, über die Handlungsfähigkeit der Gemeinschaft eine eingehende Diskussion zu führen. Es könne nicht Ziel europäischer Politik sein, einen europäischen Zentralstaat anzustreben. Offenkundig ist, dass sich dahinter auch die Furcht verbirgt, in der Währungsunion und unter den Bedingungen von weitreichender Entregulierung die Macht zur politischen Einflussnahme somit zu verlieren.

[104] Gilbert Ziebura: Transnationale Gesellschaft: Herrschaftsprojekte und Reformperspektiven in der Europäischen Union, in: Joachim Schuster, Klaus-Peter Weiner (Hrsg.): Maastricht neu verhandeln - Köln 1996, S. 20-35.

rungsunion derzeit von den MOE-Staaten wenig gewünscht wird[105]. Kritisch werden die Übertragung gerade erlangter nationaler Souveränitätsrechte sowie ein "Ausverkauf" der nationalen Wirtschaft an ausländische Investoren, durch die außenwirtschaftliche Öffnung, kommentiert.

Als Risiko bei diesem Szenario kann eine unüberbrückbare Kluft zwischen der begrenzten Gruppe der sogenannten "Kern-Staaten" und dem Rest entstehen, die eine mögliche Quelle von Rivalitäten und Spannungen sein kann, aber auch durchaus attraktiv für diejenigen, die sich selbst in der Kerngruppe wiederfinden.[106]

Dahrendorf befürchtet, dass eine "partielle Währungsunion" zur Desintegration und nicht zur Integration Europas beitrage: Sie sei ein Akt der Abgrenzung des "Kerns" gegenüber der "Peripherie"; sie vereine nicht, sie spalte. Er befürchtet, dass die Startergruppe in "ständigem Streit" mit den übrigen EU-Staaten liegt, in welchem Maße die Eigenmittel der Union für regionale Umverteilungsprozesse verwendet werden sollen.[107] Dies könnte auch bedeuten, dass diejenigen Länder, die nicht zur partiellen Währungsunion gehören werden, nach dem Modell eines "Europas der verschiedenen Geschwindigkeiten" demnächst nicht mehr in dem Umfang wie bisher vom Finanzausgleich der EU-Strukturfonds profitieren werden.[108] Davon könnten dann auch die MOE-Staaten-Neumitglieder betroffen sein, da diesen nicht der "Sprung" in das Kerneuropa gelänge. Und schließlich, so Dahrendorf, werden "mögliche neue Mitglieder noch länger als ohnehin schon auf volle Mitgliedschaft warten müssen."[109]

Eine Chance dieses Szenarios ist, dass das politische Gewicht Deutschlands europäisiert wird und das deutsch-französische Achsenverhältnis intakt bleibt. Eine Vertiefung der Europäischen Union, die sich nicht mit allen Mitgliedstaaten durchsetzen ließe, wäre mit einer "avant-garde coalition of the willing and the able" zu erreichen, das heißt mit Spitzengruppen, die politisch handlungsfähig sind. Diese Strategie erscheint in einem zukünftig erweiterten und stärker heterogenen Europa, trotz der geschilderten politischen Implikationen, zukunftsträchtig zu sein. Modelle, die durch das Bilden von Integrationskernen mit verschiedenen Geschwindigkeiten weiterhin eine europäische Integrationswirkung aufrechterhalten, sollten aber nur Übergangslösungen sein und müssen prinzipielle Offenheit gegenüber allen EU-Mitgliedern garantieren. Also für die WWU: Die Währungsunion kommt, zwar nicht gleich für alle, aber doch für viele und mit Offenheit für

---

[105] Allerdings wird diese Einschätzung nicht einhellig geteilt: Polens Finanzminister Leszek Balcerowicz hat Anfang Mai 1998 selbstbewusst angekündigt, dass er gerne schon im Jahr 2006 den Zloty durch den Euro ersetzen würde, da er sich davon Vorteile für polnische Touristen und polnische Unternehmer erhofft; letztere erwarten bei Geschäften geringere Kursrisiken und damit auch geringere Gesamtkosten (FAZ, 7. Mai 1998).

[106] Hellen Wallace: Fit für Europa? Reform und Erweiterung der Europäischen Union. In: Integration, 1996, Vol. 19, Nr. 2, S. 84.

[107] R. Dahrendorf: Warum Europa? Nachdenkliche Anmerkungen eines skeptischen Europäers. In: Merkur, 1996, Vol. 50, Nr. 7, S. 561.

[108] Sabine Riedel: Konzepte zur Osterweiterung der Europäischen Union. Eine kritische Analyse am Beispiel Bulgariens. In: Südosteuropa, 45. Jg., H. 6-7/1996, S. 446.

[109] R. Dahrendorf, 1996, ebd., S. 561.

die anderen. Opting-out-Klauseln[110] müssten dann künftig verhindert werden, denn sie ermöglichen ein "Europa à la carte".[111]

Die zweite Herausforderung besteht darin, eine Doppelteilung Europas (mit dauerhaft wesentlich ärmeren Nichtmitgliedern und reichen Mitgliedern) zu verhindern. Die EU selbst muss in Zukunft versuchen, die Wettbewerbsfähigkeit ihrer Unternehmen im Weltmarkt mit den sozialen Interessen ihrer Bürger zu verbinden. Neoliberale Wirtschaftspolitiker fordern bereits jetzt schon Reallohnverluste für westeuropäische Arbeitnehmer (offenbar durch den staatlichen Eingriff in die gesetzlich verankerte Tarifautonomie), um den Abbau des Ost-West-Wohlstandsgefälles durch Transformationsprozesse bereits innerhalb der erweiterten EU zu erreichen. Andere wollen eine Doppelteilung Europas zu verhindern, indem der Radius der Osterweiterung zunächst begrenzt bleibt und die Nichtmitgliedsländer durch regionale und multilaterale Kooperationen mit der EU verknüpft werden.

Der Reformbedarf in der EU ist auch auf nationaler Ebene (Mitgliedstaaten) und auf regionaler Ebene (Regionen) gegeben:

Osterweiterung als Herausforderung für die Mitgliedstaaten. Auf nationaler Ebene ist es insbesondere die Herausforderung, dem großen Anpassungsdruck vor allem in den Osteuropa benachbarten EU-Hochlohnländern durch eine Innovations- und Qualifikationsoffensive zu begegnen. Verstärkte Investitionen in Bildung und Ausbildung, Forschung und Entwicklung wären nicht nur im Interesse der Beschäftigungssicherung in den Hochlohnländern Europas (wie der Bundesrepublik Deutschland, Beneluxländern und Schweden, Finnland und Dänemark). Auch für die ökonomische Zukunft Europas wird die Beherrschung einiger Schlüsselbereiche entscheidend sein (Halbleitertechnik, Biotechnologie, Informationstechnologie).

Osterweiterung als Herausforderung für die europäischen Regionen. Auch die Regionen sind gefordert: Angesichts des durch die EU-Osterweiterung intensivierten Standortwettbewerbs könnten die Regionen ihren Beitrag in Form eines intensivierten wirtschaftspolitischen Konzeptionswettbewerbs liefern. Die bisherige EU-Strukturpolitik hat in vielen Bereichen auch im negativen Sinn zur Verlangsamung von Anpassungsprozessen geführt. Eine Beteiligung der mittel- und osteuropäischen Staaten an den Struktur- und Agrarfonds der EU und den damit verbundenen Finanztransfers droht möglicherweise auch eine Subventionsempfängermentalität zu fördern, die den marktwirtschaftlichen Reformbemühun-

---

[110] Mit dem Maastrichter Vertrag wurden Opting-out-Klauseln für Dänemark und Großbritannien zum Sozialkapitel und auch zur Währungsunion vorgesehen. Im Unterschied zur Gewährung von Übergangsfristen, zum Beispiel im Zusammenhang von Neumitgliedern, sehen die Opting-out-Klauseln prinzipiell für die betroffenen Staaten das Recht vor, in einigen Feldern bestimmte Integrationsziele völlig aus dem Blick zu lassen.

[111] Vgl. Claus Giering: Vertiefung durch Differenzierung - Flexibilisierungskonzepte in der aktuellen Reformdebatte. In: Integration, 20. Jg., 2/97, S. 72-83. Giering analysiert die Leitbilder/Modelle der Europäischen Integration wie Abgestufte Integration, Kerneuropa, Differenzierte Integration, Variable Geometrie, Flexible Integration, Avantgarde, Europa à la Carte, Flexibilisierungsklausel.

gen diametral entgegensteht. Viele westeuropäische Regionen sehen die EU und ihre Strukturpolitik ausschließlich als Drehscheibe für Subventionen und als Reparaturbetrieb für veraltete Industriezweige statt als Motor für Innovation und Umstrukturierung. Die Reduzierung der EU-Strukturfonds (neben weiteren Reformen) scheint in Zukunft sinnvoll zu sein, wobei auf nationaler Ebene ein dominanter horizontaler Finanzausgleich verstärkt einzusetzen wäre.

Die politische Stärkung der Regionen auf europäischer Ebene (als zweite oder dritte Kammer, als Rat der Regionen oder als Senat aus Delegierten der nationalen Parlamente) wäre eher das Gegenteil von mehr Transparenz, Effizienz und Verantwortlichkeit in der europäischen Politik. Eine zusätzliche Kammer mit legislativen Entscheidungskompetenzen würde die bisherige institutionelle Struktur der EU noch mehr ausdehnen und verkomplizieren und letztlich auch die Rechte des EPs relativieren. Die Regionen sollten sich auf der EU-Ebene über den Ausschuss der Regionen und die Regionalbüros in Brüssel die notwendigen Informationen holen und ihre regionale Interessenvertretung wahrnehmen. So könnten beispielsweise die neue organisatorische Selbständigkeit des Ausschusses der Regionen und seine ausgeweiteten Anhörungsrechte dazu genutzt werden, mehr Aufmerksamkeit für seine Positionen zu erlangen. Mitentscheidungsrechte sollten sich die Regionen in EU-Angelegenheiten jedoch innerstaatlich erstreiten.

Eine dritte Kammer würde auch dem fehlenden Selbstverständnis der beitrittswilligen MOE-Staaten für ein "Europa der Regionen" widersprechen. Aufgrund der vorherrschenden administrativen Zentralisierung in den postkommunistischen Staaten - die durch die schwache Struktur der regionalen und lokalen Verwaltungen noch verstärkt wird - ist eine kohärente nationale Regionalpolitik buchstäblich nicht existent. Entsprechend wird auch die Auffassung eines "Europas der Regionen" von den MOE-Staaten nicht ausreichend gewürdigt. Bei einer EU-Osterweiterung wäre von daher auch in Mittelosteuropa auf die Einrichtung föderaler Strukturen mit handlungsfähiger, effizienter Finanzverfassung hinzuwirken.

2. Aktuelle Gestaltung der nachbarschaftlichen, nationalen außenpolitisch-institutionellen Beziehungen Deutschlands und Polens nach der politischen Wende und ihre Bedeutung für die grenzüberschreitende Zusammenarbeit in der deutsch-polnischen Grenzregion

Trotz der politischen Wende sind neue Probleme zwischen der Bundesrepublik Deutschland und der Republik Polen entstanden: Die Nähe der beiden Völker unter veränderten Rahmenbedingungen hat auch zu einer veränderten Wahrnehmung zwischen Deutschen und Polen geführt, die zu neuen Formen der Verständigung, aber auch zu neuen Befindlichkeiten, Aversionen, Missverständnissen und Vorurteilen geführt hat. Der Grenz- und Nachbarschaftsvertrag hat den deutsch-polnischen Beziehungen eine neue Qualität verliehen, dennoch ist das Verhältnis nicht unproblematisch. In dem Maße, wie sich die deutsch-polnischen Beziehungen auf der gesellschaftlichen Ebene eher verschlechtern oder zumindest auf ungleichem Interessensniveau stabilisieren, verbessern und "normalisieren" sich die Beziehungen auf der Ebene der politischen Eliten der beiden Länder.

So entstehen auf beiden Seiten der Grenze - auf nationaler, regionaler und lokaler Ebene - kooperationsfähige politisch-institutionell-rechtliche Strukturen, die das wirtschaftliche, kulturelle und soziale nachbarschaftliche Zusammenwirken von Deutschen und Polen überhaupt erst ermöglichen und unterstützen. Auf Ebene der politischen Eliten korrelieren weitestgehend kooperative Strukturen mit kooperativen Einstellungen; die Einstellungen der deutschen und polnischen Bevölkerung - und insbesondere der Grenzbevölkerung - zu den Chancen und Problemen der deutsch-polnischen Nachbarschaft sind weniger eindeutig.

Da der Grenzvertrag die grenzüberschreitenden Beziehungen erst ermöglicht und der Nachbarschaftsvertrag diesen ausdrücklich eine führende Rolle beim Aufbau einer neuen Qualität der deutsch-polnischen Beziehungen einräumt, soll im folgenden ausführlich auf die Bedeutung dieser beiden Verträge für die Gestaltung grenzüberschreitender Beziehungen in der deutsch-polnischen Grenzregion eingegangen werden (s. Kapitel 2.1. und 2.2.).

Ebenfalls zu Beginn der 90er Jahre wird die deutsch-polnische Bilaterale um den französischen Nachbarn zur Trilaterale erweitert: Das "Weimarer Dreieck" sollte nicht nur die deutsch-polnische Bilaterale verbessern, sondern auch die Brücke zum Übergang Polens in die EU symbolisieren. Da die deutsch-polnische Grenze nicht nur die nationale, sondern auch die EU-Außengrenze darstellt, sollen auch die deutsche und die polnische Außenpolitik hinsichtlich ihrer neuen Rolle in Europa, am Beispiel der Erfahrungen aus der Trilaterale, diskutiert werden

(s. Kapitel 2.3.). Die Gestaltung der deutsch-polnischen Beziehungen wurde konsequent von Anfang der 90er Jahre an von beiden Ländern immer sowohl als Bilaterale und gleichzeitig als auch eine Beziehung, die als Bestandteil des gesamteuropäischen Einigungsprozesses wirkte, verstanden. Deshalb konnte auch die grenzüberschreitende Zusammenarbeit von den politischen Akteuren in der deutsch-polnischen Grenzregion quasi zweifach - als nationale und europäische Herausforderung - von Anfang an wahrgenommen und gestaltet werden.

Im Bereich der Außenpolitik soll so gezeigt werden, wie Deutschland und Polen außerordentlich erfolgreich gemeinsame nationale Interessen in Übereinstimmung bringen konnten: vertragliche Anerkennung der polnischen Westgrenze, vertraglich festgelegte Grundlagen für Interessenausgleich und Zusammenarbeit von Deutschland und Polen (auf lokaler, regionaler, nationaler Ebene) sowie die Öffnung Polens nach Westen (angestrebte EU- und NATO-Mitgliedschaft) mit vertraglich zugesicherter deutscher Unterstützung. Diese drei Kernelemente deutsch-polnischer Diplomatie bilden auch die Rahmenbedingungen und Grundlagen für die lokale grenzüberschreitende Zusammenarbeit in der deutsch-polnischen Grenzregion, die durch bilateral-nationale und supranational-europäische Unterstützung erst tragfähig und zukunftsweisend gestaltet werden kann.

Da die "kleine Außenpolitik" der lokalen Akteure schließlich auch von deren nationalem politischem Handlungsspielraum abhängt, soll schließlich auf die unterschiedlichen nationalen, politisch-institutionellen Dezentralisierungsprozesse in Deutschland und Polen eingegangen werden und sollen die Auswirkungen für die grenzüberschreitenden Beziehungen dargestellt werden (s. Kapitel 2.4.).

2.1. Vertrag zwischen der Bundesrepublik Deutschland und der Republik Polen über die Bestätigung der zwischen ihnen bestehenden Grenze ("Grenzvertrag" vom 14.11.1990)

2.1.1. Politisch-institutionelle Voraussetzung für das Zustandekommen des Grenzvertrages

Die Ausrufung des Kriegsrechtes in Polen und das aufgrund der gegenseitigen nuklearen Aufrüstung verschlechterte Ost-West-Klima führten zu einer Verhärtung der gegenseitigen Vorwürfe zwischen Bundesrepublik Deutschland und der Volksrepublik Polen, was zu einer völligen Lähmung der offiziellen Kontakte auf Regierungsebene in den Jahren 1982-1988 führte. Auch auf wirtschaftlicher Ebene wurde der Dialog erschwert, da die Bundesrepublik wegen des Kriegsrechtes (bis 1989) nicht bereit war, über Umschuldung und neue Kredite mit Polen zu verhandeln. Gleichzeitig entwickelten sich durch die polnische Oppositionsbewegung der "Solidarność" und die Aktionen der Bundesbürger ("Päckchen-Aktion") dazu gegenläufige Prozesse. Dieser "Entspannung von unten" folgte nach der innenpolitischen Stabilisierung in Polen eine "Entspannung von oben". Maßgeblich für die Konkretisierung der Entspannungstendenzen im bilateralen deutsch-polnischen

Verhältnis, ablesbar an den deutsch-polnischen Foren und dem zunehmenden zwischenstaatlichen Reiseverkehr, waren vor allem der Wandel innerhalb der UdSSR nach dem Amtsantritt von Michail Gorbatschow ab 1985 und die zunehmende Entspannung in den Ost-West-Beziehungen.

Entscheidend für die erneute Aufnahme des Dialogs im Jahr 1988 wirkte sich die Wende in der polnischen Deutschlandpolitik aus. Warschau signalisierte Bonn ein Entgegenkommen in der Minderheitenfrage, sollte die Bundesrepublik zur Unterstützung der polnischen Wirtschaftsreformen bereit sein. Erst in Anbetracht des politischen Umbruchs im Frühsommer 1989 in Polen konnte ein wirklicher Durchbruch in den deutsch-polnischen Beziehungen erreicht werden. Für die neue polnische Regierung von Premierminister Mazowiecki bildete die Gewährung von Minderheitenrechten für die Deutschstämmigen eine Selbstverständlichkeit in einem demokratisch regierten Polen. Bonn kam nun Polen in bezug auf die Schulden- und Investitionsfrage der polnischen Regierung angesichts des eingeschlagenen Reformkurses entgegen. In der "Gemeinsamen Erklärung" konnte erstmals erreicht werden, dass die Verwirklichung der nationalen Interessen nicht die gleichzeitige Verletzung der nationalen Interessen der anderen Seite bedeutete, was wesentlich zur Überwindung des Konfliktverhältnisses beitrug. Diese neue Qualität der Beziehungen auf der Grundlage der Versöhnung erleichterte die grundsätzlich positive Haltung Polens zum dynamisch verlaufenden Prozess der deutschen Vereinigung.

Aber als Folge der absehbaren deutschen Wiedervereinigung drohte ein erneuter Interessenkonflikt an der Frage der deutsch-polnischen Grenze zu entstehen: So beharrte Helmut Kohl Anfang 1990 auf der bisherigen deutschen Rechtsposition des Friedensvertragsvorbehaltes, während die polnische Seite, und hier vor allem Außenminister Skubiszewski, die Auffassung vertrat, ein solcher Friedensvertrag sei nicht erforderlich. Die grundsätzlich positive Einstellung der polnischen Außenpolitik gegenüber dem freien Selbstbestimmungsrecht des deutschen Volkes, die staatliche Wiedervereinigung herzustellen, war daher an die Bedingung geknüpft, die polnische Westgrenze endgültig anzuerkennen. Dabei betonten sowohl Jaruzelski als auch Mazowiecki und Skubiszewski die Prinzipien "Sicherheit und Stabilität" als Prämissen der polnischen Außenpolitik, da die Polen befürchteten, innerhalb des geopolitischen Dreiecks mit Deutschland und der UdSSR erneut in größere Abhängigkeit von Moskau zu geraten und dass von Deutschland wieder eine ernstzunehmende Bedrohung ausgehen könnte.

Bundeskanzler Kohl sah auch angesichts des Zusammenbruchs des SED-Regimes der DDR im Herbst 1989 keinen Handlungsbedarf bezüglich der Grenzregelung. Kohl bemühte sich, das Thema nicht anzuschneiden: in dem sogenannten "Zehn-Punkte-Plan"[1] zu konföderativen Strukturen beider deutscher Staaten mit dem Ziel der bundesstaatlichen Ordnung Deutschlands fand sich keine Aussage über die Endgültigkeit der polnischen Westgrenze. Dies wurde von der polnischen Regierung und kurz darauf auch seitens der SPD und FDP kritisiert. Kohl hielt weiterhin an der Rechtsposition fest, dass die endgültige Festlegung der polni-

---

[1] "Zehn-Punkte-Programm zur Überwindung der Teilung Deutschlands und Europas". (Gekürzte Fassung). In: Europa-Archiv. 44. Jg. 1989, Folge 24; S. D 278-D 734.

schen Westgrenze bis zum Abschluss eines Friedensvertrages offen bleiben müsse. Auch nachdem der sowjetische Staats- und Parteichef Gorbatschow erklärt hatte, die Vereinigung beider Staaten zu akzeptieren, wollte Kohl einer gesamtdeutschen Regierung nicht in der Grenzfrage vorgreifen. Möglicherweise befürchtete die Bundesregierung Deutschlands zudem die Eingabe von Entschädigungsansprüchen, die ja in der Vergangenheit immer wieder von Polen erhoben worden waren. Auch parteipolitische und taktische Überlegungen angesichts der 1990 bevorstehenden Landtags- und Bundestagswahlen sind mögliche Erklärungen, da mit dem Grenzvertrag und dem endgültigen Verzicht auf die ehemaligen Ostgebiete bestimmte Wählerkreise abgeschreckt worden wären.

Erst im März 1990 schlug Bundeskanzler Kohl einen ersten Schritt zur aktiven Polenpolitik ein: neben dem außenpolitischen Druck (beim Besuch des US-Präsidenten Bush) aber auch nach innenpolitischer Kritik, insbesondere von CDU und FDP in der Grenzfrage, befürwortete Kanzler Kohl nun eine gemeinsame Erklärung von Volkskammer der Deutschen Demokratischen Republik und Bundestag der Bundesrepublik Deutschland, in der die polnische Westgrenze garantiert und ein Grenzvertrag mit einer gesamtdeutschen Regierung in Aussicht gestellt wird.[2] In der gemeinsamen Entschließung von Bundestag und Volkskammer vom 21. Juni 1990 (mit deckungsgleichen Resolutionen beider Parlamente) wird darauf hingewiesen, dass eine Grenzbekräftigung erst von einem gesamtdeutschen Souverän vorgenommen werden kann; die Teilstaaten dieses noch nicht existierenden Souveräns geben jedoch durch ihre gleichlautenden Willenserklärungen eindeutig zu verstehen, dass sich eine "fusionierte" deutsche Volksvertretung nicht anders entscheiden wird.

In der Resolution kommt auch ein neues, gesamtdeutsches Vorgehen in der Grenzfrage zum Ausdruck: Sowohl die Bundesrepublik Deutschland als auch die DDR definieren den Verlauf der deutsch-polnischen Grenze durch die Aufzählung des Görlitzer und Warschauer Vertrages. Die gemeinsame Entschließung wurde von polnischer Seite als entscheidendes deutsches Signal gegenüber der polnischen Regierung positiv gewürdigt, sie reichte aber nicht aus, das Misstrauen auf der polnischen Seite vollends auszuräumen. Deshalb versuchte die polnische Regierung, Bonn, Ost-Berlin und die vier Mächte, die ab Mai 1990 in den "Zwei-plus-vier"[3] Gesprächen über die äußeren Aspekte der Vereinigung verhandelten, für einen vorgezogenen Grenzvertrag zu gewinnen. Für diesen Vorschlag fand Warschau letztendlich keine Unterstützung.

In den Pariser "Zwei-plus-vier"-Gesprächen im Juli 1990, an der auch der polnische Außenminister Skubiszewski teilnahm, wurde schließlich ein Durchbruch in der Grenzfrage erzielt. Nach der Wiedervereinigung Deutschlands sollte ein Vertrag über die Bestätigung der deutsch-polnischen Grenze erarbeitet und verabschiedet werden: Auf dem letzten Treffen der "Zwei-plus-vier"-Staaten am 17. Juli 1990 in Moskau wurde durch die sechs Außenminister der "Vertrag über die ab-

---

[2] Den Wortlaut siehe in der Entschließung des Deutschen Bundestages zur deutsch-polnischen Grenze. In: Deutschland-Archiv. 23. Jg. 1990, Heft 7, S. 1138.

[3] Die Verhandlungen wurden nach den Teilnehmerstaaten als "Zwei-plus-vier-Verhandlungen" bezeichnet, da die Bundesrepublik Deutschland und die DDR sowie Frankreich, Großbritannien, die USA und die UdSSR daran teilnahmen.

schließende Regelung in bezug auf Deutschland"[4] unterzeichnet, der in Art. 1 festlegte, dass "das vereinte Deutschland [...] die Gebiete der Bundesrepublik Deutschland, der Deutschen Demokratischen Republik und ganz Berlin umfassen". Das Potsdamer Abkommen wurde durch den "Zwei-plus-vier"-Vertrag obsolet, da dieser die Souveränität Deutschlands bestätigte. Die Endgültigkeit der Grenzen wurde bereits hier bestätigt, sollte aber bezüglich der deutsch-polnischen Grenze in einem "völkerrechtlich verbindlichen Vertrag" gesondert bestätigt werden (Art. 2). Diese Übereinkunft wurde des weiteren in dem Vertrag auch durch den Passus gestützt, dass die Verfassung des vereinten Deutschlands keine Option zu einer nachträglichen Grenzänderung enthalten dürfe. Diesem Aspekt wurde im Einigungsvertrag[5] Rechnung getragen: Artikel 4 dieses Abkommens regelt die Abänderung der Präambel des Grundgesetzes, wodurch u.a. die Einheit Deutschlands für vollendet erklärt wird (Ziffer 1), sowie die Aufhebung von Artikel 23 (Ziffer 2), der den Beitritt weiterer Gebiete des Deutschen Reiches (in den Grenzen von 1937) zur Verfassung der Bundesrepublik ermöglicht hatte.

Mit der Übereinkunft, die Endgültigkeit der deutsch-polnischen Grenze in einem völkerrechtlich verbindlichen Vertrag gesondert zu bestätigen und der Grundgesetzänderung qua Streichung des Artikel 23 GG, wurde den spezifischen polnischen Interessen voll entsprochen. Polen konnte durch die aktive Mitgestaltung an der völkerrechtlich verbindlichen und endgültigen Anerkennung der polnischen Westgrenze auch seine Stellung innerhalb der europäischen Staaten als souveräner Staat mit eigenständiger Außenpolitik behaupten. Deutschland hingegen konnte durch die in Aussicht gestellte Anerkennung dieser Grenze die Bedenken gegen eine Wiedervereinigung weitgehend ausräumen und so mit der Zustimmung der anderen west- und mittelosteuropäischen Nachbarn rechnen.

Das Abkommen zwischen den vier Mächten und den beiden deutschen Staaten (zusammen mit der gemeinsamen Resolution von Bundestag und Volkskammer vom Juni 1990) hatte zur Folge, dass durch die darin formulierten Bestimmungen die Fertigstellung des Grenzvertrages quasi nur noch von ausführend technischer Bedeutung war.

2.1.2. Der Grenzvertrag als Wendepunkt in den deutsch-polnischen Beziehungen

Der "Vertrag zwischen der Bundesrepublik Deutschland und der Republik Polen vom 14. November 1990 über die Bestätigung der zwischen ihnen bestehenden

---

[4] "Vertrag über die abschließende Regelung in bezug auf Deutschland". Vertragstext siehe in: Verträge zur deutschen Einheit/Hrsg. Bundeszentrale für politische Bildung. Bonn, 1990; S. 83 ff. Im folgenden zitiert: "Zwei-plus-vier" Vertrag. Text mit Zustimmungsgesetz vom 11.10.1990, BGBl. 1990 II, S. 1317; in Kraft getreten am 15.03.1991, lt. Bekt. vom 15.03.1991, BGBl. 1991 II. S. 587.
[5] Siehe den Text des Einigungsvertrages in Bulletin. Nr. 104, 6.9.1990.

Grenze"⁶ setzt sich zusammen aus einer Präambel und vier Artikeln. In der Präambel heben beide Vertrags-unterzeichner darauf ab, dass sie entschlossen seien, "gemeinsam einen Beitrag zum Aufbau einer europäischen Friedensordnung zu leisten" (Präambel, Absatz 2). Da Bonn und Ost-Berlin von Anfang an verhindern wollten, dass der Grenzvertrag den Tenor oder die Formel einer friedensvertraglichen Regelung enthält, durch die Reparationsansprüche Polens an den Verlierer des 2. Weltkrieges hervorgerufen worden wären, wurde bewusst auf die Gestaltung der deutsch-polnischen Beziehungen im supranationalen Kontext abgehoben. Damit bringen die Vertragsparteien zum Ausdruck, dass sie keine friedensvertragliche Lösung getroffen haben, sondern den Vertrag als Beitrag zur Stabilisierung der europäischen Friedensordnung verstehen. Außerdem wird in der Präambel auch der Wunsch nach einer neuen Art der freundschaftlichen Zusammenarbeit Ausdruck verliehen: Während im Warschauer Vertrag noch die Grundlage für die angestrebte "Normalisierung" vereinbart worden war, spricht die Präambel des Grenzvertrages von den „feste[n] Grundlagen für ein freundschaftliches Zusammenleben" und von einer "Politik der dauerhaften Verständigung und Versöhnung zwischen Deutschen und Polen" (Präambel, Absatz 6). Dennoch verschweigt der Grenzvertrag nicht die schwierige und belastende Geschichte des zweiten Weltkrieges. Bemerkenswert ist, dass das Vertragswerk auch zum ersten Mal in einem bilateralen deutsch-polnischen Vertrag das Leid der Vertreibung nennt: "[...] das schwere Leid, das dieser Krieg mit sich gebracht hat, insbesondere auch der von zahlreichen Deutschen und Polen erlittene Verlust ihrer Heimat durch Vertreibung oder Aussiedlung [...]" (Präambel, Absatz 5).

Artikel 1 orientiert sich wörtlich an der gemeinsamen Erklärung des Deutschen Bundestages und der Volkskammer der DDR. Dort wird der bisherige Grenzverlauf durch die Aufzählung der bisherigen Grenzverträge zwischen Polen und der Bundesrepublik Deutschland bzw. der DDR bestätigt (Görlitzer Vertrag vom 6. Juli 1950; Akt vom 27. Januar 1951 über die Ausführung der Markierung der Staatsgrenze zwischen Deutschland und Polen; Vertrag vom 22. Mai 1989 zwischen der DDR und der VR Polen über die Abgrenzung der Seegebiete in der Oderbucht; Warschauer Vertrag vom 7. Dezember 1970). So wurde, durch die Aufzählung sämtlicher Grenzverträge (Polen - DDR/BRD) der Beginn einer gesamtdeutschen Handlungsorientierung gegenüber Polen aufgezeigt. Durch die Bestätigung der zwischen der Bundesrepublik Deutschland und der Republik Polen bestehenden Grenze bildet dieser Artikel das Kernstück des Vertrages.

In Artikel 2 erklären die Vertragsparteien die Unverletzbarkeit der zwischen ihnen bestehenden Grenze und bekennen sich zur gegenseitigen Achtung ihrer Souveränität und territorialen Integrität. Artikel 3 ergibt sich aus der Vorgabe in Artikel 1 Absatz 3 des "Zwei-plus-vier"-Vertrages, wo die Vertragsparteien erklä-

---

⁶ "Vertrag zwischen der Bundesrepublik Deutschland und der Republik Polen über die Bestätigung der zwischen ihnen bestehenden Grenze". In: Presse- und Informationsamt der Bundesregierung (Hrsg.), Bulletin Nr. 134, Bonn, 16. November 1990, S. 1394. Die folgenden Zitate sind aus diesem Vertrag entnommen. Mit Zustimmungsgesetz vom 16.12.1991, BGBl. II 1991, S. 1328; in Kraft am 16.01.1992, lt. Bekt. vom 24.01.1992, BGBl. 1992 II, S. 118.

ren, "dass sie gegeneinander keinerlei Gebietsansprüche haben und solche auch in Zukunft nicht erheben werden". In Kraft tritt der Grenzvertrag, laut Artikel 4 Absatz 2, "am Tage des Austausches der Ratifikationsurkunden".

2.1.2.1. Grundsätzliche politische Erfahrungen und Probleme des Grenzvertrages

Die Unterzeichnung des "Vertrags über die Bestätigung der zwischen ihnen bestehenden Grenzen" durch die dann vereinigte Bundesrepublik Deutschland und die Republik Polen am 14.11.1990 entsprach jedoch nicht nur "technisch" den zuvor in dem "Zwei-plus-vier"-Vertrag getroffenen Vereinbarungen. Der sogenannte "Grenzvertrag" entsprach darüber hinaus auch den jeweiligen nationalen Interessen, die sich hier in einer "Interessengemeinschaft" ergänzten: Das Fernziel der bundesdeutschen Außenpolitik seit 1949, die "Wiedergewinnung der staatlichen Einheit in Frieden und Freiheit", wurde gleichzeitig mit dem Hauptziel der polnischen Außenpolitik nach 1945, der allseitigen Anerkennung der polnischen Westgrenze an Oder und Neiße, erreicht. Mit dem Grenzvertrag wollten die deutsche und die polnische Regierung den Konfliktpunkt "Grenzfrage" in Form einer völkerrechtlichen Vereinbarung endgültig klären.

Sowohl in der politischen Praxis als auch im gesellschaftlichen Bewusstsein beider Völker konnte das Grenzproblem gelöst werden. Ohne historisches Vorbild in der deutschen Politik sei, so Dieter Bingen, der Umstand, dass "ein Ausgleich mit Polen, insbesondere eine deutsch-polnische Grenzregelung, von allen einflussreichen politischen Kräften im Parlament und in der Gesellschaft (Intellektuellen, Kirchen, Gewerkschaften u.a.)" getragen worden sei. Auch auf polnischer Seite wurden Sicherheit und Stabilität in der grundlegenden Grenzfrage als "Ausgangspunkt bei der Suche nach pragmatischen Lösungen da, wo noch Probleme existieren", gewertet.[7] Diese Tendenz konnte auch nicht durch die nach wie vor kritischen Stimmen aus den Reihen der deutschen Vertriebenenverbände beeinträchtigt werden. Diese vertraten die Auffassung, dass die Anerkennung der deutsch-polnischen Grenze und der Vereinigung Deutschlands ohne die Gebiete östlich der Oder und Neiße lediglich einer "Reorganisation Deutschlands auf einem Teilgebiet des Gesamtstaates"[8] entspräche, und lehnten dieses Vorgehen daher ab. Auch auf der polnischen Seite gab es Stimmen, die den Vereinigungsprozess mit Sorge betrachteten, da ihrer Meinung nach immer noch eine latente Bedrohungsvorstel-

---

[7] Dieter Bingen: Rahmenbedingungen deutsch-polnischer Beziehungen nach 1991. In: Deutsch-polnisches Symposium, 22.-24. Januar 1995 in Strausberg. Dokumentation/Hrsg. Akademie der Bundeswehr für Information und Kommunikation (AIK) - Strausberg, 1995, S. 63.

[8] Dieter Blumenwitz, Staats- und völkerrechtliche Überlegungen zur Regelung der deutsch-polnischen Grenze. In: Odo Ratza (Hrsg.): Deutschland und seine Nachbarn, Forum für Kultur und Politik, Heft 3, Bonn, September 1990, S. 5 ff.

lung von Deutschland ausginge, was sich im Herbst 1990 auch in polnischen Umfragen bei der Meinungsäußerung innerhalb der Bevölkerung niederschlug.[9]
Bonn schlug vor, die Grenzgarantie als integralen Bestandteil eines allumfassenden Nachbarschaftsvertrags mit Polen festzulegen, was aber von Warschau abgelehnt wurde, um möglichst schnell zu einer endgültigen Regelung in der Grenzfrage zu kommen. Aus diesem Grund einigte man sich auf einen Kompromiss: Die Verträge sollten getrennt verhandelt und unterschrieben, aber gemeinsam ratifiziert werden. Bereits bei der Unterzeichnung des Grenzvertrages hatten beide Seiten ihre Absicht bekundet, ihre Beziehungen in einem "umfassenden Vertrag"[10] zu regeln, in dem vor allem die politischen Übereinkünfte aus der "Gemeinsamen Erklärung"[11] zwischen Kohl und Mazowiecki vom 14. November 1989 völkerrechtlich verbindlich festgehalten werden sollten. Es hatte im besonderen deutschen Interesse gelegen, mit der "Gemeinsamen Erklärung" den Rahmen für die zukünftigen Beziehungen mit Polen und konkret für einen Nachbarschaftsvertrag abzustecken.
Der Austausch der Ratifikationsurkunden von Grenz- und Nachbarschaftsvertrag (s. Präambel des Grenzvertrages, Artikel 4) konnte erst dann umgesetzt werden, als der Nachbarschaftsvertrag in den Parlamenten zur Ratifizierung anstand (17. Oktober 1991 im Bundestag, 18. Oktober 1991 im Sejm).

---

[9] In einer Umfrage im Herbst 1990 zeigte sich jeder zweite Befragte davon überzeugt, die Vereinigung Deutschlands sei für Polen "eher nicht gut" oder "gar nicht gut", zit. nach: Deutsche Welle (Hrsg.), Monitor-Dienst, Osteuropa, 30.11.1990, S. 11.

[10] Helmut Kohl, Regierungserklärung vor dem Deutschen Bundestag am 15. November 1990. In: Presse- und Informationsamt der Bundesregierung (Hrsg.), Bulletin Nr. 13, Bonn, 16.11.1990, S. 1390.

[11] Nach der Unterzeichnung der *"Gemeinsamen Erklärung"* am 14. November 1989 in Warschau erklärte Bundeskanzler Kohl dieses aus 78 Punkten bestehende Dokument, auch im Hinblick auf das darin für die deutsche Minderheit Vereinbarte, zum "Kursbuch der deutsch-polnischen Zusammenarbeit an der Schwelle zum neuen Jahrtausend" (Zitiert aus der gemeinsamen Pressekonferenz mit Ministerpräsidenten Mazowiecki, Versöhnung - unser Auftrag. Bundeskanzler Helmut Kohl in der Volksrepublik Polen/ Hrsg. Presse- und Informationsamt der Bundesregierung. Bonn. 1989, S. 134). 1988 hatte Warschau Bonn ein Entgegenkommen in der Minderheitenfrage signalisiert, sollte die Bundesrepublik zur Unterstützung der polnischen Wirtschaftsreform bereit sein. Durch den politischen Umbruch im Frühsommer 1989 in Polen stellte die Gewährung von Minderheitenrechten für Deutschstämmige für die neue polnische Regierung von Premierminister Mazowiecki eine Selbstverständlichkeit in einem demokratisch regierten Polen dar. Sie war daher bereit, in der "Gemeinsamen Erklärung" dieser Volksgruppe Freiräume bei der Entwicklung einer sprachlich-kulturellen Identität zuzugestehen. Als Gegengewicht zu den polnischen Zugeständnissen in der Minderheitenfrage kam Bonn Polen in bezug auf die Schulden- und Investitionsfrage entgegen (u.a. Umschuldungsabkommen, Eröffnung neuer Hermes-Bürgschaften, Verzicht auf die bislang angefallenen Altschulden aus dem Jumbo-Kredit, Unterzeichnung eines Investitionsschutzabkommens). Die "Gemeinsame Erklärung" hat jedoch keinerlei Bindwirkung, da sie nur eine politische Absichtserklärung und keinen Vertrag darstellte.

Der Grenzvertrag ist demnach als ein Element eines Vertragskomplexes[12] zu sehen, durch das die deutsch-polnischen Beziehungen auf ein neues Niveau gehoben werden sollten: Mit der abzusehenden deutschen Wiedervereinigung und mit Polen als direktem Nachbarn wurde von Bonn und Warschau gleichermaßen die Chance wahrgenommen, ihre Beziehungen auf wirtschaftlicher, kultureller sozialer und sicherheitspolitischer Ebene unter den neuen Rahmenbedingungen zu gestalten. Da die nationale deutsch-polnische Grenze zugleich auch Außengrenze der EU sein würde, wurde die Chance für eine verstärkte Kooperation mit den EU-Mitgliedstaaten, aber auch die Notwendigkeit für den Abbau des Wohlstandsgefälles an der deutsch-polnischen Grenze gesehen. Während bis 1989 die polnische und die deutsche Staatsräson und die Ideologien sich antagonistisch gegenüberstanden, konnte nun, basierend auf dem "[...] Modell des demokratischen Staates und der zivilen Gesellschaft [...] der Plafond für Interessenswahrnehmung und Konfliktregelung, der die verantwortlich Handelnden in Polen und Deutschland verbindet"[13], geschaffen werden. Dass sich Polen schließlich im Juli 1990 dazu bereit fand, einen Vertrag über freundschaftliche Zusammenarbeit und gute Nachbarschaft[14] mit der Bundesrepublik Deutschland zu schließen, ist auf diese veränderten Rahmenbedingungen zurückzuführen.

Der Grenzvertrag bedeutet einen entscheidenden Wendepunkt in den deutsch-polnischen Beziehungen, da das Konfliktpotential aus dem für die polnische Seite so wichtigen Bereich der Grenzfrage herausgenommen werden konnte und die Gestaltung der zukünftigen Beziehungen auf der Basis von Freundschaft und gemeinsamen Interessen angelegt war. Der Begriff der "deutsch-polnischen Inte-

---

[12] Vgl. Erklärung des Bundeskanzlers Kohl bei der Unterzeichnung des deutsch-polnischen Nachbarschaftsvertrages am 17.06.1991, Bulletin Nr. 68 vom 18.06.1991, S. 551.

[13] Dieter Bingen: Rahmenbedingungen deutsch-polnischer Beziehungen nach 1991. In: Deutsch-polnisches Symposium, 22.-24. Januar 1995 in Strausberg. Dokumentation/Hrsg. Akademie der Bundeswehr für Information und Kommunikation (AIK).- Strausberg, 1995, S. 64.

[14] "Vertrag zwischen der Bundesrepublik Deutschland und der Republik Polen über gute Nachbarschaft und freundschaftliche Zusammenarbeit". In: Presse- und Informationsamt der Bundesregierung (Hrsg.), Bulletin Nr. 68 vom 18.06.1991, S. 541-546. Die folgenden Zitate sind aus diesem Vertrag entnommen. Mit Zustimmungsgesetz vom 16.12.1991, BGBl. 1991 II, S. 1314; in Kraft am 16.01.1992, lt. Bekt. vom 24.01.1992, BGBl. 1992 II, S. 118. Als dem Vertragswerk zugehörig betrachtet werden: Der Briefwechsel der beiden Außenminister vom Bulletin Nr. 68 vom S. 547; das "Abkommen zwischen der Regierung der Bundesrepublik Deutschland und der Regierung der Republik Polen über das Deutsch-Polnische Jugendwerk" vom 17.06.1991, Bulletin a.a.O., S. 547; die Regierungsvereinbarung über die Bildung des Deutsch-Polnischen Umweltrats vom 17.06.1991, Bulletin a.a.O., S. 549, und der "Notenwechsel über die Einrichtung der Deutsch-Polnischen Regierungskommission für regionale und grenznahe Zusammenarbeit" vom 17.06.1991, Bulletin a.a.O., S. 550. Polen hat den Vertrag über die Bestätigung der Grenze und den Nachbarschaftsvertrag am 18.10.1991 ratifiziert. Die Verträge traten am 16.01.1992 in Kraft, vgl. Dziennik Ustaw Nr. 14, Pos. 54-57, zitiert nach ROW 1992, S. 212.

ressengemeinschaft"[15] in Europa wurde im Februar 1990, neun Monate vor der Unterzeichnung des Grenzvertrages, erstmals von polnischer Seite durch den damals neuen Außenminister Skubiszewski in Bonn geäußert, was den Paradigmenwechsel der polnischen Deutschlandpolitik nach dem Ende des Kalten Krieges in außerordentlicher Weise verdeutlicht, der sich dann im Grenzvertrag manifestiert. Der Vertrag schafft Klarheit über eine Grenze, die aus polnischer Sicht zu einem wichtigen Stabilitätsfaktor in dem sich einigenden Europa gehört, innerhalb dessen die Grenzen an Bedeutung verlieren sollen. Beide Vertragsparteien versichern sich gegenseitig die wichtige Rolle des Grenzvertrages zum Aufbau einer europäischen Friedensordnung, die ein "vertrauensvolles Zusammenleben" und "umfassende Zusammenarbeit" gewährleisten soll. Erst der Grenzbestätigungsvertrag ermöglicht, dass die deutsch-polnische Grenze "durchlässiger" werden kann und auf der Basis gegenseitigen Vertrauens sich gutnachbarschaftliche Beziehungen zwischen Deutschland und Polen überhaupt entwickeln können.

2.2. "Vertrag zwischen der Bundesrepublik Deutschland und der Republik Polen über gute Nachbarschaft und freundschaftliche Zusammenarbeit" ("Nachbarschaftsvertrag" vom 17.6.1991)

Den großen Entwurf zukünftiger deutsch-polnischer Beziehungen stellte dann der "Vertrag zwischen der Bundesrepublik Deutschland und der Republik Polen über gute Nachbarschaft und freundschaftliche Zusammenarbeit vom 17. Juni 1991" dar.[16] Der Nachbarschaftsvertrag sollte, ähnlich wie der 1963 abgeschlossene Elysee-Vertrag zwischen Deutschland und Frankreich, eine politische Initialzündung bewirken und eine breite Basis für freundschaftliche Beziehungen beider Staaten bilden. Der aus 38 Artikeln (und einem Austausch gleichlautender Briefe der Außenminister beider Staaten) bestehende Nachbarschaftsvertrag stellt das umfangreichste Vertragswerk mit konkretesten Beschreibungen von Kooperationsfeldern dar, das Deutschland seit dem Ende des Kalten Krieges mit mittel- und osteuropäischen Ländern abgeschlossen hat. In wichtigen Bereichen wurde eine umfassende und konkrete Zusammenarbeit vereinbart:

– regelmäßige Konsultationen auf Ebene der Regierungschefs, der Außenminister, der Minister anderer Ressorts (darunter Verteidigungsminister) und im Rahmen gemeinsamer/gemischter Kommissionen sowie zwischen den Parlamenten (Artikel 3 und Artikel 4)

---

[15] Besuch des polnischen Außenministers Skubiszewski in Bonn vom 5.-8. Februar 1990, zitiert nach Radio Free Europe, Report of Eastern Europe, Poland, Polish-German Relations: Turning borders into bridges, 18. Mai 1990, S. 37.
[16] Vertrag zwischen der Bundesrepublik Deutschland und der Republik Polen über gute Nachbarschaft und freundschaftliche Zusammenarbeit, vom 17.6.1991. Bundesgesetzblatt 1991, Teil II, S. 1315-1327.

- im Bereich der sicherheitspolitischen Abstimmung (Artikel 6 und Artikel 7)
- in der politischen und wirtschaftlichen Heranführung Polens an die EU mit deutscher Unterstützung (Artikel 8)
- bei der Ausweitung und Diversifizierung in ihren wirtschaftlichen Beziehungen (Artikel 9)
- Zusammenarbeit in der Landwirtschaft (Artikel 11)
- partnerschaftliche Zusammenarbeit zwischen Regionen, Städten, Gemeinden und anderen Gebietskörperschaften, insbesondere im grenznahen Bereich (Artikel 12)
- arbeits- und sozialpolitische sowie wissenschaftlich-technische Zusammenarbeit (Artikel 14, Artikel 15, Artikel 26)
- Zusammenarbeit auf dem Gebiet des Umweltschutzes (Artikel 16) sowie Katastrophenschutzes (Artikel 17)
- Erweiterung der Infrastruktur der Transportverbindungen (Luft-, Eisenbahn-, Straßenverkehr; See- und Binnenschifffahrt) sowie Verbesserung der Zoll- und Grenzabfertigung (Artikel 18, Artikel 19)
- Regelungen für die deutsche Minderheit in Polen auf der Grundlage größtmöglicher Reziprozität (Artikel 20 bis Artikel 22)
- Zusammenarbeit in den kulturellen Beziehungen (Artikel 23 bis 25)
- Zusammenarbeit im zwischenmenschlichen Bereich (Artikel 29 und 30) und Ankündigung der Einrichtung eines deutsch-polnischen Jugendwerkes (Art. 30, Absatz 2).

Der umfassende Katalog der gewünschten Felder der deutsch-polnischen Zusammenarbeit verdeutlicht, dass mit dem Nachbarschaftsvertrag beide Staaten die Neuregelung ihrer gegenseitigen Beziehungen auf der Basis der veränderten europäischen Rahmenbedingungen anstreben. Zentrale Absprachen im Sinne einer "deutsch-polnischen Interessengemeinschaft" wurden zur Minderheitenproblematik und zur deutschen Unterstützung des polnischen Wunsches, Mitglied in der Europäischen Gemeinschaft zu werden, getroffen, worauf im Folgenden kurz eingegangen wird. Der Nachbarschaftsvertrag greift aber auch an zentraler Stelle den Gedanken der grenzüberschreitenden Kooperation wieder auf und rückt diesen ins Zentrum der geplanten Kooperation.

2.2.1 Zentrale Absprachen zur Minderheitenproblematik

Ein wichtiger Teilbereich dieses Vertrages bilden die nunmehr rechtlich verbindlichen Vereinbarungen über die deutsche Minderheit in Polen. Die detaillierten Rechte der "deutschen Minderheit" in Polen, deren Existenz noch einige Jahre zuvor von offiziellen Stellen in Polen geleugnet worden war, kennzeichnet den gewaltigen Durchbruch in den deutsch-polnischen Beziehungen. Damit waren langjährige Forderungen der deutschen Seite erstmals vertraglich verbindlich und damit einklagbar festgelegt worden und war ein weiterer Hauptkonflikt seit dem Zweiten Weltkrieg rechtlich und politisch beigelegt. Bemerkenswert ist auch, dass der Nachbarschaftsvertrag - im Sinne der "Interessengemeinschaft" - in Bezug auf die Minderheitenproblematik vom Prinzip der Gegenseitigkeit ausgeht und sich auch auf polnische Bürger in der Bundesrepublik Deutschland bezieht. In drei Artikeln des Nachbarschaftsvertrages (Artikel 20-23) werden der deutschen Minderheit in Polen und den in Deutschland lebenden Polen Minderheitenrechte auf Basis von seitens der KSZE, der UNO und des Europarates vorgegebenen internationalen Standards gewährt. Den genannten Personengruppen wurden umfangreiche Möglichkeiten der Entfaltung ihrer eigenen sprachlichen und kulturellen Identität in ihrer Heimat garantiert wie das Recht auf eine eigene Muttersprache oder das Recht auf Vereinigung in einer Bildungs-, Kultur- und Religionseinrichtung. So sind sie berechtigt, Namen in der Form ihrer Muttersprache zu führen, womit die Polonisierung bzw. Eindeutschung von Namen in Zukunft nicht mehr legitim sind.

Die in Artikel und 20 und Artikel 21 definierten Minderheitenrechte zur Wahrung der sprachlichen und kulturellen Identität werden allerdings in Artikel 22 beschränkt: Als mit dem Vertrag unvereinbar angesehen werden Tätigkeiten oder Handlungen der betroffenen Personengruppen, die "[...] in Widerspruch zu den Zielen und Prinzipien der Charta der Vereinten Nationen, anderen völkerrechtlichen Verpflichtungen oder den Bestimmungen der Schlussakte von Helsinki einschließlich des Prinzips der territorialen Integrität des Staates [...]" stehen (Artikel 22 Absatz 1 des Nachbarschaftsvertrages) - Sezessionstendenzen unter Oberschlesiern wären demnach nicht vereinbar mit den gewährten Minderheitenrechten. Im folgenden Absatz 2 legt Artikel 22 fest, dass die in Artikel 20 genannten Personengruppen sich "wie jeder Staatsbürger loyal gegenüber dem jeweiligen Staat zu verhalten" haben - entsprechend wäre die Umgehung des Wehrdienstes in Polen, die junge Deutschstämmige durch einen zeitweiligen Umzug nach Deutschland (als Aussiedler) erreichen können, ein Akt der Illoyalität.

Zwar wurde die vom BdV und von der CSU erhobene Forderung nach einem Niederlassungsrecht der Vertriebenen in Polen noch nicht in das Vertragswerk aufgenommen, doch verpflichtet sich die polnische Regierung in dem gleichlautenden Briefwechsel der Außenminister Genscher und Skubiszewsi, der bei der Unterzeichnung des Nachbarschaftsvertrages stattfand, dass "die Perspektive eines Beitritts der Republik Polen zur Europäischen Gemeinschaft zunehmend die Möglichkeiten schaffen wird, auch deutschen Bürgern eine Niederlassung in der Republik Polen zu erleichtern" (Ziffer 2 des Briefwechsels zum Nachbarschaftsvertrag). Auch der von der Bundesrepublik Deutschland geäußerte Wunsch, zweisprachige Ortsschilder in den von Deutschen bewohnten Gebieten aufzustellen, wird von polnischer Seite im Briefwechsel zurückhaltend beantwortet, allerdings ist man bereit, "diese Frage zu gegebener Zeit zu prüfen" (ebd.).

2.2.2. Deutsche Fürsprecherrolle bei Polens Westintegration

Neben den rechtlichen Regelungen in bezug auf die deutschen Minderheit in Polen (und umgekehrt) bilden die Vereinbarungen über die Fürsprecherrolle der deutschen Bundesregierung für die polnische Beitrittsperspektive zur Europäischen Gemeinschaft ein weiteres, bedeutendes Teilstück dieses Vertrages (Artikel 8 des Nachbarschaftsvertrages). Tatsächlich spiegelt der Nachbarschaftsvertrag die weit über die bilateralen Beziehungen hinausgehende europäische Funktion der zukünftigen Gestaltung der deutsch-polnischen Beziehungen wider, die beide Regierungen dem Vertragswerk zuschrieben: Der Nachbarschaftsvertrag deklariert die Perspektive eines vereinten Europas als ein von deutscher und polnischer Seite gemeinsam zum Ausdruck gebrachtes Interesse. In Artikel 8 Absatz 2 des Nachbarschaftsvertrages wird der Abschluss eines Assoziierungsabkommens zwischen Polen und der EG als Grundlage für eine politische und wirtschaftliche Heranführung Polens an die Gemeinschaft bewertet. Weiter heißt es, dass die Heranführung von der Bundesrepublik Deutschland im Rahmen ihrer Möglichkeiten nach Kräften gefördert wird (ebd.). Da letztendlich die Mitgliedstaaten der Europäischen Gemeinschaft und deren Institutionen über die Integrationsfähigkeit Polens zu entscheiden haben, verweist die Bundesregierung hier auch auf Grenzen des deutschen Handlungsspielraums. Auch macht die Bundesregierung indirekt deutlich, dass sie diesen Prozess nur flankierend begleiten kann, da Polen selbst seine Beitrittsfähigkeit unter Beweis stellen muss. Artikel 8 Absatz 3 des Nachbarschaftsvertrages führt dies aus: "Die Bundesrepublik Deutschland steht positiv zur Perspektive eines Beitritts der Republik Polen zur Europäischen Gemeinschaft, sobald die Voraussetzungen dafür gegeben sind" (ebd.). Die Ratifikationsdebatten des Deutschen Bundestages und des Sejms würdigen ebenfalls die europäische Dimension des Nachbarschaftsvertrages. Nach Einschätzung des Bundestagsabgeordneten Markus Meckel (SPD) "wurde auf polnischer Seite die Bewertung des deutschen Engagements für die Mitgliedschaft Polens in der EU und in der NATO [sogar] zu einem Gradmesser auch für die bilateralen Beziehungen [...]. Polen ist diesen beiden Zielen mit tatkräftiger deutscher Unterstützung sehr nahe."[17]

Über die erklärte Bereitschaft der Bundesrepublik in dem Nachbarschaftsvertrag, Polens Wunsch, Mitglied in der Europäischen Union zu werden, zu unterstützen, sind die auf die künftige wirtschaftliche Zusammenarbeit bezogenen Passagen des Nachbarschaftsvertrages relativ unkonkret formuliert worden. Dies erklärt sich allerdings daraus, dass aufgrund der 1989 in der "Gemeinsamen Erklärung" getroffenen bilateralen Vereinbarungen (Hermes-Bürgschaft, "Zlotysierung" des "Jumbo-Kredites" etc.) und des Schuldenerlasses des "Pariser Clubs" keine spezifischen Probleme zur Klärung anstanden. Die Vertragspartner erklären im Nachbarschaftsvertrag lediglich die Vertiefung und Erweiterung der Kooperation zur Stärkung der wirtschaftlichen Reformprozesse in Polen und zur Schaffung günstiger Rahmenbedingungen im allgemeinen (Artikel 9 Absatz 1 und 2 des Nachbarschaftsvertrages) sowie in anderen Bereichen (Investitionen, Kapitalanlagen, industrielle Kooperation, Aus- und Weiterbildung von Fach- und Führungskräften, Exportfinanzierung durch Kredite, Schuldenregulierung, Landwirtschaft sowie Infrastrukturmaßnahmen (Artikel 9, 10, 11, 18 des Nachbarschaftsvertrages).

---

[17] Markus Meckel: Der deutsch-polnische Nachbarschaftsvertrag - Bilanz nach fünf Jahren, zitiert aus einem Vortrag mit gleichlautendem Titel auf einer wissenschaftlichen Tagung in der Europa-Universität Viadrina Frankfurt (Oder) zum Thema "Der deutsch-polnische Nachbarschaftsvertrag - Bilanz nach fünf Jahren" vom 1. bis 4. September 1997.

2.2.3. Grundlagen und Probleme der grenzüberschreitenden Zusammenarbeit (Art. 12 bis 19 des Nachbarschaftsvertrages)

In Artikel 12 des Nachbarschaftsvertrages messen die Vertragsparteien "[...] der partnerschaftlichen Zusammenarbeit zwischen Regionen, Städten, Gemeinden und anderen Gebietskörperschaften, insbesondere im grenznahen Bereich, hohe Bedeutung bei" (Artikel 12 Absatz 1 des Nachbarschaftsvertrages), während sich die Artikel 13, 16, 17, 18 und 19 auf konkrete Bereiche der Zusammenarbeit zwischen Deutschland und Polen beziehen (Umweltschutz, Raumordnung, Katastrophenhilfe, Tourismus und Kommunikation). Dies führte zu einer wesentlich erleichterten Kooperationsmöglichkeit für interregionale und grenzüberschreitende Zusammenarbeit von Kommunen in Polen und Deutschland und wurde von diesen in den Jahren nach der Wende verstärkt wahrgenommen.

- deutsch-polnische Städte- und Gemeindepartnerschaften: Hatte die DDR mit der Volksrepublik Polen bis zur Wende etwa 60 Städtepartnerschaften (1959 wurde die Städtepartnerschaft Dresden - Breslau als erste abgeschlossen) und die Bundesrepublik bis zur Wende 25-30 westdeutsch-polnische Partnerschaften abgeschlossen (1976 wurde die erste bundesdeutsch-polnische Partnerschaft zwischen Bremen und Danzig abgeschlossen), so wuchsen nach der Wende die gesamtdeutsch-polnischen Kontakte auf schätzungsweise 150-200 Mitte der 90er Jahre an.[18] Neben den deutschen kommunalen Spitzenverbänden (Deutscher Städtetag; Deutscher Städte- und Gemeindebund; Deutscher Landkreistag) und seinem polnischen Schwesternverband, der Związek Miast Polskich, spielt auf europäischer Ebene der Rat der Gemeinden und Regionen Europas (RGRE) bei der Vermittlung von Städte- und Gemeindepartnerschaften von deutschen mit polnischen Partnerkommunen eine zentrale Rolle. Hauptbetätigungsfeld des 1951 gegründeten Gesamtverbandes europäischer Kommunen, mit Sitz in Paris, ist die Vermittlung der europäischen Idee an Kommunalpolitiker. Über dieses Instrument werden vor allem die Kommunen der MOE-Staaten in die praktische und politische Tätigkeit des RGRE eingebunden. Mit der Heranführung dieser Gebietskörperschaften an die EU kann der RGRE im Hinblick auf die nächste Erweiterungsrunde der Gemeinschaft eine wichtige Integrationsfunktion auch für die lokalen Akteure bedeuten.

- grenzüberschreitende Zusammenarbeit: Bei der deutsch-polnischen, grenzüberschreitenden Zusammenarbeit haben sich seit 1992 über den gesamten Grenzverlauf zwischen der Republik Polen und der Bundesrepublik Deutschland sogenannte Euroregionen gegründet: die Pomerania, die Pro-Europa-Viadrina, die Spree-Neiße-Bober und die (trinationale) Neiße-Nisa-Nysa. Diese Euroregionen haben keine eigene Rechtspersönlichkeit. Sie leiten ihre Rechtsfähigkeit nur aus den geschlossenen Verträgen ab, auf deren Basis die Euroregionen beiderseits der Grenze gegründet worden sind.

---

[18] Sybille Tempel: Städtepartnerschaften in der deutsch-polnischen Zusammenarbeit. In: Osteuropa, Jhg., Heft 7, Juli 1997. Im brandenburgisch-polnischen Grenzraum existieren derzeit 38 vertraglich fixierte Abkommen (Stand: 6/1996).

Rechtsgrundlagen lokaler grenzüberschreitender Zusammenarbeit nach dem deutsch-polnischen Nachbarschaftsvertrag. In Artikel 12 des Nachbarschaftsvertrages messen die Vertragsparteien "[...] der partnerschaftlichen Zusammenarbeit zwischen Regionen, Städten, Gemeinden und anderen Gebietskörperschaften, insbesondere im grenznahen Bereich, hohe Bedeutung bei" (Artikel 12 Absatz 1 des Nachbarschaftsvertrages). Nach seinem Wortlaut räumt dieser Artikel den genannten Gebietskörperschaften "keine partielle Völkerrechtssubjektivität ein, da die Worte 'hohe Bedeutung beimessen' ihrer gewöhnlichen Bedeutung nach über eine bloße politische Wertung nicht hinausreichen".[19] Zwar verpflichten sich die Vertragsparteien des weiteren, die regionale und grenzüberschreitende Zusammenarbeit auf allen Gebieten zu erleichtern und zu fördern, und heben hervor, hierzu eine Regierungskommission für regionale und grenznahe Zusammenarbeit einzurichten (Artikel 12 Absatz 2). Angesichts der "fehlenden Konkretisierung, welcher Art und welchen Umfangs diese Verpflichtung ist, fällt diese unter die als weiches Recht bezeichnete Möglichkeit der inhaltlichen Gestaltung von Rechtsverträgen". Die Betonung der Tätigkeit der deutsch-polnischen Regierungskommission als einzig konkrete Definition der Verpflichtung ist "kein Ausdruck von lokaler grenzüberschreitender Kooperation".[20]

Der deutsch-polnische Nachbarschaftsvertrag vermittelt somit keine partielle Völkerrechtssubjektivität an deutsche oder polnische Gemeinden oder Gemeindeverbände. Ebenso wenig werden die Vertragsparteien durch die Bestimmungen des Nachbarschaftsvertrages verpflichtet, entsprechende staatliche Ermächtigungen durch Erlass abgestimmter paralleler Gesetze zu schaffen.[21]

2.2.4. Anknüpfung des Nachbarschaftsvertrages an die Konventionen des Europarates zu grenzüberschreitender Zusammenarbeit und kommunaler Selbstverwaltung

Weiterhin führt der Nachbarschaftsvertrag aus, dass sich die Vertragsparteien in der regionalen und grenznahen Zusammenarbeit insbesondere von den entsprechenden Konventionen des Europarates leiten lassen, und betont, dass sie die Einbeziehung dieser Zusammenarbeit in die Tätigkeit der entsprechenden europäischen Gremien anstreben (Artikel 12 Absatz 3 des Nachbarschaftsvertrages). In der Bezugnahme auf Konventionen des Europarates könnte die Gewährung völkerrechtlicher Handlungskompetenz an deutsche und polnische Gemeinden und Gemeindeverbände beabsichtigt sein. Für die lokale und grenzüberschreitende Zusammenarbeit sind dies das "Europäische Rahmenabkommen über die grenzüberschreitende Zusammenarbeit zwischen Gebietskörperschaften" vom 21.05.1980 und die "Europäische Charta der kommunalen Selbstverwaltung" vom 15.10.1985.

---

[19] Dieter Blumenwitz: Lokale grenzüberschreitende Zusammenarbeit auf der Grundlage des deutsch-polnischen Vertragswerkes - Bonn, 1994, S. 17.
[20] Dieter Blumenwitz 1994, ebd., S. 17.
[21] Dieter Blumenwitz 1994, ebd., S. 22.

Der 1949 als zwischenstaatliche Organisation in London gegründete Europarat steht zwar außerhalb des institutionellen Gefüges der supranationalen Europäischen Union, ist aber mit ihr verflochten und hat für die Kommunen in Europa Grundlegendes geleistet.[22] Als Gremium multinationaler Zusammenarbeit hat er einen praktischen und ideellen Wert für die europäische Verständigung[23], nicht zuletzt "als das Revolutionsjahr 1989 die politische Option für das Zusammenwachsen Europas freigesetzt hat und die oft behauptete Brückenfunktion des Europarates nach Mittel- und Osteuropa aktualisiert hat".[24] Ungarn wurde als erstes der ehemals kommunistischen Ostblockländer am 6. November 1990 Mitglied des Europarates, 1991 folgte Polen, 1992 Bulgarien, 1993 folgten Estland, Litauen, Slowenien, die Slowakei, die Tschechische Republik, Rumänien, 1995 Lettland, Albanien, Moldawien, Ukraine, "die ehemalige jugoslawische Republik Mazedonien" und 1996 folgte Russland. Seit dem 3. Oktober 1990 ist ganz Deutschland Vollmitglied, nachdem die DDR von Mai 1990 bis zur deutschen Einheit im Oktober 1990 einen Sonderstatus innehatte.[25] Der Europarat hat sich auch für die kommunale Selbstverwaltung und vor allem für die regionale und kommunale grenzüberschreitende Zusammenarbeit sowie für ein "Europa der Bürger"[26] frühzeitig eingesetzt und hier Basisarbeit geleistet. Der Europarat hatte seine Identität im Einsatz für den "Bau des Europas der Bürger" gefunden, nachdem er es nicht geschafft hatte, sich zum Träger des europäischen Integrationsprozesses zu entwickeln.[27]

---

[22] Siehe dazu: "Die Beziehungen des Europarates zur EG und zur EFTA". In: Michael Brückner: Der Europa Ploetz. Basiswissen über das Europa von heute - Freiburg u.a., 1993, S. 46-48.

[23] Siehe dazu: "Der Europarat als paneuropäische Institution". In: Michael Brückner 1993, ebd., S. 29-52.

[24] Siehe dazu: Barbara Lippert: Der Europarat und Osteuropa: Brücken bilden für Gesamteuropa. In: Vierzig Jahre Europarat: Renaissance in gesamteuropäischer Perspektive?/ Hrsg. Otto Schmuck - Bonn, 1990 (Europäische Schriften des Instituts für Europäische Politik; Bd. 67), S. 117-139.

[25] Insgesamt hat der Europarat 39 Mitgliedstaaten; die EU-Staaten sind auch gleichzeitig Mitglieder des Europarates. Laut Statut des Europarates kann jeder europäische Staat Mitglied im Europarat werden, vorausgesetzt, er akzeptiert das Prinzip der Rechtsstaatlichkeit und garantiert seinen Bürgern die Wahrung der Menschenrechte und Grundfreiheiten. Die Parlamentarische Versammlung hat einen "besonderen Gästestatus" geschaffen, um den parlamentarischen Demokratien aus den MOEL die Teilnahme an den Plenarsitzungen und auf Einladung auch an den Sitzungen ihrer Ausschüsse zu ermöglichen: Derzeit sind dies Armenien, Belarus, Bosnien-Herzegowina und Kroatien. Israel hat einen Beobachterstatus bei der Parlamentarischen Versammlung.

[26] Hans-Dietrich Genscher äußerte sich so 1978 zum Europatag: "Der Bau des Europas der Bürger hatte bereits begonnen, als vor 29 Jahren der Europarat gegründet wurde. Er ist die erste europäische politische Institution.", zitiert nach: Michael Brückner: Der Europa Ploetz. Basiswissen über das Europa von heute - Freiburg u.a., 1993, S. 34.

[27] Michael Brückner: Der Europa Ploetz. Basiswissen über das Europa von heute - Freiburg u.a., 1993, S. 34.

Seit seiner Gründung hat sich der Europarat intensiv mit der grenzüberschreitenden Zusammenarbeit befasst. Er hat zunächst die Probleme der Grenzen in Europa analysiert und den Nationalstaaten, den Regionen und den Gemeinden die Notwendigkeit grenzüberschreitender Zusammenarbeit deutlich gemacht. Bereits Mitte der 60er Jahre wurde auf Initiative der Parlamentarischen Versammlung des Europarates ein Entwurf einer "Konvention über die europäische Zusammenarbeit lokaler Gebietskörperschaften" erarbeitet, dem zufolge Kommunen die Möglichkeit haben sollten, grenzüberschreitende Abstimmungsgruppen zu bilden, Verträge abzuschließen sowie Vereinigungen und Verbände zu gründen. Dieser erste Entwurf fand jedoch aufgrund verfassungsrechtlicher Bedenken einiger Mitgliedstaaten im Ministerkomitee des Europarates keine Zustimmung.

Die Verabschiedung zweier Konventionen, das "Europäische Rahmenabkommen über die grenzüberschreitende Zusammenarbeit" (Straßburg 1981) sowie die "Europäische Charta der kommunalen Selbstverwaltung" (Straßburg 1985), bedeuten in den 80er Jahren einen Durchbruch in der europaweiten Anerkennung der Rolle subnationaler Körperschaften und deren regionaler sowie transnationaler Zusammenarbeit in einem gesamteuropäischen Kontext.[28] Schließlich verpflichten sich im Bereich der europäischen Raumordnung die Mitgliedstaaten des Europarates in der "Europäischen Raumordnungscharta" (Straßburg 1983) zu grenzüberschreitender Raumordnungsplanung in allen Fragen der Raumordnung in Europa. Auch in dem "Europäischen Raumordnungsschema" (Straßburg 1983) werden wichtige Ergebnisse von neun Europäischen Raumordnungsministerkonferenzen[29] des Europarates systematisch zusammengefasst, wobei die grenzüberschreitende Zusammenarbeit einen besonders hohen Stellenwert erhält.[30]

Dabei wird der Europarat bei Themen mit regionalem und kommunalem Bezug durch eine Vertretung europäischer subnationaler Gebietskörperschaften beraten. Diese Aufgabe nimmt seit 1994 der "Kongress der Gemeinden und Regionen Europas (KGRE)"[31] als Nachfolger der "Ständigen Konferenz der Gemeinden und

---

[28] Der Europarat engagiert sich auch auf dem Gebiet der Dokumentation der grenzüberschreitenden Zusammenarbeit. So wurde 1982 eine diesbezügliche Forschungs- und Informationsstelle eingerichtet, 1987 erfolgte die Einsetzung eines "ad-hoc Intergovernmental Committee on Transfrontier Cooperation" (CAHCT).

[29] Die deutsche Bundesregierung und die deutschen Bundesländer arbeiten seit 1970 beim Europarat in der "Europäischen Raumordnungsministerkonferenz" (ERMKO).

[30] Viktor Frhr. von Malchus: Staatsgrenzen übergreifende Zusammenarbeit an der östlichen Grenze der Europäischen Union auf dem Hintergrund der Europäischen Integration. In: Grenzüberschreitende Zusammenarbeit in Landes- und Raumplanung. Russisch-Deutsches Seminar in St. Petersburg - Hannover, Akademie für Raumforschung und Landesplanung, 1996, S. 79-80.

[31] Der KGRE setzt sich aus 281 Mitgliedern und ebenso vielen Stellvertretern zusammen, die alle gewählte Vertreter der Gemeinden und Regionen sind, oder Beamte, die diesen Institutionen direkt verantwortlich sind. Der Kongress besteht aus 2 Kammern (Kammer der Gemeinden und Kammer der Regionen). Eine ständige Kommission sorgt zwischen den jährlichen Plenarsitzungen für die Kontinuität der Arbeit. Kongress und Kammern können Ad-hoc-Arbeitsgruppen bilden. Das Sekretariat des Kongresses übernimmt der Europarat mit Sitz im Europa-Palais in Straßburg, geleitet von einem Exekutiv-Sekretär.

Regionen Europas" wahr, der sich sukzessive und in verschiedenen Formen aus dem in den 50er Jahren gegründeten "Ausschuss für Raumordnung und Kommunalfragen" der Parlamentarischen Versammlung des Europarates entwickelt hat. Das ernannte Hauptziel der KGRE ist, "die Teilnahme der Gemeinden und Regionen am europäischen Einigungsprozess und an den Arbeiten des Europarates zu garantieren."[32] Die "Förderung der lokalen und regionalen Demokratie sowie die Stärkung der grenzüberschreitenden und überregionalen Zusammenarbeit im erweiterten Europa"[33] gehören zu seinen vorrangigen Aufgaben. Er befasst sich mit allen Fragen der Politik, die Gebietskörperschaften betreffen.

Die Arbeit des Europarates und der KGRE im Bereich der lokalen Demokratie und grenzüberschreitenden Zusammenarbeit hat durch die Erweiterung des Europarates durch die MOE-Staaten an Bedeutung gewonnen, die sich nunmehr auf die folgenden Arbeitsbereiche konzentriert: die Förderung der kommunalen und regionalen Selbstverwaltung, die Prüfung der Verwaltungs- und Rechtsstrukturen der Kommunalverwaltung, die Erleichterung der grenz-überschreitenden Zusammenarbeit der Städte und Regionen sowie die Förderung der kulturellen Vielfalt der Regionen.[34] Dazu finden auch regelmäßig europäische Konferenzen der Grenzregionen des Europarates statt, aus denen wichtige Empfehlungen für die grenzüberschreitende Zusammenarbeit hervorgegangen sind. Technische und gesetzliche Hilfsleistungen zur Unterstützung der MOE-Staaten bei der Neuorganisation ihrer lokalen und regionalen Behörden werden durch das LODE-Programm (nach "Local Democracy")[35] des Europarates gewährleistet.

a) "Europäische Rahmenabkommen über die grenzüberschreitende Zusammenarbeit zwischen Gebietskörperschaften" vom 21.5.1980. Durch die Osterweiterung des Europarates hat auch die Beschäftigung des Europarates mit der grenzüberschreitenden Zusammenarbeit wieder an Bedeutung gewonnen. Gemäß der Wiener Erklärung der Staats- und Regierungschefs von 1993 über die Rolle des Europarates in dem "neuen Europa" arbeitet ein zwischenstaatliches Expertenkomitee Studien und Gesetzesvorlagen zur Vereinfachung der lokalen grenzüberschreitenden Zusammenarbeit aus.[36] Dabei kommt dem Europarat "Pionierarbeit bei der Begünstigung grenzüberschreitender Zusammenarbeit und der Förderung einer Reihe von praktischen Maßnahmen zur Erleichterung einer solchen Zusammenarbeit"[37] zu. Neben einschlägigen Entschlüssen und Empfehlungen des Europarates zur Verbesserung der Situation in den Grenzgebieten, die sich bis Ende der sechziger Jahre zurückverfolgen lassen, ist das "Europäische Rahmenabkommen über die grenzüberschreitende Zusammenarbeit zwischen Gebietskörperschaf-

---

[32] Europarat: Funktion und Arbeitsweise/Hrsg. Europarat, Stand: 1. März 1996, S. 13.
[33] Europarat 1996, ebd., S. 13.
[34] Europarat 1996, ebd., S. 31.
[35] Europarat 1996, ebd., S. 32.
[36] Europarat 1996, ebd., S. 31.
[37] Bericht über grenzüberschreitende Zusammenarbeit, Europäisches Parlament, Berichterstatter MdEP Cushnahan, 4/1991.

ten"³⁸ (auch bekannt als "Madrider Rahmenkonvention des Europarates") maßgeblich, welches am 22. Dezember 1981 in Kraft trat. Die Konvention wurde bis heute bereits von 27 der 40 Mitgliedstaaten des Europarates unterzeichnet und von 20 Staaten ratifiziert, das heißt in die jeweilige Rechtsordnung übernommen.

Diese Konvention hat zum Ziel, die grenzüberschreitende Zusammenarbeit zwischen Kommunalverwaltungen und Regionen beiderseits von Landesgrenzen zu vereinfachen, und enthält dazu Modellverträge zur grenzüberschreitenden Raumplanung, zur wirtschaftlichen Entwicklung, zum Umweltschutz und zur kulturellen Zusammenarbeit:³⁹

Das Rahmenabkommen setzt sich aus einer Präambel und 12 Artikeln zusammen (rechtsverbindlicher Teil) und wird in einer Anlage ergänzt um ein abgestuftes System von Musterverträgen (rechtlich unverbindlicher Teil), bei denen einerseits Muster zwischenstaatlicher Vereinbarungen und andererseits Grundrisse von Vereinbarungen, Satzungen und Verträgen, die zwischen den örtlichen Behörden geschlossen werden sollen, unterschieden werden. Diese Musterverträge dienen lediglich als Anhaltspunkt und haben keinen Vertragscharakter (Artikel 3 Abs. 1).

In der Präambel versichern sich die Unterzeichner des Rahmenabkommens der "[...] Bedeutung, die der Zusammenarbeit zwischen den Gebietskörperschaften der Grenzgebiete in Bereichen wie der Regional-, Stadt- und Landesentwicklung, dem Umweltschutz, der Verbesserung der öffentlichen Infrastruktur und der Dienstleistungen für den Bürger sowie der gegenseitigen Hilfe im Unglücks- und Katastrophenfall bei der Verfolgung dieses Ziel zukommen kann" (Präambel des Rahmenabkommens, Abschnitt 5).

In Artikel 2 Absatz 1 verpflichten sich die Vertragsparteien, "[...] die grenzüberschreitende Zusammenarbeit zwischen den Gebietskörperschaften in ihrem eigenen Zuständigkeitsbereich und den Gebietskörperschaften im Zuständigkeitsbereich anderer Vertragsparteien zu erleichtern und zu fördern". Dabei ist jede Vertragspartei bemüht, "sich um die Lösung aller rechtlichen, administrativen oder technischen Schwierigkeiten, welche die Entwicklung und den reibungslosen Ablauf der grenzüberschreitenden Zusammenarbeit behindern könnten, zu kümmern". (Artikel 4)

Laut Artikel 2 Absatz 1 soll die grenzüberschreitende Zusammenarbeit im Rahmen der Zuständigkeiten der Gebietskörperschaften erfolgen, wie sie im innerstaatlichen Recht festgelegt sind. Dabei werden die Stärkung und Weiterentwicklung der nachbarschaftlichen Beziehungen zwischen den Gebietskörperschaften und der Abschluss der dazu erforderlichen Vereinbarungen beabsichtigt.

Einschränkend wird in Artikel 2 Absatz 2 den Vertragsparteien die Möglichkeit eingeräumt, "die Körperschaften, Behörden oder Organe sowie die Gegenstände

---

³⁸ Europäisches Rahmenabkommen vom 21.5.1980 über die grenzüberschreitende Zusammenarbeit zwischen Gebietskörperschaften; für die Bundesrepublik am 22.12.1981 in Kraft getreten, Bundesgesetzblatt, Jahrgang 1981, Teil II, S. 965. Die folgenden Zitate sind aus diesem Vertrag entnommen. (Das Rahmenabkommen wurde anlässlich der 4. Europäischen Kommunalministerkonferenz in Madrid unterzeichnet).

³⁹ Siehe auch: Rapport explicatif relatif à la Convention-cadre européenne sur la coopération transfrontalière des collectivités ou autorités territoriales/Hrsg. Conseil de l'Europe - Strasbourg, 1980, 51 S.

und Formen [festzulegen], auf die sie den Anwendungsbereich dieses Übereinkommens [begrenzen] oder die sie von seinem Anwendungsbereich [ausschließen]" (ebd.).

Zwei Zusatzprotokolle zur Madrider Rahmenkonvention. Da die Madrider Konvention keine Normen enthält, aus denen die dezentralen Aufgabenträger unmittelbar verbindliche rechtliche Kompetenzen zum staatsgrenzüberschreitenden Handeln ableiten können, hat sich seit dem Inkrafttreten des Madrider Rahmenübereinkommens auch für den Europarat die Notwendigkeit ergeben, weitere rechtliche Erleichterungen der grenz-überschreitenden Zusammenarbeit zu ermöglichen.

Ebenfalls nach jahrelangen Verhandlungen hat der Europarat inzwischen zwei Zusatzprotokolle zum Madrider Rahmenübereinkommen vereinbart und im November 1995 bzw. Mai 1998 zur Zeichnung durch die Mitgliedstaaten aufgelegt:

Das erste Zusatzprotokoll, welches inzwischen von 5 Staaten ratifiziert wurde und zum 1.12.1998 in Kraft trat, definiert das Recht der Gebietskörperschaften zur grenzüberschreitenden Zusammenarbeit, indem die Gebietskörperschaften ermächtigt werden, entsprechende Zusammenarbeitsorgane in privatrechtlicher oder in öffentlich-rechtlicher Form zu vereinbaren und zu gründen. Auch sieht das Zusatzprotokoll Nr. 1 vor, dem Zusammenarbeitsorgan anordnende und vollziehende Befugnisse hoheitsrechtlicher Art zu geben, die allerdings von den zeichnenden und ratifizierenden Staaten ausgeschlossen werden können. In diesen Fällen müssen die Beschlüsse von Zusammenarbeitsorganen, die Auswirkungen auf die Bürger in den beteiligten Gebietskörperschaften haben, von diesen Gebietskörperschaften gegenüber ihren Bürgern umgesetzt werden.

Das zweite Zusatzprotokoll, welches am 5. Mai zur Zeichnung aufgelegt worden ist und bisher von 7 Mitgliedstaaten gezeichnet worden ist (aber noch nicht ratifiziert worden ist), eröffnet die Möglichkeiten des Madrider Rahmenabkommens und des 1. Zusatzprotokolles auch für Gebietskörperschaften, die interregional zusammenarbeiten wollen, ohne über eine gemeinsame Grenze zu verfügen.

Rechtsgrundlagen lokaler grenzüberschreitender Zusammenarbeit nach dem Rahmenübereinkommen des Europarates zur grenzüberschreitenden Zusammenarbeit zwischen Gebietskörperschaften. Das Rahmenabkommen bedarf der Ratifikation der Parlamente der Mitgliedstaaten des Europarates. Der rechtlich verbindliche Teil der Übereinkommens ist von seinem rechtlichen Verpflichtungsgehalt nicht sehr umfassend, so Dieter Blumenwitz. Er kommt zu folgender Einschätzung, was die Rechtsgrundlagen lokaler grenzüberschreitender Zusammenarbeit nach dem Rahmenabkommen angeht: "Die Unterzeichnerstaaten übernehmen im wesentlichen nur die politische Pflicht, die grenzüberschreitende Zusammenarbeit der Gebietskörperschaften zu erleichtern und zu fördern (Art. 1 des Übereinkommens). Das Rahmenabkommen enthält keine Bestimmungen, aus denen Gemeinden oder andere Gebietskörperschaften die Kompetenz zum grenzüberschreitenden Handeln unter dem Regime des Völkerrechts ableiten können. Eine Konkretisierung dieses allgemein gehaltenen Abkommens erfolgt auch nicht durch den ausführlichen und umfangreich gehaltenen Empfehlungskatalog. Dieser hat gemäß Art. 3 Abs. 1 Satz 4 des Übereinkommens ausdrücklich keinen Vertragscharakter. Das Europäische Rahmenabkommen begründet zudem keinen Anspruch lokaler Aufgabenträger gegenüber ihrem Staat auf Einräumung völkerrechtlicher Handlungskompetenz durch Verleihung partieller Völkerrechtssubjektivität."[40]

Zusätzliche nationale Anwendungsverträge zur Madrider Rahmenkonvention.
Die angesprochene Beschränkung des Madrider Rahmenübereinkommens hat in der Praxis gezeigt, dass eine fundierte grenzüberschreitende Zusammenarbeit weiterer rechtlicher Rahmenbedingungen bedarf. Dies hat neben der Erarbeitung der erwähnten Zusatzprotokolle dazu geführt, dass auf der Basis der Madrider Rahmenkonvention einzelne Staaten zusätzliche Anwendungsverträge geschlossen haben. Neben dem Nordic Council (Abkommen über die grenzüberschreitende Zusammenarbeit zwischen Dänemark, Finnland, Norwegen und Schweden von 1977) haben die Bundesrepublik Deutschland mit den Niederlanden, den Ländern Niedersachsen und Nordrhein-Westfalen das Anholter Abkommen über die grenzüberschreitende Zusammenarbeit abgeschlossen. Dem sogenannten Be-Ne-Lux-Abkommen (Belgien, Luxemburg und Niederlande) folgten Abkommen zur grenzüberschreitenden Zusammenarbeit zwischen Deutschland, Frankreich, Luxemburg und der Schweiz (Karlsruher Abkommen) sowie das sogenannte Mainzer Abkommen zwischen den Ländern Nordrhein-Westfalen und Rheinland-Pfalz und der wallonischen Region und der deutschsprachigen Gemeinschaft Belgiens.

Allen Abkommen gemein ist, dass diese nationalen Vereinbarungen präzise Regelungen über die begünstigten Gebietskörperschaften, die Art und Struktur von Zusammenarbeitsvereinbarungen bis hin zu konkreten aus dem nationalen Recht übernommenen Organisationsstrukturen für grenzüberschreitende Zusammenschlüsse sowie Aussagen zu Rechtsschutzproblemen und Streitschlichtungsverfahren enthalten.

Bedeutung der Madrider Rahmenkonvention für Polen und Deutschland sowie Polen und die MOE-Staaten. In der Praxis sind diese Modellvereinbarungen des Madrider Rahmenabkommens zudem selten in Übereinkünfte umgesetzt worden. Dennoch haben das Rahmenabkommen und die Musterverträge im Bereich der grenzüberschreitenden Zusammenarbeit zweifelsohne eine große Bedeutung, insbesondere für diejenigen mittel- und osteuropäischen Mitglieder des Europarates, die - wie Polen - eine Vollmitgliedschaft in der Europäischen Union und die grenzüberschreitende Zusammenarbeit mit ihren EU-Nachbarn anstreben. Polen ist, zur Verbesserung der grenzüberschreitenden Zusammenarbeit mit Deutsch-

---

[40] Dieter Blumenwitz: Lokale grenzüberschreitende Zusammenarbeit auf der Grundlage des deutsch-polnischen Vertragswerkes - Bonn, 1994, S. 19.

land, dem Rahmenabkommen bereits am 19. Januar 1993 beigetreten; der Beitritt wurde am 19. Juni 1993 ratifiziert.[41]

Eine der Madrider Rahmenkonvention entsprechende vertragliche Regelung für eine grenzübergreifende Zusammenarbeit der regionalen/lokalen Ebene auf öffentlich-rechtlicher Basis wäre auch für Polen und Deutschland zweckdienlich. Ein deutsch-polnischer Anwendungsvertrag für die Madrider Rahmenkonvention steht noch aus und sollte mittelfristig zwischen beiden Staaten abgeschlossen werden, wie dies bereits zwischen einigen westeuropäischen Staaten geschehen ist.

Die deutsche Regierung und die deutschen Länder, insbesondere das Land Brandenburg, haben im Rahmen der Deutsch-Polnischen Regierungskommission mit der polnischen Seite (Regierung und Wojewoden) die Einrichtung eines nationalen, deutsch-polnischen Zusatzvertrages zur Madrider Rahmenkonvention - ähnlich dem Karlsruher Abkommen - bei den Treffen der Unterausschüsse der Deutsch-Polnischen Regierungskommission erörtert.[42] Das Karlsruher Abkommen wäre für einen möglichen deutsch-polnischen Anwendungsvertrag in mehrfacher Hinsicht interessant: Inhaltlich geht das Karlsruher Abkommen über den Rahmen bisher existierender vergleichbarer Rahmenverträge hinaus, da die Notwendigkeit bestand, unter-schiedliche (föderal-zentrale) Rechtssysteme in Deutschland und Frankreich für ein grenz-übergreifendes Zusammenwirken im öffentlichen Recht kompatibel zu gestalten; dieses Problem der Inkompatibilität zwischen Regionen mit unterschiedlich öffentlich-rechtlichem Status bzw. unterschiedlichem Verfassungsrang trifft auch auf Deutschland und Polen zu.

Ebenfalls hinsichtlich eines möglichen deutsch-polnischen Vertragsabschlusses ist das Karlsruher Abkommen aufgrund der gewählten Formen grenzüberschreitender Zusammenarbeit (u.a. Gründung von grenzüberschreitenden örtlichen Zweckverbänden, mit Rechtsfähigkeit und Finanzhoheit), der Anzahl sowie der Ausgestaltung der "Einrichtungen" grenzüberschreitender Zusammenarbeit sowie deren Handlungsspielräume von Interesse. Ein ähnliches Abkommen, welches die jeweiligen örtlichen und regionalen Gegebenheiten Polens und Deutschlands berücksichtigen müsste, sollte für die grenzüberschreitende Zusammenarbeit zwischen Deutschland und Polen abgeschlossen werden. Allerdings ist es fraglich, ob dies vor dem EU-Beitritt Polens realisiert werden kann.

---

[41] Bogdan Koszel: Europäische Regelungen hinsichtlich der grenzüberschreitenden Zusammenarbeit. Die Bedeutung für gutnachbarliche Beziehungen zwischen den Staaten. Zitiert aus einem Vortrag mit gleichlautendem Titel auf einer wissenschaftlichen Tagung in der Europa-Universität Viadrina Frankfurt (Oder) zum Thema "Der deutsch-polnische Nachbarschaftsvertrag - Bilanz nach fünf Jahren" vom 1. bis 4. September 1997.

[42] "Übereinkommen zwischen der Regierung der Bundesrepublik Deutschland, der Regierung der französischen Republik, der Regierung des Großherzogtums Luxemburg und dem Schweizerischen Bundesrat, handelnd im Namen der Kantone Solothurn, Basel-Stadt, Basel-Landschaft, Argau und Jura über die grenzüberschreitende Zusammenarbeit zwischen Gebietskörperschaften und öffentlichen Stellen", welches am 23.1.1996 zwischen den 4 Staaten in Karlsruhe unterzeichnet worden ist.

Außerdem können die westeuropäischen Grenzregionen auf eine lange Tradition grenzüberschreitender kommunaler Zusammenarbeit zurückblicken; das Karlsruher Abkommen stellt das Ergebnis eines jahrelangen Abstimmungsprozesses dar (Anfang der 90er bis1996), und das Übereinkommen selbst wird sich in den kommenden Jahren in der praktischen grenzüberschreitenden Zusammenarbeit von kommunalen Einrichtungen und Zweckverbänden erst bewähren müssen. Des weiteren erhofft man sich beispielsweise in Polen auch Erleichterung für die grenzüberschreitende Zusammenarbeit mit Russland, Litauen und Weißrussland[43], wenn diese in Zukunft dem Madrider Rahmenabkommen für grenzüberschreitende Zusammenarbeit beitreten werden. Die Ukraine ist dem Madrider Rahmenabkommen bereits am 22. Dezember 1993 beigetreten. Polen hat bereits mit seinen Nachbarländern weitere 14 bilaterale Verträge über grenzüberschreitende und interregionale Kooperation abgeschlossen, so z.B. mit Weißrussland am 24.4.1992, mit der Russischen Föderation (Kaliningrader Region) am 22.5.1992, mit der Ukraine am 24.5.1993, mit der Slowakei am 18.8.1994 und mit der Tschechischen Republik am 8.9.1994.[44]

b) "Europäische Charta der kommunalen Selbstverwaltung" vom 15.10.1985.
Die MOE-Staaten haben sich bei der Ausarbeitung ihrer Gesetzesreformen an der "Europäischen Charta für kommunale Selbstverwaltung"[45] orientiert, die im Oktober 1985 auf der XX. Plenarsitzung der "Ständigen Konferenz der Gemeinden und Regionen Europas" von damals 13 Mitgliedstaaten des Europarates unterzeichnet wurde.[46] Der Kernsatz dieser Charta lautet: "Der Grundsatz der kommunalen Selbstverwaltung wird in den innerstaatlichen Rechtsvorschriften und nach Möglichkeiten der Verfassung anerkannt." Mit dieser Charta wird den kommunalen Gebietskörperschaften erstmals völkerrechtlich abgesichert das Recht auf Selbstverwaltung zuerkannt.

Das aus 18 Artikeln bestehende Vertragswerk blieb in wichtigen Bestimmungen dennoch ein Kompromiss. Nach Artikel 18 können die Unterzeichner sich aus den Artikeln 1-11 "mindestens" 20 Absätze aussuchen, wobei nicht genehme Abschnitte teilweise ignoriert werden können, ohne vertragsbrüchig zu werden: Nicht zwingend vorgeschrieben sind z.B. Artikel 6, der es den kommunalen Gebietskörperschaften erlaubt, ihre internen Verwaltungsstrukturen selbst zu

---

[43] Vgl. Kap. 5: Ausgangsbedingungen und Perspektiven grenzüberschreitender Zusammenarbeit in den polnischen Grenzräumen im Osten und Süden des Landes. In: Planerische und raumordnungsrechtliche Betrachtung der grenzüberschreitenden Zusammenarbeit aus polnischer und deutscher Sicht/ Hrsg. Akademie für Raumforschung und Landesplanung - Hannover, 1996, S. 212-261.

[44] Ministry of Foreign Affairs of the Republic of Poland - Departement of European Institutions - Section of Transfrontier Cooperation, Liste der Internationalen Verträge der Republik Polen über Grenzüberschreitende und Interregionale Kooperation, Stand: 28.4.1995.

[45] Europäische Charta der kommunalen Selbstverwaltung vom 15.10.1985, Bundesgesetzblatt, Jahrgang 1987, Teil II, S. 65.

[46] so der Europarat, in: Europarat: Funktion und Arbeitsweise/Hrsg. Europarat, Stand: 1. März 1996, S. 31.

bestimmen, bzw. Artikel 9 Absatz 5, der ein Finanzausgleichsverfahren zum Schutz von finanzschwächeren Kommunen einführt.[47] Allerdings begründete dies auch den Erfolg der Konvention, da die Kommunalcharta "der großen Vielfalt an rechtlichen und administrativen Strukturen der Mitgliedstaaten Rechnung tragen [musste], ohne auf inhaltsleere Generalklauseln reduziert zu werden."[48]

Rechtsgrundlagen lokaler grenzüberschreitender Zusammenarbeit nach der europäischen Kommunalcharta. Da die europäische Kommunalcharta eine Konvention des Europarates ist, kann der Europarat diese nicht aus eigener Kraft zu einer europäischen Rechtsakte erklären. Der Beschluss des Ministerrates wirkt lediglich als Annahmeempfehlung an die Mitgliedstaaten. Erst die völkerrechtliche Verpflichtungserklärung eines Staates enthält seine eigene Ratifizierung des Kommunalchartatextes. Die BRD hinterlegte die Ratifikationsurkunde am 17.5.1988 beim Generalsekretariat des Europarates und gab damit eine völkerrechtliche Verbindlichkeitserklärung ab.[49] Polen trat der Europäischen Charta der lokalen Selbstverwaltung im Februar 1993 bei.[50] Anders als bei der Europäischen Menschenrechtskonvention wurden keine Mechanismen geschaffen, Verstöße gegen die Charta öffentlich zu rügen.

Von zentraler Bedeutung für die horizontale, grenzübergreifende Kooperation ist schließlich der Teil der Charta (Artikel 10), welcher die Gebietskörperschaften berechtigt, "bei der Ausübung ihrer Zuständigkeiten" sowie "im Rahmen der vom Gesetz vorgegebenen Bedingungen mit den kommunalen Gebietskörperschaften anderer Staaten" zusammenzuarbeiten und "im Rahmen der Gesetze Verbände zu bilden, um Aufgaben von gemeinsamen Interesse durchzuführen". Ferner weist diese Bestimmung den Kommunen das Recht zu, "einer Vereinigung zum Schutz und zur Förderung ihrer gemeinsamem Interessen" sowie "einer internationalen Vereinigung kommunaler Gebietskörperschaften" anzugehören und sich damit in Verbänden und Netzwerken auf europäischer und internationaler Ebene engagieren zu können. Die Befugnis zur grenzüberschreitenden Zusammenarbeit ist jedoch mit der Einschränkung verbunden, dass dies nur im Rahmen der jeweiligen gesetzlichen Ermächtigung des betroffenen Staates gestattet ist. Die erforderliche Ermächtigungsfunktion zum grenzüberschreitenden Handeln unter dem Regime

---

[47] Franz-Ludwig Knemeyer: Die Europäische Charta der kommunalen Selbstverwaltung. Entstehung und Bedeutung - Länderberichte und Analysen - Baden-Baden, 1990.

[48] Christian Hyltoft: Die Arbeit des Europa-Ausschusses für lokale Strukturen. In: Knemeyer, 1989, ebd., S. 53.

[49] Bernd Weiß: Einführung und Umsetzung der Europäischen Charta der kommunalen Selbstverwaltung in Deutschland, insbesondere in Bayern und Nordrhein Westfalen - Frankfurt a. M. 1996, S. 23 ff.

[50] Viktor Frhr. von Malchus: Grenzüberschreitende Zusammenarbeit als wichtige Voraussetzung für die europäische Integration aus europäischer und polnischer Sicht - eine Einführung. In: Planerische und raumordnungsrechtliche Betrachtung der grenzüberschreitenden Zusammenarbeit aus polnischer und deutscher Sicht/Hrsg. Akademie für Raumforschung und Landesplanung - Hannover, 1996, S. 13.

des Völkerrechtes wird, so kritisiert Blumenwitz, also gerade nicht durch die Charta selbst wahrgenommen.[51]

Beide Konventionen des Europarates haben dennoch wichtige politische Impulse und Diskussionen für die Stärkung der kommunalen Ebene in Europa wie für die grenzüberschreitende Zusammenarbeit und damit eine Aufwertung der Rolle von Kommunen im europäischen Integrationsprozess bewirkt. Polen hat seit Beginn der 90er Jahre durch den Beitritt zur "Europäischen Rahmenkonvention des Europarates zur Verbesserung der grenzüberschreitenden Zusammenarbeit" im Juni 1993 und durch den Beitritt zur "Europäischen Charta der Lokalen Selbstverwaltung" im Februar 1993 wichtige politisch-rechtliche Grundlagen für eine verbesserte grenzüberschreitende Zusammenarbeit mit dem deutschen Nachbarn geschaffen, der bereits zuvor beiden Konventionen beigetreten war. Aber weder das Rahmenabkommen über die grenzüberschreitende Zusammenarbeit zwischen Gebietskörperschaften noch die Europäische Charta der kommunalen Selbstverwaltung enthalten Bestimmungen, aus denen subnationale Gebietskörperschaften rechtliche Kompetenzen zum Staatsgrenzen überschreitenden Handeln ableiten können.[52]

2.2.5. Der Notenwechsel über die Einrichtung der "Deutsch-Polnischen Regierungskommission für regionale und grenzüberschreitende Zusammenarbeit" (in Anknüpfung an den Nachbarschaftsvertrag)

Parallel bzw. vorbereitend zur Gründung der Euroregionen auf lokaler Ebene wurde auf nationaler deutsch-polnischer Ebene durch die Regelung der Grenzfrage und der anderen grundsätzlichen Fragen durch den Nachbarschaftsvertrag die grundlegende Voraussetzung für die deutsch-polnische grenzüberschreitende Zusammenarbeit geschaffen:

Auf Initiative von Bundeskanzler Helmut Kohl und dem damaligen polnischen Ministerpräsidenten Tadeusz Mazowiecki vom 8. November 1990 in Frankfurt (Oder) wurde die Einsetzung einer Deutsch-Polnischen Regierungskommission angeregt.[53] In der Regierungserklärung vom 15. November 1990 betont BK Kohl vor dem Deutschen Bundestag, "dass die grenzüberschreitende, regionale Zusammenarbeit ein Schlüssel für die künftige Gemeinsamkeit beider Staaten und Völker ist."[54] Vom 19. bis 22.2.1991 wurde dann in Saarbrücken in einer Sitzung

---

[51] Dieter Blumenwitz: Lokale grenzüberschreitende Zusammenarbeit auf der Grundlage des deutsch-polnischen Vertragswerkes - Bonn, 1994, S. 19-20.

[52] Dieter Blumenwitz 1994, ebd., S. 22.

[53] Beispiele für Regierungskommissionen zur verbesserten grenzüberschreitenden Zusammenarbeit auf nationaler Ebene gibt es zwischen Deutschland, Frankreich und der Schweiz. An den meisten anderen Grenzen gibt es Raumordnungskommissionen. Darüber hinaus gibt es noch großräumige, regionale Arbeitsgemeinschaften wie z.B. die Arbeitsgemeinschaft der Alpenländer (ARGE Alp) oder die ARGE Donau-Länder.

[54] Vgl. Regierungserklärung vom 15.11.1990, Bulletin der Bundesregierung Nr. 134 vom 16.11.1990, S. 1390.

einer deutsch-polnischen Expertengruppe ein Entwurf der Texte (Noten) zur Einberufung einer Regierungskommission erarbeitet. Unter Berücksichtigung des Nachbarschaftsvertrages (Artikel 12 Absatz 2) wurde dann zwischen den vertragsschließenden Parteien durch Notenwechsel eine Vereinbarung über die Einrichtung einer Deutsch-Polnischen Regierungskommission mit zwei Unterausschüssen zu grenzüberschreitender und interregionaler Zusammenarbeit geschlossen.[55] Die vertragsschließenden Parteien sind nicht die subnationalen Körperschaften, sondern die Regierung der Republik Polen und die Regierung der Bundesrepublik Deutschland.

Unter Bezugnahme auf die in Absatz 1 des Nachbarschaftsvertrages beschriebene partnerschaftliche Zusammenarbeit zwischen Regionen, Städten, Gemeinden und anderen Gebietskörperschaften, insbesondere im grenznahen Bereich, wird in Absatz 2 des Art. 12 von den Vertragsparteien des Nachbarschaftsvertrages bekundet, dass sie diese Zusammenarbeit, "insbesondere die Tätigkeit der Regierungskommission für regionale und grenznahe Zusammenarbeit, auf allen Gebieten erleichtern und fördern [werden]" (Art. 12, Abs. 2).

Mit dieser Formulierung gehen die Vertragsparteien zwar eine politische Verpflichtung zur Förderung und Erleichterung der grenzüberschreitenden Zusammenarbeit ein. Allerdings fehlt im Nachbarschaftsvertrag eine über die Hervorhebung der Tätigkeit der Deutsch-Polnischen Regierungskommission hinausgehende Konkretisierung über Art und Umfang der Verpflichtung. Die in Artikel 12 Abs. 1 und 2 formulierten politischen Absichtserklärungen haben "weder eine Rechtsermächtigungsfunktion, noch enthalten sie einen Rechtsanwendungsbefehl".[56]

Ziel der Regierungskommission laut Notenwechsel sind vorrangig:

- die Erleichterung der Prüfung und Lösung von Fragen im grenznahen Bereich und die Förderung der Kontakte und der Verständigung zwischen staatlichen und nichtstaatlichen Einrichtungen im Gebiet beiderseits der deutsch-polnischen Grenze (Notenwechsel, Art. 1a) sowie

- die Förderung der Kontakte und Zusammenarbeit regionaler, kommunaler und sonstiger Institutionen, Vereinigungen und Einrichtungen beider Staaten über den Grenzbereich hinaus (Notenwechsel, Art. 1b).

Die Regierungskommission soll zwischen Polen und Deutschland Kontakte und Zusammenarbeit regionaler, kommunaler und sonstiger Institutionen, Vereinigungen und Einrichtungen fördern, kann aber auch selber Initiative ergreifen oder an zuständiger Stelle veranlassen und für Information und Transparenz sorgen.[57]

---

[55] Text: Bulletin Nr. 68 vom 18.06.1991, S. 550.
[56] Dieter Blumenwitz: Lokale grenzüberschreitende Zusammenarbeit auf der Grundlage des deutsch-polnischen Vertragswerkes - Bonn, 1994, S. 22.
[57] Deutsche Eröffnungserklärung für die Deutsch-Polnische Regierungskommission für regionale und grenznahe Zusammenarbeit vom 22.4.1991, S. 2.

Dabei will die Deutsch-Polnische Regierungskommission ausdrücklich nicht an die Stelle der Regionen treten, sie will diese auch nicht reglementieren oder zentralistisch steuern.[58] Laut Satzung beschließt die Regierungskommission Empfehlungen im Konsens, hat aber darüber hinaus keine Beschlusskompetenz.

Am 22. und 23.4.1991 trat in Görlitz die erste Deutsch-Polnische Regierungskommission für regionale und grenznahe Zusammenarbeit (s. Abb. 3) zusammen. Die Regierungskommission besteht aus einer deutschen und einer polnischen Delegation (in der Regel 20 Mitglieder), deren Mitglieder von den jeweiligen Regierungen ernannt werden. Der Delegationsleiter der deutschen Seite stammt aus dem Auswärtigen Amt, der Delegationsleiter der polnischen Seite aus dem Zentralen Planungsamt. Die deutsche Seite hat auch einen Vertreter der Kommission der Europäischen Union benannt. Vorsitz[59] führt der Leiter der Delegation des gastgebenden Landes; die Vorsitzenden unterrichten die Öffentlichkeit jeweils über Arbeit der Regierungskommission. Die Regierungskommission tritt seit April 1991 einmal jährlich abwechselnd in einem der beiden Staaten zusammen (Notenwechsel, Artikel 6). Als Sekretariate der Regierungskommission und ihrer Ausschüsse wurden auf deutscher Seite der Bund (Auswärtiges Amt, Referat 420), die Länder (alle deutschen Landesregierungen) und auf kommunaler Ebene der Deutsche Städte- und Gemeindebund benannt (Notenwechsel, Artikel 14). Staatliche und nichtstaatliche Einrichtungen sowie Personen können der Regierungskommission und ihren Ausschüssen Fragen von regionalem Interesse und Anregungen zur weiteren Behandlung über die Sekretariate unterbreiten (Notenwechsel, Artikel 11).

Die Regierungskommission setzte je einen Ausschuss für Fragen im grenznahen Bereich und für interregionale Fragen ein, die sich zweimal jährlich treffen (Notenwechsel, Artikel 2). Die Regierungskommission beschließt Empfehlungen durch Konsens. Die Regierungskommission und ihre Ausschüsse werden ihre Tätigkeit im Rahmen der Aufgabenstellung auf Schwerpunkte und konkrete Projekte konzentrieren und geeignete Empfehlungen oder die Bitte um Unterrichtung unmittelbar an die beteiligten Stellen Deutschlands, Polens und der EG richten. Die Regierungskommission ist weisungsbefugt gegenüber den beiden Ausschüssen, während diese Entwürfe und Empfehlungen an die Regierungskommission weiterleiten und unterrichtungs- und berichterstattungspflichtig gegenüber der Regierungskommission sind:

- Am Ausschuss für grenznahe Fragen (s. Abb.3) beteiligen sich auf deutscher Seite der Bund, die Länder Berlin, Brandenburg, Mecklenburg-Vorpommern

---

[58] Deutsche Eröffnungserklärung der "Deutsch-Polnischen Regierungskommission für regionale und grenznahe Zusammenarbeit" vom 22.4.1991, S. 2.

[59] Bei der konstituierenden Sitzung der deutsch-polnischen Regierungskommission im Görlitzer Rathaus war der Delegationsleiter und Vorsitzende Botschafter Dr. H. Dieckmann vom Auswärtigen Amt, Delegationsleiter auf der polnischen Seite Staatssekretär Carol Szwarcz vom Zentralen Planungsamt. Der deutschen Delegation gehörte ein Vertreter der EU-Kommission an (Pressemeldung des Auswärtigen Amtes vom April 1991).

und Sachsen und der Deutsche Städte- und Gemeindebund; auf polnischer Seite Wojewoden und Vertreter von Selbstverwaltungsorganen der Wojewodschaften Stettin (Szczecin), Landsberg (Gorzów Wielkopolski), Grünberg (Zielona Góra) und Hirschberg (Jelenia Góra), ein Vertreter des Bundes westlicher Gemeinden (Związek Gmin Zachodnich) und Vertreter der Botschaft der Republik Polen in der Bundesrepublik Deutschland. Den Vorsitz nehmen auf deutscher Seite das Land Brandenburg durch einen Staatssekretär und auf polnischer Seite ein Wojewode wahr.

- Im Ausschuss für interregionale Fragen (s. Abb.3) beteiligen sich auf deutscher Seite der Bund, die übrigen Länder und der Deutsche Städte- und Gemeindebund; auf polnischer Seite sind in die interregionale Zusammenarbeit alle Wojewodschaften involviert. Den Vorsitz nehmen auf deutscher Seite das Land Niedersachsen und auf polnischer Seite der Wojewode von Posen ein.

- Im Dezember 1994 wurde dann der Deutsch-Polnische Programmierungs- und Monitoringausschuss (1995-1999) (s. Abb.3) als neuer und dritter Unterausschuss der Deutsch-Polnischen Regierungskommission eingesetzt. Diese Entscheidung, den sogenannten "Monitoringausschuss" als dritten Unterausschuss neben den beiden genannten Ausschüssen für grenznahe Fragen und interregionale Zusammenarbeit anzusiedeln, wirkt zunächst befremdlich, da der dritte Unterausschuss inhaltlich eine völlig andere Funktion wahrnimmt und sich in seiner Zusammensetzung von den ersten beiden Ausschüssen unterscheidet. Außerdem ist die Deutsch-Polnische Regierungskommission nicht weisungsbefugt gegenüber dem Monitoringausschuss. Auf das "Eigenleben" des neuen dritten Unterausschusses soll zu einem späteren Zeitpunkt eingegangen werden, wenn es um die Koordination der EU-Mittel für grenzüberschreitende Zusammenarbeit im Rahmen von INTERREG II und PHARE-CBC geht.

Sowohl die Regierungskommission als auch ihre Ausschüsse verständigen sich jeweils einvernehmlich auf die zu behandelnden Fragen, darunter insbesondere folgende Gebiete, soweit sie regionalen Bezug haben (Notenwechsel, Artikel 12): Arbeit und Soziales, Grenzpendler, Energie, Raumordnung, Wirtschafts- und Handelspolitik, Fremdenverkehr, Umweltschutz, Wasserwirtschaft, Verkehrs- und Nachrichtenwesen, Angelegenheiten der Grenzübergänge und der Grenzabfertigung, Infrastruktur, Seeverkehr, Erleichterung der wirtschaftlichen Tätigkeit industrieller und landwirtschaftlicher Betriebe, Förderung von Investitionen, Aus- und Fortbildung von Fach- und Führungskräften der Wirtschaft, Städtebau und Siedlungswesen, Wohnungsbau, Bodenpolitik, Forschung, Hochschul-/Unterrichtswesen, Berufsausbildung, Gesundheitswesen, Denkmalpflege, Kultur, Sprachen, Schüler- und Jugendaustausch, Freizeit, Sport; Fernsehen, Rundfunk, Zeitungen; Katastrophenhilfe; Zusammenarbeit örtlicher Polizeidienststellen und Rettungsdienste.

In der praktischen Arbeit haben sich seit 1991 folgende Schwerpunktthemen aus dem außerordentlich umfangreichen Aufgabenkatalog herauskristallisiert:

Gestaltung der Beziehungen Deutschlands und Polens nach der politischen Wende 109

- Verbesserung der Infrastruktur- sowie Verkehrseinrichtungen (Bau- und Ausbau von Grenzübergängen, Straßen, Eisenbahnen, Telekommunikation etc.)

- Gründung einer Deutsch-Polnischen Wirtschaftsförderungsgesellschaft mit Sitz in Gorzów (Landsberg/PL), mit dem Ziel, kleine und mittlere Unternehmen in der grenzüberschreitenden Wirtschaftszusammenarbeit projektorientiert zu fördern.

- Beförderung der Gründung von Euroregionen, insbesondere durch den Deutschen Städte- und Gemeindetag, der die Bundesvereinigung der Kommunalen Spitzenverbände u.a. im Ausschuss für grenznahe Zusammenarbeit vertritt. Dabei wurde der kommunale Spitzenverband von der Arbeitsgemeinschaft Europäischer Grenzregionen (AGEG) unterstützt.

- Aufzeigen von nationalen und europäischen Fördermöglichkeiten für die deutsch-polnische Grenzregion. Fragen der grenzüberschreitenden Zusammenarbeit im Rahmen der Europäischen Regional- und Außenwirtschaftspolitik (INTERREG II/PHARE-CBC) werden seit Dezember 1994 durch den neuen, dritten Unterausschuss wahrgenommen.

Die Regierungskommission und ihre Ausschüsse unterstützen auch Kontakte privater Stellen und Vereinigungen (ebd., Artikel 12).

Die Regierungskommission und ihre Ausschüsse für regionale und grenznahe Zusammenarbeit können laut Notenwechsel, Artikel 7, weitere Ausschüsse oder Unterausschüsse benennen und Arbeitsgruppen einsetzen, deren Beratungsergebnisse der Regierungskommission vorgelegt werden, sowie Sachverständige, Beobachter und Gäste einladen (Notenwechsel, Artikel 7). Zur Unterstützung der Arbeit der Unterausschüsse wurden ab Juni 1991 12 Arbeitsgruppen eingesetzt. Durch die Vorbereitungssitzungen der vielen Arbeitsgruppen ergibt sich eine hohe Sitzungsintensität.

Rechtsgrundlagen lokaler grenzüberschreitender Zusammenarbeit nach dem "Notenwechsel über die Einrichtung einer Deutsch-Polnischen Regierungskommission". Der Notenwechsel über die Einrichtung der Deutsch-Polnischen Regierungskommission hat die Bildung der Regierungskommission zum Inhalt, die wiederum Kontakte und Zusammenarbeit regionaler und kommunaler Einrichtungen im grenznahen und regionalen Bereich fördert. Die Regierungskommission vertieft die "staatlich-regionale grenzüberschreitende Zusammenarbeit" durch die genannten Verfahren, Regeln und Kooperationsagenden. Sie ist eine beratende Instanz ohne eigene Entscheidungskompetenz. Als Vertretungsorgan der höchsten nationalen Fachressorts kann sie jedoch die staatliche Entscheidungsfindung durch die Formulierung von Empfehlungen beeinflussen. In den beiden Ausschüssen (1.und 2. Unterausschuss) und den einberufenen Arbeitsgruppen beschäftigt sie sich mit Teilaspekten u.a. der grenzüberschreitenden Zusammenarbeit. Nationale und subnationale Instanzen werden, z.B. bei Fragen der grenzübergreifenden Raumplanung, im Rahmen dieser Institution beratend herangezogen.

Der Regierungskommission fällt insgesamt die Aufgabe zu, Leitlinien einer übergeordneten Regional- und grenzüberschreitenden Politik auf nationaler Ebene abzustimmen, um die lokale Kooperation und die damit verbundene grenzüberschreitende Verflechtung in den angeführten Bereichen der Zusammenarbeit zu verbessern und auszubauen.

Das Abkommen über die Einrichtung der Deutsch-Polnischen Regierungskommission sieht jedoch nicht vor, den rechtlichen Handlungsspielraum der kommunalen Gebietskörperschaften zu erweitern, dergestalt, dass "sie durch Einräumung abgeleiteter Völkerrechtssubjektivität auf der Grundlage des Völkerrechts grenzüberschreitend zusammen arbeiten können".[60] Die Vereinbarung ermächtigt auch nicht die lokalen Akteure zur direkten Kontaktaufnahme und den Abschluss von Verträgen auf der Grundlage des öffentlichen Rechts. Der Notenwechsel bezweckt vielmehr, die im Entstehen begriffenen grenzüberschreitenden Beziehungen zwischen Deutschland und Polen begleitend zu unterstützen.

---

[60] Dieter Blumenwitz: Lokale grenzüberschreitende Zusammenarbeit auf der Grundlage des deutsch-polnischen Vertragswerkes - Bonn, 1994, S. 23.

Gestaltung der Beziehungen Deutschlands und Polens nach der politischen Wende 111

**Deutsch-Polnische Regierungskommission
für regionale und grenznahe Zusammenarbeit
(einmal jährlich seit 1991)**
Delegationsleiter: Deutschland (AA), Polen (Zentrales Planungsamt)
Delegationen: jede deutsche und polnische Delegation hat 20 Mitglieder
Sekretariate
Entscheidungsbefugnis: Stellungnahmen als Empfehlungen, weisungsbefugt
1. u. 2. Unterausschuss

weisungsbefugt

**1. Ausschuss für grenznahe Zusammenarbeit
(zweimal jährlich seit 1991)**
Deutschland: Vorsitz: Land Brandenburg
Ausschuss: Bund, Länder (Bln., BB, MV, SA, Dt. Städte- und Gemeindebund)
Polen: Vorsitz: Wojewode von Stettin
Ausschuss: Wojewodschaften Stettin, Landsberg, Grünberg, Hirschberg, Bund westl. Gemeinden, Botschaft der Republik Polen in der BRD
12 deutsch polnische **Arbeitsgruppen** (seit 1991)

unterrichtungspflichtig

**2. Ausschuss für internationale Zusammenarbeit
(zweimal jährlich seit 1991)**
Deutschland: Vorsitz: Land Niedersachsen
Ausschuss: Bund, übrige Länder, Dt. Städte- und Gemeindebund
Polen: Vorsitz: Wojewode von Posen
Ausschuss: alle Wojewodschaften

**3. Ausschuss "Deutsch-Polnischer Programmierungs-
und Monitoringausschuss (1995 - 1999)"
(zweimal jährlich seit 1995)**
Dt. Ko-Vorsitzender (BMWI) und Poln. Ko-Vorsitzender (Amt des Ministerrates) bestimmen autonom Zusammensetzung ihres **Ausschusses** und **Sekretariat**; **Arbeitsgruppen**
Beobachterstatus: Europäische Kommission, GD 1 und GD 16
Entscheidungsbefugnis: Stellungnahmen in Form von Empfehlungen im Konsensverfahren (an Polen, BRD, EU u. a. zu gem. Projekten im Rahmen von PHARE-CBC und INTERREG II)

Staatliche und nichtstaatliche Stellen:
Fragen und Anregungen an dt.-poln. Regierungskommission
oder 1. und 2. Ausschuss

Abb. 3: Die Deutsch-Polnische Regierungskommission für regionale und grenznahe Zusammenarbeit

2.2.6. Bildung einer "Deutsch-Polnischen Raumordnungskommission" (am 2.7.1992) in Ausfüllung des Nachbarschaftsvertrages

Der Nachbarschaftsvertrag definiert auch die grenzüberschreitende Planung als einen wichtigen Bestandteil der grenzüberschreitenden Zusammenarbeit. In Artikel 13 des Nachbarschaftsvertrages kommen die Vertragsparteien überein, "dass in einem zusammenwachsenden Europa die Abstimmung der Raumordnungspolitik der einzelnen Staaten, insbesondere zwischen unmittelbaren Nachbarstaaten, notwendig ist". Des weiteren erklären sie, dass sie "deshalb in der Raumordnung und der räumlichen Planung auf allen Ebenen grenzüberschreitend zusammenarbeiten [werden]" (ebd.).

Zunächst wurde die Raumordnungspolitik und räumliche Planung als nur eine aus einem Katalog von Fragen angesehen, auf deren Behandlung die Deutsch-Polnische Regierungskommission und deren Ausschüsse sich einvernehmlich zu verständigen haben. 1991/1992 haben sich die polnische und die deutsche Seite im Rahmen der Regierungs- und einer sich dann bildenden Deutsch-Polnischen Raumordnungskommission auf die Arbeitsschwerpunkte der deutsch-polnischen abgestimmten Raumordnungspolitik in der Grenzregion geeinigt: Erstellung eines gemeinsamen Raumordnungs- und Entwicklungskonzeptes für die deutsch-polnische Grenzregion, den weiteren Ausbau und die Öffnung neuer Grenzübergänge sowie die Gründung einer Deutsch-Polnischen Wirtschaftsförderungsgesellschaft[61] (vgl. Abb. 4).

Die Bundesregierung hat bereits früher mit Nachbarn im westeuropäischen Ausland Verwaltungsabkommen über die Zusammenarbeit auf dem Gebiet der Raumordnung getroffen, die die Bildung einer Raumordnungskommission vorsahen, deren Aufgabe es ist, die Zusammenarbeit auf dem Gebiet der Raumordnung zu fördern und insbesondere in den Grenzgebieten abzustimmen. Eine entsprechende Deutsch-Polnische Raumordnungskommission wurde am 2. Juli 1992 nach Abschluss eines gemeinsamen Vertrages eingesetzt, sozusagen in Ausfüllung des Artikels 13 des Nachbarschaftsvertrages - auch wenn dieser nicht explizit die Gründung einer Raumordnungskommission vorsah. In der Deutsch-Polnischen Raumordnungskommission arbeiten das polnische Ministerium für Raumwirtschaft und Bauwesen und das Bundesministerium für Raumordnung, Bauwesen und Städtebau, die Länder Mecklenburg-Vorpommern, Berlin, Brandenburg und Sachsen sowie die vier Wojewodschaften Stettin (Szczecin), Landsberg (Gorzów Wielkopolski), Grünberg (Zielona Góra) und Hirschberg (Jelenia Góra) eng zusammen. In der konstituierenden Sitzung hat sie Empfehlungen über die Aufstellung von Bauleitplänen der Gemeinden im Grenzgebiet verabschiedet. Die Gemeinden sollen sich frühzeitig über bestehende Planungen unterrichten und grenzüberschreitende Interessen oder Probleme gemeinsam beraten bzw. lösen, damit

---

[61] Viktor Frhr. von Malchus: Entwicklung der staatlich-regionalen grenzüberschreitenden Zusammenarbeit auf dem Gebiet der Raumordnung und Regionalpolitik zwischen Deutschland und Polen. In: Planerische und raumordnungsrechtliche Betrachtung der grenzüberschreitenden Zusammenarbeit aus polnischer und deutscher Sicht/Hrsg. Akademie für Raumforschung und Landesplanung - Hannover, 1996, S.37-38.

eine geordnete räumliche Entwicklung der Flächennutzung beiderseits der Grenze erreicht wird. Die Abstimmung erfolgt unmittelbar durch die polnischen und deutschen Nachbargemeinden, eventuell auch staatliche Stellen. Es geht dabei in erster Linie um solche Gemeinden, die etwa 20 km beiderseits der Grenze liegen.

In der Vereinbarung zur Bildung der Deutsch-Polnischen Raumordnungskommission sehen die beiden Regierungen folgende Aufgaben für sie vor:

- sich über Fragen der Raumordnung gegenseitig zu unterrichten und zu beraten
- die Zusammenarbeit der Organe und Organisationen auf allen Gebieten der Raumordnung anzuregen
- bei der Lösung auftretender Probleme vermittelnd zu intervenieren

In der Deutschen Demokratischen Republik gab es keine mit der damaligen Bundesrepublik Deutschland vergleichbare Landesplanung. Inzwischen haben die neuen Bundesländer Landesplanungsgesetze und Landesentwicklungspläne verabschiedet, in denen die zentralen Orte innerhalb der Siedlungsstrukturen berücksichtigt werden wie auch die Verkehrsinfrastruktur, die die verkehrstechnische Weiterführung nach Osten andeutet und zum Teil in Abstimmung mit den polnischen Behörden erfolgte. Im Bundesverkehrswegeplan von 1992 sind mehrere länderübergreifende Projekte im Schienennetz ausgewiesen, die die deutsch-polnische Grenzregion durchschneiden.

Auch in Polen wurde mit der Wiedereinführung der kommunalen Selbstverwaltung die Neufassung des polnischen Raumordnungsgesetzes notwendig. 1991 wurde in Polen durch das Zentrale Planungsamt ein Projekt zur regionalen Entwicklungsstrategie Polens "Regional Policies in Poland" erarbeitet. Es zeigt Strategien und Richtungen zur raumordnerischen Entwicklung Polens auf. Hinzu kommt ein Maßnahmenkatalog zur Entwicklung der deutsch-polnischen Grenzregion, der Konzeptionen zur verkehrstechnischen Infrastruktur und zum Umweltschutz bis zum Jahre 2000 enthält.[62] Im Jahr 1994 wurde ein eigenes Referat für Staatsgrenzüberschreitende Zusammenarbeit beim Ministerpräsidenten der Polnischen Regierung eingesetzt, welches sich u.a. auch mit Fragen der grenzüberschreitenden Raumordnung befasst.

Durch den Umwandlungsprozess in der Raumordnung und den Neuaufbau von Landesplanung und Landesentwicklung beiderseits der Grenzen, konnten allmählich auch die Voraussetzungen für die Entwicklung eines grenzüberschreitenden Entwicklungskonzeptes für die Grenzregion geschaffen werden. Zu den wichtigsten Aufgaben gehören die gegenseitige Abstimmung in der Bauleitplanung der Grenzgemeinden, ihr Ausbau, die Einrichtung neuer großräumiger Verkehrsverbindungen und Aktivitäten im Bereich des Natur- und Umweltschutzes.

Wesentliche Entwicklungsbarriere des Grenzraumes im Bereich der Verkehrsinfrastruktur sind derzeit die mangelnde Zahl und Leistungsfähigkeit der Grenzübergänge mit europäischer, regionaler und lokaler Bedeutung sowie das grenz-

---

[62] Karl Eckart: Wirtschaftliche Strukturen und Entwicklungen in den östlichen Grenzgebieten Deutschlands, Teil 2. In: Zeitschrift für den Erdkundeunterricht Jhg. 46, H. 2, S. 53 ff.

überschreitende Verkehrsnetz. Die grenznahe Zone bildet den Raum für lokale und alltägliche Kontakte der Bevölkerung. Sie ist Knotenpunkt für die wachsende Mobilität von Personen, Fahrzeugen und Waren. Die Entwicklung der Grenzinfrastruktur ist entscheidend für Art und Ausmaß der zukünftigen grenzüberschreitenden Zusammenarbeit sowie für die Erreichbarkeit der beiden Grenzteilgebiete im europäischen Raum. Außerdem stellen die siedlungsstrukturelle Entwicklung sowie die Verknüpfung der Zentren in der Grenzregion durch großräumige und regionale Verkehrsachsen die entscheidende Voraussetzung für eine Erhöhung der Lebensqualität der Bewohner der deutsch-polnischen Grenzregion dar. Eine funktionierende grenzüberschreitende Siedlungs- und Verkehrsstruktur fördert die regionale Integration und trägt auch zur regionalen Identität der Grenzbewohner bei.

2.2.6.1. Das "Raumordnerische Leitbild für den Raum entlang der deutsch-polnischen Grenze" (Mai 1995)

Als wichtige Errungenschaft der Deutsch-Polnischen Raumordnungskommission konnte das im Juli 1992 in Auftrag gegebene Projekt "Raumordnerische Leitbilder für den Raum entlang der deutsch-polnischen Grenze"[63], welches mit einer Entschließung vom 24.5.1995[64] von der Kommission angenommen wurde, vorgelegt werden. Die Raumordnungskommission beauftragte dafür federführend auf polnischer Seite das Institut für Raum- und Kommunalwirtschaft (IRKW), Warschau, und auf deutscher Seite die PLANCO-Consulting GmbH, Essen. Um ein hohes Maß an Akzeptanz bei den verantwortlichen Verwaltungsebenen entlang der deutsch-polnischen Grenze zu erreichen, wurden auch Informationen und Anregungen aus regionaler und kommunaler Sicht (Bundesländer, Wojewodschaften, Euregios, Gemeinden) bei der Untersuchung berücksichtigt[65] (vgl. Abb. 4).

---

[63] Bundesministerium für Raumordnung, Bauwesen und Städtebau (Bonn)/Ministerium für Raumwirtschaft und Bauwesen (Warschau): Raumordnerische Leitbilder für den Raum entlang der deutsch-polnischen Grenze, Bd. 1: Analyse der Ausgangssituation, Bd. 2: Entwicklungsziele und Handlungsansätze, Oktober 1994 und Mai 1995, erarbeitet durch: Instytut Gospodarki, Przestrzennej i Komunalnej, Warschau und PLANCO Consulting GmbH, Essen, mit Beiträgen anderer Institute, Essen-Warschau Oktober 1994 und Mai 1995.

[64] Deutsch-Polnische Raumordnungskommission, 4. Sitzung: Entschließung der Deutsch-Polnischen Raumordnungskommission zu den Raumordnerischen Leitbildern für den Raum entlang der deutsch-polnischen Grenze vom 24. Mai 1995. In: Deutschland (Bundesrepublik)/Bundesministerium für Raumordnung Bauwesen und Städtebau: Raumordnerische Leitbilder für den Raum entlang der deutsch-polnischen Grenze - Bonn, 1995, S. 3.

[65] Bei der Erarbeitung des Grenzraumgutachtens für den deutsch-polnischen Grenzraum hat sich diese Methode der "Akzeptanzprüfung vor Ort" bewährt, mit dem Ziel, das Leitbild der grenzüberschreitenden Raumplanung mit den Entwicklungszielen und Wünschen der ortsansässigen lokalen wie regionalen Akteure in Einklang zu bringen. Dennoch werden derzeit die Leitbilder eher auf Ebene der regionalen Verwaltungseinheiten denn auf lokaler Ebene umgesetzt.

Ziel des Forschungsprojektes war es, globale Entwicklungsrichtlinien im gemeinsamen Grenzraum zu erarbeiten und einen allgemeinen - wenn auch unverbindlichen - Handlungsrahmen für zukünftige Planungsentscheidungen zu liefern. Probleme und Potentiale der künftigen Entwicklung wurden für alle Teilgebiete des Grenzraums identifiziert und Handlungsansätze, jeweils getrennt für das deutsche und das polnische Teilgebiet des Grenzraums, identifiziert. Im Ergebnis wurden Handlungsansätze für die Unterstützung benachteiligter Kreise bzw. Wojewodschaften empfohlen. Zur Entwicklung der grenzübergreifenden Raumordnungsleitbilder wurden, aufbauend auf einer grenzüberschreitenden Analyse der sozioökonomischen Ausgangssituation, grenzüberschreitende Entwicklungsziele und Handlungsansätze aus raumordnungspolitischer Sicht festgelegt. Die „Raumordnerischen Leitbilder" beziehen sich selbst auf die drei Themenschwerpunkte Schutz der Natur und Sanierung von Umweltverschmutzung betroffener Gebiete; Entwicklung und Förderung dezentraler Siedlungsstrukturen sowie Ausbau von Verkehrs- und Teleinfrastruktur.[66]

In Fragen der grenzüberschreitenden Raumentwicklungsplanung konnte die staatliche Zusammenarbeit zwischen Deutschland und Polen so erheblich verbessert werden, insbesondere konnten mittel- und langfristige Entwicklungsziele der deutsch-polnischen Grenzregion unter Berücksichtigung übergeordneter Raumordnungsziele Europas, Deutschlands und Polens definiert werden. Vor allem auf deutscher Seite waren zunächst deutliche Schwächen bei den überregionalen und regionalen staatlichen Entwicklungsplanungen für die deutsch-polnische Grenzregion aufgetreten: Das "Raumordnerische Strukturkonzept des Landes Brandenburgs" wies nur wenige raumbedeutsame Ziele für die grenzüberschreitende Zusammenarbeit aus, und Berlin und Brandenburg konnten erst 1995 den Entwurf eines gemeinsamen Landesentwicklungsprogramms (LEPro) mit einer Strategie für den gesamten Planungsraum und den Entwurf des Landesentwicklungsplanes für den engeren Verflechtungsraum Brandenburg - Berlin (LPeV) vorlegen.[67]

---

[66] Viktor Frhr. von Malchus: Entwicklung der staatlich-regionalen grenzüberschreitenden Zusammenarbeit auf dem Gebiet der Raumordnung und Regionalpolitik zwischen Deutschland und Polen. In: Planerische und raumordnungsrechtliche Betrachtung der grenzüberschreitenden Zusammenarbeit aus polnischer und deutscher Sicht/Hrsg. Akademie für Raumforschung und Landesplanung - Hannover, 1996, S.33 ff.

[67] Auch haben sich Berlin und Brandenburg für das "Leitbild der dezentralen Konzentration" als Steuerungsrahmen für eine marktwirtschaftlich geprägte Regionalentwicklung entschieden, mit dem Ziel, die raumallokativen und distributiven Verzerrungen zwischen der Metropole Berlin und den peripheren Räumen abzubauen. Die Vorstellung einer polyzentrischen Stadtentwicklung in eine abgestimmte Planung umzusetzen wird in einem ersten Schritt durch die Erarbeitung des gemeinsamen Landesentwicklungsprogramms sowie einer gemeinsamen Landesplanung, in weiteren Schritten durch abgestimmte Regionalpläne, umgesetzt. Vgl.: Land Brandenburg. Raumordnerisches Leitbild der dezentralen Konzentration, Kabinettsvorlage Nr. 2074/93. Potsdam, 1992, vgl. auch: Abgeordnetenhaus von Berlin. Eckwerte für ein gemeinsames Landesentwicklungsprogramm der Länder Brandenburg und Berlin, Drucksache 12/2357 - Potsdam/Berlin, 1992.

Aber auch der polnische Raumordnungsplan 2010 wurde laufend fortgeschrieben und bot deshalb keine ausreichende Planungsgrundlage.[68]

Das von der Deutsch-Polnischen Raumordnungskommission in Auftrag gegebene "Deutsch-Polnische Leitbild für die grenzüberschreitende Raumplanung" bietet den Fachplanungen auf beiden Seiten der Grenze erstmals gemeinsame deutsch-polnische raumordnerische Vorgaben, ebenso wie eine Handlungsorientierung für die grenzüberschreitende Entwicklungsplanung der Euroregionen selbst. Auf staatlich-regionaler Ebene sind durch die systematischen Analysen der Räume beiderseits der Grenze regionale grenzübergreifende Entwicklungsziele entwickelt worden, die auf regional-lokaler Ebene durch ähnliche Analysen der Euroregionen (Entwicklungs- und Handlungskonzepte sowie operationelle Programme) ergänzt und in konkrete Strategien und Projekte umgesetzt worden sind (darauf soll später eingegangen werden).

Vorreiter in der kommunalen grenzüberschreitenden Raumplanung waren aber auch die deutsch-polnischen Doppelstädte: Frankfurt (Oder) und seine polnische Nachbarstadt Słubice (die ehemalige Frankfurter Dammvorstadt) haben bereits 1994 (also noch vor der Veröffentlichung des Raumordnerischen Leitbildes) erstmals gemeinsam ein "Räumliches Strukturkonzept Słubice/Frankfurt (Oder)"[69] erarbeitet, welches anschließend von beiden Stadtparlamenten beschlossen worden ist.[70] Im Rahmen der Arbeitstreffen zur Vorbereitung dieses Strukturkonzeptes wurde sogar gemeinsam ein "deutsch-polnisches Begriffswörterbuch" erarbeitet, um eine eindeutige Anwendung der Planungsbegriffe und Legenden zu gewährleisten. Auch arbeiten die beiden Städte zu grenzüberschreitenden Umweltfragen im Rahmen eines eingerichteten gemeinsamen "Deutsch-polnischen Umweltausschusses Frankfurt (Oder)/Słubice" zusammen.

Diese Politik wurde in der Euroregion Pro Europa Viadrina konsequent weiterverfolgt (in der auch Słubice und Frankfurt (Oder) Mitglieder sind): Am 17.9.1997 veranstaltete die Euroregion Pro Europa Viadrina mit Unterstützung des Instituts für Stadtentwicklung, Wohnen und Verkehr (ISW) Frankfurt (Oder) in

---

[68] Viktor Frhr. von Malchus: Euroregion "Pomerania". In: Planerische und raumordnungsrechtliche Betrachtung der grenzüberschreitenden Zusammenarbeit aus polnischer und deutscher Sicht/Hrsg. Akademie für Raumforschung und Landesplanung - Hannover, 1996, S. 88 ff.

[69] Räumliches Strukturkonzept Frankfurt (Oder)/Słubice, Bearbeitung: PLK Städtebau Berlin-Brandenburg und Stadtplanungsbüro TEREN mbh, Lodz, 1994. Das Ergebnis sieht u.a. Pläne für eine Stadtagglomeration von 100.000 EW vor: städtebauliche Lösungsvorschläge in den Bereichen Nutzungsstruktur; Raum-, Siedlungs- und Zentrenstruktur; Wohnungsneubau und Stadterneuerung; Arbeitsstätten und Gewerbe; Entwicklung der Grün- und Freiraumstruktur; Verkehrsinfrastruktur; Stadttechnik, Hauptleitungen und Anlagen; Zeit- und Maßnahmeorientierte Begleitplanung; Studie über die Stadterneuerung im Zentrumsbereich; Studie über die Koordinierung im Bereich des Heldenplatzes.

[70] Die Zusammenarbeit auf dem Gebiet des Städtebaus und der Stadtsanierung zwischen Frankfurt (Oder) und Słubice wurde am 18.05.1993 in der "Vereinbarung über die Zusammenarbeit der Städte Frankfurt (Oder), Bundesrepublik Deutschland, und Słubice, Republik Polen" beschlossen.

Frankfurt (Oder) erstmals ein Forum zum Thema "Raumplanung und kommunale Entwicklung". Der damalige polnische Präsident der Euroregion Pro Europa Viadrina formulierte das Ziel, für den Zeitraum 2000-2006 ein grenzüberschreitendes Raumentwicklungskonzept für die Euroregion Pro Europa Viadrina zu definieren. Vertreter der gemeinsamen Landesplanung Berlin-Brandenburg, der regionalen Planungsstelle Oderland-Spree, der Abteilungen Raumwirtschaft und Bauaufsicht der Wojwodschaftsämter Gorzów und Zielona Góra, des ISW sowie Vertreter der Landkreise, Ämter und Gemeinden nahmen daran teil.

Generell gilt für den deutsch-polnischen Grenzraum, dass auf der mittleren Verwaltungsebene zum Teil schon mit den "Raumordnerischen Leitbildern für den Raum entlang der deutsch-polnischen Grenze" gearbeitet wird, und auch auf kommunaler Ebene wird auf die Leitbilder immer mehr zurückgegriffen.[71]

Die Raumordnungskommission empfiehlt am 24.5.1995 in Form einer Entschließung den deutschen und polnischen Planungsträgern der nationalen, regionalen und kommunalen Ebene beiderseits der Grenze, die erarbeiteten Leitbilder in ihre Planungen einzubeziehen und insbesondere die grenzüberschreitenden Aspekte entsprechend ihrer Bedeutung in den Bereichen naturräumliche Schutz- und Entwicklungsmaßnahmen, Siedlungsstrukturverbesserung sowie Verbesserung der Verkehrsinfrastruktur zu berücksichtigen.[72] Die Leitbilder dienen als Grundlage von Prioritätenempfehlungen (ohne rechtsverbindlichen Anspruch) für die koordinierte Raumordnungspolitik beider Länder und können nur ein erster Schritt hin zu einer kontinuierlichen grenzüberschreitenden Raumplanung sein. Auch von polnischer und deutscher Regierungsseite wurden die Raumordnerischen Leitbilder für den Raum entlang der deutsch-polnischen Grenze als Grundlage für die Zusammenarbeit in der Zukunft gewürdigt, wie auch von der Europäischen Kommission, dem Europarat und der Arbeitsgemeinschaft Europäischer Grenzregionen.[73] Die Pionierarbeit der Deutsch-Polnischen Raumordnungskommission stellt nicht nur ein positives Beispiel für die gute Zusammenarbeit zwischen Deutschland und Polen im Bereich der Raumordnung dar, sondern ist auch ein Beispiel für andere Grenzräume in Europa.

Des weiteren hat die Raumordnungskommission ein "Deutsch-Polnisches Handbuch der Planungsbegriffe"[74] herausgegeben, welches einen Überblick über den Staats- und Verwaltungsaufbau in beiden Ländern, über das Planungssystem in Polen und Deutschland sowie einen umfassenden Katalog zentraler Planungs-

---

[71] Brunhild Greiser/Ines Graubner: Situation und Rahmenbedingungen für die grenzübergreifende Zusammenarbeit. In: Beiträge zur Stadtentwicklung und Wohnen im Land Brandenburg, ISW-Schriftenreihe 3/1996, S. 22.

[72] Deutsch-Polnische Raumordnungskommission: Entschließung der Deutsch-Polnischen Raumordnungskommission zu den Raumordnerischen Leitbildern für den Raum entlang der deutsch-polnischen Grenze vom 24. Mai 1995, 4. Sitzung.

[73] Arbeitsgemeinschaft Europäischer Grenzregionen (AGEG): LACE GUIDE, Practical guide to cross-border cooperation, Gronau, September 1995 - Gronau, 2. überarb. Aufl. 1996.

[74] Akademie für Raumforschung und Landesplanung (Hrsg.): Deutsch-Polnisches Handbuch der Planungsbegriffe - Hannover 1995.

begriffe enthält. Damit ist dieses Handbuch für Planungspraktiker im deutsch-polnischen Grenzraum, aber auch für Wissenschaft und Forschung von Interesse.

2.2.6.2. Die Einrichtung der "Deutsch-Polnischen Wirtschaftsförderungsgesellschaft AG" (WFG, 1994)

Als weitere Errungenschaft der Deutsch-Polnischen Raumordnungskommission wurde die Deutsch-Polnische Wirtschaftsförderungsgesellschaft AG (WFG) im März 1994 mit Sitz in Landsberg an der Warthe (Gorzów Wielkopolski) und einer Außenstelle in Berlin gegründet[75] (vgl. Abb. 4). Das Grundkapital der Aktiengesellschaft ist zu je 50 % auf deutsche und polnische Aktionäre verteilt. Diese sind auf deutscher Seite: die Bundesländer Berlin, Brandenburg, Mecklenburg-Vorpommern und der Freistaat Sachsen. Polnische Aktionäre sind die grenznahen Wojewodschaften: Landsberg an der Warthe (Gorzów Wielkopolski), Hirschberg (Jelenia Góra), Stettin (Szczecin) und Grünberg (Zielona Góra). Die WFG hat grundsätzlich die Aufgabe, die bilaterale wirtschaftliche Zusammenarbeit beiderseits der deutsch-polnischen Grenze zu fördern und Investoren bei ihrer Ansiedlung in Deutschland und Polen zu unterstützen. Eine regionale Einschränkung auf bestimmte Wojewodschaften in Polen ist nicht vorgesehen. Die Leistungen der WFG können unentgeltlich von deutschen und polnischen Unternehmen in Anspruch genommen werden. Investoren können in der Ansiedlungsphase bis zur Betriebsaufnahme unterstützt werden.

Im einzelnen werden den deutschen und polnischen kooperationsinteressierten und ansiedlungswilligen Unternehmen von dem etwa 25 Mitarbeiter zählenden Expertenteam folgende Dienstleistungen angeboten:[76]

- Information über einzelne Wirtschaftsstandorte, wie z.B. regionale Standortbedingungen, regionale Wirtschaftspolitik, rechtliche und steuerliche Situation und Arbeitsmarktdaten;
- Informationen über nationale und internationale Förderprogramme und Finanzhilfen einschließlich der Unterstützung bei der Kontaktaufnahme zu Banken und anderen Finanzinstitutionen (die WFG verfügt über keine eigenen Fördermittel);

---

[75] Die Gründung der WFG geht auf eine dreijährige Initiative des Landes Brandenburg zurück. Nachdem die Landesregierung Brandenburg in den Jahren 1991/92 mit dem Projekt einer "Deutsch-polnischen Entwicklungsbank" (dem sogenannten "Stolpe-Plan") - als einer Art deutsch-polnischer Sonderwirtschaftszone, wo die deutsche Währung, deutsche Steuern und deutscher Zoll gelten sollten - an der heftigen Kritik der polnischen Seite gescheitert war, konzentrierte sich die brandenburgische Landesregierung auf die Gründung der WFG. Vgl. dazu: Raimund Krämer: Im internationalen Netzwerk. Brandenburg und seine auswärtigen Beziehungen - Potsdam, 1995, S. 59 ff.

[76] Broschüre "Wir sind Ihr Partner in Polen und der deutsch-polnischen Grenzregion"/Deutsch-Polnische Wirtschaftsförderungsgesellschaft (ohne Datum). Die WFG gibt viermal jährlich den TWG-Report, Informationsdienst der Deutsch-Polnischen Wirtschaftsförderungsgesellschaft AG heraus.

- Vermittlung von Kooperationspartnern;
- Vermittlung von Gewerbeflächen und -räumen;
- Kontaktvermittlung zu zentralen, regionalen und örtlichen Behörden, Verwaltungen, Kammern und Verbänden;
- Erarbeitung und Vertrieb von Publikationen und anderen Informationsmaterialien über regionale wirtschaftliche, rechtliche und organisatorische Standortbedingungen.

Im Bereich der grenzüberschreitenden Zusammenarbeit im engeren Sinne versucht die WFG im Rahmen ihrer Möglichkeiten auch selbst grenzüberschreitende Infrastrukturprojekte zu initiieren bzw. derartige zu unterstützen. Informationsveranstaltungen in Deutschland und Polen sollen dazu beitragen, das Interesse und die Bereitschaft zu einer intensiven Zusammenarbeit in der deutsch-polnischen Grenzregion zu wecken. Gleichzeitig sollen so auch potentielle Investoren aus anderen Ländern interessiert werden, indem sie insbesondere über die Standortvorteile der deutsch-polnischen Grenzregion informiert werden.

Nach einer organisatorisch komplizierten Startphase kann die Deutsch-Polnische Wirtschaftsförderungsgesellschaft seit ihrer Gründung auf mehrere hundert Projektanfragen verweisen, von denen sie ausgewählte Projekte aus fast allen Wirtschaftsbranchen intensiv betreut. In einer ersten Zwischenbilanz im Sommer 1995 gab die WFG an, die Gründung von rund zwei Dutzend Joint-ventures direkt befördert und Hunderte weitere kontaktinteressierte Firmen beraten zu haben. Allerdings haben nur wenig deutsche und polnische Unternehmen Interesse an einer echten Kooperation in der Produktion; die Mehrzahl der deutschen, aber auch der polnischen Unternehmen sucht Absatzmärkte im Nachbarland. Lediglich einige metall- und holzverarbeitende Betriebe aus Ostbrandenburg und Ostsachsen nutzen die niedrigen Arbeitslöhne im Nachbarland für die Herstellung von teilverarbeiteten Vorprodukten in Polen (z.B. Aluminiumprofile), die dann anschließend nach Deutschland reimportiert werden (Lohnveredelung). Außerdem können deutsche Haushalte aufgrund der günstigen Kaufkraftparitäten der D-Mark Einkäufe im polnischen Teil der Grenzregion tätigen, oder sie können kostengünstige Dienstleistungen dort konsumieren, so dass dort neue Arbeitsplätze und neue Betriebe im Dienstleistungsbereich geschaffen werden.

Verglichen mit der böhmisch-bayerischen oder der österreichisch-ungarischen Grenze bleiben die ökonomischen grenzüberschreitenden Impulse in der deutsch-polnischen Grenzregion aber eher gering, so dass sich mittelständische Unternehmensnetzwerke in der Euroregion nur langsam herausbilden.[77] Dies hängt mit der oftmals geringen Kapitalausstattung ostdeutscher Unternehmer zusammen, die als Kooperationspartner polnischer Unternehmen häufig keine größeren Investitionen vornehmen können.[78] Auch ist polnischerseits von den Unternehmen eine gewisse

---

[77] Heinz Fassmann: Regionale Transformationsforschung. Theoretische Begründung und empirische Beispiele. In: Alois Mayr: Regionale Transformationsprozesse in Europa - Leipzig, 1997, S. 37.

[78] Hans-Joachim Bürkner: Euroregionen in Mitteleuropa zwischen Globalisierung und Regionalisierung. In: Die Euroregionen im Osten Deutschlands/Hrsg. Karl Eckart u.a. - Berlin, 1997, S. 101-102.

Zurückhaltung bei Anbahnungsgeboten deutscher Seite festzustellen. Auf diese Entwicklung konnten auch Kommunen in der grenzüberschreitenden Zusammenarbeit kaum Einfluss nehmen.

Derzeit bemüht sich die WFG gemeinsam mit der Kreditanstalt für Wiederaufbau, für Polen ein Konzept zur Gründung einer Bürgschaftsbank zu entwickeln, um Existenzgründern zu helfen - ein Modell, das in Westeuropa verbreitet ist und sich in Ostdeutschland gut bewährt hat. Allerdings gibt es in Polen Probleme, die notwendigen rechtlichen Voraussetzungen zu schaffen.

Die Arbeit der WFG ist für die Umsetzung der staatlich-regionalen Leitziele der Raumordnung wie auch für die Umsetzung der regional-kommunalen Entwicklungsziele in den Euroregionen von ganz besonderer Bedeutung. Markus Meckel plädiert dafür, die "hilfreiche Existenz der WFG, die sich vor Arbeit kaum retten kann, auch über das Jahr 1999 hinaus zu sichern".[79]

---

[79] Markus Meckel: Der deutsch-polnische Nachbarschaftsvertrag - Bilanz nach fünf Jahren, zitiert aus einem Vortrag mit gleichlautendem Titel auf einer wissenschaftlichen Tagung in der Europa-Universität Viadrina Frankfurt (Oder) zum Thema "Der deutsch-polnische Nachbarschaftsvertrag - Bilanz nach fünf Jahren" vom 1. - 4. September 1997.

Gestaltung der Beziehungen Deutschlands und Polens nach der politischen Wende   121

Deutsch-Polnische Raumordnungskommission (zweimal jährlich seit dem 2. Juli 1992)		
Vorsitz: • Deutschland: Minister für Raumordnung, Bauwesen und Städtebau • Republik Polen: Minister für Raumwirtschaft und Bauwesen. **Ratsmitglieder (je Delegation 10 Mitglieder):** • Deutschland: Vertreter der Bundesländer Mecklenburg-Vorpommern, Berlin, Brandenburg und Sachsen; • Polen: Woiwodschaften Stettin (Szczecin), Landsberg (Gorzów Wielkopolski), Grünberg (Zielona Góra) und Hirschberg (Jelenia Góra).		
↓ Projekte der Deutsch-Polnischen Raumordnungskommission (seit 1992) ↓		
Deutsch-Polnische Wirtschaftsförderungsgesellschaft AG (WFG) (seit 1994 mit Sitz in Gorzów Wielkopolski und Außenstelle Berlin)	Raumordnerische Leitbilder für den Raum entlang der deutsch-polnischen Grenze (Okt. 1992 - Mai 1995; am 24.5.1995 mit Entschließung bei der 4. Sitzung angenommen)	Deutsch-Polnisches Handbuch der Planungsbegriffe (1995 hrsg.)
Aktionäre: • Deutschland: Bundesländer Berlin, Brandenburg, Mecklenburg-Vorpommern, Sachsen; • Polen: grenznahe Woiwodschaften Stettin (Szczecin), Landsberg (Gorzów Wielkopolski), Grünberg (Zielona Góra) und Hirschberg (Jelenia Góra). **Aufgabe:** • Förderung der polnisch-deutschen wirtschaftlichen Zusammenarbeit, insbesondere in der grenznahen Region. • Schwerpunktaktivitäten richten sich auf die Förderung von Investitions- und Kooperationsinitiativen und Wirtschaftsvorhaben sowie die Entwicklung kleiner und mittlerer Unternehmen. Durch die Einrichtung der WFG entstehen Vorteile für den Grenzraum sowie die ansässigen Unternehmen.	**Ziel:** • erstmals eine von beiden Seiten gemeinsam erarbeitete und getragene raumordnungspolitische Entwicklungsvorstellung für den Grenzraum als einheitliches Siedlungsgebiet vorlegen; • auf der Basis einer Analyse der Ausgangssituation wurden grenzüberschreitende Entwicklungsziele und Handlungsansätze aus raumordnungspolitischer Sicht festgelegt; • Formulierung von Handlungsempfehlungen (ohne rechtsverbindlichen Anspruch) für eine koordinierte Raumordnungspolitik beider Länder in den Bereichen Schutz der Naturpotentiale, Förderung einer dezentralen Siedlungsstruktur sowie Entwicklung der technischen Infrastruktur.	**Ziel:** • Handbuch für Planungspraktiker beiderseits der Grenze mit Überblick über den deutschen und polnischen Staats- und Verwaltungsaufbau, deutsche und polnische Planungssysteme sowie einem umfassenden Katalog zentraler Planungsbegriffe in Deutschland und Polen.

Abb. 4: Deutsch-Polnische Raumordnungskommission und gemeinsam abgestimmte Projekte

Neben der Deutsch-Polnischen Wirtschaftsförderungsgesellschaft konnte mit der Deutsch-Polnischen Handelskammer in Warschau ein weiteres neues bilaterales Beratungsinstrument geschaffen werden. Die eigentliche grenzüberschreitende wirtschaftliche Zusammenarbeit, basierend auf einer Kooperation der Standorte, findet neben der Deutsch-Polnischen Wirtschaftsförderungsgesellschaft auch Unterstützung durch die Kooperation von Hochschulen, Handwerkskammern sowie Industrie- und Handelskammern.

2.2.7. Bildung des "Deutsch-Polnischen Umweltrates" (17.6.1991) in Ausfüllung des Nachbarschaftsvertrages

Der Nachbarschaftsvertrag regelt den für die deutsch-polnische Zusammenarbeit bedeutsamen Bereich des Umweltschutzes im Artikel 16. Dort wird in Absatz 1 von den Vertragsparteien festgestellt, dass sie der "Abwehr drohender Gefahren für die Umwelt und der Erhaltung der natürlichen Umwelt große Bedeutung beimessen" und ihre Entschlossenheit bekräftigt, die Zusammenarbeit auf dem Gebiet des Umweltschutzes auf der Grundlage bereits bestehender Übereinkünfte fortzusetzen und insbesondere vertraglich weiter auszubauen. Artikel 16 Absatz 2 macht deutlich, dass im Vordergrund der Zusammenarbeit die Erfassung und die Beseitigung von Umweltbelastungen in der Grenzregion, insbesondere im Einzugsgebiet der Oder, stehen sollen. In Absatz 3 setzen sich die Vertragsparteien dafür ein, abgestimmte Strategien im Bereich der Umweltpolitik einzusetzen mit dem Ziel einer umweltverträglichen Entwicklung in Europa (ebd.).

Die Bildung des Deutsch-Polnischen Umweltrates[80] wird als Ausdruck der neuen Qualität der Zusammenarbeit zwischen der Bundesrepublik Deutschland und der Republik Polen auf der Grundlage des Nachbarschaftsvertrages verstanden, so der Artikel 1 der "Vereinbarung zwischen der Regierung der Bundesrepublik Deutschland und der Republik Polen über die Bildung des Deutsch-Polnischen Umweltrats"[81] vom 17.06.1991. Die Vertragsparteien haben demnach den Artikel 16 des Nachbarschaftsvertrages als ein "pactum de contrahendo" verstanden, in dessen Ausfüllung der Deutsch-Polnische Umweltrat gebildet wurde.

Die Grundlage der Zusammenarbeit auf dem Gebiet des Umweltschutzes zwischen der Bundesrepublik Deutschland und der Republik Polen bildet das Deutsch-Polnische Regierungsabkommen zum grenzüberschreitenden Umweltschutz zwischen den Regierungen beider Länder vom 7. April 1994. Der Umweltrat, der von den Umweltministern beider Länder geleitet wird, koordiniert und leitet die Zusammenarbeit. Dem Umweltrat gehören weiterhin an: auf deutscher Seite je ein Vertreter des Auswärtigen Amtes und des Bundesministeriums für

---

[80] BMU: Vereinbarung zwischen der Regierung der Bundesrepublik Deutschland und der Regierung der Republik Polen über die Bildung des Deutsch-Polnischen Umweltrats. Bonn, 17.6.1991.Vgl. zur Arbeit des Deutsch-Polnischen Umweltrates: Sybille Tempel: Deutsch-polnische Umweltprobleme - Ansätze gemeinsamer Umweltpolitik. In: Osteuropa, 45. Jhg., H. 8, August 1995, S. 755-769.

[81] Text des Abkommens: Bulletin Nr. 68 vom 18.6.1991, S. 549.

Wirtschaft sowie zwei Vertreter der deutschen Bundesländer; auf polnischer Seite je ein Vertreter des Außenministeriums und ein Vertreter des Ministeriums für Industrie sowie zwei Vertreter der Wojewoden. Neben Vertretern von Umweltverbänden beider Staaten können weitere Experten bei Bedarf in die Arbeit des Rates mit einbezogen werden.

Die wichtigsten Aufgaben des Umweltrates, der mindestens zweimal im Jahr abwechselnd in beiden Ländern tagt, sind die Erarbeitung von Leitlinien und Schwerpunkten für die Zusammenarbeit, die Förderung der Entwicklung abgestimmter Strategien für die regionale und internationale Umweltpolitik und die Förderung der grenzüberschreitenden Zusammenarbeit.

Der Umweltrat hat im September 1991 bei der ersten Sitzung des Deutsch-Polnischen Umweltrates die Einrichtung einer Kommission für nachbarschaftliche Zusammenarbeit auf dem Gebiet des Umweltschutzes beschlossen, die sich mit der grenznahen Zusammenarbeit auf dem Gebiet des Umweltschutzes befasst (s. Abb. 5).[82] Diese Kommission soll auf Fachreferenten-Ebene die Projektarbeit koordinieren und Vorschläge für eine umweltverträgliche Entwicklung der Grenzregionen erarbeiten, auf der Grundlage einer Zustandsbeschreibung einen grenzüberschreitenden Handlungsplan für Umweltschutz aufstellen sowie Vorschläge zu konkreten Maßnahmen in Schwerpunktgebieten entwickeln.

Der Schutz und die Entwicklung von Naturräumen, Landwirtschaft und Tourismus bieten ein bedeutendes Potential für den deutsch-polnischen Grenzraum. Aufgrund ähnlicher Ausprägungen der naturräumlichen Strukturen im deutsch-polnischen Grenzraum in Nord-Süd- wie West-Ost-Richtung bietet sich die grenzüberschreitende Vernetzung von großräumigen Schutz- und Fremdenverkehrsgebieten an, die zu offenen Gebieten für die Nutzung durch die Einwohner auf beiden Seiten der Grenze benutzt werden könnten. Neben dem Tourismus und der Naherholung als wichtigen Entwicklungsfaktoren im Grenzraum kann die grenzüberschreitende Kooperation auch neue Chancen für die Land- und Forstwirtschaft schaffen, die im Grenzraum eine dominierende Funktion einnimmt. Wichtig sind auch Maßnahmen zur Förderung und Sicherung von Naturraumpotentialen, wobei die Sanierung von Oder und Neiße eine hohe Bedeutung hat. Maßnahmen zur Erhöhung der Klärwerkskapazitäten sind ebenso notwendig wie die Reduktion industrieller Einleitungen. Dies gilt auch für die Zuflüsse von Oder und Neiße.

Weitere gemeinsame deutsch-polnische Gremien im Bereich des Umweltschutzes wurden eingerichtet: Im Mai 1992 wurde die Deutsch-Polnische Grenzgewässerkommission mit 5 Arbeitsgruppen eingerichtet, und auf der dritten Sitzung des Umweltrates im Dezember 1992 wurde die Einrichtung eines Deutsch-Polnischen Programmrats für den Internationalpark Unteres Odertal beschlossen (Zusammen-

---

[82] Beschluss des Deutsch-Polnischen Umweltrates vom 12. September 1991, unterzeichnet in Warschau von den deutschen und polnischen Vorsitzenden des Umweltrates.

setzung und Aufgabenstellung s. Abb. 5).[83] Bei der Internationalen Kommission zum Schutz der Oder, mit Deutschland, Polen, Tschechien, Slowakei und der EU als Mitgliedern, ist auch die Einrichtung einer Brandenburgisch-Polnischen Arbeitsgruppe vorgesehen.

Auf der am 29./30. Juni 1998 durchgeführten 7. Sitzung des Deutsch-Polnischen Umweltrates in Misdroy (Polen) wurde die Einrichtung eines neuen Ausschusses zur Koordinierung der deutsch-polnischen Zusammenarbeit im Rahmen des Heranführungsprozesses an die EU im Umweltschutz angekündigt.[84] Der Ausschuss soll die Rechtsangleichung sowie die Schaffung entsprechender Verwaltungsstrukturen für einen wirksamen Vollzug des Umweltrechts in Polen befördern. Weiterhin soll der Ausschuss die deutsch-polnische Zusammenarbeit im Rahmen des Heranführungsprozesses an die EU im Bereich Umweltschutz leiten und koordinieren. Im Mittelpunkt der Arbeit werden Fragen der Luftreinhaltung, des Gewässerschutzes und der Abfallwirtschaft sowie des Naturschutzes und der Finanzierung von Umweltschutzmaßnahmen stehen. Aufgabe des Ausschusses wird es sein, neben der Ausarbeitung eines langfristigen Rahmenprogramms auch konkrete Projekte vor Ort zu entwickeln und Kontakte auf zentraler, regionaler und lokaler Ebene zu vermitteln.[85]

Durch die Bemühungen der Bundesrepublik Deutschland und der Republik Polen hat sich im Bereich der gemeinsamen Umweltpolitik ein enges Beziehungsgeflecht, im Zuge und in Erfüllung des Vertrages über gute Nachbarschaft und freundschaftliche Zusammenarbeit, entwickelt. Die Vielzahl der unterschiedlichen Akteure und Handlungsfelder ist ein Indiz dafür, dass sich die bilaterale Umweltkooperation dynamisch und gegenseitig verstärkend aufgebaut hat.

Die objektive Problemlage im Bereich der Umwelt erfordert einerseits Abstimmungen und konkrete Maßnahmen; andererseits kann durch den Umwelt-

---

[83] Auf der Grundlage der "Gemeinsamen Erklärung über die Schaffung eines Schutzgebietes Unteres Odertal" vom 7.5.1992 (s. Kommuniqué des Deutsch-Polnischen Umweltrates vom 11.12.1992) wurde die Auenlandschaft beiderseits der Oder zwischen Hohensaaten und Mescherin als 11. Nationalpark der Bundesrepublik am 9. September 1995 und zentrales deutsch-polnisches Schutzgebiet ausgewiesen. Während die Unterschutzstellung auf polnischer Seite relativ unproblematisch war (kaum Industrie), entwickelte sich in Nordostbrandenburg eine heftige Gegenwehr von Landwirten und Schwedter Industrie gegen die Pläne von Totalreservaten. Auf deutscher Seite erfolgt die Unterschutzstellung deshalb etappenweise. Vgl. dazu: Christian Ernst/Ulrike Ernst: Der deutsch-polnische Nationalpark "Unteres Odertal" - ein Projekt des grenzübergreifenden Naturschutzes. In: Ekkehard Buchhofer (Hrsg.): Deutschland und Polen. Geographie einer Nachbarschaft im neuen Europa - Frankfurt a. M., 1994, S. 175 ff., und Christian Ernst/Ulrike Ernst: Das Projekt Nationalpark im Odertal. Ein grünes Band, das Polen und Deutsche miteinander versöhnen soll. In: Praxis Geographie 22, 1992, H. 4, S. 53.

[84] Kommuniqué der 7. Sitzung des Deutsch-Polnischen Umweltrates am 29./30. Juni 1998 in Misdroy, Polen, vom 30.06.1998 und BMU-Pressemitteilung 44/98, Misdroy, 30.6.1998, 7. Sitzung des Deutsch-Polnischen Umweltrats.

[85] Kommuniqué der 7. Sitzung des Deutsch-Polnischen Umweltrates am 29./30. Juni 1998, ebd., S. 2.

schutz als Querschnittsaufgabe ein Modernisierungseffekt auf Wirtschaft und Gesellschaft gerade in der Grenzregion ausgehen. Von Kooperationsgefügen auf der nationalen und regionalen Ebene profitieren nicht zuletzt auch die Kommunen beiderseits der Grenze. Die Grenzgemeinden beschäftigen sich mit gemeinsamen deutsch-polnischen Strategien und Projekten, die sich schwerpunktmäßig auf Fragen der Abwasserbehandlung und Abfallentsorgung beziehen. So konnten die in der Euroregion gelegenen Grenzstädte Guben (D) und Gubin (PL) mit nationaler und europäischer (INTERREG II/PHARE-CBC-) Unterstützung eine gemeinsame Kläranlage auf der polnischen Seite errichten.

126   Kapitel 2

Deutsch-Polnischer Umweltrat (zweimal jährlich seit 17.6.1991)			
Vorsitz: • Deutschland: Minister für Umwelt, Naturschutz und Reaktorsicherheit; • Republik Polen: Minister für Umweltschutz, Nationale Ressourcen und Forstwesen. **Ratsmitglieder:** • Deutschland: je ein Vertreter des Ausw. Amtes, BMWI sowie 2 Vertreter der Bundesländer; • Republik Polen: je ein Vertreter des Außenministers und des Ministers für Industrie sowie 2 Vertreter der Wojewoden.			
↑ Kommissionen/Programmrat berichten dem Deutsch-Polnischen Umweltrat ↑			
Deutsch-Polnische Kommission für nachbarschaftliche Zusammenarbeit auf dem Gebiet des Umweltschutzes (seit 9/1991)	Deutsch-Polnische Grenzgewässerkommission (seit 5/1992, mind. einmal jährlich)	Deutsch-Polnischer Programmrat für den Internationalpark Unteres Odertal (seit 5/1992)	Ausschuss zur Koordinierung der deutsch-polnischen Zusammenarbeit im Rahmen des Heranführungsprozesses an die EU im Umweltschutz (vor. 1998/1999)
Vorsitz: je 1 Vertreter des deutschen und polnischen Umweltministeriums **Mitglieder:** Länderministerien für Umweltschutz (BB, MV, SA) und Wojewodschaftsämter (Stettin, Landsberg, Grünberg, Hirschberg) **Aufgabe:** Vorschläge für umweltverträgliche Entwicklung der Grenzregion; grenzüberschreitenden Handlungsplan erstellen; konkrete Maßnahmen entwickeln.	**Vorsitz:** je 1 Vertreter des deutschen und polnischen Umweltministeriums **Mitglieder:** Länderministerien für Umweltschutz (BB, MV, SA) und Wojewodschaftsämter (Stettin, Landsberg, Grünberg, Hirschberg) **Arbeitsgruppen:** Hydrologie/Hydrogeologie; Gewässerschutz; Außergewöhnliche Verunreinigungen; Unterhaltung; Planung. **Aufgabe:** Maßnahmen koordinieren zu: Schutz vor Verunreinigung und Hochwasser; Warn- und Alarmplanung; Trink- und Brauchwasserversorgung der Bevölkerung; Erhaltung von Flussbetten in Überschwemmungsgebieten.	**Vorsitz:** je 1 Vertreter des deutschen und polnischen Umweltministeriums **Mitglieder:** Länderministerien für Umweltschutz (BB) und Wojewodschaftsamt Stettin, Direktoren der beiden Teile der Schutzgebiete **Aufgabe:** Beratungs- und Begutachtungsorgan für Behörden, Kommunen und Parkdirektoren beiderseits der Grenze.	**Vorsitz:** in Planung **Mitglieder:** in Planung **Aufgaben:** die deutsch-polnische Zusammenarbeit im Rahmen des Heranführungsprozesses an die EU leiten und koordinieren, insbesondere bei Fragen der Luftreinhaltung, des Gewässerschutzes und der Abfallwirtschaft sowie des Naturschutzes und der Finanzierung von Umweltschutzmaßnahmen; Ausarbeitung eines langfristigen Rahmenprogramms, konkrete Projekte vor Ort entwickeln; Kontakte auf zentraler, regionaler und lokaler Ebene vermitteln.

Abb. 5: Deutsch-Polnischer Umweltrat und seine Ausschüsse (1991-1998)

2.2.8. Grundsätzliche politische Erfahrungen und Probleme des Nachbarschaftsvertrages

Im Juni 1996 haben vielfach Wissenschaftler, Politiker und Journalisten das fünfjährige Bestehen des deutsch-polnischen Nachbarschaftsvertrages zum Anlass für eine weitgehend positive Bilanzierung der deutsch-polnischen Beziehungen genommen.

Der Bundestagsabgeordnete Meckel, letzter und erster demokratisch gewählter Außenminister der ehemaligen DDR, kommt zu der Schlussfolgerung, dass der deutsch-polnische Nachbarschaftsvertrag den Beginn einer "neuen Ära" in den beiderseitigen Beziehungen bedeute, die durch "die Entwicklung der Demokratie in Polen und der DDR, durch die deutsche Vereinigung und den Grenzvertrag vom November 1990" erst möglich wurde. Meckel weist nachdrücklich darauf hin, dass der bilaterale Nachbarschaftsvertrag, der "von vornherein mit einer europäischen Perspektive" geschlossen worden sei, auch zum "Modell nicht nur anderer Verträge Polens mit seinen östlichen Nachbarn, sondern auch von Nachbarschaftsverträgen anderer Staaten in Europa" wurde.[86]

Zu einer ähnlichen Einschätzung kommen auch die damaligen Außenminister Polens und Deutschlands, Dariusz Rosati und Klaus Kinkel, als sich diese im Juni 1996 in ausgewählten polnischen und deutschen Tageszeitungen gemeinsam zum fünfjährigen Jubiläum des Nachbarschaftsvertrages äußern. Dort verweisen sie auf den Schlüsselcharakter der bilateralen deutsch-polnischen Freundschaft sowie auf die Rolle der deutsch-französisch-polnischen Trilaterale für das neue Europa. Mit Erleichterung stellen die Außenminister fest, dass "das Gedenken an die schmerzlichen historischen Ereignisse eine Verständigung nicht unmöglich machen muss".[87]

Auch für den Historiker Klaus Zernack, Kovorsitzender der Deutsch-Polnischen Schulbuchkommission, ist als Ergebnis des politischen Umbruchs von 1989/90 und der deutsch-polnischen Verträge aus den Jahren 1990/91 die Unabhängigkeit Polens zum ersten Mal seit 200 Jahren nicht das Ergebnis einer Großmachtpolitik der Nachbarn. Deutschland praktiziere keine "negative Polenpolitik"[88], wie einstmals, im Gegenteil - beide Länder wurden Partner auf dem gemeinsamen europäischen Weg.[89]

---

[86] Markus Meckel: Der deutsch-polnische Nachbarschaftsvertrag - Bilanz nach fünf Jahren, zitiert aus einem Vortrag mit gleichlautendem Titel auf einer wissenschaftlichen Tagung in der Europa-Universität Viadrina Frankfurt (Oder) zum Thema "Der deutsch-polnische Nachbarschaftsvertrag - Bilanz nach fünf Jahren" vom 1. bis 4. September 1997, a.a.O.

[87] Sonderbeilage Der Tagesspiegel, 17.6.1991.

[88] Zernack meint mit "negativer Polenpolitik" den einstigen deutsch-russisch-österreichischen Konsens in der Frage der Unterdrückung Polens.

[89] Klaus Zernack, zitiert nach: Wojciech Pomianowski: Bilanz der Verwirklichung des deutsch-polnischen Vertrages über gute Nachbarschaft und freundschaftliche Zusammenarbeit vom 17. Juni 1991. Vortragsmanuskript der wissenschaftlichen Tagung in der Europa-Universität Viadrina Frankfurt (Oder) zum Thema "Der deutsch-polnische Nachbarschaftsvertrag - Bilanz nach fünf Jahren" vom 1. bis 4. September 1997.

Nichtbehandlung von Fragen der Staatsangehörigkeit und Vermögensfragen im Nachbarschaftsvertrag. Bei der kritischen Würdigung des Nachbarschaftsvertrages ist zu berücksichtigen, dass bestimmte, konfliktträchtige deutsch-polnische Themen bei den Verhandlungen zum Nachbarschaftsvertrag explizit nicht zum Verhandlungsgegenstand gemacht wurden, um die Vertragsabschluss aufgrund unterschiedlicher Rechtsauffassungen nicht vorab zu gefährden. Die gleichlautenden Briefe der Außenminister Genscher und Skubiszewski, die bei der Unterzeichnung des Nachbarschaftsvertrages ausgetauscht wurden, führen insbesondere die Nichtbehandlung der Frage der doppelten Staatsbürgerschaft und die Nichtbehandlung von Vermögensfragen an:

- Die deutsche und die polnische Seite hatten sich in ihren Verhandlungen vorab darüber verständigt, dass Fragen der Staatsangehörigkeit nicht Gegenstand des Nachbarschaftsvertrages sein würden. Dabei ist die doppelte Staatsbürgerschaft de facto schon gegeben, seitdem Deutschstämmige nach der politischen Wende in Polen ohne Repressalien ihre Ausreise in die Bundesrepublik Deutschland beantragen können und bei Erfolg einen deutschen Reisepass erhalten. Dabei besteht kein Zwang zur Ausreise. Offenbar wollten die beiden Regierungen in den Verhandlungen zum Nachbarschaftsvertrag vermeiden, diesen Status quo offiziell anzuerkennen. In Polen ist die doppelte Staatsangehörigkeit nicht rechtlich verankert. Allerdings duldet die polnische Regierung bislang widerspruchslos die Ausgabe deutscher Pässe, was möglicherweise auf die durch die Initiative der deutschen Regierung zustande gekommene Reisefreiheit für Polen mit den Schengener Vertragsstaaten zurückzuführen ist. In der Bundesrepublik gilt der Grundsatz, dass Aussiedler (auch mit deutschem Pass) solange als "Deutsche ohne Staatsangehörigkeit" gelten, bis sie ihre zuvor erworbene Staatsangehörigkeit freiwillig aufgeben. Die Nichtbehandlung dieser Frage bedeutet, dass dieses Problem nicht gelöst, sondern nur aufgeschoben wurde, da die doppelte Staatsangehörigkeit weder in der Bundesrepublik noch in Polen de jure gestattet ist.

- Die Nichtbehandlung von Vermögensfragen bedeutet, dass möglichen Entschädigungsansprüchen polnischer Opfer des Nationalsozialismus[90] und auch solchen von aus Polen Vertriebenen mit dem Nachbarschaftsvertrag nicht vorgegriffen wurde bzw. Anwartschaften nicht entzogen worden sind. Es bedeutet aber auch ein stillschweigendes deutsch-polnisches Abkommen auf Regierungsebene, dass man Fragen, die sich nicht einvernehmlich im Interesse einer neuen Nachbarschaft lösen lassen, ruhen lässt und sich nicht, angesichts unvereinbarer Rechtsstandpunkte, in gegenseitigen Forderungen blockiert.

---

[90] Siehe dazu Debatte zur Entschädigung polnischer Opfer des Nationalsozialismus im Rahmen der "Stiftung Polnisch-Deutsche Aussöhnung": Herbert Küpper: Die Wiedergutmachung nationalsozialistischen Unrechts in den Staaten Osteuropas. In: Osteuropa, 46. Jhg., Heft 8, August 1996, S. 762 ff.

Regelungen zur grenzüberschreitenden Kooperation im deutsch-polnischen Nachbarschaftsvertrag. Der deutsch-polnische Nachbarschaftsvertrag greift den Gedanken der grenzüberschreitenden Kooperation wieder auf und rückt ihn ins Zentrum der geplanten Kooperationen. Dabei bezieht er sich auf diejenigen Konventionen des Europarates, in denen sich westeuropäische Staaten bereits über die grenzüberschreitende Zusammenarbeit zwischen Gebietskörperschaften verständigt haben. Des weiteren sieht der Nachbarschaftsvertrag vor, diese grenzüberschreitende Zusammenarbeit über die Einrichtung einer deutsch-polnischen Regierungskommission mit 2 Unterausschüssen zu erleichtern und zu fördern. Im Rahmen eines Notenwechsels wird eine Vereinbarung über die Einrichtung dieser Kommission vorgenommen. In Ausfüllung des Nachbarschaftsvertrages wurde im Bereich der grenzüberschreitenden Raumordnung eine "Deutsch-Polnische Raumordnungskommission" eingerichtet, die mit dem Erstellen der "Raumordnerischen Leitbilder für den Raum entlang der Grenze" (Mai 1995) und dem "Deutsch-Polnischen Handbuch der Planungsbegriffe" (1995) sowie der Gründung der "Deutsch-Polnischen Wirtschaftsförderungsgesellschaft" (1994) in relativ kurzer Zeit nach ihrer Gründung wichtige Ergebnisse, in deutsch-polnischer Zusammenarbeit, für die grenzüberschreitende Raumplanung, geleistet hat. Ebenfalls in Ausfüllung des Nachbarschaftsvertrages wurde ein "Deutsch-Polnischer Umweltrat" (Juni 1991) eingesetzt, dem eine "Kommission für nachbarschaftliche Zusammenarbeit" für die grenznahe Zusammenarbeit im Umweltschutz, eine "Deutsch-Polnische Grenzwasserkommission", ein "Deutsch-Polnischer Programmrat für den Internationalpark Unteres Odertal" sowie ein neugegründeter "Ausschuss zur Koordinierung für die deutsch-polnische Zusammenarbeit im Rahmen des Heranführungsprozesses an die EU im Umweltschutz" zur Seite gestellt worden sind.

Durch die Zusammenarbeit der Bundesrepublik Deutschland und der Republik Polen hat sich im Bereich der gemeinsamen grenzüberschreitenden Beziehungen und insbesondere bei der Umwelt- und Raumordnungspolitik ein enges Beziehungsgeflecht, im Zuge und in Erfüllung des Vertrages über gute Nachbarschaft und freundschaftliche Zusammenarbeit, entwickelt. Die Vielzahl der unterschiedlichen Akteure und Handlungsfelder ist ein Indiz dafür, dass sich die bilaterale grenzüberschreitende Zusammenarbeit dynamisch und gegenseitig verstärkend entwickelt. Die grenzüberschreitende Zusammenarbeit kann durch die geschilderte institutionelle Vernetzung in der deutsch-polnischen Grenzregion verbessert werden, da für die deutsche und die polnische Regierung diese gegenseitigen Informationen wie auch gute persönliche Kontakte von unschätzbaren Wert sind. So können langfristig Rahmenbedingungen für grenzüberschreitende Regional- und Raumplanung entwickelt werden und gemeinsame verbindliche Vereinbarungen auf nationaler Ebene getroffen werden. Dies gilt auf der Ebene der national-regional grenzüberschreitender Zusammenarbeit insbesondere für Politikbereiche wie z.B. die Ausweisung grenzüberschreitender Naturparks und grenzüberschreitende Abstimmung in der Landschaftsplanung, die Ausweisung grenzüberschreitender Siedlungsnetze und städtischer Verbindungen oder grenzüberschreitende Verkehrsinfrastrukturplanung unter Berücksichtigung europäischer Verkehrsstrassen etc.

Mangels genauer völkerrechtlicher und verfassungsrechtlicher Vorgaben bestehen leider immer noch in der Praxis der deutsch-polnischen grenzüberschreitenden

Zusammenarbeit auf regionaler und kommunaler Ebene erhebliche Unsicherheiten. Für die Republik Polen und die Bundesrepublik Deutschland wären deshalb Vereinbarungen über Anwendungsgesetze für die Madrider Rahmenkonvention des Europarates in besonderem Maße sinnvoll. Die betroffenen deutschen Bundesländer könnten derartige Verträge mit der Republik Polen abschließen, wobei die bilateralen Anwendungsgesetze im einzelnen festlegen, wie in diesen Rechtsformen grenzüberschreitend zusammengearbeitet werden kann: die Kommunen könnten dann in Form von Zweckverbänden, durch Abschluss öffentlich-rechtlicher Vereinbarungen oder durch die Bildung kommunaler Arbeitsgemeinschaften, grenzüberschreitend zusammenarbeiten. Solange die deutschen und polnischen Gemeinden an der EU-Außengrenze nicht im Rahmen öffentlich-rechtlicher Vereinbarungen - auch ohne einen speziellen Staatsvertrag - grenzüberschreitend zusammenarbeiten können, bleibt die grenzüberschreitende Zusammenarbeit auf lokaler Ebene aus rechtlichen Gründen unzureichend. Durch zwischenstaatliche Verträge könnten die Kommunen sowohl zu selbständigen Außenkontakten ermächtigt werden als auch unter neuen Rahmenbedingungen unmittelbar und rechtlich bindend kommunal-grenzüberschreitend in den deutsch-polnischen Grenzräumen zusammenarbeiten. Solange der Handlungsspielraum für die "kleine Außenpolitik" der Kommunen in der deutsch-polnischen Grenzregion rechtlich eingeschränkt ist, sind nationale Vertreter in den Regierungs- und Raumordnungskommissionen für grenzüberschreitende Zusammenarbeit zudem notwendige und direkte Ansprechpartner, um die Umsetzung geplanter lokaler grenzüberschreitender Maßnahmen (z.B. Bau eines gemeinsamen deutsch-polnischen Klärwerkes in Guben-Gubin) auf nationaler Ebene durch einen Staatsvertrag rechtlich zu gewährleisten.

Neben der wichtigen politisch-institutionellen Vernetzung auf national-regionaler Ebene konnten durch wissenschaftliche Analysen des Raums erstmals deutsch-polnische nationale und regionale Entwicklungsvorstellungen für den Grenzraum aufeinander abgestimmt entwickelt werden. Bei den Anfang der 90er Jahre durchgeführten Forschungsvorhaben zum deutsch-polnischen Grenzraum handelte es sich noch um weitgehend einseitige, nationale Vorstellungen, die, da sie nicht mit dem jeweils anderen Partner abgestimmt waren, auch zu "nachhaltigen Missverständnissen und Fehleinschätzungen führten".[91]

Damit haben die Vertragsparteien, die Bundesregierung und die polnische Regierung, auf nationaler Ebene und in dem Grenz- und vor allem im Nachbarschaftsvertrag die Bedeutung der grenzüberschreitenden Zusammenarbeit lokaler Akteure zur Annäherung der beiden Staaten Deutschland und Polen anerkannt. Dennoch merkt Blumenwitz an, dass "hinsichtlich der rechtlichen Absicherung der interkommunalen grenzüberschreitenden Zusammenarbeit Fragen offen bleiben [...]. Die Einräumung völkerrechtlicher Handlungskompetenz und die Ermächtigung zur öffentlich-rechtlichen grenzüberschreitenden Kooperation kann

---

[91] Viktor Frhr. von Malchus: Entwicklung der staatlich-regionalen grenzüberschreitenden Zusammenarbeit auf dem Gebiet der Raumordnung und Regionalpolitik zwischen Deutschland und Polen. In: Planerische und raumordnungsrechtliche Betrachtung der grenzüberschreitenden Zusammenarbeit aus polnischer und deutscher Sicht/Hrsg. Akademie für Raumforschung und Landesplanung - Hannover, 1996, S.33, a.a.O.

nach deutscher und polnischer Verfassungslage nur durch einen völkerrechtlichen Dachvertrag zwischen beiden Staaten erfolgen. [...] Das deutsch-polnische Vertragswerk und die bislang in seiner Ausfüllung geschlossenen Vereinbarungen übernehmen nicht die Funktion eines solchen völkerrechtlichen Dachvertrages".[92] Allerdings räumt Blumenwitz ein, dass völkerrechtliche Dachverträge zur Regelung der lokalen grenzüberschreitenden Zusammenarbeit auch in der europäischen Staatenpraxis eher die Ausnahme darstellen.

Neue Qualität der deutsch-polnischen Beziehungen trotz "Stimmungstief" im Sommer 1998. Der besondere Stellenwert des Nachbarschaftsvertrages für eine neue Qualität der deutsch-polnischen Beziehungen, konnte nicht verhindern, dass es im Juli 1998 zu einem "Stimmungstief" zwischen Warschau und Bonn kam, "wie man es seit dem Streit um die Anerkennung der polnischen Westgrenze 1989/90 nicht mehr gekannt hatte."[93] Anlass für den deutsch-polnischen Streit war eine Entschließung des Deutschen Bundestages vom 29. Mai 1998 - mit den Stimmen von CDU/CSU und FDP, bei Enthaltung der SPD -, die die Vertreibung der Deutschen aus ihrer angestammten Heimat als völkerrechtswidrig kritisierte und daran erinnerte, dass auch die Heimatvertriebenen nach der Osterweiterung der EU in den Genuss von Freizügigkeit und Niederlassungsfreiheit kommen müssten. Als dann zeitgleich dazu der "Bund für Gesamtdeutschland" Heimatvertriebene dazu aufforderte, individuelle Forderungen nach Vermögensrückgabe zu stellen, und darüber hinaus der Bund der Vertriebenen (BdV) die Forderung erhob, Polen müsse eine Entschädigungslösung finden, andernfalls sei Polen nicht reif für den EU-Beitritt, führte dies, zusammen mit der deutschen Bundestagsentschließung, in Warschau zu Missverständnissen: der Sejm kritisierte den Bundestag in einer Resolution, dass dieser angeblich die polnische Westgrenze in Frage stelle und die Unterstützung für Polens Streben nach Mitgliedschaft in der EU von der Rückgabe des Eigentums der Vertriebenen abhängig mache.[94]

Erst Rita Süssmuth konnte in einem ausführlichen Gespräch im Rahmen eines Besuchs in Warschau klären, dass "niemand in Deutschland die polnische Westgrenze in Frage stelle und dass die polnischen Eigentümer ehemals deutschen Besitzes ruhig schlafen könnten."[95] Allerdings verwies Süssmuth darauf, dass die

---

[92] Dieter Blumenwitz: Lokale grenzüberschreitende Zusammenarbeit auf der Grundlage des deutsch-polnischen Vertragswerkes - Bonn, 1994, S. 38-39.
[93] FAZ, 23.7.1998.
[94] Warschau reagierte am 18.8.1998 mit der Verabschiedung einer Gesetzesnovelle auf diese Kampagne deutscher Vertriebener. Ausländern, die in Polen Immobilien besaßen und diese vor 1990 verloren haben, wird der Rückerwerb per Gesetz damit erschwert werden. Gemäß dem polnischem Regierungssprecher Jaroslaw Sellin sollen die Möglichkeiten deutscher Staatsbürger, die früher in den heutigen polnischen West- und Nordwestgebieten lebten, zum Rückerwerb ihres früheren Eigentums begrenzt werden. Weiter erklärt er dem Tagesspiegel Berlin, "die Annahme der Gesetzesnovelle durch die Regierung ist die Folge beunruhigender Signale, die uns aus Deutschland erreichen. Sie ist unsere Reaktion auf die organisierte Briefaktion, in der die Rückgabe der einst den Deutschen gehörenden Gebiete gefordert wird." In: Tagesspiegel vom 20.8.1998.
[95] FAZ, 23.7.1998.

Frage einer Entschädigung der Vertriebenen angesichts der unvereinbaren Rechtsstandpunkte in den Verhandlungen zum Nachbarschaftsvertrag 1991 bewusst offengelassen worden sind, um sich nicht hoffnungslos in gegenseitigen Forderungen zu verbeißen. Außerdem machte sie dem BdV und dem "Bund für Gesamtdeutschland" indirekt deutlich, dass sie nicht wisse, "wann und wie diese Frage je geregelt werden könne. Nach verlorenen Kriegen gebe es nun einmal offene Fragen, mit denen man leben müsse und die man politisch nicht außer Kontrolle geraten lassen dürfe."[96] Zu einem späteren Zeitpunkt kritisiert Süssmuth, dass die widersprüchlichen Erklärungen beider Parlamente zur Rolle der Vertriebenen auch eine Folge der mangelnden Begegnungen und Kontakten zwischen den Parlamenten Deutschlands und Polens seit 1995 und zugleich eine "unnötige Irritation" für das Verhältnis beider Länder gewesen seien.[97]

Trotz dieses "Stimmungstiefs" wird der Ausbau der freundschaftlichen Beziehungen auf der Basis der deutsch-polnischen Interessengemeinschaft weitergeführt werden. Für die grenz-überschreitende Zusammenarbeit bedeutet diese Krise, dass nur durch wachsendes gegenseitiges Vertrauen eine dauerhafte und erfolgreiche grenzüberschreitende Zusammenarbeit an den Außengrenzen der EU zwischen Deutschland und Polen möglich sein wird.

Der Paradigmenwechsel in der deutschen Polenpolitik und der polnischen Deutschlandpolitik nach dem Ende des Ost-West-Konfliktes reflektiert die historische Chance, die Polen und Deutsche gleichermaßen für den Aufbau der politischen Freundschaft zwischen beiden Ländern unter revolutionär veränderten europäischen und internationalen Rahmenbedingungen nutzen wollen. Der Nachbarschaftsvertrag definiert hierfür konkret und umfassend die Kooperationsfelder und zeigt Lösungsansätze für bisherige Konflikte auf.

In den positiven Bewertungen auf deutscher und polnischer Seite des Nachbarschaftsvertrages wurde auch immer wieder die befriedigende Regelung für die deutsche Minderheit in Polen auf der Grundlage der größtmöglichen Reziprozität, die deutsche Fürsprecherrolle für die europäische Integration Polens sowie die Vereinbarungen zur interregionalen und grenzüberschreitenden Kooperation im deutsch-polnischen Nachbarschaftsvertrag besonders hervorgehoben. Die Frage der polnischen Entschädigungsforderungen und die noch nicht von Polen gewährte Freizügigkeit sind solche Themen für aktuelle und zukünftige Auseinandersetzungen innerhalb dieser neuartigen, bilateralen Beziehungen - deren politisch-rechtlicher Rahmen durch den Grenz- und Nachbarschaftsvertrag definiert wird - vor einem besonderen historischen Hintergrund.

2.3. Interessenabgleich deutsch-polnischer Diplomatie am Beispiel des "Weimarer Dreiecks"

Polen und Deutschland wollen die Architektur eines "neuen Europas" auf die dreiseitige Zusammenarbeit mit Frankreich gründen, die sich im Rahmen der

---

[96] FAZ, 23.7.1998.
[97] MOZ, 16.10.1998.

"Weimarer Zusammenarbeit" entwickelt hat. Die Außenminister Polens und Deutschlands, Dariusz Rosati und Klaus Kinkel, bekannten sich im Juni 1997 zum 5. Jahrestag des Nachbarschaftsvertrages in einem gemeinsamen Artikel, der in ausgewählten deutschen und polnischen Zeitungen abgedruckt war, eben dazu: "Deutschland und Polen arbeiten gemeinsam mit Frankreich für die Zukunft Europas, für eine gemeinsame Zukunft in der Europäischen Union. [...] Das freundschaftliche Verhältnis unserer beiden Länder hat einen Schlüsselcharakter für das neue Europa, an dem wir mit unseren Partnern bauen".[98]

Auf Initiative der Außenminister Dumas, Genscher und Skubiszewski vom Mai 1991 in Weimar finden seit 1991 regelmäßige trinationale Treffen auf politisch-diplomatischer Ebene statt. Polen ist Anfang der 90er Jahre das einzige Land von den MOE-Staaten, welches in ein solches "Euro-Trio" (oder auch "Weimarer Dreieck" genannt) integriert ist. Im Anschluss an die ersten drei Treffen (Weimar 1991, Bergerac 1992, Warschau 1993) haben sich Frankreich und die BRD für Assoziierungsverträge mit den MOE-Staaten sowie für die Schaffung eines gemeinsamen Wirtschaftsraums in Europa ausgesprochen.[99]

Über die geschilderte Kooperation hinaus unterzeichneten die Regierungen von Polen und Deutschland am 25. Januar 1993 ein Abkommen über militärische Zusammenarbeit. Die Visegrad-Gruppe hat sich seit ihrer Gründung im Februar 1990 für die NATO-Mitgliedschaft ausgesprochen. Die Bundesrepublik Deutschland unterstützt die Bemühungen Polens, möglichst bald der NATO beizutreten. Russland lehnt den NATO-Beitritt vehement ab, während Frankreich einer Stärkung der gesamteuropäischen Rolle der NATO weiterhin skeptisch gegenübersteht.[100] Die drei Verteidigungsminister aus Deutschland, Frankreich und Polen beschließen am 3. März 1994, noch 1994 gemeinsame, trinationale Übungen abzuhalten. Die militärische Zusammenarbeit wurde auch auf weitere Partner ausgedehnt. Unter Beteiligung Dänemarks wird die Schaffung eines gemeinsamen internationalen deutsch-polnisch-dänischen Corps verhandelt. Neben Deutschland hat auch Frankreich zuvor bilaterale Verträge mit Polen abgeschlossen (April 1991 Freundschafts- und Solidaritätsvertrag und 1989 Stiftung Frankreich-Polen mit einem Gesamtbudget von 90 Mio. FF).[101] In der polnischen Bevölkerung gibt es aufgrund der historischen Hypothek Vorbehalte gegenüber einer militärischen Kooperation mit Deutschland - hier kann Frankreichs Anwesenheit vertrauensfördernd wirken -, gleichzeitig wird im Hinblick auf die geplante Osterweiterung der EU und der NATO auch die militärische Kooperation mit Deutschland als unumgänglich angesehen.[102] Weitestgehend dank deutscher Unterstützung konnte Po-

---

[98] Tagesspiegel Berlin, 17.6.1997.
[99] Valérie Guérin-Sendelbach/JacekRulkowski: "Euro-Trio" Frankreich-Deutschland-Polen. In: Aussenpolitik, 11/1994, S. 246-253. Zu den trilateralen Beziehungen von 1945-1990 s. auch: Heiner Timmermann (Hrsg.): Deutschland-Frankreich-Polen. Ihre Beziehungen zueinander nach 1945. - Saarbrücken, 1990.
[100] Axel Sauder: Trilaterale sicherheitspolitische Zusammenarbeit: Polen, Frankreich und die Bundesrepublik Deutschland. In: Dokumente 6/1994, 50. Jg., S. 471-478.
[101] Valérie Guérin-Sendelbach 1994, ebd., S. 249.
[102] Axel Sauder 1994, ebd., S. 474.

len, neben Ungarn und der tschechischen Republik, am 12.3.1999 in das Nordatlantische Bündnis (Nato) aufgenommen werden.

Dennoch ist das nationale Interesse an der trinationalen Zusammenarbeit nicht unbedingt identisch:

- Frankreich verfolgt die deutsche Ostpolitik seit Willy Brandt mit misstrauischer Sensibilität und kann in der "Trilateralen" die Ostpolitik des vereinten Deutschland beobachten und mitgestalten. Frankreich lehnte unmittelbar nach dem Umbruch in Europa eine Osterweiterung der EU und der NATO ab, mittlerweile ist die französische Haltung konzilianter, aber Vorbehalte bleiben.
- Deutschland war von Anfang an Advokat der Osterweiterung und wollte Polen so auch auf zweifache Weise an die EU heranführen.
- Polen sah in Deutschland die privilegierte Verbindung nach Westeuropa und hatte mit Frankreich favorisierten Kontakt zum zweiten, wichtigsten EU-Land.[103]

Da deutsche und polnische Interessen am ehesten in Übereinstimmung gebracht werden können (rasche Integration in EU und NATO), ist die bilaterale deutsch-polnische Zusammenarbeit derzeit auch sehr viel weiterentwickelt als die französisch-polnische. Die neue deutsch-polnische Bilaterale hat "trotz der noch immer vorhandenen Vorbehalte gegenüber den Nachbarn in beiden Staaten in der jüngsten Zeit eine atemberaubende Eigendynamik entfaltet - mit überraschendem Realitätssinn und Interesse an Kooperation und Dialog".[104] Der oft zitierte Vorbildcharakter der deutsch-französischen Sonderbeziehungen ist im deutsch-polnischen Dialog auf Ebene der Zivilgesellschaften kein Argument mehr, um diesen zu animieren.

Das Weimarer Dreieck kann die Brücke zum Übergang Polens in die EU und gleichzeitig eine Konstante in einer erweiterten EU symbolisieren. Die Europa-Abkommen mit der Tschechoslowakei, Polen und Ungarn, die im Dezember 1991 mit der EU-Kommission unterzeichnet wurden und deren Handelsteil durch Interimsabkommen vorab ab 1.3.1992 in Kraft trat, sind der Prototyp für alle späteren Handelsabkommen. Für Industriegüter ist darin die stufenweise Einrichtung einer Freihandelszone vorgesehen, wofür den Partnerländer jeweils mehr Zeit eingeräumt wird als der EU. Darüber hinaus ist den assoziierten Ländern mit den Europa-Abkommen eine - wenn auch sehr vage formulierte - Beitrittsperspektive eröffnet worden. Der Heranführungsstrategie Polens an die EU ist ein eigenes Großkapitel gewidmet.

---

[103] Ingo Kolbloom: Deutschland-Frankreich-Polen. Das Weimarer Dreieck: Lust oder Frust zu Dritt?, in: Dokumente, 1996. Jg. 53, S. 21-30.
[104] Ingo Kolbloom 1996, ebd., S. 21-30.

2.4. Bestandsaufnahme der "Dezentralisierung" in Polen und Deutschland und Auswirkungen auf die grenzüberschreitende Zusammenarbeit

2.4.1. Dezentralisierung in Polen: Systemwandel durch Evolution

Mit der Gründung des polnischen "Komitees zur Verteidigung der Arbeiter" (KOR) 1976 haben Intellektuelle und Arbeiter erste Konzepte entwickelt, wie die polnische Gesellschaft durch Festigung der Rechtsstaatlichkeit sowie der Menschen- und Bürgerrechte Freiräume gegenüber dem Partei-Staat zurückgewinnen könnte. 1980 wird die illegale Gründung der Gewerkschaft Solidarność als "Civil Society Against the State"[105] vollzogen. Die polnischen Kommunisten versuchten ihren Anspruch auf die alleinige Macht im Lande von Dezember 1981 bis Juli 1983 durch Verhängung des Kriegsrechts in Polen und das Verbot der Solidarność unter General Jaruzelski zu behaupten. Die Parteiführung unter General Jaruzelski war erst ab Herbst 1988 bereit, mit der (illegalen) Opposition über grundlegende Reformen des politischen und wirtschaftlichen Ordnungssystems zu verhandeln.

Am sogenannten Runden Tisch führten in Polen die Kräfte der Opposition um die Solidarność und das "Bürgerkomitee bei Lech Walesa" Verhandlungen mit der Regierung. Die Vereinbarungen des "Runden Tisches" leiteten im Frühjahr 1989 die große Wende in Europa ein. Die polnische Opposition sollte in das politische System eingebaut werden, die Kontrolle über die Macht jedoch bei der Polnischen Vereinigten Arbeiterpartei (PZPR) verbleiben. Die Opposition selbst strebte am "Runden Tisch" eine grundlegende Umgestaltung Polens hin zu Demokratie und Marktwirtschaft an. Die katholische Kirche trug entscheidend zum Zustandekommen und zum Erfolg des Runden Tisches bei und stand 1989 auf dem Höhepunkt ihres Ansehens.

Ergebnis der Verhandlungen waren die Wiederzulassung der Solidarność, die Schaffung eines semipräsidentiellen Regierungssystems sowie freie Wahlen zu einer neugeschaffenen zweiten Kammer (dem Senat), während im Sejm der bisherigen Regierungskoalition der PZPR und Partner 65 % der Stimmen garantiert wurden ("Kontrakt-Sejm").

Kompromisslogik bei Runde-Tisch-Verhandlungen zu Erneuerung des Verfassungs- und Institutionensystems verhindert 1990 konsequente institutionelle Dezentralisierung. Die in diese Phase fallenden Entscheidungen und Gesetze zum Umbau und Erneuerung des polnischen Verfassungs- und Institutionensystems waren von Kompromissen eines ums Überleben ringenden kommunistischen Regimes und der zu grundlegenden Reformen bereiten Solidarność geprägt. Während sich die Solidarność vor allem auf die Reform der kommunalen Selbstverwaltung und die institutionellen Voraussetzungen für eine demokratische Erneuerung auf der lokalen Ebene konzentrierte, wurden die 49 Wojewodschaften mit

---

[105] So der Titel eines Artikels von Andrew Arto, Civil Society Against the State. Poland 1980-1981. In: Telos, 47 (1981), S. 23-47.

ihren 2375 Gemeinden und ihrem zweistufigen Verwaltungsaufbau als regionale Hochburgen zentralistischer Parteiherrschaft zunächst nicht angegriffen, sondern in gewisser Weise den Kommunisten überlassen.[106]

In Polen wurde, aufgrund der Kompromisssituation in der Gründungsphase versäumt, die traditionelle Verwaltungsebene der Kreise (powiaty) wieder einzurichten und damit die institutionenpolitische Voraussetzung für eine Dezentralisierung zu schaffen. Zur Umsetzung einer effektiven polnischen Regionalpolitik wurde zwar im Oktober 1992 die „Polnische Agentur für Regionalentwicklung"[107] gegründet, deren Ziel die Konzentration und Distribution der finanziellen (polnischen und ausländischen) Mittel für die Förderung und Unterstützung der regionalen Entwicklung in Polen ist; eine effektive Regionalpolitik wird aber erst dann realisierbar sein, wenn die Regierung von authentischen regionalen Selbstverwaltungsbehörden unterstützt werden kann. Solche Selbstverwaltungsorgane können aber erst in Kreisen geschaffen werden, die im Zuge einer neuen Verwaltungsreform entstehen sollen. Die institutionelle Reform in Polen ist nach dem Institutionenschub des Jahres 1990 bis Mitte 1998 kaum vorangekommen, obwohl polnische Experten und auch Politiker sich der Notwendigkeit weiterer institutioneller Reformen bewusst sind, auch hinsichtlich der Beitrittsfähigkeit Polens zur EU.[108]

Evolutionäre Verfassungsänderungen mit schrittweiser Dezentralisierung des zentralstaatlichen Systems. Dieser "Systemwandel durch Evolution" lässt sich auch gut an den schrittweisen Verfassungsänderungen aufzeigen, die ebenfalls stufenweise das Regierungssystem veränderten. In Polen, wo sich der Umbruch durch eine "verhandelte Revolution" vollzogen hat, wurde eine schrittweise Anpassung der alten Verfassungstexte von 1952 vorgenommen, die zunächst auch von dem Ancien régime, der kommunistischen Nomenklatura, mitgetragen wurde. Nach Entstehung der Solidarność und der großen Streikwelle im August 1980 wurden schon in den achtziger Jahren (teilweise noch während des Kriegszustandes) viele wichtige Verfassungsänderungen vorgenommen, die stufenweise das Regierungssystem umgestalteten, ohne jedoch das streng zentralistische Regierungssystem bedeutend zu verändern.[109] Polen tritt die Wende von 1989 schon als ein Staat auf dem Weg zu einer Systemtransformation an.

---

[106] Hellmut Wollmann: Der Systemwechsel in Ostdeutschland, Ungarn, Polen und Russland. Phasen und Varianten der politisch-administrativen Dezentralisierung. In: Aus Politik und Zeitgeschichte. Beilage zur Wochenzeitung Das Parlament. B 5/1997, S. 8.

[107] Bronislaw Kortus u.a.: Systembedingte Wandlungsprozesse in Polen. In: Deutschland und Polen/Hrsg. Ekkehard Buchhofer u.a. - Frankfurt a. M., 1994, S. 35.

[108] Hellmut Wollmann: Der Systemwechsel in Ostdeutschland, Ungarn, Polen und Russland. Phasen und Varianten der politisch-administrativen Dezentralisierung. In: Aus Politik und Zeitgeschichte. Beilage zur Wochenzeitung Das Parlament. B 5/1997, S. 14.

[109] Barbara Zawadzka: Aktuelle Streitfragen des aktuellen Verfassungsstreites. In: Recht in Ost und West. Zeitschrift für Ostrecht und Rechtsvergleichung, 40. Jhg., Heft 5, Juni 1996, S. 141.

Gestaltung der Beziehungen Deutschlands und Polens nach der politischen Wende   137

In Polen erfolgt eine schrittweise, evolutionäre Anpassung der Verfassung an die Tradition des westlichen Verfassungsstaates dann ab April 1989 bis März 1997 in 4 Phasen:[110]

- die Verfassungsnovelle des "Runden-Tisch"-Vertrags vom 7.4.1989, die eine Reform der bisherigen Verfassungsordnung darstellt (Einführung des Prinzips der Gewaltenteilung in Struktur und Praxis der obersten Staatsorgane, aber ohne wesentliche Änderung der bisherigen Verfassungsordnung, z.B. durch Regelungen zum "Kontrakt-Sejm" als Sicherungssystem für damalige Regierungskoalition);

- die Teiländerungen der Verfassung, die die Grundlagen der Verfassungsordnung gründlich abänderten (Verfassungsnovellen zu: Aufhebung des sozialistischen Staatsmodells 12/1989, Einführung der territorialen Selbstverwaltung 5/1990, Änderung der Berufsordnung des Präsidenten 9/1990), ermöglicht durch den Wahlsieg der Solidarność im Juni 1989;

- die "Kleine Verfassung" vom Oktober 1992, als Vorbereitungsphase bis zur Einführung einer neuen Verfassungsordnung (Verfassungsgesetz vom 23.4.1992 erklärt geltende Verfassung zu vorläufigem Rechtsakt; Verfassungsgesetz vom 17.10.1992 beschränkt sich auf die Regulierung der Beziehungen zwischen gesetzgebende und vollziehende Gewalt sowie auf die territoriale Selbstverwaltung), da aufgrund der Parlamentszersplitterung die eigentlich vorgesehene radikale Systemänderung realistischerweise nur mit einer kleinen Verfassung begonnen werden konnte;

- ein neues Grundgesetz wird durch eine vom Parlament eingesetzte Verfassungskommission schließlich im März 1997 verabschiedet.

Mit dem noch vom Kontrakt-Sejm verabschiedeten Gesetz vom 8. März 1990 über die territoriale Selbstverwaltung in Polen sowie ergänzende Akte zum Kommunalrecht sind nun auch den polnischen Gemeinden relativ weitgehende Entscheidungskompetenzen gegeben: Hauptorgan der Gemeinde ist die von der Bevölkerung für vier Jahre gewählte Kommunalvertretung. Diese wählt den aus vier bis sieben Mitgliedern bestehenden Gemeindevorstand und den Bürgermeister. Ein umfassender Zuständigkeitskatalog regelt die Aufgaben der Gemeinden im Bereich der Selbstverwaltungsaufgaben (technische und soziale Infrastruktur der Gemeinde, Sicherheit und Ordnung, Raumplanung, Raumordnung, Umweltschutz).

Neben ihren Selbstverwaltungsaufgaben kann den Gemeinden auch die Erledigung staatlicher Aufgaben übertragen werden.[111] Die ersten Wahlen zur lokalen Selbstverwaltung fanden im Juni 1990 statt.

---

[110] Bogusław Banaszak: Das Rechtssystem Polens im Wandel. In: Recht in Ost und West. Jg. 39, Heft 6, 1995, S. 185 ff.
[111] Jörn Michaelsen: Das Kommunalrecht in Polen. In: Recht in Ost und West. Zeitschrift für Ostrecht und Rechtsvergleichung, 40. Jg., Heft 1/1996, S. 1-8.

Die neu im Frühjahr 1990 eingeführten kommunalen Entscheidungskompetenzen werden allerdings durch das Kompetenzgesetz vom April 1990, das die Kompetenzen zwischen Kommunalverwaltung und Staatsverwaltung regelt, sowie durch das Wojewodschaftsgesetz vom 22. März 1990, mit dem Kompetenzbereiche nicht eindeutig definiert werden, zum Teil wieder eingeschränkt. Die in einigen Verwaltungen bestehende Doppelstruktur von Selbstverwaltung der Gemeinden und staatlicher Administration erleichtert nicht immer die internationale/grenzüberschreitende Kooperation auf unterster, lokaler Ebene.[112] Auch bietet die unklare Aufgabenteilung zwischen Gemeinden und Regionen ein konfliktträchtiges Potential. Die Spannung wurde zusätzlich dadurch genährt, dass sich von Anfang an die finanzielle Ausstattung der Gemeinden für die Bewältigung der diesen zugedachten Aufgaben, vor allem auch der sozialen Aufgaben, als völlig unzureichend erwies.

Diskussion über umfassende Dezentralisierung bereits kurz nach Einführung der kommunalen Selbstverwaltung. Die kommunale Selbstverwaltung geriet somit kurz nach ihrer Einsetzung unter erheblichen politischen und institutionellen Druck, verbunden mit einer Diskussion über die Notwendigkeit einer umfassenden Regionalreform. Trotz des Anspruchs der territorialen Selbstverwaltung, eingeleitet im Jahre 1990, ist in Polen autoritäres Regieren vom Zentrum aus weiterhin möglich. Dies hängt mit den Überschneidungen von administrativen Kompetenzen, der Kontrolle über Finanzen und der andauernden Zentralisierung öffentlicher Dienste zusammen. Der polnische Ministerrat kann die Gemeindeversammlung auflösen und eine kommissarische Vertretung einberufen, wobei die Begründung dafür weitgehend unnötig bleibt. Auch die strikte Kontrolle durch zentrale Finanzorgane wird als Verletzung des Prinzips territorialer Selbstverwaltung angesehen.

Dieses institutionelle Defizit wurde auch von der neuen Verfassung, die im März 1997 mit einem Verfassungstext verabschiedet wurde, der auf zahlreichen Kompromissen beruhte, nicht aufgehoben. In der neuen Verfassung wurde im institutionellen Bereich die Position des Sejm leicht, die der Regierung erheblich gestärkt. Die Rechte des Präsidenten wurden beschnitten, sein Veto gegen Beschlüsse des Sejms kann dieser nun mit 60 statt bisher mit 65 Prozent zurückweisen. Vor allem aber verlor der Präsident sein Recht auf Mitsprache in Angelegenheiten der Innen- und der Verteidigungspolitik, während er im Bereich der Außenpolitik mit dem Ministerpräsidenten und dem zuständigen Minister zusammenarbeitet, was eine enge Koordination zwischen diesen drei Personen und dem Führungspersonal der Regierungsmehrheit voraussetzt. Bei allen Unzulänglichkeiten hat die neue Verfassung die Position der Regierung deutlich gestärkt.[113]

Nicht geregelt wurde in der neuen Verfassung von 1997 eine Dezentralisierung des Verwaltungsaufbaus. Eine von der Regierung Suchocka 1992 eingesetzte

---

[112] Sybille Tempel: Städtepartnerschaften in der deutsch-polnischen Zusammenarbeit. In: Osteuropa, Jhg.47, Heft 7, Juli 1997, S. 650-666.
[113] Stefan Fröhlich: Verfassungsprozesse in Mittel- und Osteuropa. Typologien des modernen Verfassungsstaates. In: Internationale Politik, 5/1997, Nr. 5, 52. Jahr, S. 25-30.

Regierungskommission hatte bereits seinerzeit einen Entwurf vorgelegt, der in Anlehnung an das föderative System in der Bundesrepublik Deutschland eine Aufteilung in zehn bis fünfzehn große Regionen oder aber in eine Gliederung in etwa 30 neue Wojewodschaften vorsah. Dabei war auch eine Wiedereinführung der Kreise (powiaty) vorgesehen, die bei der Gebietsreform von 1975 abgeschafft worden waren. Polen besteht nun aus 49 Wojewodschaften mit 2383 Gemeinden. Vor der Reform von 1975 waren es 17 Wojewodschaften und über 4000 Gemeinden; durch die Verkleinerung der Gemeinden fielen die bis dahin bestehenden Kreise weg. Die 49 Wojewodschaften wurden 1975 nach dem Vorbild der sowjetrussischen Regionen (oblasti) neu zugeschnitten und entsprachen nicht den historisch begründeten polnischen Regionen. Mit einem Übergang vom derzeitigen zweistufigen zu einem dreistufigen Verwaltungssystem erhoffte sich die Regierung Suchocka eine Stärkung der lokalen und regionalen Selbstverwaltungselemente.[114]

Das Versäumnis, in der Gründungsphase 1990 die Verwaltungsebene der Kreise nicht eingeführt zu haben, und der überwiegende Stillstand im weiteren Ausbau der administrativen Strukturen in Polen bis Mitte/Ende der 90er Jahre (Verringerung der Zahl der Wojewodschaften, Wiedereinführung der Kreise, Dezentralisierung der Verwaltungsstrukturen), werden längst als schwere Hypothek für die politische und wirtschaftliche Entwicklung Polens angesehen.[115]

Regionale Gebietsreform erst im Frühjahr 1998 in Angriff genommen: Reduzierung der Wojewodschaften und Wiedereinführung der Landkreise. Deshalb hat die neue Regierung Buzek, die von einer Koalition aus der "Wahlaktion Solidarność" AWS und der Freiheitsunion (UW) getragen wird, sechs Jahre später, 1998, eine solche Verfassungsreform wieder zum absoluten Ziel erklärt. Statt der Gliederung nur in Wojewodschaften (Regierungsbezirke) und Gemeinden soll es künftig über den Gemeinden wieder Kreise geben. Ferner soll die Zahl der jetzt 49 Wojewodschaften drastisch reduziert werden und sollen diese - so war es ursprünglich geplant - ähnlich wie die deutschen Bundesländer mehr Kompetenzen erhalten und finanziell unabhängiger werden. Ihre Größe soll etwa der von EU-Regionen entsprechen. Die Verlagerung von Kompetenzen und Finanzen an die Basis entsprechend dem Subsidiaritätsprinzip soll dort die Partizipation erhöhen und zugleich das Zentrum entlasten. Die Reformvorschläge wurden landesweit in Polen kontrovers diskutiert, sowohl zwischen Regierung und dem oppositionellen Bündnis der Demokratischen Linken (SLD) als auch bei den von den Reformen betroffenen Bevölkerungsteilen in den Wojewodschaften bzw. Regionalverwaltungen.

Die polnische Regierung hat sich am 13.3.1998 auf eine Reform der Wojewodschaften geeinigt. Die Minister billigten einen Gesetzesentwurf, der zwölf große

---

[114] Sybille Tempel: Städtepartnerschaften in der deutsch-polnischen Zusammenarbeit. In: Osteuropa, Jhg. 47, Heft 7, Juli 1997, S. 655.
[115] Hellmut Wollmann: Der Systemwechsel in Ostdeutschland, Ungarn, Polen und Russland. Phasen und Varianten der politisch-administrativen Dezentralisierung. In: Aus Politik und Zeitgeschichte. Beilage zur Wochenzeitung Das Parlament. B 5/1997, S. 14.

Kapitel 2

Verwaltungseinheiten vorsieht, die eigene gewählte Parlamente erhalten sollen. Kurz vor der Verabschiedung der ersten Gesetze im Abgeordnetenhaus, in welchen die Kompetenzen der Selbstverwaltungsorgane festgelegt wurden (7. Mai 1998), hatten Abgesandte aus mehreren Regierungsbezirken, die im Zuge der Reform aufgelöst werden sollen, in Warschau demonstriert. Zwar war die Entscheidung, in wie viele Wojewodschaften Polen zukünftig aufgeteilt wird (12, 15, oder 17) lange Zeit noch offen - das Gesetzgebungsverfahren zur territorialen Neugliederung Polens ist im ersten Anlauf Anfang Juli 1998 gescheitert, da es der Regierungskoalition aus Freiheitsunion (UW) und Wahlaktion der Solidarność (AWS) nicht gelang, den Einspruch von Staatspräsident Kwasniewski gegen ein Gesetz zu überstimmen, das die Bildung von 15 Wojewodschaften anstelle der bisher bestehenden 49 Wojewodschaften vorsieht.[116] Der polnische Sejm hatte sich am 5.6.1998 darauf geeinigt, 12 Wojewodschaften einzurichten, der Senat (die zweite Kammer des Parlaments) hatte sich dann aber für 15 Wojewodschaften ausgesprochen.

Schließlich konnte das Parlament am 18.7.1998 in seiner letzten Sitzung vor der Sommerpause den Kompromissvorschlag von Koalition und Opposition verabschieden, 16 Wojewodschaften einzurichten:

Masowien (Województwo Mazowieckie) mit der Hauptstadt Warschau-Warszawa),
Großpolen (Województwo Wielkopolskie) (Posen-Poznań),
Pommern (Województwo Pomorskie) (Danzig-Gdańsk),
Kujawien-Pommern (Województwo Kujawsko-Pomorskie) (Bromberg-Bydgoszcz),
Westpommern (Województwo Zachodnio-Pomorskie) (Stettin-Szczecin),
Lebuser Land (Województwo Lubuskie) (Grünberg-Zielona Góra),
Niederschlesien (Województwo Dolnośląskie) (Breslau-Wrocław),
Oberschlesien (Województwo Górnośląskie) (Oppeln-Opole),
Schlesien (Województwo śląskie) (Kattowitz-Katowice),
Kleinpolen (Województwo Małopolskie) (Krakau-Kraków),
Heiligkreuz (Województwo świętokrzyskie) (Kielce),
Vorkarpaten (Województwo Podkarpackie) (Rzeszów),
Ermland-Masuren (Warmińsko Mazurskie) (Allenstein-Olsztyn) sowie
die nach ihren Hauptstädten benannten Wojewodschaften Białystok, Lublin und Łódź.

Gesichert ist auch die *Einführung von etwa 300 Kreisen*, die über gewählte Vertretungen verfügen werden. Diese werden über eine eigene Exekutive mit dem Kreishauptmann (Starosta) an der Spitze sowie über eine gewählte Versammlung, den Kreistag, verfügen. Die Aufgaben der Kreise umfassen vor allem die Bereiche Bildung, Gesundheitswesen, Kultur, Sozialhilfe und Verkehrswesen. Die Zuständigkeit der Gemeinden soll dadurch aber nicht eingeschränkt werden, sondern sie sollen Bereiche bearbeiten, die die einzelnen Gemeinden alleine nicht bearbeiten können.

---

[116] FAZ, 4.7.1998.

Den Wojewoden (Regierungspräsidenten), welche die Regierung in der Provinz vertreten, soll jeweils ein Wojewodschaftsparlament (sejmik) als gewähltes Selbstverwaltungsorgan zur Seite gestellt werden. Den gewählten Organen der Selbstverwaltung in den neuen Wojewodschaften wird die Entwicklungsplanung obliegen. Gesetzgeberische Gewalt wurde den Wojewodschaftsparlamenten indessen nicht zugestanden. Die Sejmiki dürfen demnach keine regionalen Steuern beschließen. Es ist ihnen ferner verwehrt, außenpolitisch tätig zu werden. Überdies werden sie nicht über das Militär verfügen und keine eigenen Polizeikräfte besitzen. Ursprünglich hatten die Kompetenzen der Selbstverwaltung in den Regierungsbezirken bedeutender ausfallen sollen, allerdings wurde auf die Kritik reagiert, Polen drohe auseinander zu fallen, sollten die Regionen zu stark werden: deshalb werden die Wojewoden wie bisher von der Regierung eingesetzt. Ihnen wurden weitgehende Kontrollbefugnisse mit Blick auf die gewählten Selbstverwaltungsorgane zugestanden. Die Stellung der Wojewoden wurde dadurch gestärkt, dass Organe der staatlichen Sonderverwaltung in der Provinz - zum Beispiel die Polizei - die bisher einzelnen Warschauer Ministerien unterstanden hatten, jetzt den Wojewoden zugeordnet sind. Mitte Oktober 1998 wurden die Gemeinderäte, Kreistage und Wojewodschaftsversammlungen gewählt werden.

2.4.2. Dezentralisierung in der Deutschen Demokratischen Republik: Systemwandel durch Integration

Die friedliche Revolution in Polen und im übrigen Mittel- und Osteuropa findet statt. Die DDR, die sich bis zuletzt jeder Reform widersetzte, fiel wie ein Kartenhaus zusammen. Das stalinistische Prinzip des demokratischen Zentralismus garantierte die Einheitlichkeit und Unteilbarkeit der Staatsmacht in der DDR: Räte, Vertretungsorgane und Kommissionen in den Kreisen, Städten und Gemeinden der DDR fungierten als örtliche Organe der sozialistischen Staatsmacht. Kreise und kreisfreie Städte in der DDR waren die maßgebliche Vollzugsebene zentralistischer Lenkung unter Führungsanspruch der SED. Die in der sowjetischen Besatzungszone im Juli 1945 errichteten Länder (Sachsen, Thüringen, Brandenburg, Sachsen-Anhalt und Mecklenburg-Vorpommern) blieben nach der Gründung der DDR am 7.10.1949 formal bestehen und wurden 1952 durch Verfassungsänderung beseitigt. Die DDR wurde in 14 Bezirke (ohne Ost-Berlin) eingeteilt.

Der Systemwechsel in Ostdeutschland war frühzeitig eingebettet in die deutsche Vereinigung und sollte sich dann als Beitritt der DDR zur alten Bundesrepublik nach Artikel 23 des Grundgesetzes am 3. Oktober 1990 vollziehen. Anders als in Polen folgte der Systemwechsel in der DDR schon frühzeitig einer Integrationslogik im Rahmen des Beitritts der DDR zur alten BRD. Bereits am 18. März 1990 wurde von der demokratisch gewählten DDR-Volkskammer die Integration in das institutionelle System der BRD vorbereitet: Wiedereinführung der kommunalen Selbstverwaltung (durch die DDR-Kommunalverfassung vom 17.5.1990) und Wiederbegründung der im Jahr 1952 abgeschafften Länder Brandenburg, Mecklenburg-Vorpommern, Sachsen, Sachsen-Anhalt und Thüringen (durch das Gesetz vom 22.7.1990).

Eine Begrenzung auf zwei oder drei neu zu bildende Länder konnte sich im Frühjahr 1990 ebenso wenig durchsetzen wie eine geplante spätere Zusammenlegung von Berlin und Brandenburg, welche am 5. Mai 1996 an einer Volksabstimmung scheiterte.[117] Die demokratischen Kommunalwahlen erfolgten am 7. Mai 1990. Die Landtage der neuen Länder verabschiedeten ab 15. Dezember 1992 (Brandenburg) Gesetze zur Kreisgebietsreform, durch die die Zahl der Landkreise zum Teil drastisch reduziert wurde - in Brandenburg von 38 auf 14. Auf eine Gemeindegebietsreform im Wege von Eingemeindung und Gemeindezusammenlegung wurde verzichtet, ungeachtet der großen Zahl kleiner und kleinster Gemeinden. Statt dessen wurde in den neuen Bundesländern eine neue Organisationsform der Gemeindeebene institutionalisiert. In Brandenburg wurden sogenannte Ämter eingeführt. Allerdings wurde auch in Brandenburg in den 90er Jahren ein Strategiewechsel hin zur Bildung von Einheitsgemeinden vollzogen.[118]

Der institutionelle Umbruch in der ehemaligen DDR wurde damit zu einem Sonderfall an Transformation durch Vollintegration in ein bestehendes Institutionensystem. In den neuen Bundesländern verzichtete man weitestgehend auf politisch-institutionelle Experimente oder Innovationen: orientiert am alten Institutionen-Modell der BRD wurde in den neuen Bundesländern rasch eigene Ministerial- und Landesverwaltungen aufgebaut und eigene Landeskommunalverordnungen verabschiedet sowie umfangreiche kommunale Gebiets- und Verwaltungsreformen durchgeführt. Die Integrationslogik wird durch den massiven Finanztransfers[119] und den Personal-/Elitentransfer aus Westdeutschland noch verstärkt. Innerhalb weniger Jahre wurde so eine leistungsfähige Verwaltung geschaffen.

Der Erfolg des schnellen zeitlichen Systemwechsels in der ehemaligen DDR gelang auf Kosten der Effizienz durch die Übernahme von überholten und reformbedürftigen westdeutschen Institutionen (kleinstaatlicher Länderzuschnitt, hierarchisches Bürokratiemodell der Ministerial- und Bürokratieverwaltung, rechtlich überregeltes Verwaltungshandeln). Die Chance für von Ostdeutschland ausgehende, radikale institutionell-politische Innovation für Gesamtdeutschland wurde nicht genutzt. Kritisiert wird, dass die ehemalige DDR im Zuge des Institutionentransfers veraltete zentralistische westliche Verwaltungsmodelle in ostdeut-

---

[117] Hellmut Wollmann: Der Systemwechsel in Ostdeutschland, Ungarn, Polen und Russland. Phasen und Varianten der politisch-administrativen Dezentralisierung. In: Aus Politik und Zeitgeschichte. Beilage zur Wochenzeitung Das Parlament. B 5/1997, S. 4, und Hellmut Wollmann: Um- und Neubau der politischen und administrativen Landesstrukturen in Ostdeutschland. In: Aus Politik und Zeitgeschichte. Beilage zur Wochenzeitung Das Parlament. B 5/1998, S. 20.

[118] Hellmut Wollmann: Der Systemwechsel in Ostdeutschland, Ungarn, Polen und Russland. Phasen und Varianten der politisch-administrativen Dezentralisierung. In: Aus Politik und Zeitgeschichte. Beilage zur Wochenzeitung Das Parlament. B 5/1997, S. 6.

[119] Die voraussichtliche Höhe der Brutto-Transfers (Sozialleistungen, Subventionen, Investitionsförderungen, allgemeine Finanzzuweisungen) an die neuen Bundesländer gibt die Bundesbank für 1998 mit rund 189 Milliarden DM an, 50 Milliarden mehr als 1991. Abzüglich der Steuer- und Verwaltungseinnahmen des Bundes in Ostdeutschland verblieben Nettoleistungen von 141 Milliarden DM, verglichen mit 106 Milliarden DM 1991 (FAZ, 21.4.1998).

sche Kommunen übernommen habe: der wirtschaftliche "Aufschwung Ost" habe sich im "Reformstau West" verhakt. Andererseits ist seit 1995 eine zunehmende Angleichung der Reformpraxis ostdeutscher Kommunen an den westdeutschen Modernisierungsstandard erkennbar (Stichwort: New Public Management/ Neue Steuerungsmodelle).

In den neuen Bundesländern wurde die Hoffnung, mit der kommunalen Selbstverwaltung, anstelle des Entscheidungsmonopols der DDR-Bezirke, nun endlich durch gewählte Kreistage, Stadt- und Gemeinderäte selbst über den Haushalt entscheiden zu können, mittlerweile stark durch die hohen Abgaben und niedrigen Einnahmen der Gemeinden gedämpft. Nach Aussage des Präsidenten des Städte- und Gemeindebundes von Brandenburg, Waldemar Kleinschmidt, stehen allein in Brandenburg bereits 180 Gemeinden unmittelbar vor der Zahlungsunfähigkeit. Bis Jahresende (1999) werden weitere 600 Gemeinden nicht mehr in der Lage sein, ihre Rechnungen zu begleichen.[120] Derzeit wehren sich die Gemeinderäte, der Bildung von Großgemeinden zuzustimmen, da sie um die politische Eigenständigkeit und kulturelle Identität der Dörfer fürchten. Allerdings setzt sich seit den 90er Jahren auch in Brandenburg die Tendenz zur Bildung von Großgemeinden mehr und mehr als einzige Lösung aus der Haushaltsmisere der Kommunen durch.

Mit der Einheit Deutschlands auf der Grundlage von Art. 23 GG vollzog sich am 3. Oktober 1990 auch die Integration der ehemaligen DDR in die EG, ohne dass eine Änderung der Verträge erfolgte. So hat die Osterweiterung der Gemeinschaft im Grunde bereits 1990 mit der Wiedervereinigung begonnen. Damit stellt der Transformationsprozess in der ehemaligen DDR quasi einen zweifachen Sonderfall dar, da die Systemtransformation mit der Integration in ein nationales System (BRD) und ein supranationales System (EU) verbunden war.

2.4.3. Systemwandel und Dezentralisierung als Voraussetzung für lokale grenzüberschreitende deutsch-polnische Zusammenarbeit

a) Rechtliche Rahmenbedingungen für grenzüberschreitende Kooperation für die deutsch-polnischen Grenzkommunen. Durch den geschilderten Systemwandel und die damit einhergehende Dezentralisierung in der ehemaligen DDR und der ehemaligen Volksrepublik Polen wurden die Voraussetzungen für rechtsverbindliche grenzüberschreitende Kooperation auf lokaler Ebene in der deutsch-polnischen Grenzregion geschaffen.

In Polen konnte der Sejm mit dem "Gesetz über die territoriale Selbstverwaltung" und einer entsprechenden Verfassungsnovelle den polnischen Gemeinden das Recht zur Selbstverwaltung einräumen, wobei die österreichische und die deutsche Kommunalverwaltung als Modell dienten. Nach der polnischen Verfassung wird dieses Recht lediglich den polnischen Gemeinden zugestanden.

Mit der Wiederherstellung der kommunalen Selbstverwaltung in Polen wurde eine wichtige Voraussetzung für die grenzüberschreitende deutsch-polnische Zusammenarbeit geschaffen. Zwar wird den polnischen Gemeinden in Art. 10 des

---

[120] die tageszeitung (taz Berlin), 22.4.1998.

Gesetzes über die territoriale Selbstverwaltung interkommunale öffentlich-rechtliche Zusammenarbeit in Form von kommunalen Vereinbarungen und durch die Bildung von kommunalen Zweckverbänden zugestanden, die auch eine privatrechtliche Zusammenarbeit nicht ausschließt - dieses Recht der Gemeinden zur interkommunalen Zusammenarbeit bezieht sich aber nur auf das Staatsgebiet Polens.

Das Selbstverwaltungsrecht der polnischen und der deutschen Gemeinden beinhaltet allerdings nicht das Recht zur Aufnahme auswärtiger, völkerrechtlicher Beziehungen. Auch umfasst die Garantie der kommunalen Selbstverwaltung in Deutschland und Polen nicht die Ermächtigung zur grenzüberschreitenden Zusammenarbeit durch Abschluss öffentlich-rechtlicher Vereinbarungen, welche die Übertragung von Hoheitsrechten vorsehen oder die Bildung von neuen juristischen Personen des öffentlichen Rechts beinhalten.

Nur ein deutsch-polnischer völkerrechtlicher Dachvertrag könnte subnationale Gebietskörperschaften beiderseits der Grenze zur öffentlich-rechtlichen grenzüberschreitenden Kooperation nach deutscher und polnischer Verfassungslage ermächtigen. In der Bundesrepublik Deutschland fällt das Recht der Zusammenarbeit von Gebietskörperschaften nach Art. 70 GG in die Gesetzgebungszuständigkeit der Länder. Demnach könnte auch das Land Brandenburg mit der benachbarten polnischen Gebietskörperschaft eine staatsvertragliche Vereinbarung treffen, die die grenzüberschreitende Zusammenarbeit der lokalen Aufgabenträger zum Inhalt hat.[121]

Weder die Bundesrepublik Deutschland noch das Land Brandenburg haben völkerrechtliche Vereinbarungen mit der polnischen Regierung oder polnischen Gebietskörperschaften geschlossen, die subnationalen Gebietskörperschaften partielle Völkerrechtssubjektivität einräumen oder die die Zusammenarbeit unter dem Regime des öffentlichen Rechts gestatten würden. Es wäre wünschenswert, wenn der Bund auf der Grundlage seiner Zusagen in der Rahmenkonvention des Europarates die deutschen Länder drängen würde, bilaterale Anwendungsabkommen zwischen den neuen Bundesländern und Polen abzuschießen, damit die Grenzgemeinden in Deutschland und Polen künftig in öffentlich-rechtlicher Form grenzüberschreitend zusammenwirken könnten. Die Grenzlage, die vielerorts noch als Entwicklungsbarriere wahrgenommen wird, könnte unter bestimmten Bedingungen in ein positives Entwicklungspotential münden. Dies ist vordergründig eine politische Aufgabe zwischen Bonn, Warschau und den betroffenen Ländern, Wojewodschaften und Gemeinden, entsprechende engere Formen der Zusammenarbeit zu finden. Derzeit erschweren rechtliche, nationale Rahmenbedingungen die Arbeit der Grenzkommunen. Da die Situation an der EU-Außengrenze in vielerlei Hinsicht schwierig ist, wird der Erfolg lokaler Entwicklungsbestrebungen von der Überzeugungs- und Durchschlagskraft lokaler und regionaler Akteure abhängen. Sowohl der Lösung gemeinsamer Grenzprobleme als auch der Verwirklichung endogener Entwicklungsstrategien und auch der Verbesserung der deutsch-polnischen Nachbarschaft wäre damit gedient. Die Akteure auf der deutsch-polnischen

---

[121] Dieter Blumenwitz: Lokale grenzüberschreitende Zusammenarbeit auf der Grundlage des deutsch-polnischen Vertragswerkes - Bonn, 1994, S. 38-40.

nationalen Ebene (bzw. in Deutschland auch auf der regionalen Ebene = Bundesländer) könnten durch die oben geschilderten bilateralen Anwendungsabkommen den rechtlichen Handlungsspielraum der lokalen Akteure in der Grenzregion entscheidend verbessern. Wie die Kommunen beiderseits der Grenze den derzeit eingeschränkt vorhandenen rechtlichen Handlungsspielraum im Rahmen der "euroregionalen" Zusammenarbeit nutzen, soll in dem Kapitel "Euroregionen" ausführlich diskutiert werden.

b) Finanziell-wirtschaftliche Rahmenbedingungen für grenzüberschreitende Zusammenarbeit der deutsch-polnischen Grenzkommunen. Neben den rechtlichen Problemen ist die unterschiedliche wirtschaftliche und finanzielle Ausgangssituation ostdeutscher und polnischer Gemeinden ein möglicher Hinderungsgrund für eine auf den Prinzipien der Gleichberechtigung und Gegenseitigkeit der Grenznachbarn basierende Zusammenarbeit der Kommunen: In Polen fehlt das Geld für entsprechende Investitionen, während im Nachbarland die ostdeutschen Grenzkreise und Grenzstädte im Rahmen der deutschen Wiedervereinigung eine kapitalintensive strukturelle Anpassungshilfe erhalten haben, um hochmoderne Telekommunikationsinfrastruktur flächendeckend einzurichten, das Straßennetz zu erneuern und großzügig zu erweitern sowie die kommunale Selbstverwaltung nach westdeutschem „Vorbild" aufzubauen. Dieser Kapitaltransfer von West nach Ost ist innerhalb des ehemaligen RGW einmalig. Zusätzlich zur "nationalen Anpassungshilfe" erhielten die fünf neuen Bundesländer ab 1994 EFRE-Mittel der EU als "Ziel-1-Gebiet" zur Förderung der sogenannten "weichen" Standortfaktoren wie auch für die Gestaltung und Entwicklung von Bedingungen für die Erhaltung bzw. Ansiedlung von Arbeitsplätzen in der Wirtschaft. Dieses sehr hohe ökonomische Entwicklungsgefälle an der deutsch-polnischen Grenze, für das es in anderen Grenzsituationen Westeuropas kein Beispiel gibt, bereitet besondere Probleme an der EU-Außengrenze.

Während die deutschen Kommunen im Grenzgebiet privilegiert zu sein scheinen, was nationale und europäische Förderung angeht, stellt sich die Situation für die polnischen Kommunen im Grenzgebiet komplizierter dar: Die polnische Regierung steht vor dem Dilemma, einerseits die Euroregionen an der polnischen Westgrenze als "Wachstumspole" und als Brücken für die Heranführung Polens an die EU-Mitgliedschaft fördern zu wollen; andererseits unterscheiden sich die Grenzgebiete zum westlichen Ausland deutlich zu Grenzgebieten Polens zu den Nachfolgestaaten der SU; die östlichen Grenzgebiete Polens entwickeln sich zur neuen Peripherie, während sich die westlichen Grenzgebiete Polens in einer bevorzugten Situation befinden, deren wirtschaftliche Situation sich dynamisch entwickelt.[122] Die generelle Aufwertung der polnischen Grenzgebiete zum westli-

---

[122] Die polnische Westgrenze wandelte sich von einer Peripherie in eine Wachstumsregion, insbesondere aufgrund der Einnahmen aus dem privaten Grenzhandel. Während der Zufluss von ausländischem Kapital immer noch verhältnismäßig gering bleibt, macht sich auf der polnischen Seite des Grenzgebietes die Akkumulation des einheimischen Kapitals bemerkbar. Nach Schätzungen des Instituts für Marktwirtschaftsforschung betragen die Handelsumsätze an allen Grenzen Polens ca. 6 Mrd. US-Dollar, was fast 10 % des gesamten Bruttonationalproduktes ausmacht (1996).

chen Ausland als regionale Folgewirkungen des Transformationsprozesses führt zu einer Verstärkung der regionalen Disparitäten zwischen westlichen und östlichen Landesteilen Polens und damit zu räumlich-wirtschaftlicher Disparität zwischen Zentrum und Peripherie. Diese Entwicklung wertet einerseits die Kommunen an der Westgrenze Polens auf, andererseits sind Spannungen mit den politischen Eliten im Zentrum - Warschau - quasi vorprogrammiert und belasten möglicherweise die Zusammenarbeit zwischen Zentrum und Peripherie, zwischen polnischer Regierung und den polnischen Kommunen.

Jedoch sind polnische Kommunen, Wojewodschaften und polnische Regierung gerade bei der Beantragung von EU-Fördermitteln auf eine gute Kommunikation und Abstimmung von konkreten Projekten und Förderanträgen auf den unterschiedlichen Planungsebenen angewiesen. Hier sind bereits im Zuge der Beantragung von PHARE-Mitteln Reibungsverluste aufgetreten, die auch von der EU-Kommission kritisiert worden sind. Schließlich verfolgt die Regierung in Polen kurz- und mittelfristig das Erreichen wichtiger Transformationsziele, bevor eher längerfristig an einen Ausgleich räumlicher Unterschiede durch eine effiziente polnische Regionalplanung gedacht wird. Allerdings wird das Problem der ungleichen räumlichen Entwicklung in Polen auch in Zukunft nicht einfacher zu lösen sein, da es im Wesen der polarisationstheoretischen Überlegungen liegt, dass eine einmal eingeleitete ungleiche Entwicklung sich eher verstärkt und sich nicht automatisch abschwächt. Hier bleibt abzuwarten, wie sich die Dezentralisierung in Polen (Kommunen, Kreise, Neuzuschnitt der Wojewodschaften) auf die Neuorientierung der nationalen Regionalpolitik auswirken wird und wie diese nationale Regionalpolitik die Euroregionen einbeziehen wird.

c) Politische und politisch-konzeptionelle Rahmenbedingungen für grenzüberschreitende Kooperation der deutsch-polnischen Grenzkommunen. Politische Chance und Risiko zugleich war die mangelnde Erfahrung der deutschen und polnischen Grenzkommunen in der eigentlichen grenzüberschreitenden Zusammenarbeit. Die Kommunen konnten sich weder auf eigene Erfahrungen noch auf Trends stützen. Dies gilt gleichermaßen für die deutsche wie auch für die polnische Seite der Grenzregion. Bisher an anderen westdeutschen/westeuropäischen Grenzräumen erfolgreich eingesetzte Instrumentarien zur Steuerung der grenzüberschreitenden wirtschaftlichen und politischen Zusammenarbeit (z.B. Euroregionen) müssen auf ihre Wirksamkeit unter neuen politisch-institutionellen, sozioökonomischen und kulturellen Rahmenbedingungen einer Grenzregion an der EU-Außengrenze erprobt werden.

Des weiteren standen die Kommunen vor der Herausforderung, neue Verfahrensweisen und lokale und regionale politische Logistik für die konkreten Aufgaben im Management grenzüberschreitender Prozesse zu entwickeln. Dieser Prozess wurde dadurch beeinträchtigt, dass im deutschen und polnischen Teil der Grenzregion selbst die oben beschriebenen politisch-institutionellen Transformationsprozesse stattfanden und noch stattfinden, so dass interne Aufbau- und Stabilisierungsprozesse der kommunalen und regionalen Verwaltungen mit dem Aufbau externer Beziehungen zu jeweils "neuen" Partnern beiderseits der Grenze zusammenfielen. Auch konnten weder die ostdeutschen Kommunen noch die

polnischen Kommunen auf Erfahrungen in der Anwendung europäischer Grenzraumförderung (z.B. INTERREG) zurückgreifen.
Es bestand darüber hinaus auch noch keine Vorstellung über die in Westeuropa entwickelte "Grenzraumphilosophie" - von EU und bundesdeutscher Regierung gleichermaßen propagiert und gefördert -, die die Grenzräume innerhalb der EU und an den EU-Außengrenzen als besonders förderungswürdige Regionen anerkennt und die auf eine Stärkung der lokalen, grenz-überschreitenden Politik abzielt. Zu vermuten ist, dass neben dem Wunsch, die bilaterale nachbarschaftliche Zusammenarbeit zu entwickeln, die Wahrnehmung der europäischen Dimension grenzüberschreitender Zusammenarbeit sich erst nach und nach bei den lokalen Akteuren in der deutsch-polnischen Grenzregion einstellen konnte. Auch kann nicht automatisch von einem "Selbstverständnis grenzüberschreitender Zusammenarbeit" oder noch weitergehend von einer "grenzüberschreitenden Identität" der lokalen Akteure in der deutsch-polnischen Grenzregion ausgegangen werden, was auf der Philosophie beruht, dass die Stärkung der Wirtschaft und der Bevölkerungsstabilisierung in der deutsch-polnischen Grenzregion auf Dauer nur grenzüberschreitend zu erzielen ist.

3. Neue Geschäftsgrundlage für lokale grenzüberschreitende Zusammenarbeit in der deutsch-polnischen Grenzregion: Euroregionengründungen nach der politischen Wende

3.1. Besonderheit von grenzüberschreitender Zusammenarbeit im Rahmen von "Euroregionen" an EU-MOE-Grenzen im Vergleich zu EU-Binnengrenzen

3.1.1. Besondere Probleme bei der Bildung von Euroregionen an der deutsch-polnischen Grenze

Euroregionen haben sich an der deutsch-polnischer Grenze als Formen politisch-institutioneller, grenzüberschreitender Zusammenarbeit in erstaunlich kurzer Zeit nach dem Ende des Grenzregimes ab 1992 am "Eisernen Vorhang" etabliert. Es stellt sich deshalb die Frage nach der Tragfähigkeit des Euroregionenmodells, dessen Grundidee darin besteht, die Trennwirkung von Staatsgrenzen sowie Entwicklungsdisparitäten zwischen benachbarten Teilregionen von Grenzgebieten durch politische Vernetzung der lokalen Akteure beiderseits der Grenze zu verhindern, mit dem Ziel, die Lebensverhältnisse zu vereinheitlichen.[1]

Bei den NBL-MOEL-Grenzregionen ging es nach der politischen Wende *nicht* um den Alltag der Öffnung bzw. Lockerung von Grenzen, die zuvor bereits gut erprobte Formen grenz-überschreitender Kooperation entwickelt haben, während dies für westeuropäische Grenzregionen schon seit Jahrzehnten mehr oder weniger den Regelfall darstellt.[2] In Westeuropa hat die Idee der grenzüberschreitenden Zusammenarbeit seit den 60er Jahren eingesetzt und erreichte mit dem Binnenmarktprojekt einen vorläufigen Höhepunkt, da die Teilregionen an den EU-Binnengrenzen als wichtige Scharniere der Integration von zuvor mehr oder weniger getrennten Räumen angesehen wurden: Waren es 1960 nur zehn organisierte

---

[1] Hans-Joachim Bürkner: Euroregionen in Mitteleuropa zwischen Globalisierung und Regionalisierung. In: Die Euroregionen im Osten Deutschlands/Hrsg. von Karl Eckart und Hartmut Kowalke - Berlin, 1997, S. 95-113.

[2] Hans-Joachim Bürkner: Geographische Grenzraumforschung vor neuen Herausforderungen - Forschungskonzeptionen vor und nach der politischen Wende in Ostmitteleuropa. In: H.-J. Bürkner: Geographische Grenzraumforschung im Wandel - Potsdam, 1996, S. 1-10.

"Euroregionen", so sind es 1990 bereits 60.³ Die Gründung der Ost-Euroregionen war mit hohen Erwartungen und größter öffentlich-politisch-medialer Aufmerksamkeit verbunden, die die Unterschiede zu Rahmenbedingungen grenzüberschreitender Zusammenarbeit an den westdeutschen (bzw. west-europäischen Binnen-) Grenzen zunächst wenig bewusst machten.

Dabei sind es zwei wesentliche Unterschiede, die den besonderen Charakter der deutsch-polnischen Grenze nach dem 2. Weltkrieg bis heute prägen und eine im westlichen Europa in dem Ausmaß unbekannte Belastung für die grenzüberschreitende Zusammenarbeit darstellen[4]:

- die Erfahrung der Vertreibung und fehlender Tradition des Zusammenlebens der Völker an neuen ethnischen und staatlichen Grenzen im östlichen Mitteleuropa; dies gilt insbesondere für die Oder-Neiße-Grenze;
- eine bis dahin unbekannte konsequente und hermetische Abriegelung der Staatsgrenzen, insbesondere an den Außengrenzen des Sowjetimperiums, aber auch gegenüber den sogenannten "befreundeten sozialistischen Brüderländern", so auch zwischen der Volksrepublik Polen und der DDR (außer in den 70er und 80er Jahren).

Aufgrund sozioökonomischer, politisch-institutioneller, wirtschaftlicher, soziokultureller und historischer Disparitäten und einem beispiellosen Entwicklungsgefälle (Grimm spricht von einer "offenen Wohlstandsgrenze"[5] an der deutsch-polnischen Grenze) kann die Entwicklung von Euroregionen in der deutsch-polnischen Grenzregion unter diesen Rahmenbedingungen, die sich stark von den Rahmenbedingungen grenzüberschreitender Zusammenarbeit in Westeuropa unterscheiden, quasi als *Neuland*[6] betrachtet werden. In Westeuropa waren weder derart gravierende sozioökonomische Disparitäten auszumachen, noch waren die soziokulturellen und politischen Strukturen so heterogen. Die Übertragbarkeit des Euroregionenmodells der EU-Westgrenzen auf die EU-Ostaußengrenze stellt sich deshalb, da hier Instrumente und Verfahrensweisen eingesetzt werden, die nicht für

---

[3] Frhr. Viktor von Malchus: Staatsgrenzen übergreifende Zusammenarbeit an der östlichen Grenze der Europäischen Union auf dem Hintergrund der Europäischen Integration. In: Grenz-überschreitende Zusammenarbeit in Landes- und Raumplanung. Russisch-Deutsches Seminar in St. Petersburg - Hannover, 1996, S. 78-88.
[4] Frank-Dieter Grimm: Veränderte Grenzen und Grenzregionen, veränderte Grenzbewertungen in Deutschland und Europa. In: Grimm, Frank-Dieter [u.a.]: Regionen an deutschen Grenzen. Strukturwandlungen an der ehemaligen innerdeutschen Grenze und an der deutschen Ostgrenze - Leipzig, 1994, S. 1-16.
[5] Frank-Dieter Grimm: Diskrepanzen und Verbundenheiten zwischen den deutschen, polnischen und tschechischen Grenzregionen an der Lausitzer Neiße. In: Europa regional 4, 1996, H. 1, S. 1-14.
[6] Hans-Joachim Bürkner: Geographische Grenzraumforschung vor neuen Herausforderungen - Forschungskonzeptionen vor und nach der politischen Wende in Ostmitteleuropa. In: H.-J. Bürkner: Geographische Grenzraumforschung im Wandel - Potsdam, 1996, S. 1-10.

die besonderen Rahmenbedingungen und Problemlagen von Euroregionen an der EU-Außengrenze konzipiert worden sind.[7]

Dabei sind die besonderen Probleme bei der Bildung von Euroregionen an der deutsch-polnischen Grenze[8] insbesondere:

- Die strukturellen Unterschiede an der deutsch-polnischen Grenze sind extremer, als sie jemals im Westen waren;

- das extreme Wohlstandsgefälle führt zu legalen, aber auch zu illegalen Ausgleichsbeziehungen; die Chancen zum Aufbau grenzüberschreitender Euroregionen an der EU-Außengrenze sind tendenziell schlechter als bei Grenzregionen mit annähernd gleichem Entwicklungsstand, da die starken Unterschiede in der Wirtschaftskraft eine ungleiche Nutzenverteilung begünstigen;[9]

- das fehlendes Kontaktbedürfnis der Menschen beiderseits der Grenze und die mangelnde Kommunikationsfähigkeit (Sprachkenntnisse);

- die polnische Seite der Grenze entwickelt sich nach der Wende tendenziell eher zu einer Wachstumsregion, wohingegen sich der ostdeutsche Teil der Grenzregion zur wirtschaftlichen Passivregion entwickelt;[10]

- die ökonomischen Impulse in der deutsch-polnischen Grenzregion bleiben - verglichen mit der böhmisch-bayerischen oder österreichisch-ungarischen Grenze - gering; ungünstig wirkt sich auch die vergleichsweise kürzere gemeinsame polnische Grenze zu den NBL und längere Grenze zu Weißrussland und der Slowakei aus;[11]

- die besonderes politische Stellung der Euroregionen im Verhältnis zum deutschen und polnischen Nationalstaat sowie die mangelnde Kompatibilität der politisch-administrativen Ebenen in der deutsch-polnischen Grenzregion wirken sich erschwerend auf die grenz-überschreitende Zusammenarbeit aus;

---

[7] Hans-Joachim Bürkner: Euroregionen in Mitteleuropa zwischen Globalisierung und Regionalisierung. In: Die Euroregionen im Osten Deutschlands/ Hrsg. Karl Eckart und Hartmut Kowalke - Berlin, 1997, S. 95-113.

[8] Helmut Kowalke: Themen und Perspektiven der "neuen" Grenzraumforschung. In: H. H. Bürkner (Hrsg.): Geographische Grenzraumforschung im Wandel - Potsdam, 1996, S. 77-82, und Eike W. Schamp: Die Bildung neuer grenzüberschreitender Regionen im östlichen Mitteleuropa - eine Einführung. In: Neue grenzüberschreitende Regionen im östlichen Mitteleuropa - Frankfurt a. M., 1995, S. 6 ff.

[9] Rudolf Hrbek/Sabine Weyand: Betrifft: Das Europa der Regionen: Fakten, Probleme, Perspektiven - München, 1994, S. 80.

[10] Heinz Fassmann: Regionale Transformationsforschung. Theoretische Begründung und empirische Beispiele. In: Alois Mayr: Regionale Transformationsprozesse in Europa - Leipzig, 1997, S. 30-44.

[11] Heinz Fassmann 1997, ebd., S. 30-44.

- die Einbeziehung der europäischen Ebene in die politischen Entwicklungsvorstellungen der Euroregionen erfordert für die EU-Außengrenze zu den MOEL eine stärkere Koordinierung der Fördermaßnahmen INTERREG II/PHARE-CBC und eine Aufstockung der Mittel;

- die Sperrwirkungen der nationalen deutschen und der polnischen Grenze haben nach dem Ende des Kalten Krieges nachgelassen; dennoch gibt es deutliche Unterschiede zwischen EU-Binnengrenzen und den EU-Außengrenzen - wie in der deutsch-polnischen Grenzregion.

Trotz der Probleme haben sich die Euroregionen entlang der ostdeutsch-polnischen Grenze in erstaunlich kurzer Zeit nach der politischen Wende etabliert:

- Die deutsch-polnische Grenzregion hat nach dem Ende des Kalten Krieges an der EU-Außengrenze die historische Chance bekommen, ihre wirtschaftliche und politische Rolle neu zu definieren: Die Notwendigkeit, gemeinsame deutsch-polnische Lösungen für dringende ökonomische, ökologische, soziale etc. Probleme zu finden, führt logischerweise zu einer verstärkten deutsch-polnischen, grenzüberschreitenden Zusammenarbeit.

- Der deutsch-polnischen Grenzregion wird eine wichtige Rolle als Brücke zwischen Deutschland und Polen (Versöhnung und Normalisierung der Nachbarschaftsbeziehung) und zwischen der EU im Westen und den neuen parlamentarischen Demokratien im Osten (im Zuge der Heranführung Polens an die EU) zugeschrieben.

- Die grenzüberschreitende Zusammenarbeit wird durch das Leitbild der Europäischen Integration und die Heranführung Polens an die EU auf der Basis der Europa-Abkommen geradezu nahegelegt; das EU-Förderinstrumentarium hat die Gründungswelle der Euroregionen befördert, da die EU diese Zusammenarbeit über die Grenze auch an der EU-Außengrenze hinweg finanziell "belohnt".

- Die Organisationsstruktur der deutsch-polnischen Euroregionen orientiert sich an nord- und westeuropäischen Modellen und in Anlehnung an die Madrider Rahmenkonvention des Europarates; auf dieser "Erfahrungsbasis" und unter Mitwirkung der AGEG[12] und deutscher/europäischer Kommunalverbände, konnten schnell arbeitsfähige Euroregionen-Strukturen an der deutsch-polnischen Grenze entwickelt werden; für polnische und ostdeutsche Verwaltung/Politik/Regionalplaner war der Aufbau von Euroregionen eine neue, bis dahin unbekannte Erfahrung.

- Trotz vielseitiger Konflikte beiderseits der Grenze haben Kommunen und lokale Eliten die Gründung von deutsch-polnischen Euroregionen forciert; dies ist eher das Ergebnis einer formalen Gründung "von oben" als das Ergebnis infor-

---

[12] Arbeitsgemeinschaft Europäischer Grenzregionen (AGEG) mit Sitz in Gronau.

meller, langjähriger und vielfältiger grenzüberschreitender lokaler Beziehungen der unterschiedlichsten Akteure (lokale Eliten, Vereine, Bürgerinitiativen, Verwaltung, Wirtschaft etc.) wie an den EU-Binnengrenzen. Ein Indiz für die eher "künstlich" initiierte Gründung der Ost-Euroregionen ist auch die Abgrenzung/Definition der deutsch-polnischen Euroregionen nach klaren Verwaltungsgrenzen, während andere Euroregionen sich weniger nach funktionalen Abgrenzungskriterien definieren, sondern vielmehr gemeinsame sprachliche, kulturelle, historische, ökonomische und naturräumliche Abgrenzungskriterien in den Vordergrund stellen.[13]

Es stellt sich die Frage, ob an der EU-Außengrenze neue/modifizierte Leitbilder und Entwicklungskonzeptionen für die Ost-Euroregionen notwendigerweise entwickelt werden müssen, da die schroffen strukturellen Unterschiede und das extreme Wohlstandsgefälle eine gleichberechtigte Zusammenarbeit in der Euroregion derzeit erschweren.

Aufgrund wirtschaftlicher, demographischer und siedlungsstruktureller Rahmenbedingungen handelt es sich bei dem deutsch-polnischen Grenzraum um eine "europäische Peripherie". Dennoch könnte die deutsch-polnische Grenzlage, die oft als Entwicklungsbarriere wahr-genommen wird, unter bestimmten Bedingungen in ein positives Entwicklungspotential münden. Die engere Zusammenarbeit und die Abstimmung grenzüberschreitender Vernetzung sind vordergründig eine politische Aufgabe.

Meiner Meinung nach werden die Entwicklungschancen der östlichen Euroregionen entscheidend davon abhängen, wie sich die Euroregionen in nationale, grenzüberschreitende und (gesamt)europäische Politikzusammenhänge einbetten können. Die Lösung gemeinsamer Probleme und die Verwirklichung endogener Entwicklungsstrategien in der deutsch-polnischen Grenzregion hängt von der Überzeugungs- und Durchschlagkraft lokaler und regionaler Akteure in der Euroregion ab, die der politisch-rechtlich-finanziellen Unterstützung der betroffenen Nationalstaaten und der EU-Kommission bedürfen.

Langfristig werden die Entwicklungschancen der östlichen Euroregionen von der Lösungskompetenz der gravierendsten Probleme in der deutsch-polnischen Grenzregion abhängen: der Verringerung ökonomischer Entwicklungsdisparitäten, der Entwicklung tragfähiger Strategien in der Regionalentwicklung sowie der Überwindung der "Entfremdung der Völker" und der unbewältigten Vergangenheit in der deutsch-polnischen Grenzregion. Im folgenden Kapitel 3 soll untersucht werden, wie die deutsch-polnischen Euroregionen ihren Handlungsrahmen - lokal, regional, national, europäisch - nutzen und welche politischen Realitäten derzeit die Arbeit der relativ jungen Euroregionen erschweren oder sogar behindern bzw. befördern.

---

[13] So zum Beispiel in der deutsch-französisch-schweizerischen Grenzregion am Oberrhein.

3.1.2. Hermetische Abschottung der Grenzen am "Eisernen Vorhang" und zwischen den "sozialistischen Bruderländern" an der Oder-Neiße-Grenze

Die Qualität und die Intensität von grenzüberschreitenden Beziehungen werden unmittelbar von nationalen und supranationalen/europäischen Rahmenbedingungen beeinflusst: dem Willen zur lokalen, grenzüberschreitenden Kooperation stehen oft zahlreiche Barrieren im Wege, die nur schwer zu überwinden sind.

An der Oder-Neiße-Grenze spielt sich die Entwicklung der grenzüberschreitenden Zusammenarbeit zwischen zwei Extremen ab: Die Veränderungen und Grenzverschiebungen infolge des 2. Weltkrieges bedingen eine Entfremdung zwischen der DDR und der Volksrepublik Polen; nach dem Ende des Kalten Krieges können die grenzüberschreitenden Beziehungen zwischen zukünftiger zwischenstaatlicher Integration im europäischen Kontext (wiedervereinigtes Deutschland - Republik Polen - EU) neu gestaltet werden. Zwischen diesen extremen Entwicklungspolen lassen sich graduelle Formen steigender Interdependenz und Kooperation in der grenzüberschreitenden Zusammenarbeit ausmachen.

Der Oder-Neiße-Raum bis 1945: ost-westlicher Durchgangsbinnenraum mit markanter Nord-Süd-Prägung. Vor 1939 wird die geographische Nachbarschaft Polens im Osten des Deutschen Reiches von der deutschen Bevölkerung kaum wahrgenommen, obwohl beide Länder eine 1800 km lange Grenze teilten. Die Gründe für diese Nicht-Wahrnehmung waren vor allem die extrem schwachen wechselseitigen Wirtschaftsbeziehungen. Die deutsch-polnische Grenze wurde aber auch auf deutscher Seite als Ergebnis des Versailler Vertrages weiterhin als ungerecht und revisionsbedürftig angesehen. In den Grenzgebieten selbst verhinderte der ländliche, städtearme Charakter die direkte deutsch-polnische Kommunikation.[14]

Die schwersten Störungen der deutsch-polnischen Beziehungen wurden durch den kriegerischen deutschen Überfall mit der nachfolgenden Besetzung und Unterdrückung Polens im Zeichen nationalsozialistischen Terrors hervorgerufen. Die 1945 auf Deutschland zurückschlagende Vergeltung bestand im Verlust Ostdeutschlands an das Nachbarland sowie in der gewaltsamen Vertreibung praktisch der gesamten ostdeutschen Bevölkerung nach Westen. Gleichzeitig erhielt die deutsch-polnische Nachbarschaft eine neue Qualität: durch die Bildung der beiden deutschen Nachkriegsstaaten im Zeichen des "Kalten Krieges" und der gleichzeitigen Integration der gerade erst gegründeten DDR in das von der Sowjetunion dominierte osteuropäische Bündnissystem, dem auch Polen angehörte. Die leidvollen Ursachen der neuen deutsch-polnischen Nachbarschaft an Oder und Neiße konnten durch die Teilung Deutschlands und eine „von oben" verordnete Aussöhnung zwischen den kommunistischen Führungen Polens und der DDR nicht produktiv aufgearbeitet werden.

---

[14] Ekkehard Buchhofer: Polen - Deutschland östliches Nachbarland. In: Ekkehard Buchhofer und Bronisław Kortus (Hrsg.): Deutschland und Polen. Geographie einer neuen Nachbarschaft in Europa - Frankfurt a. M., 1994, S. 60-65.

Historisch gesehen stellte das Oder-Neiße-Gebiet weder eine eigenständige Region noch einen Grenzraum dar. In seiner Funktion als Durchgangsraum im östlichen Mitteleuropa, von Ost-West-Handelswegen passiert, hatte lediglich der untere Oderabschnitt (Odermündung - Berlin/Frankfurt (Oder) - Breslau - Mähren) eine gewisse eigenständige Bedeutung.[15] Bis 1945 bildete die Oder-Neiße- keine Leitlinie; sie war bis 1945 innerhalb Deutschlands nicht einmal Landes- oder Provinzgrenze. Neben dem Ost-West-Kontinuum ist der Raum durch eine markante Nord-Süd-Abstufung gekennzeichnet: im Süden die dichtbevölkerten gewerblichen Gebiete Niederschlesiens und der Oberlausitz; in der Mitte die bevölkerungsarmen brandenburgischen Sand- und Niederungsgebiete, mit Berlin als dominierendem Zentrum, und im Norden das wirtschaftlich aufstrebende Odermündungsgebiet mit agrarischem Hinterland.[16]

Die neue Oder-Neiße-Grenze nach 1945: Schocksituation durch massenhafte Vertreibung und Neubesiedlung von Territorien. Die Grenzziehung im Ergebnis des 2. Weltkrieges brachte eine völlig neuartige Situation für den Oder-Neiße-Raum mit sich. Die nahezu totale Vertreibung der deutschen Bevölkerung nach dem 2. Weltkrieg (aus an Polen gefallene Territorien in Ostdeutschland)[17] und die Neubesiedlung mit polnischen Zuwanderern (aus den an die Sowjetunion in Ostpolen gefallenen Territorien)[18] waren in der europäischen Geschichte ohne Beispiel. Dieser Vorgang der massenhaften Vertreibung der einheimischen Bevölkerung und der Neubesiedlung von Territorien hat grundlegend die Situation im östlichen Mitteleuropa und in der Oder-Neiße-Region verändert. An der neuen deutsch-polnischen Oder-Neiße-Grenze wurde ein ehemaliger Binnenraum zur Grenzregion. Die Erfahrung der Vertreibung und die fehlende Tradition des Zusammenlebens an der neuen deutsch-polnischen Grenze bildeten eine im westlichen Europa nicht bekannte Hypothek für die Annäherung zwischen Deutschen und Polen. Die Menschen, die auf beiden Seiten der Oder-Neiße-Grenze ab 1945 lebten, verbanden weder die gemeinsame Sprache oder Geschichte noch Verwandtschaft. Die ethnisch begründete Vertreibung der ortsansässigen Bevölkerung

---

[15] Frank-Dieter Grimm: Siedlungsstruktur und Zentrensysteme westlich von Oder und Neiße. Historischer Hintergrund und Entwicklungstrends. In: Grimm, Frank-Dieter [u.a.]: Regionen an deutschen Grenzen. Strukturwandlungen an der ehemaligen innerdeutschen Grenze und an der deutschen Ostgrenze - Leipzig, 1995, S. 74.
[16] Frank-Dieter Grimm 1995, ebd., S. 74.
[17] Polen erweiterte sich um die östlich von Oder und Neiße gelegenen deutschen Provinzen südliches Ostpreußen, Pommern (ohne Vorpommern), Ostbrandenburg mit der östlich benachbarten Grenzmark Schlesien.
[18] Die Veränderungen und Grenzverschiebungen nach dem Zweiten Weltkrieg standen im Zeichen der massiven westlichen Ausdehnung des Machtbereichs der Sowjetunion bis in die Mitte Deutschlands und Europas, verbunden mit einer Abriegelung aller Staatsgrenzen innerhalb des sowjetischen Imperiums. Die Sowjetunion nutzte den militärischen Sieg im zweiten Weltkrieg zur Annexion nicht nur Ostpolens, sondern auch des östlichen Finnland, der baltischen Republiken Estland, Lettland und Litauen, des nördlichen Ostpreußens, der östlichen Tschechoslowakei und des nach dem ersten Weltkrieg zu Rumänien gekommenen Bessarabien (Moldawien).

an neue, national-ethnisch begründete Staatsgrenzen war zusätzlich verbunden mit einer in Europa bis dahin nicht gekannten hermetischen Abschottung der Staatsgrenzen. Diese Abschottung war nicht nur auf den sogenannten "Eisernen Vorhang" zwischen dem *West-* und *Ostblock* beschränkt, sondern bestimmte auch die Grenzregimes zwischen nahezu allen "sozialistischen Bruderländern".

Charakteristisch für die regionale Entwicklung beiderseits der Oder-Neiße-Grenze war, dass das deutsch-polnische Grenzregime fast ausschließlich negativ erfahren wurde:[19] Die Grenzziehung bedeutete einen dramatischen Einschnitt für alle räumlichen Strukturen und Beziehungen, da die Oder-Neiße-Linie zugleich Staatsgrenze und Volksgrenze wird. Die meisten Verkehrsverbindungen wurden zunächst gekappt, bestehende regionalen Beziehungen unterbunden, und selbst einige Städte wurden zerschnitten. Die ostsächsischen, ostbrandenburgischen und vorpommerschen Regionen wurden zu östlichen Grenzregionen der DDR. Deren Verbindung zu den nun polnischen Gebieten riss fast völlig ab, da die Grenzbeziehungen der DDR zur VR Polen bis in die 70er Jahre hinein sehr distanziert waren.

Die hermetische Grenzabriegelung wurde erst in den 70ern allmählich gelockert und führte zu zunehmenden Kontakten über die Grenze hinweg, wenn auch beschränkt auf einige Übergangsstellen. In der DDR entwickelte sich während der Phase des visumfreien Reiseverkehrs von 1972 bis 1980 in der deutschen Grenzzone zu Polen ein lebhafter Reiseverkehr über die Oder-Neiße-Grenze in das bis dahin streng abgesperrte Nachbarland. Auf der Basis des Grenzvertrages von Görlitz/Zgorzelec[20] (vom 6.7.1950) und des deutsch-polnischen Freundschaftsvertrages von 1976 konnten insbesondere von 1971 bis 1980 zahlreiche praktische Vereinbarungen im deutsch-polnischen Grenzgebiet getroffen werden.[21] Daneben führte der Zustrom polnischer Besucher im ostdeutschen Grenzgebiet u.a. zu Versorgungsengpässen, die in der deutschen Bevölkerung alte Animositäten gegen den östlichen Nachbarn wachriefen. Diese wurden von der politischen Führung in Ost-Berlin geduldet und durch antipolnische Propaganda im Grenzgebiet geschürt und damit bewusst zur Abwehr unerwünschter freiheitlich-politischer Einflüsse

---

[19] Frank-Dieter Grimm: Veränderte Grenzen und Grenzregionen, veränderte Grenzbewertungen in Deutschland und Europa. In: Grimm, Frank-Dieter: Regionen an der ehemaligen innerdeutschen Grenze und an der deutschen Ostgrenze - Leipzig, 1994, S. 4.

[20] Der Grenzvertrag von Görlitz propagierte Mitte der 50er Jahre voreilig die neue "Friedensgrenze" an der Oder-Neiße-Grenze.

[21] In den 70er und 80er Jahren nehmen die grenzüberschreitenden Kontakte von Organisationen, Institutionen und vor allen von Privatpersonen enorm zu. Jährlich passieren Millionen Deutsche und Polen die Grenze (Fremdenverkehr). Einige tausend polnische Arbeiter arbeiteten Ende der 60er und Anfang der 70er Jahre in der DDR (vor allem Arbeiter, die im Umkreis der Grenzübergänge von Zgorzelec, Gubin und Słubice wohnten). 1990 waren es weniger als 3000 polnische Arbeiter in der DDR, siehe Jan Łoboda und Stanisław Ciok: Beispiele polnisch-deutscher Zusammenarbeit in den grenznahen Gebieten. In: Ekkehard Buchhofer und Bronislaw Kortus 1994, ebd., S. 122 ff.

aus dem Nachbarland instrumentalisiert.[22] Die DDR-Führung nahm verantwortungslos eine erneute innere Distanzierung der eigenen Bevölkerung zum polnischen Nachbarn in Kauf, die noch nach der politischen Wende die negative Wahrnehmung der Bewohner der grenznahen ostdeutschen Gebiete beeinflusst.[23] Zwar führte die Grenzöffnung zu Polen Anfang der 70er Jahre zu einer wirksamen Belebung der grenzüberschreitenden Beziehungen, aber mit Aufkommen der Solidarność-Bewegung 1980 im benachbarten Polen wurde die Grenze wieder geschlossen.

Trotz offizieller deutsch-polnischer Völkerfreundschaft wurde die hermetische Abriegelung, verbunden mit dem militärischen Sonderstatus, erst in den 70er und 80er Jahren allmählich gelockert, so dass die Bevölkerung wenig Kenntnis voneinander entwickeln konnte. Gerade die neubevölkerte deutsch-polnische Grenzregion an der Oder-Neiße-Grenze erfuhr jahrzehntelang eine Entwicklung ohne Kontakt zu den jeweiligen Bewohnern zur anderen Seite der Grenze.

Dies spiegelt sich auch in der Regionalpolitik wider, die ebenfalls national und nicht grenzüberschreitend angelegt war. Unabhängig vom polnischen Nachbarn verfolgte die DDR ab 1952[24] eine gezielte Grenzraumförderung für den strategisch bedeutsamen Osten der DDR. Durch die gezielte Ansiedlung von Wachstumsindustrien in Schwedt (Chemie), Frankfurt (Oder) (Elektronik), Eisenhüttenstadt (Hüttenkombinat), Guben (Chemie), Forst (Textil), Cottbus, Schwarze Pumpe und Weißwasser (Kohle- und Energiewirtschaft) konnten viele Zuwanderer aus westlichen Landesteilen der DDR an die Oder-Neiße-Grenze geholt werden. Die Akzeptanz der neuen Oder-Neiße-Grenze durch die deutsche Bevölkerung wurde so erleichtert, da für diese neuen Zuwanderer die Ostgrenze der DDR von vornherein eine feststehende Tatsache war.[25] Eine grenzübergreifende deutsch-polnische Raumplanung oder konkrete Abstimmungen über die grenzüberschreitende Auswirkung von Standortentscheidungen (z.B. bei Kraftwerken, Infrastrukturen etc.) unterblieben. Interessant ist auch, dass das geographische Grenzproblem mit Polen in der DDR-Forschung zum Tabu erklärt worden ist.[26]

---

[22] Christiane Brandt und Ewa Czerwiakowska (Hrsg.): Mit den Augen der Nachbarn. Menschen - Landschaften - Verhältnisse an Oder und Neiße - Potsdam, ohne Datum, S. 68. Laut Wołodzimierz Nechamkis war der Beschluss, die Grenze sperren zu lassen und damit die Einkaufsmöglichkeiten für polnische Bürger einzuschränken, eine der populärsten Entscheidungen der Honecker-Regierung. Die DDR-Propaganda fruchtete (ebd., S. 107).
[23] Ekkehard Buchhofer: Polen - Deutschland östliches Nachbarland. In: Ekkehard Buchhofer und Bronisław Kortus 1994, ebd., S. 66-67.
[24] Mit Bildung der Bezirke Frankfurt (Oder), Cottbus, Neubrandenburg, Dresden, Rostock.
[25] Frank-Dieter Grimm: Siedlungsstruktur und Zentrensysteme westlich von Oder und Neiße. Historischer Hintergrund und Entwicklungstrends. In: Grimm, Frank-Dieter [u.a.]: Regionen an deutschen Grenzen. Strukturwandlungen an der ehemaligen innerdeutschen Grenze und an der deutschen Ostgrenze - Leipzig, 1995, S. 77.
[26] Frank-Dieter Grimm: Veränderte Grenzen und Grenzregionen, veränderte Grenzbewertungen in Deutschland und Europa. In: Grimm, Frank-Dieter [u.a.]: Regionen an deutschen Grenzen. Strukturwandlungen an der ehemaligen innerdeutschen Grenze und an der deutschen Ostgrenze - Leipzig, 1994, S. 5.

Auch die Entwicklung im polnischen Teil des neuen Oder-Neiße-Grenzraumes verhinderte eine Verständigung nach dem 2. Weltkrieg: Die polnische Regierung verfolgte im Bereich unmittelbar an der Grenze eine besonders konsequente Polonisierungspolitik, bei vorzugsweiser Ansiedlung von Militärangehörigen. Die polnischen Neuankömmlinge hatten zunächst keinerlei innere Beziehung zu ihrer neuen Umgebung, zumal viele aus den von der SU annektierten polnischen Ostgebieten kamen und der deutschen Sprache nicht mächtig waren.[27] Des weiteren führten die jahrzehntelange Ungewissheit und das Gefühl des "Provisoriums" zu einer geringen räumlich-kulturellen Identifikation und zu einer vergleichsweise hohen Mobilität der polnischen Grenzbewohner (im Vergleich zum polnischen Binnenland).[28] Auch die Tatsache, dass manche Teile des polnischen Grenzgebietes wirtschaftlich stark rückständig waren - infolge des geringen Umfangs der grenzüberschreitenden Zusammenarbeit, verschiedener Einschränkungen in der Ansiedlungs- und Reisefreiheit[29] sowie des militärischen Charakters der Oder-Neiße Grenze -, bewirkten besonders hohe Abwanderungsquoten.[30] Die 2. und die 3. polnische Generation fühlen sich heute zu Recht mit dem Raum verbunden. Während die ethnische Vertreibung der Deutschen ausführlich durch die deutschen Vertriebenenverbände dokumentiert und analysiert worden ist, liegen auf polnischer Seite über die ersten Jahre der "Inbesitznahme" nahezu keinerlei zuverlässige Studien vor. Die neuen Westgebiete wurden in Polen als „wiedergewonnene Gebiete" und polnische Zuwanderer als "Repatrianten" (Rückkehrer) in ihr Vaterland bezeichnet. Auch in Polen setzt sich in der Forschung allmählich eine differenziertere Betrachtungsweise durch.

Vor der politischen Wende blieben die bilateralen, grenzüberschreitenden Beziehungen an der Oder-Neiße-Grenze auf wenige Ausnahmen beschränkt (z.B. arbeiteten polnische Arbeitnehmer in den Großbetrieben von Schwedt, Frankfurt (Oder), Eisenhüttenstadt, Guben und Forst). Im Bereich der alltäglichen Interaktion blieben die Kontakte zwischen den sozialistischen Staaten im östlichen Europa, unter der Vorherrschaft der SU (RGW, COMECON), in den MOE-Grenzregionen reduziert. Bezeichnenderweise war es den sozialistischen Staaten aufgrund der Planwirtschaft auch nie gelungen, größere Wirtschaftsverflechtungen an

---

[27] Aus der Umgebung von Lemberg, Tranopol und Wilna.
[28] Frank-Dieter Grimm: Diskrepanzen und Verbundenheiten zwischen den deutschen, polnischen und tschechischen Grenzregionen an der Lausitzer Neiße. In: Europa Regional 4, 1996, H. 1, S. 6.
[29] Bis 1956 existierten auf der polnischen Grenzseite administrative Aufenthaltsbeschränkungen.
[30] Polnische Grenzstädte (Braunsberg/Graniewo, Guben/Gubin, Küstrin/Kostrzyn) konnten bis in die 80er Jahre nicht ihre Bevölkerungszahl vom Jahr 1939 erreichen. In: Bronislaw Kortus und Jan Rajman: Systembedingte Wandlungsprozesse in Polen. In: Ekkehard Buchhofer und Bronisław Kortus 1994, ebd., S. 35.

ihren Staatsgrenzen zu organisieren[31], obwohl die deutschen und polnischen Regierungen sich darum bemühten.[32]

Mit der Festlegung der Oder-Neiße-Grenze als Staatsgrenze und der Vertreibung der jenseits der Grenze wohnenden einheimischen Bevölkerung wurden nach dem 2. Weltkrieg Rahmenbedingungen geschaffen, die die Gegenwart und Zukunft der Euroregion bis heute prägen. Durch die geschilderten polarisierenden Erfahrungen der Grenzbevölkerung sind die Voraussetzungen für wechselseitiges Verstehen der Bewohner beiderseits der Grenze nicht automatisch gegeben. Deshalb können die neuen Euroregionen nicht auf historische Gemeinsamkeiten bei der Entwicklung eines grenzüberschreitenden "Regionalbewusstseins" zurückgreifen. Es geht vielmehr um prinzipielle Veränderungen: um eine Neudefinition der wechselseitigen Beziehungen von Bewohnern, Institutionen sowie der ökonomischen Akteure in der deutsch-polnischen Grenzregion unter neuen politisch-ökonomischen Rahmenbedingungen nach der politischen Wende.

3.1.3. Westeuropäische Grenzraumpolitik: politsch-institutionelle Vernetzung auf regional-lokaler Ebene und finanzielle Unterstützung für projektbezogene Kooperation

Während die Staatsgrenzen am "Eisernen Vorhang" und zwischen den "sozialistischen Bruderländern" tendenziell eher hermetisch abgeschlossen waren, konnte in Westeuropa eine andere Idee des Zusammenlebens an nationalen Grenzen entwickelt werden, war doch die Begeisterung für die Ideen der Völkerverständigung und der (west-)europäischen Einigung unmittelbar nach den schrecklichen Kriegserlebnissen in den 50er und 60er Jahren besonders ausgeprägt. Im Laufe der letzten Jahrzehnte lassen sich verschiedene Phasen mit unter-schiedlichen Motivationen und Zielsetzungen zur Gründung von Grenzregionen in Westeuropa ausmachen:

Gründung von Grenzregionen in den 50er/60er Jahren. In den 50er Jahren kamen erstmals Vertreter von Grenzgebieten vieler europäischer Grenzen zusammen, um die Beseitigung von Grenzbarrieren zu erörtern. Die Motivation war, neben dem Wunsch nach einer dauerhaften Friedenssicherung, vor allem auch der Wunsch nach einer Verbesserung der Lebensstandards der Menschen, die in den Grenzgebieten lebten. Erste informelle Kontakte (zwischen Kommunalvertretern,

---

[31] Frank-Dieter Grimm: Veränderte Grenzen und Grenzregionen, veränderte Grenzbewertungen in Deutschland und Europa. In: Grimm, Frank-Dieter [u.a.]: Regionen an deutschen Grenzen. Strukturwandlungen an der ehemaligen innerdeutschen Grenze und an der deutschen Ostgrenze - Leipzig, 1994, S. 5.

[32] Seit den 70er Jahren wurde eine sogenannte "Ständige Kommission des Komitees für Wirtschaftliche Zusammenarbeit zwischen Polen und der DDR" für die Kooperation im Bereich der grenzüberschreitenden Infrastruktur und der Wasserwirtschaft sowie Raumplanung, Industrie, Dienstleistung, Handel, Verkehr, Personenschifffahrt, soziale Infrastruktur eingesetzt. Vgl.: Jan Łoboda und Stanisław Ciok: Beispiele polnisch-deutscher Zusammenarbeit in den grenznahen Gebieten. In: Ekkehard Buchhofer und Bronisław Kortus (Hrsg.): Deutschland und Polen (...) - Frankfurt a. M., 1994, S. 122.

Angehörigen der Exekutive, Vertretern von Vereinen) führten Ende der 50er Jahre zur Gründung von zunächst nationalen Kommunalverbänden beiderseits der Grenzen, die sich allmählich zu grenzübergreifenden Dachverbänden zusammenschlossen: den sogenannten Euroregionen - so in der Grenzregion Nordkalotten, EUREGIO, CIMAB[33] und im Raum der Adria. Die Hauptaufgaben dieser ersten formalisierten Grenzregionen waren die Überwindung der Grenzbarriere durch grenzüberschreitende Zusammenarbeit und Verbesserung der räumlichen Lage der meist peripher gelegenen Grenzgebiete. 1960 gab es etwa 10 organisierte Grenzregionen, zumeist auf privatrechtlicher Basis.[34]

60er/70er Jahre: Stabilisierung und Aufbau neuer Grenzregionen. In den 60er und 70er Jahren stabilisieren sich vorhandene Grenzregionen, und neue werden vor allem in Skandinavien, im deutsch-niederländischen Raum und im deutsch-schweizerischen Grenzgebiet gegründet. Die Gründungswelle von neuen Grenzregionen wurde durch die Rezession der 70er Jahre verstärkt, die vor allem die wirtschaftlichen Probleme der Grenzgebiete verschärfte. 1971 gründet sich die transnationale Arbeitsgemeinschaft Europäischer Grenzregionen (AGEG)[35], in der sich in der Gründungsphase bereits 30 organisierte Grenzregionen zusammenschlossen. Die Gründung der Lobby-Institution AGEG hängt auch mit dem wachsenden politischen Selbstbewusstsein subnationaler territorialer Einheiten in West-Europa in den 70er Jahren zusammen, die (wie im Fall der AGEG) auch die Interessen der Grenzregionen geschlossen gegenüber nationalen und europäischen Einrichtungen vertreten wollten.[36] Die Motivation der AGEG-Gründung war in stärkerem Maße politisch motiviert, während bei der Grenzregionengründung auf regionaler und lokaler Ebene meist die Lösung konkreter Probleme im gemeinsamen Grenzgebiet im Vordergrund steht. Bereits Mitte der 60er Jahre entwickelte der Europarat die Idee einer Regelung der grenzüberschreitenden Zusammenarbeit der lokalen Gebietskörperschaften, die zunächst an dem Beharren der nationalen Regierungen auf der Außenpolitik als ihrer ausschließlichen Domäne scheiterte und erst in der Rahmenkonvention von 1980 wirksam werden konnte.[37]

---

[33] Communauté d'intérêts Moyenne-Alsace-Breisgau (CIMAB).
[34] Frhr. Viktor von Malchus: Staatsgrenzen übergreifende Zusammenarbeit an der östlichen Grenze der Europäischen Union auf dem Hintergrund der Europäischen Integration. In: Grenzüberschreitende Zusammenarbeit in Landes- und Raumplanung. Russisch-Deutsches Seminar in St. Petersburg - Hannover, 1996, S. 82.
[35] Zusammensetzung und Aufgabe der AGEG vgl. Rudolf Hrbek/Sabine Weyand: Betrifft: Das Europa der Regionen: Fakten, Probleme, Perspektiven - München, 1994, S. 68-69.
[36] Rudolf Hrbek/Sabine Weyand: Betrifft: Das Europa der Regionen: Fakten, Probleme, Perspektiven - München, 1994, S. 43 ff.
[37] Vgl. Kap. 2.2.4.

80er/90er Jahre: Aufbau weiterer Grenzgebiete im zusammenwachsenden Binnenmarkt Europa. Seit den 80er Jahren hat sich die Europäische Gemeinschaft mit wachsendem Interesse für die grenzüberschreitende Zusammenarbeit eingesetzt: Grenzen und periphere Grenzgebiete sind Hindernisse für das Zusammenwachsen der 1999 im entstehen begriffenen "Europäischen Wirtschafts- und Währungsunion". Das Entstehen eines "Gemeinsamen Europäischen Binnenmarktes" (1.1.1993) nach der "Einheitlichen Europäischen Akte 1985" und dem "Vertrag von Maastricht" (1992) haben zu einem Wegfall der Binnengrenzen und zu einer vollen Freizügigkeit innerhalb der Europäischen Union geführt. Der Bedeutungsverlust und der schließlich selektive Fortfall der Binnengrenzen nach dem Schengener Abkommen[38] haben zu einer Fortführung von grenzüberschreitenden Austauschprozessen geführt, die bereits vorher erprobt waren. Die rasche Entwicklung von grenzüberschreitenden Euroregionen in den 70er und 80er Jahren sind nicht nur Ausdruck eines politischen Willens, sondern zeugt auch von einem hohen Grad an Kompatibilität der Wirtschafts- und Gesellschaftsstrukturen in den beteiligten Grenzregionen. Trotzdem gibt es an den Binnengrenzen und vor allem an den Außengrenzen der Europäischen Union vielfältige Probleme für die grenzüberschreitende Zusammenarbeit, die hauptsächlich rechtlich-institutioneller, politisch-psychologischer und sozioökonomischer Natur sind.[39]

Die finanzielle Förderung grenzüberschreitender Zusammenarbeit europäischer Grenzregionen durch die EG setzte erst in der zweiten Hälfte der 80er Jahre ein. Vorherige Bemühungen des Europäischen Parlamentes (EP)[40], die Kommission und den Ministerrat zu einem stärkeren Engagement zu veranlassen, blieben zunächst ohne Erfolg. Eine finanzielle Förderung grenzüberschreitender Kooperation

---

[38] Ein Grundsatz des am 26.3.1995 in Kraft getretene Schengener Durchführungsübereinkommen ist die Verlagerung der Kontrollen von den Binnengrenzen an die Außengrenzen der EU. Es sah zunächst den vollständigen Abbau der Grenzkontrollen zwischen Belgien, Deutschland, Frankreich, Luxemburg, den Niederlanden, Spanien und Portugal vor; 1997 folgten Italien, Griechenland, Österreich. Dänemark, Finnland und Schweden haben 1996 Beitrittsprotokolle zum Schengener Abkommen unterzeichnet. Zusammen mit den assoziierten Staaten Island und Norwegen wollen sie das Abkommen bis zum Jahr 2000 anwenden. Großbritannien und Irland gehören dem Abkommen dagegen nicht an. Durch den Vertrag von Amsterdam wird der sogenannte Schengen-Besitzstand in den EU-Rechtsrahmen überführt. Seit April 1991 gilt bereits zwischen den Schengen-Staaten und Polen die beidseitige Aufhebung der Visumpflicht.

[39] Vgl. Rudolf Hrbek/Sabine Weyand: Betrifft: Das Europa der Regionen: Fakten, Probleme, Perspektiven - München, 1994, S. 45-52.

[40] Vgl. Gerlach-Bericht von 1976 (Dok. 1-353/76), Boot-Bericht von 1983 (Dok. 1-1404/83), Poetschki-Bericht von 1986 (Dok. A2-170/86); Entschließung des EP zur "Regionalpolitik in der Gemeinschaft und Rolle der Regionen" vom 18.11.1988.

wurde erstmals 1988 durch die Reform der EG-Strukturfonds[41] möglich, als Mittel aus dem EFRE-Fonds für die Umstellung von Grenzregionen, die von einer rückläufigen industriellen Entwicklung schwer betroffen waren, bereitgestellt wurden. Auch das Strategiepapier der EU-Kommission "Europa 2000+"[42] von 1995 sowie der Entwurf des Europäischen Raumentwicklungskonzeptes (EUREK)[43] von 1997 bieten erste Ansätze zu einem gemeinschaftlich abgestimmten Vorgehen bei einer nachhaltigen, grenzüberschreitenden Entwicklung der Raumstruktur in Europa.

Auf die Reform der EG-Strukturfonds aufbauend, konnte die Gemeinschaftsinitiative (GI) INTERREG begründet werden, in deren Rahmen in der ersten Phase von 1990 bis 1993 mit einem Gesamtvolumen von 700 Mio. ECU grenzüberschreitende Maßnahmen im Bereich der Infrastruktur, der öffentlichen Versorgungsunternehmungen, der Unternehmen sowie im Umweltschutzbereich gefördert wurden. Mit Hilfe von INTERREG sollte die Integration der Binnengrenzgebiete in einen einheitlichen Binnenmarkt beschleunigt und die Isolierung der Grenzräume an den EU-Außengrenzen verringert werden. Da auch die institutionalisierten Grenzregionen (EUREGIO, SaarLorLux, Oberrhein-Konferenz etc.) grenzüberschreitende Projekte beantragen konnten, hat sich die GI INTERREG als wesentlicher Anreiz auf eine stärkere Institutionalisierung grenzüberschreitender Zusammenarbeit ausgewirkt. Die nationalen Regierungen und die EG fordern geradezu die Einrichtung grenzüberschreitender Gremien und Managementstrukturen, um bei der finanziellen Projektabwicklung von INTERREG eine Organisation vorzufinden, die "juristisch als grenzübergreifender Ansprechpartner"[44] dienen kann. Die europäische Gemeinschaftspolitik für die Grenzregionen ist somit vor allem der Versuch, die zwischenstaatliche Kohäsion herzustellen.

Mit den regionalpolitischen Instrumentarien von 1988 wird nicht nur die Lösung grenzüberschreitender wirtschaftlicher, ökologischer und sozialer Probleme erstmals finanziell unterstützt, sondern vor allem auch die grenzüberschreitende Zusammenarbeit institutionalisiert. Bei der Institutionalisierung von Euroregionen

---

[41] In der Verordnung 2052/88 wurden die Ziele der Strukturfonds der Gemeinschaft neu definiert. Unter das Ziel Nr. 2 fällt demnach auch die Umstellung von Grenzregionen, die von einer rückläufigen Entwicklung schwer betroffen sind. In der Durchführungsverordnung 4253/88 wird dabei die Randlage eines Gebietes im Verhältnis zu den großen Zentren der Wirtschafts- und Geschäftstätigkeit der Gemeinschaft explizit als Förderkriterium genannt. Laut Durchführungsverordnung 4254/88 dient der Europäische Fonds für regionale Entwicklung (EFRE) auch dazu, Maßnahmen zu finanzieren, die den spezifischen Problemen von Regionen an den Binnen- und Außengrenzen der Gemeinschaft Abhilfe leisten sollen.

[42] Vgl. Europäische Kommission (Hrsg.): Europa 2000+ Europäische Zusammenarbeit bei der Raumentwicklung - Luxemburg, 1995. Bereits 1991 hat die seit 1989 tagende Konferenz der für die Raumordnungs- und Regionalpolitik verantwortlichen Minister der EG-Mitgliedstaaten 1991zusammen mit der GD XVI ein Strategiepapier „Europa 2000" erarbeitet, auf das das Strategiepapier "Europa 2000+" aufbaut.

[43] Vgl. Europäisches Raumentwicklungskonzept. Erster offizieller Entwurf, vorgelegt bei dem informellen Treffen der für die Raumplanung zuständigen Minister der Mitgliedstaaten der Europäischen Union, Noordwijk, 1997.

[44] AGEG-Bericht im Rahmen eines LACE-Projektes, o.J., S. 1.

wird allerdings nicht beabsichtigt, eine neue grenzüberschreitende Verwaltungsebene zu schaffen: Vielmehr dienen die sich bildenden Strukturen als eine grenzübergreifende Drehscheibe zwischen den jeweiligen Verwaltungsebenen, die auf beiden Seiten der Grenze bestehen. Grenzüberschreitende Zusammenschlüsse wie z.B. die älteste, europäische und institutionalisierte deutsch-niederländische EUREGIO haben integrationsfördernde Wirkung - durch die Verstetigung der Kommunikationsbeziehungen, die den Prozess des Zusammenwachsens vorantreiben. Die EUREGIO[45], die seit vierzig Jahren privatrechtlich organisiert war[46], befindet sich derzeit in einem Umwandlungsprozess in einen öffentlich-rechtlichen Zweckverband.

Inzwischen hat INTERREG (in seinen verschiedenen Programmphasen I, II und zukünftig III) seit den 90er Jahren eine besondere Bedeutung für die Entwicklung grenzüberschreitende Beziehung erlangt. Dies könnte die Erklärung für die Anfang der 90er Jahre deutlich ansteigende Zahl von weiteren formalisierten Binnen-Grenzregionen sein (belgisch-französisch-englische "Euroregion Nord" 1991, "Irish border Region Association" 1991, neue Grenzregionen an der EU-Binnengrenze zu Spanien/Portugal etc.).

90er Jahre: Zuwachs von Grenzregionen insbesondere auch an den Außengrenzen der EU zu den MOEL. Neben den neuen Grenzregionen an den Binnengrenzen der EU kamen nach dem Ende des Kalten Krieges neue Grenzregionen vor allem an den Außengrenzen der EU und Mitteleuropa - zwischen Deutschland und Polen, Deutschland und der Tschechischen Republik und zu den baltischen Staaten - hinzu. Im Rahmen der geplanten Osterweiterung der EU werden die Grenzräume der EU nach Mittel- und Osteuropa hin eine Schlüsselposition im erweiterten europäischen Integrationsprozess einnehmen: Die grenzübergreifende Lösung von ökonomischen, ökologischen sowie zunehmend auch soziokulturellen Problemen wird eine große Herausforderung darstellen. Auch historische Rivalitäten und das extreme wirtschaftliche und soziale Gefälle zwischen der Bundesrepublik und Polen könnten durch lokale Kooperation aufgelockert werden.

Mit dem Transformationsprozess im östlichen Teil Europas (und Ostdeutschlands) ist diese Grenzregionenproblematik mit zusätzlichen Problemen des sozioökonomischen/politischen Wandels befrachtet. Staatlich-regionale Zusammenarbeit entwickelte sich aber auch unter den benachbarten MOEL - z. B. zwischen den baltischen Staaten und Russland, zwischen Polen und Weißrussland und Polen und der Ukraine.

Ein wichtiger Bestandteil der EU-Heranführungsstrategie zur Vorbereitung des Beitritts der MOEL zur EU ist auch die Regionalentwicklung. Bereits die Europa-Abkommen sehen eine Zusammenarbeit zwischen den assoziierten MOEL und der

---

[45] S. Hermann Josef Kaiser: "Mustergärten Europas"? Die Arbeit der Euregios - Erfolge und offene Probleme. In: Zeitschrift zur politischen Bildung - Eichholz Brief 34 (1997), H. 1, S. 65-72.

[46] Die EUREGIO mit Sitz in Gronau wurde bereits 1958 gegründet: 105 Mitglieder (Kreise, Städte und Gemeinden) die in drei Regionalverbänden organisiert sind (Kommunalgemeinschaft Rhein-Ems, Region Achterhoek und Region Twente).

Union bei der Regionalentwicklung im europäischen Einigungsprozess vor. Einen besonderen Stellenwert nimmt dabei die Förderung der grenzüberschreitenden Kooperation unter Einbeziehung der lokalen und regionalen Gebietskörperschaften ein.

Die regionalpolitischen Instrumente der EU sind auf unterschiedliche Typen von Grenzregionen zugeschnitten. Die EU-Kommission unterscheidet, auch hinsichtlich der Finanzierungsmodalitäten, in:

- Grenzräume an EU-Binnengrenzen (z.B. Deutschland - Niederlande)
- Grenzräume mit EU- und EFTA-Staaten (z.B. Deutschland - Schweiz)
- Grenzräume mit EU- und MOE-Staaten/assoziierte Staaten (z.B. Deutschland - Polen)
- Grenzräume zwischen MOEL (z.B. Slowakei und Polen).

Jeder dieser Grenzregionen stehen unterschiedliche Förderinstrumentarien zur Verfügung: Für EU-MOEL-Grenzregionen an der Außengrenze der EU ist dies eine Kombination aus INTERREG- und PHARE-CBC-Mitteln.

Allerdings ist es auch der EG noch nicht gelungen, Institutionen zu schaffen, die in zwischenstaatlicher Abstimmung grenzüberschreitende Aktivitäten auf lokaler und regionaler Ebene kanalisieren. Auch die EG-Verträge haben der Institutionalisierung grenzüberschreitender Planungsmechanismen keine solide juristische Basis geliefert (was auch den Nationalstaaten bisher nur selten gelang).

Deshalb bleibt es auch für Euroregionen an den EU-Außengrenzen ein Kernproblem, neue Formen der grenzüberschreitenden Kooperation und Vernetzung zu finden, die zwischenstaatliche Asymmetrien überwinden können, ohne die Souveränität der betroffenen Nationalstaaten zu verletzen. Durch die grenzüberschreitende Überwindung der EU-Außengrenze sind für EU-MOEL-Euroregionen zusätzliche Barrieren geschaffen worden, die heute in der Europäischen Union nach Osten hin überbrückt werden müssen. 1994 gab es insgesamt etwa 120 institutionalisierte Grenzregionen in Europa.

3.2. Deutsch-polnische Euroregionen am Beispiel der "Pro Europa Viadrina"

Durch die Regelung der Grenzfrage auf der nationalen Ebene und der anderen grundsätzlichen Fragen durch den Grenzvertrag[47] und den Nachbarschaftsvertrag[48] konnten die grundlegenden politisch-rechtlichen Voraussetzungen auch für die deutsch-polnische Zusammenarbeit auf der lokalen Ebene geschaffen werden.

Dennoch hatte die polnische Zentralregierung wie auch der Sejm anfänglich große Bedenken gegenüber der Gründung grenzüberschreitender Euroregionen. Euroregionen wurden zunächst als Gefahr für die polnische Integrität und Identität

---

[47] Vgl. Kap. 2.1.
[48] Vgl. Kap. 2.2.

angesehen.[49] Anlässlich der Gründung der Euroregion Karpaten kam es am 20.2.1993 zu einer kontroversen Debatte im Sejm, die den politischen Durchbruch markierte. In der sich anschließenden Regierungserklärung zur Frage der "Grenzüberschreitenden Zusammenarbeit Polens und der Arbeit der Euroregionen" am 3.3.1993 erklärte der damalige polnische Außenminister die vorbehaltlose Unterstützung der Regierung bei der grenzüberschreitenden Zusammenarbeit kommunaler Gebietskörperschaften.[50] Er wies auch auf die integrationsfördernde Bedeutung der deutsch-polnischen kommunalen, grenzüberschreitenden Zusammenarbeit im europäischen Kontext hin.[51]

Im Zusammenarbeit mit der AGEG wurden schon ab 1991 Konzepte für die Gründung von Euroregionen an der Grenze zu Polen (und zu Tschechien) entwickelt. Die AGEG empfahl die Gründung von Euroregionen, die aber keine neue Verwaltungsebene sein sollten, sondern Servicestellen und Drehscheiben für grenzüberschreitende Angelegenheiten. In den Euroregionen habe sich das Prinzip der Subsidiarität bewährt, da man es nicht nur national vertikal, sondern auch grenzüberschreitend horizontal anwenden müsste. Ihre Aufgabe sollten die Euroregionen, so die Empfehlung der AGEG, in Zusammenarbeit mit den deutschen Bundesländern und den polnischen Wojewodschaften lösen. Die Euroregionen sollten grenz-überschreitende Zusammenarbeit in allen Lebensbereichen fördern und so Kompetenz durch Handeln erwerben. Der wesentliche Vorteil der Euroregionen läge sowohl in der praktischen Arbeit als auch im psychologischen Bereich. Euroregionen erkennen Probleme im Vorfeld und vermeiden, dass sie zu großen Konflikten wachsen. Ihre Beschlüsse sollen nach innen Bindewirkung und nach außen politische Wirkung haben.[52] Die AGEG empfahl, die positiven Erfahrungen durch praktische und bürgernahe grenzüberschreitende Zusammenarbeit innerhalb der Mitgliedstaaten des Europarates und der EU auch für die Zusammenarbeit mit und zwischen Mittel- und Osteuropa zu nutzen.

Als Hilfestellung vermittelt die AGEG das EU-Förderprogramm LACE-TAP[53], das dem Erfahrungsaustausch, der technischen Hilfe und der Beratung der

---

[49] Raimund Krämer: Im internationalen Netzwerk. Brandenburg und seine auswärtigen Beziehungen - Potsdam, 1995, S. 67.

[50] Zitiert nach: Viktor Freiherr von Malchus: Grenzüberschreitende Zusammenarbeit als wichtige Voraussetzung für die europäische und polnische Sicht - eine Einführung. In: Planerische und raumordnerische Betrachtung der grenzüberschreitenden Zusammenarbeit aus polnischer und deutscher Sicht - Hannover, 1996, S. 14.

[51] Ebd., S. 14.

[52] So der Geschäftsführer der AGEG, Jens Gabbe, auf der ersten deutsch-polnischen Euroregionenkonferenz vom 28. bis 30. September 1995 in Frankfurt (Oder).

[53] LACE-TAP ist ein Projekt der AGEG und baut seit September 1996 auf die Erfahrungen von LACE 1990-1995 auf. LACE-TAP wird zu 2/3 durch die EU-Kommission/ INTERREG II und zu 1/3 aus regionalen Beiträgen finanziert. LACE bietet als Observatorium für grenzüberschreitende Zusammenarbeit ein europäisches Netzwerk, regionale TAP-Büros, einen wissenschaftlichen Ausschuss, Schulungen und thematische Workshops, Austauschaktivitäten und Studienbesuche, Publikationen usw. an. Aus: LACE. Infoblatt zur grenzüberschreitenden Zusammenarbeit: Wirtschaftliche Entwicklung/Hrsg. AGEG.- Gronau, Oktober 1997. Seit dem 1.5.1997 wurde eine sogenannte "LACE-TAP-Antenne" für die deutsch-polnische/deutsch-tschechische Grenzregion der AGEG in der Geschäftsstelle der Euroregion Neiße e.V. in Zittau eingerichtet.

deutsch-polnischen Euroregionen dient. Außerdem hat der Generalsekretär der AGEG, Jens Gabbe, in der Folge Noten[54] zum Stand der Reformen der Gemeinschaftsinitiativen und Umsetzungsmechanismen, mit speziellen Vorschlägen für die Gestaltung von INTERREG III den europäischen Grenzregionen wie auch der EU-Kommission und dem EP unterbreitet.

Vertreter von deutschen und polnischen Städten und Gemeinden haben auch umfangreiche Informationen von den europäischen Institutionen und insbesondere den deutschen kommunalen Spitzenverbänden zur Gründung von Euroregionen erhalten.

Ähnliche Organisationsstrukturen der deutsch-polnischen Euroregionen. Die deutsch-polnischen Euroregionen weisen untereinander eine große Ähnlichkeit in den Organisationsstrukturen auf. Nach dem Grundprinzip des gemeinsamen Daches "Euroregion" kann von diesem die Kooperation der deutsch-polnischen, lokalen Akteure mit unterschiedlichen Strukturen partizipiert werden. Auf der Grundlage der nord- und westeuropäischen Vorbilder und in Anlehnung an die Rahmenkonvention des Europarates zur Verbesserung der grenzüberschreitenden Gebietskörperschaften hat man so überraschend schnell seit 1991 arbeitsfähige deutsch-polnische, grenzüberschreitende Strukturen gebildet.

Unter dem Dach der deutsch-polnischen Europaregion Pomerania, der Euroregion Pro Europa Viadrina, Euroregion Spree-Neiße-Bober und der trinationalen Euroregion Neiße-Nisa-Nysa, wurden Verträge zwischen jeweils deutschen und polnischen Verbänden abgeschlossen, die sich als nationale Euroregion auf der jeweiligen Seite der Grenze gegründet haben. Auf deutscher Seite setzen sie sich aus Kreisen, Gemeinden und Städten nach deutschem Vereinsrecht zusammen. Auf polnischer Seite haben sich die polnischen Kommunen nach dem polnischen Gesetz über Kommunalverbände zu Gemeindeverbänden zusammengeschlossen. Die deutsch-polnischen Euroregionen sind demnach keine Gebietskörperschaften im rechtlichen Sinn, sondern eher grenzüberschreitende Räume und Regionen, die funktionell verflochten sind. Die eingeschränkte rechtliche Durchschlagskraft der Kommunen beiderseits der Grenze wurde bereits ausführlich diskutiert (vgl. Kapitel 2.). Auch die Konstruktion der "Euroregion" als Dachverband räumt den Kommunen beiderseits der Grenze nicht die Möglichkeit zur öffentlich-rechtlichen grenzüberschreitenden Kooperation ein; dies könnte nur ein deutsch-polnischer völkerrechtlicher Dachvertrag zwischen Deutschland und Polen.

Über die Gründung der Euroregionen hinaus haben die polnischen Kommunalverbände an der Westgrenze Polens am 16.1.1995 bei einem Treffen in Stettin beschlossen, eine gemeinsame Vertretung mit dem Namen "Forum der polnischen Grenzregionen" zu gründen.

---

[54] Arbeitsgemeinschaft Europäischer Grenzregionen (AGEG): Note des Generalsekretärs der AGEG, Jens Gabbe, zum Stand der Reformen der Gemeinschaftsinitiativen und Umsetzungsmechanismen, speziell INTERREG III - Gronau, Stand: 1. Juli 1998.

Die Hauptcharakteristika der Euroregionen-Dachverbände[55], die sich entlang der 430 km langen deutsch-polnischen Grenze von Nord nach Süd (Pomerania, Pro Europa Viadrina, Spree-Neiße-Bober, Neiße-Nisa-Nysa) aneinander reihen, sind in der folgenden Abbildung zusammengefasst (Gesamtfläche, Gesamteinwohnerzahl, Gründungsdaten, grobe geographische Abgrenzung, s. Abb. 6).

Das Beispiel der Euroregion Pro Europa Viadrina. Am Beispiel der Euroregion Pro Europa Viadrina sollen kurz und exemplarisch die Entstehungsphase und die Probleme und Chancen von Euroregionen dargestellt werden, ebenso wie ihre innere Organisationsstruktur. Die Arbeit der Euroregionengeschäftsstelle konzentriert sich mittlerweile (neben der Beratungstätigkeit, der Vermittlung von Kontakten, dem Veranstalten von Seminaren und Konferenzen und der Herausgabe einer Zeitschrift[56]) fast ausschließlich auf die Projektauswahl und Projektbegleitung im Rahmen von INTERREG II und PHARE-CBC. Da die europäische Grenzlandförderung seit der Gründung der Euroregionen deren Alltagsgeschäft maßgeblich bestimmt, soll darauf gesondert in dem folgenden Kapitel 3.3 ausführlich eingegangen werden.

Der Gründungsvertrag[57] für die Euroregion Pro Europa Viadrina wurde am 21.12.1993 unterzeichnet. Die vertragschließenden Parteien erklärten ihren Willen,

- ein gutnachbarschaftliches Verhältnis zwischen Polen und Deutschen zu gewährleisten,
- die regionale Identität der im Grenzraum lebenden Deutschen und Polen durch die Gestaltung einer gemeinsamen Zukunftsperspektive zu festigen,
- den Wohlstand der in der Grenzregion lebenden Menschen durch die Schaffung einer zukünftigen grenzüberschreitenden deutsch-polnischen Wirtschaftsregion zu festigen,
- die Idee der europäischen Einheit und der internationalen Verständigung zu fördern,
- gemeinsame Vorhaben festzulegen und die notwendigen Mittel für ihre Realisierung zu gewinnen.

---

[55] Eine detaillierte Charakteristik findet sich bei: Eckhard Jaedtke (Hrsg. u.a.).: Konferenz der Euroregionen zwischen der Europäischen Union und Polen sowie der Tschechischen Republik. 28.-30. September 1995 Frankfurt (Oder) - S☐ubice.- Berlin, 1995, S. 25 ff. und: Viktor Freiherr von Malchus: Regional-kommunale Zusammenarbeit in den vier grenzüberschreitenden Regionen an der deutsch-polnischen Grenze an der Oder und Neiße, in: Planerische und raumordnungsrechtliche Betrachtungen der grenzüberschreitenden Zusammenarbeit aus polnischer und deutscher Sicht - Hannover, 1996, S. 57-77.

[56] "Europareport der Euroregion Pro Europa Viadrina"/Hrsg. Büro der Euroregion Pro Europa Viadrina, Frankfurt (Oder).

[57] Vertrag über die Gründung der Euroregion "Pro Europa Viadrina" zwischen dem Verein "Mittlere Oder e.V." von deutscher Seite, dem Verein der Lubuser Gemeinden und dem Verband der Gorzówer Gemeinden von der polnischen Seite. Unterzeichnet am 21.12.1993 in Rogi (Polen).

Dachverbände der Deutsch-Polnischen Euroregionen Entlang der 430 km langen deutsch-polnischen Grenze	Gesamtfläche, Gesamteinwohnerzahl und Gründungsdaten der Euroregionen	Geographische Abgrenzungen der jeweiligen Euroregionen (bis Ende 1998)
POMERANIA	ca. 17.000 km² ca. 1,7 Mio. Einwohner 15.12.1995 (Gründung)	östliche Teile des Landes Mecklenburg-Vorpommern und westliche Teile der Wojewodschaft Stettin
PRO EUROPA VIADRINA	ca. 11.300 km² ca. 909.400 Einwohner 21.02.1993 (Gründung)	östliche Teile des Landes Brandenburg und westliche Teile der Wojewodschaft Landsberg/Warthe
SPREE-NEIßE-BOBR	ca. 7.700 km² ca. 750.000 Einwohner 21.09.1993 (Gründung)	südöstliche Teile des Landes Brandenburg und westliche Teile der Wojewodschaft Grünberg
EUROREGION NEIßE (Deutsch-Polnisch-Tschechische Euroregion)	ca. 12.000 km² ca. 1,65 Mio. Einwohner Mai 1995	östliche Teile des Freistaates Sachsen, westliche Teile der Wojewodschaft Hirschberg und Teile Nordböhmens

Abb. 6: Hauptcharakteristika der deutsch-polnischen Euroregionen

Bereits im September 1990 hatte sich der Verein "Frankfurter Brücke e.V." gegründet, um grenzüberschreitende Zusammenarbeit auf neuer politischer Grundlage zu befördern. Eine zunächst geplante gemeinsame Stiftung "Europabrücke Oderland" scheiterte an den rechtlichen Rahmenbedingungen in Deutschland und Polen. Deshalb schlossen sich auf beiden Seiten dann die interessierten Gemeinden zu Vereinen bzw. zu Kommunalverbänden unter dem gemeinsamen Dach der Euroregion zusammen. Nachdem die letzten Meinungsverschiedenheiten aus dem

Neue Geschäftsgrundlage für grenzüberschreitende Zusammenarbeit 169

Weg geräumt waren (diese bezogen sich auf den Sitz der Euroregion und die Finanzierungsmodalitäten), konnte am 21.12.1993 im Schloss Rogi bei Gorzów die Vereinbarung über die neue Euroregion unterzeichnet werden.

Die Euroregion Pro Europa Viadrina umfasst ein Gebiet im deutsch-polnischen Grenzraum zwischen Berlin im Westen und der Grenze der Wojewodschaft Gorzów (bis Ende 98) im Osten. Auf polnischer Seite gehören ihr mittlerweile 29 Gemeinden an, auf deutscher Seite die beiden Landkreise Märkisch-Oderland und Oder-Spree sowie die kreisfreie Stadt Frankfurt (Oder). Die Region hat eine Fläche von 6815 km^2 auf deutscher und 4581 km^2 auf polnischer Seite und eine Gesamteinwohnerzahl von ca. 909.355. Auf der polnischen Seite stellt die 1997 durch Beschluss der polnischen Regierung gegründete "Sonderwirtschaftszone Kostrzyn-Słubice"[58] eine Besonderheit dar, deren Bestand (u.a. wegen steuerlicher Vergünstigungen) aber nach der Integration Polens in die EU zweifelhaft ist. Der kommunale Zusammenschluss der Euroregion Pro Europa Viadrina wird von zwei Vereinen getragen: auf deutscher Seite durch den "Mittlere Oder e.V." und auf polnischer Seite durch den "Verein der polnischen Gemeinden der Euroregion Pro Europa Viadrina".[59] In Słubice, Gorzów und Frankfurt (Oder)[60] befindet sich je eine Geschäftsstelle.

Um die Handlungsfähigkeit der Euroregionen herzustellen, wurden im Jahre 1994 die notwendigen paritätisch besetzten Gremien geschaffen. 20 Repräsentanten der kommunalen Gebietskörperschaften, Kammern und Parlamente bilden den Rat, aus dessen Mitte ein vierköpfiges Präsidium[61] gewählt wurde. Die Präsident-

---

[58] Auf der Grundlage des Gesetzes über spezielle Wirtschaftszonen der polnischen Regierung vom wurden in Polen 15 Sonderwirtschaftszonen (SWZs) eingerichtet. Diese müssen von Verwaltungsgesellschaften (AG bzw. GmbH) betrieben werden, an denen der polnische Staat mindestens 51 % Anteil hält. Die Attraktivität der SWZ liegt in der Befreiung von Einkommen aus wirtschaftlicher Tätigkeit von der Einkommenssteuer (bis zu 50 %). Weitere Begünstigungen bestehen für Abschreibungen und Erwerb von Grund und Boden. Die Sonderwirtschaftszone Kostrzyn/Słubice wird im Euroreport 4/97 der Euroregion Pro Europa Viadrina auf S. 14 vorgestellt.

[59] Der 1997 gegründete "Verein der polnischen Gemeinden der Euroregion Pro Europa Viadrina" ersetzte am 6.6.1998 die beiden polnischen Gründungsvereine "Verein Lubuser Gemeinden" und "Verband der Gorzówer Gemeinden".

[60] In der Frankfurter Geschäftsstelle sind derzeit 8 Angestellte beschäftigt, zwei weitere Angestellte arbeiten in der EU-Informationsstelle des Vereins "Mittlere Oder e.V.". Im Gorzówer Büro sind derzeit (1999) zwei Angestellte in Vollzeit und eine in Teilzeit beschäftigt. Der deutsche Trägerverein Verein Mittele Oder e.V. hat sich im April 1998 für eine Rückverlagerung des polnischen Büros von Gorzów nach Słubice ausgesprochen, um die Zusammenarbeit zwischen den Büros zu erleichtern.

[61] Am 30.11.1998 nominierte die Mitgliederversammlung den Frankfurter Oberbürgermeister Wolfgang Pohl zum Präsidenten der Euroregion und den Landrat des Kreises Märkisch-Oderland Jürgen Reinking zum Mitglied des Präsidiums. Stellvertretendes Mitglied im Präsidium sind Prof. Dr. Hermann Ribhegge, Europa-Universität Viadrina, sowie Gundolf Schülke, Hauptgeschäftsführer der IHK Frankfurt (Oder). Auf der polnischen Seite wurde Tadeusz Jędrzejczak (Stadtpräsident von Gorzów) zum Vize-Präsidenten der Euroregion ernannt sowie Stanisław Ciecierski (Bürgermeister von Słubice) zum Mitglied im Präsidium der Euroregion gewählt. In: Euroreport 4/1998/Hrsg. Euroregion Pro Europa Viadrina - Frankfurt (Oder), S. 2.

schaft nimmt jeweils für ein Jahr abwechselnd ein Vertreter der polnischen und deutschen Seite wahr. Die Mitglieder der *Arbeitsgruppe Projektmanagement*[62] haben in Zusammenarbeit mit dem Sekretariat in Frankfurt (Oder) das Operationelle Programm für die Gemeinschaftsinitiative INTERREG II erarbeitet. Dabei konnte die AG auf das "Entwicklungs- und Handlungskonzept für die Euroregion Pro Europa Viadrina"[63] vom April 1994 zurückgreifen, welches durch den Verein Frankfurter Brücke e.V. und mit Förderung des Landes Brandenburg bei der Software Union Berlin in Auftrag gegeben wurde. Auf der Basis der Vorarbeit der Euroregion konnte dann das Land Brandenburg sein *Operationelles Programm* für die Euroregionen Pro Europa Viadrina und Spree-Neiße-Bober erstellen, welches am 28.7.1995 von der EU-Kommission genehmigt wurde. Im Anschluss daran war es Aufgabe der *Arbeitsgruppe Projektmanagement*, die eingereichten Projektvorschläge für deutsche Antragsteller im Rahmen des INTERREG II-Programms zu bewerten, die dann zunächst vom Rat der Euroregionen beschlossen werden. Auf das dann folgende komplizierte Abstimmungsverfahren zwischen lokaler, regionaler, nationaler deutsch-polnischer Ebene sowie der EU-Kommission soll im folgenden Kapitel ausführlich eingegangen werden.

Aus INTERREG II wurden in der Euroregion Pro Europa Viadrina beispielsweise folgende Projekte gefördert: Umweltbericht der Städte Frankfurt (Oder) und Słubice, Laser- und Strahltechnik Applikationszentrum Ostbrandenburg, Collegium Polonicum, Fernradwanderwege in den Landkreisen Märkisch-Oderland und Oder-Spree, Hafenverbunde an mittlerer Oder und Warthe. Aus PHARE-CBC wurden in der Euroregion Pro Europa Viadrina bisher die Projekte Zollabfertigungsterminal in Swiecko II, Collegium Polonicum, Modernisierung der Landstraßen 133 und 132 Kostrzyn - Gorzów, Modernisierung des Eisenbahnübergangs Kunowice - Frankfurt sowie drei kommunale Kläranlagen finanziert.[64]

Seit Anfang 1998 bereitet die Euroregion Pro Europa Viadrina in eigener Regie ein neues "Entwicklungs- und Handlungskonzept" für INTERREG III unter dem Titel "Viadrina 2000" vor.[65] Dazu wurden im Rahmen eines deutsch-polnischen Seminars Anfang März 1999 polnische und deutsche Vorstellungen der Mitglieder der Euroregion Pro Europa Viadrina ermittelt (ohne Beteiligung von Vertretern der Landesregierung Brandenburg oder der polnischen Wojewodschaft).

---

[62] Neben der Arbeitsgruppe Projektmanagement wurden eine Arbeitsgruppe Tourismus (seit Mai und eine Arbeitsgruppe Wirtschaft (seit Februar 1998) gegründet, die sich alle aus deutschen und polnischen Mitgliedern der Euroregion Pro Europa Viadrina zusammensetzen. Die AG Projektmanagement trifft sich mit deutschen Mitgliedern, um die Auswahl der INTERREG II-Projekte vorzunehmen, aber auch in deutsch-polnischer Besetzung, um PHARE-CBC- und INTERREG II-Projekte abzustimmen.

[63] Entwicklungs- und Handlungskonzept für die Euroregion PRO EUROPA VIADRINA, erstellt im Auftrage des Vereins Frankfurter Brücke e.V. und mit Förderung des Landes Brandenburg/Software Union, Gesellschaft für Unternehmensberatung mbH Berlin, Bereich Regionale Wirtschaftsforschung - Berlin, 4/1994.

[64] Dies sind ausgewählte deutsche und polnische Förderbeispiele, die die Euroregion Pro Europa Viadrina in einer Selbstdarstellung von 1999 ausgewählt hat.

[65] Nach Beschluss der deutsch-polnischen AG Projektmanagement vom 15.12.1997.

Außerdem stellt der 300seitige "Regionalplan" der Regionalen Planungsgemeinschaft Oderland-Spree (die geographisch mit der deutschen Seite der Euroregion Pro Europa Viadrina identisch ist) ebenfalls eine wichtige Grundlage für die Erarbeitung des Entwicklungs- und Handlungskonzeptes "Viadrina 2000" dar.

Allerdings ist im März 1999 noch offen, wie sich die beiden Brandenburger Euroregionen und das Land Brandenburg bei der Erstellung des Operationellen Programms abstimmen werden und welche Form das "Operationelle Programm des Landes Brandenburg 2000 - 2006" haben wird. Überlegungen, die beiden Brandenburger Euroregionen zusammenzulegen, wurden von den betroffenen Euroregionen bereits im Dezember 1998 abgelehnt.

3.3. Grenzüberschreitende Zusammenarbeit in der deutsch-polnischen Grenzregion im Rahmen der Gemeinschaftsinitiative (GI) INTERREG II und der Aktion PHARE-CBC

3.3.1. EU-Regional- und -Strukturpolitik: die Gemeinschaftsinitiativen und INTERREG II

Der Vertrag über die Europäische Union formuliert in seinem Artikel 130c für die EU als Ziel,

"die Unterschiede im Entwicklungsstand der verschiedenen Regionen und den Rückstand der am stärksten benachteiligten Gebiete, einschließlich der ländlichen Gebiete, zu verringern".

Zur Stärkung des wirtschaftlichen und sozialen Zusammenhaltes sind die Mittel für die EU-Regionalpolitik 1992 aufgestockt worden und beanspruchen inzwischen etwa 1/3 der EU-Gesamtausgaben. Im Zeitraum 1994-1999 stehen insgesamt 141,471 Mrd. ECU für die 12 Mitgliedstaaten und zusätzliche 5 Mrd. ECU für die drei neuen Mitglieder Österreich, Schweden und Finnland zur Verfügung.

Die strukturpolitischen Instrumente der EU konzentrieren sich - nach der im Juli 1993 revidierten Strukturfondsverordnung - auf sechs vorrangige Ziele zur Förderung der strukturschwachen Regionen in der EU.[66] Den prioritären strukturpolitischen Zielen sind Strukturfonds (EFRE, ESF, EAGFL, FIAF) zugeordnet. Deren Anwendungsbereich sowie die durch sie kofinanzierten Fördermaßnahmen

---

[66] Die Ziele 1, 2, 5b und 6 haben einen spezifisch regionalen Charakter (Maßnahmen sind auf bestimmte Regionen/Teilregionen in der EU begrenzt), während Ziel 3, 4 und 5a das gesamte Gebiet der EU abdecken.

sind genau in den Strukturfondsverordnungen festgelegt.[67] Dort wurden auch vereinheitlichte Prozeduren der Planung und administrativen Umsetzung vereinbart, die in den seit Sommer 1993 in Kraft getretenen neuen Strukturfondsverordnungen bestätigt worden sind.[68]

3.3.1.1. Die Gemeinschaftsinitiativen der Europäischen Kommission (1994 - 1999)

Neben der Regionalförderung der EU über die vier Strukturfonds (ESF, EFRE und EAGFL, FIAF) sind die Gemeinschaftsinitiativen[69] (GIs) eine besondere Interventionsform der Europäischen Kommission. Insgesamt werden bis 1999 9 % der gesamten Strukturfondsmittel für die GIs verwandt. Daraus ergibt sich eine Gesamtsumme von 13,45 Mrd. ECU für den Zeitraum 1994-1999, die für die GIs reserviert sind. Davon sind 8,3 Mrd. ECU für Aktionen in Ziel-1-Regionen[70] (Regionen mit Entwicklungsrückstand) vorbehalten.

Kennzeichnend für die neue Phase der Gemeinschaftsinitiativen (1994-1999)[71] ist, so die Europäische Kommission, einerseits die Kontinuität und eine Kombination von geographischen Initiativen (z.B. INTERREG für Maßnahmen an Grenzregionen, die auch Energienetze einschließen, REGIS für die weitab gelegenen

---

[67] Die Strukturfonds vergeben nur Zuschüsse zu den Fördermaßnahmen, so dass von den Mitgliedstaaten bzw. den Projektträgern immer eine Kofinanzierung erfolgen muss. Gemäß den Strukturfondsverordnungen sehen die Förderhöchstsätze wie folgt aus: Ziel 1: bis zu 75 % der Gesamtkosten; Ziel 2, 3, 4, 5b: bis zu 50 % der Gesamtkosten. Die nationale Kofinanzierung erfolgt durch öffentliche Mittel (z.B. GA, Landes- und Bundesprogramme, Leistungsgesetze wie AFG, private Mittel etc.). Rechtsgrundlage für die Koppelung von Strukturfondsmittel sind die Strukturverordnungen auf EU-Seite und der Erlass von entsprechenden Förderrichtlinien /Verwaltungsanweisungen durch Bund und Länder.

[68] Abl. Nr. L 193 vom 31.7.1993.

[69] Rechtsgrundlage: Verordnung (EWG) Nr. 2081/93, Artikel 12, Absatz 5 (Finanzmittel 1994 - 1999); veröffentlicht im Amtsblatt der EG, Nr. L 193 vom 31.7.1993 und Verordnung EWG Nr. 425/93, Artikel 11 (Verfahren), veröffentlicht im Amtsblatt der EG, Nr. L 193 vom 31.7.1993.

[70] Die neuen Bundesländer und Ost-Berlin werden im Zeitraum 1994-1999 als neue Ziel-1-Gebiete finanziell mit der höchsten Priorität (aus den EFRE-, ESF- und EAGFL-Fonds) gefördert: Förderung der Entwicklung und der strukturellen Anpassung der Regionen mit Entwicklungsrückstand, 13.64 Mrd. ECU für NBL und Ost-Berlin. Insgesamt erhält die Bundesrepublik von 1994 bis 1999 18,674 Mrd. ECU (EU-Förderziel 1-5b), so dass ein Großteil der EU-Strukturfondsmittel für Deutschland in die NBL fließen. Dies dokumentiert die gestiegene Bedeutung der EU-Strukturpolitik für Deutschland nach der Wiedervereinigung. Die EU-Strukturfonds sind immer nur Zuschüsse zu Fördermaßnahmen und müssen durch nationale Komplementärmittel ergänzt werden. Gleichzeitig sind nur die 5 NBL und Ostberlin auch vollständig nationales Fördergebiet im Rahmen der Gemeinschaftsaufgabe zur Verbesserung der regionalen Wirtschaftsstruktur (GA).

[71] Die erste Staffel von 12 GIs galt von 1989 bis 1993 (mit rund 10 % der gesamten Verpflichtungsermächtigung der Strukturfonds). Sieben GIs wurden fortgeführt (INTERREG, LEADER, REGIS, NOW, HORIZON, RECHAR, RESIDER), die restlichen sind neu entwickelt worden.

Gebiete, LEADER für die ländliche Entwicklung) und von sektoral bedingten Initiativen (zur Förderung der Diversifizierung in den von herkömmlichen Industriezweigen abhängigen Gebiete, wie dem Kohlebergbau, RECHAR, der Stahlindustrie, RESIDER, der Textilindustrie, RETEX und der Rüstungsindustrie, Konver). Zu den neuen Initiativen gehören URBAN (Aktionen in den Städten mit Krisenvierteln), PESCA (Diversifizierung in Fischereigebieten), ADAPT (Förderung von Aktionen im Vorgriff auf die sich verändernden Produktionssysteme) und eine Initiative zur Entwicklung kleiner und mittlerer Unternehmen, KMU.[72]

Die Gemeinschaftsinitiativen haben im Rahmen der EU-Strukturpolitik die Funktion, Mittel für spezifische Problembereiche zur Verfügung zu stellen, die von besonderem gemeinschaftlichen Interesse sind. Sie sollen andere strukturpolitische Maßnahmen sinnvoll ergänzen, da sie aus Sicht der Kommission wichtige Strukturprobleme aufgreifen. Im Mittelpunkt sollen dabei Problembereiche stehen, die von den nationalen Förderinstrumentarien nicht oder unzureichend erfasst werden, die aber für das ökonomische und soziale Zusammenwachsen der Union von besonderer Bedeutung sind (z.B. grenzüberschreitende Zusammenarbeit, internationale Netze, Entwicklung der Humanressourcen).

3.3.1.1.1. Die Operationellen Programme. Bevor Projekte im Rahmen der Gemeinschaftsinitiativen genehmigt und durchgeführt werden können, müssen die finanziellen Mittel zuvor in sogenannten Operationellen Programmen (OPs) bei der Europäischen Kommission in Brüssel eingereicht werden. Die Durchführung der durch die Strukturfonds kofinanzierten Fördermaßnahmen erfolgt in Form von mehrjährigen Operationellen Programmen, die von den Mitgliedstaaten durch die von ihnen benannten Behörden[73] bei der EU-Kommission eingereicht werden. Sobald die Operationellen Programme von der EU-Kommission genehmigt worden sind, obliegt ihre Durchführung den zuständigen nationalen Ministerien von Bund und Ländern - und nicht mehr der EU-Kommission. Zuständig für die Bearbeitung und Bewilligung von Fördermaßnahmen sind die nationalen Fondsverwalter.

---

[72] Wettbewerbsfähigkeit und Kohäsion: Tendenzen in den Regionen. Fünfter Periodischer Bericht über die sozioökonomische Lage und Entwicklung der Regionen der Gemeinschaft/Hrsg. Europäische Kommission - Brüssel u.a., 1994, S. 13.

[73] Der EFRE-Fonds wird auf Bundesebene vom BMWI koordiniert, federführende Dienststelle auf Landesebene ist das Wirtschaftsministerium und federführend bei der Kommission die GD XVI (Regionalpolitik).
Der ESF-Fonds wird auf Bundesebene vom BMA koordiniert, federführende Dienststelle auf Landesebene ist das Arbeits- und Sozialministerium (oder auch Wirtschaftsministerium) und federführend bei der Kommission die GD V (Beschäftigung, Arbeitsbeziehungen und Soziale Angelegenheiten).- Der EAGFL-Fonds, Abteilung Ausrichtung wird auf Bundesebene vom BML koordiniert, federführende Dienststelle auf Landesebene ist das Landwirtschaftsministerium und federführend bei der Kommission die GD VI (Landwirtschaft)
Der FIAF-Fonds wird auf Bundesebene vom BML koordiniert, federführende Dienststelle auf Landesebene ist das Landwirtschaftsministerium und federführend bei der Kommission die GD XIV (Fischerei).

Das Prinzip der Partnerschaft ist ein wichtiger Grundsatz bei der Planung dieser Programme. Gemeint ist damit eine enge Abstimmung zwischen den Dienststellen der EU-Kommission und den zuständigen nationalen, regionalen und kommunalen Behörden. Die Kommission prüft primär die Kohärenz der geplanten Fördermaßnahmen mit den Strukturfondsverordnungen, während der Mitgliedstaat über die eigentliche Verwendung der EU-Strukturfondshilfen in den Operationellen Programmen entscheidet.

Das Planungsverfahren für Gemeinschaftsinitiativen sieht folgendermaßen aus: Auf der Grundlage der Leitlinien für alle 15 Gemeinschaftsinitiativen, die die EU-Kommission am 1. Juli 1994 verabschiedet hatte, konnten die Mitgliedstaaten dann im Zeitraum von November 1994 bis Februar 1995 ihre Operationellen Programme in Brüssel zur Entscheidung vorgelegen. Unter Berücksichtigung der Leitlinien konnte dann die EU-Kommission die vom Mitgliedstaat vorgeschlagenen Operationellen Programme genehmigen.

Das deutsche Bundeswirtschaftsministerium[74] kritisiert, dass durch die große Anzahl der EU-Gemeinschaftsinitiativen Parallelförderungen, neben der regulären "Ziel-Förderung", nicht zu vermeiden seien. Außerdem war die Festlegung der EU-Regionalförderungsgebiete in Deutschland umstritten, da EU-Regionalfördergebiete nicht entsprechend den nationalen Fördergebieten ausgewiesen wurden (mit Ausnahme der NBL und Ostberlin), was aus Sicht des Bundeswirtschaftsministeriums das Subsidiaritätsprinzip und die praktischen Erfordernisse der Koordinierung zwischen nationaler und EU-Regionalpolitik nahe legen würden. Kritisiert wurde auch, dass der Förderzweck und der hohe Verwaltungsaufwand für relativ geringe Finanzmittel in keinem vernünftigen Verhältnis mehr zueinander ständen. Letztendlich würde das deutsche Förderspektrum durch die Gemeinschaftsinitiativen quasi erweitert. Es gebe so ein Nebeneinander von EU- und nationaler regionalpolitischer Förderung.

Positiv sei, dass gerade im Rahmen der Gemeinschaftsinitiativen bestimmten Problembereichen, z.B. der grenzüberschreitenden Zusammenarbeit, die von der nationalen Förderung nicht oder nur unzureichend erfasst werden, spezielle Finanzmittel und Fördermaßnahmen von der EU bereitgestellt worden seien.

3.3.1.1.2. Die Gemeinschaftsinitiative INTERREG II (am Beispiel des Landes Brandenburg). Die Europäische Gemeinschaft hat im Rahmen ihrer Regionalpolitik die Gemeinschaftsinitiative "INTERREG" geschaffen, die den Grenzregionen bei der Bewältigung ihrer besonderen Entwicklungsprobleme helfen soll. Die Gemeinschaftsinitiative INTERREG wurde 1990 begründet. In Hinblick auf die Beseitigung der materiellen Schranken als Teil des Binnenmarktprogramms sollte die Initiative INTERREG die Zusammenarbeit zwischen den Gebieten an noch bestehenden Grenzen fördern, um die Integration ihrer Märkte zu erleichtern.

---

[74] Barbara Fabian: EU-Strukturpolitik in Deutschland 1994-1999. Ein Leitfaden - Bonn, u.a.,1996, S. 12 ff.

Die von der Europäischen Kommission beschlossene Gemeinschaftsinitiative INTERREG II[75] soll im Zeitraum 1994-1999, mit einem Finanzrahmen von 2,9 Mrd. ECU für die Mitgliedstaaten der EU ausgestattet, den Gebieten an den Binnen- und Außengrenzen der Gemeinschaft bei der Bewältigung besonderer Entwicklungsprobleme infolge ihrer relativen Isolierung innerhalb der nationalen Volkswirtschaften und der Gemeinschaft insgesamt helfen - dies im Interesse der örtlichen Bevölkerung und in einer mit dem Umweltschutz zu vereinbarenden Weise.

Als besonderer Schwerpunkt werden die Regionen an den Außengrenzen der EU genannt:

"Die Maßnahmen an den Außengrenzen sollten die Entwicklung dieser Gebiete unterstützen, damit sie sich an die neue Lage anpassen können und die Zusammenarbeit zwischen den Gebieten an den Außengrenzen der Europäischen Union und den Grenzgebieten benachbarter Drittländer gefördert wird. Soweit wie möglich sollte ihre Planung und Durchführung auf grenzüberschreitender Basis in Verbindung mit grenzübergreifenden Aktionen erfolgen, die im Rahmen anderer Gemeinschaftsprogramme, insbesondere der PHARE-Programme, in benachbarten Drittstaaten unterstützt werden."[76] (Art. 13).

Eine Gemeinschaftsunterstützung im Rahmen der Initiative kann nur in Gebieten innerhalb der Europäischen Union gewährt werden. Während Mitgliedstaaten ihre Vorschläge in Form eines einheitlichen Operationellen Programms vorlegen, sollen die Nachbarstaaten ihre Vorschläge für grenzübergreifende Vorhaben oder Programme, für die eine Unterstützung im Rahmen anderer Gemeinschaftsprogramme, insbesondere PHARE, beantragt wird, auf der Grundlage entsprechender Verfahren vorlegen (s. Art. 27).[77]

Die 1994 von der Europäischen Kommission beschlossene Gemeinschaftsinitiative INTERREG II (ABl. Nr. C 180/60) sieht über den bei INTERREG I genannten Bereich der *grenzübergreifenden Zusammenarbeit* (Teil A*)* hinaus zwei weitere Bereiche vor:

- Teil B, zur *Fertigstellung von Energienetzen*, da INTERREG II die Funktionen von INTERREG I (1989-1993) und REGEN (1989-1993) zusammenfasst. Dabei sollen ausgewählte Energienetze, die bereits in der Initiative REGEN für den Zeitraum 1989-1993 bestimmt wurden (ABl. Nr. C 326/7 vom 28.12.1990) fertiggestellt werden, um betroffene Regionen (nur in Griechenland, Portugal, Italien und Spanien) an umfassende europäische Gas- und Stromversorgungs-

---

[75] Mitteilung an die Mitgliedstaaten über die Leitlinien für die von ihnen aufzustellenden Operationellen Programme im Rahmen einer Gemeinschaftsinitiative für die Entwicklung von Grenzregionen, grenzübergreifende Zusammenarbeit und ausgewählte Energienetze (INTERREG II), ABl. Nr. 94/C 180/60.
[76] Ebd. Art. 13.
[77] Ebd., Art. 27.

netze anschließen zu können. Die vorgesehene Mittelausstattung von 1994 bis 1999 beläuft sich auf 510 Mio. ECU. Teil B betrifft die Bundesrepublik nicht.

- Darüber hinaus sieht INTERREG II, Teil C[78] für den Zeitraum von 1996-1999 415 Mio. ECU, davon 45,12 Mio. ECU für Deutschland, für den Aktionsbereich Raumordnung und Verhütung von Überschwemmungen vor. INTERREG IIc konnte nach der Zuweisung der Haushaltsreserve 1996 als neue Leitlinie von INTERREG II beschlossen werden. INTERREG IIc unterscheidet sich deutlich von der im ersten Teil von INTERREG II geförderten Zusammenarbeit, und zwar nicht nur durch die räumliche Dimension, sondern auch durch die Zielsetzung: Es handelt sich um eine transnationale (und nicht grenzüberschreitende) großräumige Zusammenarbeit in ausschließlich die Raumordnung betreffenden Fragen.

Die Gemeinschaftsinitiative INTERREG II wird demnach in den drei getrennten Teilen INTERREG IIa "Grenzübergreifende Zusammenarbeit", INTERREG IIb "Fertigstellung von Energienetzen" sowie INTERREG IIc "Zusammenarbeit auf dem Gebiet der Raumordnung" durchgeführt und auch von der Kommission getrennt verwaltet.[79] Die Leitlinien der Teile A und B wurden 1994 beschlossen. Im Anschluss daran legten die Mitgliedstaaten 3 OPs für Maßnahmen im Rahmen von INTEREG IIb und 59 OPs für die Durchführung von Maßnahmen bei INTERREG IIa vor. Die Leitlinien zum Teil C wurden 1996 beschlossen. Im Rahmen von INTERREG IIc ist Deutschland in den Bereichen "Allgemeine transnationale Zusammenarbeit"[80] und "Verhütung von Überschwemmungen" an 5 transnationalen OPs beteiligt.

Förderungswürdige Maßnahmen. Die Vielzahl an Interventionsmöglichkeiten von INTERREG konzentriert sich eher auf die Anpassung und Neuausrichtung der vorhandenen Strukturen als auf die sektoriellen Interventionen. An den Binnen- und Außengrenzen soll die INTERREG-Initiative die Einrichtung und den *Ausbau von grenzübergreifenden Kooperationsnetzen über die Binnengrenzen hinweg* und

---

[78] Die Leitlinien zu Teil C wurden 1996 beschlossen. Nach Ihrer Veröffentlichung im Amtsblatt vom verfügten die Mitgliedstaaten über eine Frist von 6 Monaten, um der EU-Kommission ihre Vorschläge für Operationelle Programme vorzulegen; vgl. dazu Amtsblatt der EG Nr. C 200 vom 10. Juli 1996.

[79] In der Generaldirektion Regionalpolitik (GD XVI) ist zuständig: DG XVI.A.2. für GI INTERREG II, Teile A und B; DG XVI.A.3. für die GI INTERREG II, Teil C.

[80] Zu Allg. transnationale Zusammenarbeit: Mittel- und nordwesteuropäisches Festland (Belgien, Deutschland, Frankreich, Luxemburg, Niederlande, Irland, Großbritannien); Nordseeanrainer (Deutschland, Dänemark, Niederlande, Schweden, Großbritannien und Norwegen); Ostseeanrainer (Deutschland, Dänemark, Niederlande, Schweden, Finnland und das Baltikum); Adria, Donau, Mittel- und Südosteuropa "Adrianube" (Deutschland, Österreich, Griechenland, Italien, MOEL). zu Verhütung von Überschwemmungen: Überschwemmungen im Rhein-Maas-Gebiet (Belgien, Deutschland, Frankreich, Luxemburg, Niederlande und Schweiz). In: Barbara Fabian: EU-Strukturpolitik in Deutschland/Hrsg. DIHT - Bonn, April 1998, S. 63.

gegebenenfalls die Verknüpfung dieser Netze mit umfassenden Gemeinschaftsnetzen im Kontext der Vollendung des Binnenmarktes fördern.

Unterstützt werden soll auch die *Anpassung der Gebiete an den Außengrenzen an ihre neue Rolle als Grenzgebiete eines einheitlichen integrierten Marktes.* Dabei empfiehlt die Kommission, die neuen Möglichkeiten für eine *Zusammenarbeit mit Drittländern* in den Gebieten an den Außengrenzen der Europäischen Union zu nutzen. Im Rahmen von INTERREG IIa-c werden folgende Aktionsbereiche gefördert: Umwelt, Transport- und Entwicklung, Ausbildung, Fremdenverkehr, ländliche Entwicklung, Infrastruktur (und Energie: REGEN), Verbesserung der grenzübergreifenden Informationsverarbeitung, Schaffung gemeinsamer institutioneller und administrativer Strukturen sowie Raumordnung und Verhütung von Überschwemmungen (INTERREG IIc).

Dieser *allgemeine Katalog* an förderwürdigen Maßnahmen wird entsprechend den spezifischen nationalen bzw. regionalen Gegebenheiten und Erfordernissen ausgewählt und konkretisiert, so dass nicht in jedem Mitgliedstaat die gesamten aufgelisteten Förderbereiche zum Tragen kommen.

Zur Umsetzung der grenzübergreifenden INTERREG II-Initiative für die brandenburgisch-polnischen Euroregionen Spree-Neiße-Bober und Pro Europa Viadrina wurden für die Förderung von grenzüberschreitenden Projekten folgende Aktionsbereiche ausgehandelt, die im *Operationellen Programm des Landes Brandenburg für die EG-Gemeinschaftsinitiative Interreg II für die Euroregionen Spree-Neiße-Bober und Pro Europa Viadrina in der brandenburgisch-polnischen Grenzregion*[81] (vom 28.7.1995) benannt werden:

Priorität 1 Verkehr, Infrastruktur Umwelt
Maßnahme: Verkehr, Infrastruktur, Umwelt

Priorität 2 Wirtschaftliche Entwicklung
Maßnahmen: Investitionen, wiss. Zusammenarbeit, Technische Zusammenarbeit, Handel und Marketing

Priorität 3 Landwirtschaft
Maßnahmen: Diversifizierung der ländlichen Einkommen, Verbesserung der Produktionsstrukturen

Priorität 4 Raumplanung, Studien, technische Hilfe

Priorität 5 Menschliche Ressourcen
Maßnahmen: Ausbildung und beschäftigungswirksame Maßnahmen, Bildung, Jugend, Kultur und Sport

Die Euroregion Pomerania, in der auch zwei Brandenburger Landkreise (Uckermark und Barnim) liegen, hat mit Hilfe der zuständigen Ministerien in Mecklen-

---

[81] Operationelle Programme des Landes Brandenburg für die EG-Gemeinschaftsinitiative Interreg II für die Euroregionen Spree-Neiße-Bober und Pro Europa Viadrina in der brandenburgisch-polnischen Grenzregion, 18.7.1995.

burg-Vorpommern ein eigenes Operationelles Programm erarbeitet, in dem ebenfalls ein entsprechender Förderkatalog festgelegt worden ist.

Förderungsfähige Gebiete. Eine Gemeinschaftsunterstützung im Rahmen der Initiative INTERREG II kann nur in Gebieten *innerhalb der Europäischen Union* gewährt werden.

Investive und Infrastrukturmaßnahmen im Rahmen von GIs sind nur in den entsprechend ausgewiesenen Fördergebieten förderfähig. Förderungsfähig im Sinne der INTERREG-II-Initiative sind alle Gebiete entlang der Binnen- und Außengrenzen der Gemeinschaft, die auf der *Verwaltungsebene III der Nomenklatur statistischer Gebietseinheiten (NUTS III)* dargestellt sind und die in der Regel unter die Ziele 1, 2 und 5b fallen (s. Abb. 7). Dies sind die Gesamtheit der NUTS-III-Zonen an den landgebundenen Innen- und Außengrenzen der Gemeinschaft sowie bestimmte NUTS-III-Zonen, die von Gewässern begrenzt werden.

Die geographische Bemessungsgrundlage für eine Grenzregion erfolgt weiterhin auf der NUTS-III-Ebene. Sie stimmt mit den Verwaltungsgrenzen der Mitgliedstaaten überein - in Deutschland ist dies die Ebene der Kreise. Aus deutscher Sicht ist dies problematisch, da durch zufällig verlaufende Kreisgrenzen regionale und wirtschaftliche Einheiten zerschnitten werden. Deshalb ist die Regelung von Bedeutung, dass auch die nicht in der NUTS-Liste aufgeführten Grenzgebiete, die an die NUTS-III-Ebene angrenzen, in die INTERREG II-Förderung ein-bezogen werden können. Diese geographische Flexibilität ist allerdings auf 20 % der Gesamtausgaben im OP beschränkt.

Ziel 1	Ziel 2	Ziel 5b	Nicht zugeordnet
Annaberg	Emden	Aachen/Landkreis	Aachen, Kreisfreie Stadt
Barnim	Grafschaft Bentheim	Aurich	Altötting
Bautzen	Heinsberg	Bitburg-Prüm	Bad Tölz, Wolfratshausen
Cottbus, Kreisfreie Stadt	Hof, Kreisfreie Stadt	Breisgau-Hochschwarzwald	Baden-Baden, Stadtkreis
Elstertalkreis	Pirmasens, Landkreis	Cham	Berchtesgadener Land
Frankfurt (Oder), Kreisfreie Stadt	Pirmasens, Kreisfreie Stadt	Daun	Bodenseekreis
Freiberg	Saarbrücken, Stadtverb.	Emsland	Borken
Göltzschtalkreis	Saarlouis	Euskirchen	Emmendingen
Görlitz, Stadtkreis	Zweibrücken, Kreisfreie Stadt	Freyung-Grafenau	Flensburg, Kreisfreie Stadt
Greifswald, Stadtkreis		Grafschaft Bentheim	Freiburg im Breisgau, Stadtkreis
Märkisch-Oderland		Hof, Landkreis	Garmisch-Partenkirchen
Mittl. Erzgebirgskreis		Leer	Germersheim
Niederschlesischer Oberlausitzkreis		Lörrach	Karlsruhe, Landkreis
Oder-Spree		Merzig-Wadern	Karlsruhe, Stadtkreis
Ostvorpommern		Neustadt an der Waldnaab	Kaufbeuren, Kreisfreie Stadt
Plauen, Stadtkreis		Nordfriesland	Kempten (Allgäu)
Sächsische Schweiz		Oberallgäu	Kreisfreie Stadt Kleve
Sächs. Oberlausitzkr.		Passau, Landkreis	Konstanz
Spree-Neisse		Regen	Landau in der Pfalz
Uckermark		Rottal-Inn	Lindau-Bodensee
Ucker-Randow		Saar-Pfalz-Kreis	Lübeck, Kreisfreie Stadt
Weißeritzkreis		Schleswig-Flensburg	Miesbach
Westerzgebirgskreis		Schwandorf	Ortenaukreis
		Tirschenreuth	Ostallgäu
		Trier-Saarburg	Ostholstein
		Waldshut	Passau, Kreisfreie Stadt
		Wunsiedel im Fichtelgebirge	Rastatt
			Rosenheim, Kreisfreie Stadt
			Rosenheim, Landkreis
			Schwarzwald-Baar-Kreis
			Steinfurt
			Südliche Weinstraße
			Traunstein
			Trier, Kreisfreie Stadt
			Viersen
			Weiden in der OPf., Kreisfreie Stadt

Aus: Amtsblatt der Europäischen Gemeinschaft, Nr. C 180/67 vom 1.7.1994.

Abb.7: Verzeichnis der Grenzgebiete (NUTS III) in Deutschland, die unter INTERREG II je nach Zielgebiet förderfähig sind

Mittelausstattung für INTERREG II. Der gesamte Beitrag der Strukturfonds der Europäischen Gemeinschaft zur Initiative INTERREG II im Zeitraum 1994-1999 wird insgesamt auf 2.617 Mio. ECU veranschlagt, wovon 402,2 Mio. ECU für Deutschland bestimmt sind (s. Abb. 8):

Förderkriterien sind Transnationalität und Vernetzung, Innovationsgrad, Kohärenz mit anderen EU-Programmen und -Politiken sowie eine mögliche Kofinanzierung der PHARE-Cross-Border-Inititative auf EU-Seite.

Die Förderhöchstsätze bspw. für die Euroregion Pro Europa Viadrina sind nicht einheitlich. Die Beteiligung aus INTERREG-II-Mitteln an der Förderung bewegt sich, je nach Art der Maßnahme, bei Ziel-1-Gebieten zwischen 50 % und 75 % der Gesamtkosten. Diese werden durch eine nationale Kofinanzierung (25 % bis 50 %) ergänzt.

deutsche Bundesländer	INTERREG-II-Mittel in Mio. ECU (Beitrag der Strukturfonds)
Neue Bundesländer	
• Brandenburg	72,0
• Mecklenburg-Vorpommern	63,1
• Sachsen	146,5
Gesamt (Neue Bundesländer)	281,6
Alte Bundesländer (Gesamtmittel)	120,6
Gesamtmittel für Deutschland	402,2

Aus: Barbara Fabian: EU-Strukturpolitik in Deutschland 1994 - 1999. Leitfaden - Bonn/Brüssel 1996, S. 51.

Abb. 8: Verteilung der deutschen INTERREG-Mittel auf die deutschen Bundesländer 1994 - 1999

Mittelzuweisung/Kofinanzierung durch Land und Kommune am Beispiel des Landes Brandenburg. Die Europäische Kommission hat zwar eine nationale Kofinanzierung von 25-50 % vorgesehen, allerdings ohne den nationalen Geldgeber (z.B. Bund/Länder/Kommunen) näher zu definieren. Der Brandenburger Haushalt sieht 5 % Landesbeteiligung und 20 % kommunale Beteiligung vor, allerdings lässt die Landeshaushaltsordnung eine höhere Landesbeteiligung zu. Dieses Problem war Thema einer Sitzung des Europaausschusses des Landtages mit Mitgliedern des Haushaltsausschusses (am 11.5.1995) im Landtag Brandenburg. Hier versuchte das Parlament vergeblich zu intervenieren, da der Haushalt des Landes Brandenburg keine eigene Haushaltslinie für die Kofinanzierung von INTERREG-Projekten vorsieht. Der Vorschlag des Parlaments geht dahin, die gesamte Kofinanzierung von INTERREG beim Wirtschaftsministerium anzusiedeln. Außerdem soll, wie bspw. beim Land Mecklenburg-Vorpommern[82], im Landeshaushalt von Brandenburg zukünftig eine eigene Haushaltslinie für INTERREG bereitgestellt werden. Auch wurde im Operationellen Programm bisher vom Land Brandenburg versäumt, Schwerpunkte bzw. Verfahrensweisen für die nationalen Kofinanzierung für INTERREG-II-Projekte festzulegen. Diese Versäumnisse könnten im Operationellen Programm INTERREG III für das Jahr 2000-2006 bereinigt werden.

Aufgrund der Verzögerung bei der Genehmigung des Operationellen Programms des Landes Brandenburg (1. Fassung 21.10.1994, endgültige Genehmigung des OPs des Landes Brandenburg: 28.7.1995) konnten die Mittel für 1994 nicht mehr an die Antragsteller von Projekten ausgegeben werden. Erstmals konnten im 2. Halbjahr 1995 Mittel ausgegeben werden; die restlichen Mittel wurden auf die Folgejahre aufgeteilt, allerdings nicht jährlich (in sogenannten Jahrestranchen), sondern verteilt auf die Jahre 1998 und 1999.

Diese Verzögerungen bei der Verabschiedung der OPs sorgten nicht nur bei den Euroregionen und der jeweils zuständigen Landesregierung für Irritationen - auch die Antragsteller mussten z.T. mehrmonatige Verzögerungen von der Antragstellung bis zur Projektbewilligung in Kauf nehmen. Bei der Erstellung der OPs gab es nicht nur vielfältige Abstimmungsprobleme innerhalb der Landesregierungen und zwischen Landesregierung und Euroregionen - diese hingen mit der Unerfahrenheit der neuen Länder und der neu gegründeten Euroregionen mit der europäischen Strukturförderung zusammen. Auch die EU-Kommission benötigte viel Zeit bei der Bewilligung der OPs, unter anderem weil sich die Aufteilung der in den OPs bewilligten Mittel nach den Fonds (EFRE, ESF, EAGFL) als langwieriger Abstimmungsprozess zwischen verschiedenen Generaldirektionen darstellte.

Ursprünglich beabsichtigte die EU-Kommission mit der Vernetzung der Fonds im Rahmen der Gemeinschaftsinitiativen Synergieeffekte bei der regionalen Förderung der Wirtschafts-, Arbeitsmarkt- und Bildungspolitik zu erzielen, was sich in der Förderpraxis aber eher als beschwerlich erwies - sowohl was den Abstimmungsprozess auf Ebene der EU-Kommission angeht, als auch die Bewilligungsphase auf Landesebene, auf die später eingegangen werden soll.

---

[82] Der Haushalt von Mecklenburg-Vorpommern sieht eine pauschale Kofinanzierung von 15 % vor. Probleme bereitet die unterschiedliche Vorgehensweise von Brandenburg und Mecklenburg-Vorpommern beispielsweise in der Euroregion Pomerania, die sich über die beiden Bundesländer erstreckt.

3.3.2. Die EU-MOE-Politik: das PHARE-Programm und PHARE-CBC

3.3.2.1. Das EU-Hilfsprogramm PHARE[83] für die MOE-Staaten

Die EU-Kommission hat zur Unterstützung des Reformprozesses in Mittel- und Osteuropa, einschließlich GUS und Georgien, zwei umfassende Programme für technische Hilfe aufgelegt.

Das PHARE-Programm ist eines der wichtigsten westlichen Instrumente zur Unterstützung der Wirtschaftsreform in Mittel- und Osteuropa. Das PHARE-Programm[84] wurde im September 1989 im Rahmen der Hilfsaktion der G 24 für Osteuropa aufgelegt und nahm 1990 seine Arbeit auf. Für die damalige Sowjetunion wurde im Juli 1991 ein spezielles Programm aufgelegt. Es wird seit 1992 als Programm für die Neuen Unabhängigen Staaten (NUS) in der Nachfolge der UdSSR (sowie seit 1993 die Mongolei) unter dem Namen TACIS (Technical Assistance for the Commonwealth of Independent States) fortgeführt und ist ähnlich aufgebaut wie das PHARE-Programm. Allerdings ist die Mittel- und Osteuropapolitik der EU geostrategisch differenziert: Nur den PHARE-Staaten bietet die Gemeinschaft privilegierte, bilaterale Beziehungen durch Assoziierung an (Europaabkommen). Da in den Europaabkommen[85] keine Finanzprotokolle mit verbindlichen Kreditzusagen enthalten sind, wird die finanzielle Zusammenarbeit auch mit den assoziierten Staaten weitgehend außerhalb der Verträge autonom von der Gemeinschaft über die PHARE-Hilfe gesteuert.

Die Hilfsaktion der Gruppe der 24 (EU-Staaten sowie Australien, Finnland, Island, Japan, Kanada, Neuseeland, Norwegen, Österreich, Schweden, Schweiz, Türkei, USA) begann 1989 zur Unterstützung des demokratischen und marktwirtschaftlichen Reformprozesses in Mittel- und Osteuropa. Diese G-24-Hilfe umfasste die Bereiche Landwirtschaft, Ausbildung, Umwelt, Investitionen (einschließlich Verkehr und Telekommunikation) und Energie. Sie stand in enger Verbindung mit Programmen internationaler Organisationen wie Europäische Bank für Wiederaufbau und Entwicklung, Europäische Investitionsbank, Internationaler Währungsfonds und Weltbank. Die Unterstützung erfolgte entweder bilateral zwischen den G-24-Geberstaaten bzw. IWF, EU usw. sowie den Empfängerländern in Mittel- und Osteuropa oder hatte die Form gemeinsamer Aktionen. Die Europäische Kommission wurde bereits im Sommer 1989 beauftragt, die Osteuropaförderung des Westens insgesamt zu koordinieren. Damit wurde die

---

[83] Rechtsgrundlage: Art. 235 EWG-Vertrag, Ratsverordnungen (EWG) Nr. 3906/89 vom 18.12.1989 (Abl. L 375, 23.12.1989, Seite 1), Nr. 2698/90 vom 17.9.1990 (Abl. L 257, 21.09.1990, Seite 1) und Nr. 3800/01 (Abl. L 357, 28.12.1991, Seite 10), Nr. 2334/92 18.12.1 vom 7.8.1992 (Abl. L 227, Seite 1), Nr. 176/93 vom 30.6.1993 (Abl. L 162, 3.7.1993, Seite 1), Nr. 1366/95 vom 12.06.1995 (Abl. L 133, 17.6.1995, Seite 1), Nr. 1628/96 vom 25.7.1996 (Abl. L 204, 14.08.1996, Seite 1).

[84] Phare-Verordnung Nr. 3906/86, veröffentlicht im Amtsblatt L 375 vom 23.12.1989. Diese Verordnung betraf zunächst nur Ungarn und Polen und wurde später auf andere Länder ausgedehnt.

[85] S. Kapitel 1.1.

sogenannte "G-24-Koordinierungseinheit, Generaldirektion 1" der Europäischen Kommission beauftragt.[86]

PHARE wandelte sich dann zu einem eigenständigen Hilfsprogramm der EG und wird von der EU heute als gezieltes Hilfsmittel begriffen, die in den Europa-Abkommen[87] gestellten Beitrittsvoraussetzungen des acquis communautaires zu erfüllen. Dazu führt ein eigens eingerichteter Operationeller Dienst PHARE der EU-Kommission das Programm selbst aus. PHARE ist mit der Verordnung (EWG) 3906/89 ein Instrument mit Programmcharakter geworden. PHARE ist damit ein originäres Programm der EU: letzte Entscheidungen sind nur den Organen der Union vorbehalten, während die Kompetenz von PHARE-Verwaltungsausschüssen und damit den Mitgliedstaaten auf Beratung und Stellungnahmen beschränkt ist.

Förderungsfähige Gebiete: PHARE. Im Rahmen der G-24-Unterstützung leistet die EU unter dem Kürzel PHARE eigene Wirtschaftshilfe. Ursprünglich war das zunächst nur bis Ende 1992 terminierte PHARE-Programm ausschließlich auf Polen und Ungarn ausgerichtet, daher der Name PHARE für *Poland and Hungary Assistance for Restructuring of the Economy.* Im Mai 1990 befürwortete die EG die Ausweitung des Programms auf sämtliche Reformstaaten in Ost- und Mitteleuropa mit Ausnahme der UdSSR und zunächst auch einschließlich Jugoslawiens. Mittlerweile stieg die Anzahl der von PHARE unterstützten Länder von den ersten zwei im Jahre 1989 auf 12 Staaten an. Die Hilfe für die DDR wurde mit der Wiedervereinigung und die Hilfe für Jugoslawien wurde 1991 ausgesetzt. Von den Nachfolgestaaten des ehemaligen Jugoslawiens ist gegenwärtig Slowenien Empfänger der PHARE-Hilfe.

Ziele. Die Gewährung von PHARE-Mitteln wie auch der Einbindungsgrad in den europäischen Integrationsprozess ist an die Erfüllung von vier Rahmenvoraussetzungen gebunden: Rechtsstaatlichkeit, Achtung der Menschenrechte, pluralistisch-demokratisches System und Marktwirtschaft. Die Schwerpunkte beim Einsatz von PHARE-Mitteln liegen gemäß den von der EU-Kommission gemeinsam mit den EU-Mitgliedstaaten erarbeiteten Leitlinien bei folgenden vorrangigen Einsatzbereichen: Umgestaltung von Staatsbetrieben und Entwicklung des Privatsektors, Umgestaltung und Reform der Landwirtschaft, Öffentliche Verwaltung und institutionelle Reformen, Reform des Sozialwesens, Ausbildung und Gesundheitswesen, Infrastruktur, Umwelt und Nukleare Sicherheit.

1992/1993 gerät die PHARE-Hilfe der Gemeinschaft für Mittel- und Osteuropa erstmals in die Kritik: Angemahnt werden eine raschere Auszahlung der PHARE-Mittel und eine wirksamere Durchführung von PHARE-Aktivitäten. Nach einer Überprüfung ihrer Hilfsprogramme schlug die Gemeinschaft vor, die Planungssicherheit für die PHARE-Länder zu verbessern. An die Stelle der einjährigen Vereinbarungen sollen mehrjährige Programme für längerfristige Reformziele treten, die auch stärker die Regierungen der Zielländer einbeziehen sollen. Ein

---

[86] Karin Retzlaff, Onno Simons, EG-Wegweiser Osteuropa - Berlin, 1992, S. 20 ff.
[87] Vgl. Kapitel 1.1.

Hauptziel der Gemeinschaft bleibt die Förderung von Infrastrukturmaßnahmen, wie Straßen- und Eisenbahnnetze. Nachdem die Beitrittsanträge Ungarns und Polens vorliegen (1. bzw. 8.4.1994, also nur zwei Monate nach dem Inkrafttreten ihrer Europaabkommen[88]), wird auch die PHARE-Unterstützung unter dem Wandel der Assoziierungs- zur Vorbeitrittsphase erneut kritisiert: Neben der Kritik an der Durchführung und Zusammensetzung der PHARE-Hilfe forderte Polen die Umwandlung der PHARE-Mittel in eine Art Vorbeitrittsfonds für Investitionen auf der Basis von mehrjährigen Finanzprotokollen. Durch einen Beschluss des Rates der Europäischen Union im November 1992 wurde das PHARE-Programm in eine mehrjährige Strategie in Verbindung mit den Europaabkommen und anderen Hilfsaktionen eingebaut.

1994 erfolgte dann die Neuausrichtung der technischen Hilfe PHARE durch eine enge Abstimmung mit der Heranführungsstrategie[89] und insbesondere dem Weißbuch.[90] PHARE wird als ein integrationspolitisches Instrument ersten Ranges eingeschätzt.[91] Deshalb werden alle beitrittsunterstützenden Maßnahmen bevorzugt gefördert und mehrjährige indikative Programmplanungen auf der Grundlage eines vorausschauenden Finanzrahmens möglich. PHARE wird somit, so die Europäische Kommission, zu einem grundlegenden Bestandteil des Integrationsprozesses und der Schaffung einer zukünftigen paneuropäischen Wirtschaftszone.[92] 1994 standen insgesamt zwölf PHARE-Ländern 980 Mio. ECU zur Verfügung. Davon waren 150 Mio. ECU in einer eigenen Haushaltslinie für grenzüberschreitende Kooperation an der Außengrenze der EU bereitgestellt. PHARE verfügt somit seit 1994 über eine eigene Haushaltslinie zur Unterstützung grenzüberschreitender Zusammenarbeit zwischen der Europäischen Union und den angrenzenden Staaten Mittel- und Osteuropas. Neben dem *grenzüberschreitenden Programm* konzentriert PHARE seine Mittel auf die Durchführung von *nationalen Programmen, Mehrländer-Programmen* und *Demokratie-Programmen.*

Die vielfach kritisierte beratungslastige Hilfe[93] der EU ging bereits 1994 zugunsten der Förderung des Ausbaus der Infrastruktur zurück (ab 1995 können statt 15 % nun 25 % der vorgesehenen Mittel für Infrastrukturprojekte verwendet wer-

---

[88] Vgl. Kap. 1.1.
[89] Vgl. Kapitel 1.3.
[90] Vgl. Kapitel 1.4.1.
[91] Lukas Elles: Europäische Verwaltungsförderung in Mittel- und Osteuropa: zugleich ein Beitrag über den Aufbau moderner Sozialversicherungssysteme am Beispiel des Programmes PHARE.- Frankfurt a. M., u.a., 1997, S. 73.
[92] Phare: Was ist Phare? Eine Initiative der Europäischen Union für die wirtschaftliche Integration mittel- und osteuropäischer Länder/ Hrsg. Europäische Kommission Phare Informationsbüro, Druck September 1994.
[93] Ein großer Teil der vom PHARE-Programm geleisteten Unterstützung bestand und besteht aus Bereitstellung von Wissenstransfer westlicher Berater und Investitionsförderung: Wissenstransfers (Bereitstellung von Know-how (Beratung in Fragen der Politik, Wirtschaftsberatung, Studien), Entwicklung von Gesetzes - und Verwaltungsrahmen und neuen umgestalteten Institutionen, Erstellung von Rahmenprogrammen und Pilotprojekten) und Investitionsförderung (Studien, Bereitstellung nicht rückzahlbarer Kapitalhilfen, Kreditlinien, Investitionen zum Aufbau von Infrastruktur).

den). Aber gerade die im Weißbuch[94] vorgeschlagenen Reformen werden einen enormen Bedarf an technischer Hilfe auslösen. Zur Unterstützung der MOEL bei den verwaltungsbezogenen und strukturellen Anforderungen wurde im Januar 1996 das Büro für Technical Assistance and Information Exchange (TAIEX-Office) in Brüssel gegründet. Dieses Büro für Informationsaustausch über technische Hilfe ist unter Verwaltung der EU-Kommission und wird aus PHARE-Mitteln finanziert.

Als der Europäische Rechnungshof[95] 1997 erneut die Vergabepraxis, das mangelhafte Management und die fehlende Effizienz des PHARE-Programms kritisierte, kündigte der EU-Kommissar van den Broek eine substanzielle Reform an: Statt umfangreichen Projekten sollen künftig viele Kleinprojekte gefördert werden und vorzüglich solche, die zur Verstärkung der institutionellen und administrativen Kapazität und Anpassung der Unternehmen an die Gemeinschaftsnormen in den 10 assoziierten MOEL beitragen.

PHARE bleibt auch in der intensivierten Heranführungsstrategie für die Gemeinschaft das wichtigste Finanzierungsinstrument. Es soll jedoch allmählich eine strukturfondsähnliche Ausrichtung erhalten, was die Finanzkontrolle und administrative Leistungskraft der MOEL vor erhebliche Probleme stellen dürfte.

Trotz der Kritik ist es der EU-Kommission 1989/90 innerhalb von 5 Monaten gelungen, PHARE von einer koordinierten westlichen Hilfsaktion der Gemeinschaft und anderer zu einem originären Hilfsprogramm der EU für die MOEL auszubauen. Es zielt auf Unterstützung des angestrebten Beitritts zur EU, seitdem mit den Europa-Abkommen Beitrittsperspektiven der MOEL zur EU bestehen. Die anvisierte Adaption der westeuropäischen Rechtssystematik verlangt von PHARE eine Regierungs-, eine Rechts- und eine Verwaltungsberatung, wie sie in ihrer Intensität bislang unbekannt gewesen ist.

Mittelausstattung. Mit ihrem PHARE-Programm hat die EU in den ersten fünf Jahren seiner Tätigkeit bis Ende 1994 4.284 Mio. ECU bereitgestellt, die überwiegend für technische Hilfe durch westliche Berater ausgegeben wurden, was vielfach kritisiert wurde. Von 1995 bis 1999 werden weitere 6.962 Mio. ECU zur Verfügung gestellt, die zunehmend für Investitionen im Infrastrukturbereich, für die grenzüberschreitende Kooperation, die Verstärkung der institutionell-administrativen Kapazitäten und die Anpassung der Unternehmen an die Gemeinschaftsnormen eingesetzt werden sollen.

Große Probleme bedeuten die langen Zeitphasen zwischen Projektierung und Umsetzung der Projekte bei PHARE. Budgetzuteilung und Auslastung der Mittel für das jeweilige Jahr fallen zeitlich in der Regel weit auseinander. Mit der Realisierung von Projekten, z.B. aus den Sektorprogrammen für 1993, konnte erst im November/Dezember 1993 begonnen werden, da die Rahmenprogramme erst im März/April 1993 und die Sektorprogramme darauf aufbauend im September/

---

[94] Vgl. Kap. 1.4.1.
[95] Vgl. Agence Europa v. 2./3.5.1997, S. 8, und Official Journal No. C/175.

Oktober 1993 vereinbart wurden.[96] Gegenwärtig ist ein Großteil der Länderbudgets der Vorjahre noch nicht mit Verträgen untersetzt. Die Verzögerungen ergeben sich aus der zeitlich versetzten Programmimplementierung und zum anderen aus der zeitaufwendigen Phase der Projektidentifikation und Projektvorbereitung. Zwischen der Verabschiedung eines Sektorprogrammes, der Projektidentifizierung, -vorbereitung und der -durchführung vergehen mindestens 12 Monate.

3.3.2.2. PHARE-Sonderprogramm 1994-1999: PHARE-CBC[97] (Cross-Border-Cooperation)

PHARE verfügt erst seit Juli 1994 über eine eigene Haushaltslinie zur Förderung der grenzüberschreitenden Zusammenarbeit von EU-Grenzregionen[98] mit mittel-[99] und osteuropäischen[100] Grenzregionen. Für den Zeitraum 1994-1999 stehen im Rahmen des PHARE-CBC-Sonderprogramms insgesamt 2,4 Mrd. ECU, davon 150 Mio. ECU für 1994 zur Verfügung. Finanzielle Hilfe können die Länder in Anspruch nehmen, die im Rahmen von PHARE gefördert werden und an einen Mitgliedstaat der EU grenzen. In Polen entspricht das Fördergebiet den Wojewodschaften aus der sogenannten "1. Reihe" (die 4 Grenzwojewodschaften, die bis Ende 1998 direkt an Deutschland angrenzten), allerdings werden auch Projekte in geringerer Zahl von Antragstellern aus den Wojewodschaften der sogenannten "2. Reihe" (d.h. Wojewodschaften, die direkt an die Wojewodschaften der "1. Reihe" angrenzen) gefördert. In der EU sind alle Grenzregionen, die unter die Ziele 1, 2 und 5b fallen, förderwürdig (s. INTERREG II).

Bei der Förderung der grenzüberschreitenden Zusammenarbeit von EU-Grenzregionen mit mittel- und osteuropäischen Grenzregionen werden PHARE-CBC-Mittel in folgenden Aktionsbereichen bewilligt:

- Vereinfachung von Verwaltungsstrukturen zur Förderung des Personen-, Waren- und Dienstleistungsverkehrs
- Verbesserung der Infrastruktur (Telekommunikation, Verkehr, Umwelt, Energieversorgung, Abfallentsorgung, Informationsnetze)
- Förderung des Tourismus und Entwicklung ländlicher Projekte
- Zusammenarbeit im Gesundheitswesen, Unternehmensförderung
- ausbildungs- und beschäftigungsfördernde Maßnahmen

---

[96] Petra Ines Meister: Förderprogramme und Finanzierungsinstrumente für Osteuropa. Ein praxisorientierter Leitfaden / Hrsg. FAZ GmbH Informationsdienste u.a. - Frankfurt a. M., 2/1994, S. 257 ff.
[97] Rechtsgrundlage: Ratsverordnung (EG) Nr. 162S/94 vom 4.7.1994, Ratsverordnung (EWG) vom 18.12.1994 (Abl. L 171 vom 6.7.1994 Seite 14, Abl. L 375 vom 23.12.1993 Seite 14), zuletzt geändert durch Ratsverordnung (EG) Nr. 1366 (Abl. L 133, 17.6.1995, Seite 1).
[98] EU-Grenzregion: s. INTERREG II.
[99] Mitteleuropäische Grenzregionen: Albanien, Bulgarien, Estland, Lettland, Litauen, Polen, Tschechische Republik, Slowenien, Slowakei und Ungarn.
[100] Osteuropäische Grenzregionen der NUS.

Neue Geschäftsgrundlage für grenzüberschreitende Zusammenarbeit 187

Der größte Teil der Finanzmittel für das PHARE-CBC-Programm wird im polnischen Teil der Grenzregion für den Auf- und Ausbau der Verkehrsinfrastruktur verwendet. Dazu gehören u.a. der Bau eines modernen Güterverkehrsumschlagplatzes an der Außengrenze der EU (am Grenzübergang Swiecko - Frankfurt (Oder) sowie der Ausbau der Binnenschifffahrtsverbindungen). Ebenfalls ein großer Anteil der finanziellen Unterstützung entfällt auf Umweltprojekte, einschließlich Projekte, die sich auf die Abwasserbehandlung, die Vermeidung von Umweltschäden und die Müllentsorgung beziehen. Ebenfalls berücksichtigt werden Sektoren wie Landwirtschaft, Humanressourcen, wirtschaftliche Entwicklung sowie Bildung und Ausbildung. Die Mittel lassen sich wie folgt nach Programmsektoren aufteilen:

PHARE-CBC-Programmsektoren für Polen (1995-1999) in Mio. ECU	
Verkehr	143
Umwelt	65
Durchführung/Verwaltung	13
Versorgungsleistungen	13
Humanressourcen	10,4
Landwirtschaft	7,8
Wirtschaftsentwicklung	7,8
Gesamtsumme (1995 - 1999)	260

Aus: PHARE: Programm über die Förderung der grenzüberschreitenden Zusammenarbeit im Rahmen der Aktion PHARE/ Hrsg. EU-Kommission, 4/1996, S. 17.

Abb.9: PHARE-CBC-Mittel für Polen nach Programmsektoren

Das Zustandekommen der PHARE-CBC-Haushaltslinie. Diese neue Haushaltslinie PHARE-CBC kam auf Druck der deutschen Grenzbundesländer zu Polen und Tschechien - Bayern, Berlin, Brandenburg, Mecklenburg-Vorpommern und Sachsen - zusammen. Diese hatten eine gemeinsame deutsche Stellungnahme der Länder mit dem Titel *"Gemeinsame Verantwortung als Nachbarn in der Mitte Europas, Papier zur verbesserten Förderung der grenzüberschreitenden Zusammenarbeit in der Deutsch-Polnisch-Tschechischen Grenzregion durch die Europäische Gemeinschaft"*[101], verfasst. Kritisiert wurde, dass einerseits INTERREG-II-Mittel nur den EU-Mitgliedsländern zur Verfügung standen und dass andererseits der Einsatz von PHARE-Mitteln (über deren Vergabe die Empfängerländer entscheiden) für die Regionen an der Grenze Polens und Tschechiens zu Deutschland hin kaum eingesetzt wurden.

---

[101] Das 10seitige Papier wurde von Bayern, Berlin, Brandenburg, Mecklenburg-Vorpommern und Sachsen erstellt. Thüringen schloss sich später an. Am 3.5.1993 überreichte Ministerpräsident Stolpe der damaligen EU-Kommission (mit Jacques Delors als Präsidenten) persönlich das Dokument.

Aus diesem Grund wurde von den deutschen Grenzbundesländern in der angeführten gemeinsamen Stellungnahme gegenüber der Europäischen Kommission und dem EP gefordert, entweder Gelder der EU-Gemeinschaftsinitiativen auch außerhalb der EG in denjenigen MOE-Staaten einzusetzen, die eine klare Beitrittsperspektive haben, oder für eine verbesserte Verzahnung der Maßnahmen des INTERREG-Programms mit den damals noch von der G-24-Hilfe mitfinanzierten PHARE-Geldern zu sorgen.

Als Ergebnis dieser Debatte wurde im Rahmen der Aktion PHARE von der Kommission und mit Zustimmung des Europäischen Parlamentes beschlossen, einen Teil der PHARE-Mittel abzuzweigen, da der Einsatz von Mitteln der Gemeinschaftsinitiativen in den assoziierten MOEL nicht möglich war.[102] So wurde im Rahmen von PHARE 1994 eine neue Haushaltslinie PHARE-CBC beschlossen, welche Mittel für die Durchführung eines Programms über grenz-überschreitende Zusammenarbeit zwischen MOE-Ländern und Mitgliedstaaten der EU bindet.

Damit wurde dem Anliegen der deutschen Länder nachgekommen, komplementäre EU-Finanzierungsmöglichkeiten zu INTERREG-Mitteln für grenzüberschreitende Zusammenarbeit mit Polen (und Tschechien) zu finden, die als Nicht-EU-Mitglieder keinen Anspruch auf Mittel aus den EU-Gemeinschaftsinitiativen hatten und haben. Eine EU-Förderung im PHARE-Rahmen für den polnischen/tschechischen Teil der Grenzregion wurde von deutscher Seite anvisiert, da aufgrund der geringen nationalen Ressourcen und anderer regionalwirtschaftlicher Schwerpunkte der MOE-Länder nicht mit einem Einsatz nationaler Mittel für die Westgrenze zu rechnen war.

Dieses Vorgehen stieß zunächst auf heftige Kritik in den MOEL, die nun einen Teil der PHARE-Mittel (PHARE-CBC) für die Zusammenarbeit an der Westgrenze verwenden *mussten*. Diese anfänglichen Irritationen hatten zweierlei Gründe.

Die PHARE-Länder reagierten erstens zunächst empört, da PHARE-CBC eher den regionalpolitischen Förderschwerpunkten der neuen Grenzbundesländer entsprach. In Polen waren andere Förderschwerpunkte vorrangig, und deshalb wurden bis dahin keine PHARE-Mittel in dem grenznahen Bereich zu Deutschland eingesetzt. Die Prioritäten regionaler Förderungen von Grenzgebieten der polnischen Regierung in Polen lagen eher bei den wirtschaftlich schwachen südlichen und östlichen polnischen Grenzgebieten und nicht an der Westgrenze zu Deutschland hin. Die polnischen Westgebiete befinden sich in einer bevorzugten Position und unterscheiden sich sehr deutlich von den östlichen und südlichen polnischen Grenzgebieten zu Russland, Litauen, Weißrussland, der Ukraine, der Slowakei und der Tschechischen Republik. Die peripheren östlichen Grenzgebiete Polens sind dünn besiedelt, agrarisch geprägt, wenig urbanisiert und weisen nur vereinzelte "industrielle Inseln" und große infrastrukturelle Defizite auf. Die Attraktivität in bezug auf Investitionen ist sowohl für ausländische als auch für inländische Unternehmer gering. Eine PHARE-Haushaltslinie für die westlichen polnischen

---

[102] Vom EP, angeregt insbesondere von deutschen MdEPs, kam der Vorschlag, einen Teil der PHARE-Mittel gezielt für die grenzüberschreitende Zusammenarbeit einzusetzen.

Grenzgebiete schien angesichts der Problemlage an den polnischen Ostgrenzen für die polnische Regierung aus diesem Grund zunächst wenig nachvollziehbar.

Erst 1999 reagierte die EU-Kommission auf das Anliegen der polnischen (und der tschechischen Regierung). Rund ein Drittel der Jahrestranche aus PHARE-CBC Polen/Tschechien für 1999, ca. 16 Mio. ECU, wurde nicht wie in den Jahren zuvor an der deutsch-polnischen (deutsch-tschechischen) Grenze eingesetzt, sondern an der polnisch-tschechischen und polnisch-slowakischen Grenze.

Neben den regionalpolitischen Bedenken spielten zweitens auch allgemeinpolitische Überlegungen bei der anfänglichen Ablehnung der PHARE-CBC-Linie eine Rolle: Die PHARE-Partnerländer konnten bisher in Absprache mit der Kommission ihre Prioritäten für die PHARE-Unterstützung autonom festlegen und dies in den Richtprogrammen dokumentieren. Die neue Haushaltslinie wurde zunächst nicht als nationales Anliegen der betroffenen MOE-Länder identifiziert, da diese bisher andere regionale Förderschwerpunkte für den Einsatz der PHARE-Mittel wählten. Durch die erfolgreiche Initiative der neuen Bundesländer wurde der polnischen Regierung auch ihre schwächere Verhandlungsposition gegenüber der EU-Kommission als Nicht-EU-Staat bewusst; außerdem wurde PHARE schon als "nationales Regierungsprogramm" wahrgenommen und letztendlich nicht mehr als originär europäisches Hilfsprogramm.

Neben den betroffenen MOEL kritisierten auch die südeuropäischen Mitgliedstaaten, die im PHARE-Verwaltungsausschuss Stellungnahmen zur Ausgestaltung des PHARE-Programms geben können, die neue PHARE-Haushaltslinie. Bemängelt wurde, dass vor allem Deutschland - und nicht Spanien, Portugal, Italien, Griechenland - von PHARE-CBC profitieren könnte, da die NBL ihre durch INTERREG II finanzierten Projekte auf der deutschen Seite der Euroregion durch die PHARE-CBC-Mittel auf der polnischen Seite quasi gegenfinanzieren können. Hier deutet sich ein Grundkonflikt der Osterweiterung der EU an[103]: Während die mit den mittel- und osteuropäischen Ländern wirtschaftlich bereits stark verflochtenen Nachbarländer, zu denen auch Deutschland gehört, den größten Nutzen aus einer wirtschaftlichen und politischen Integration ziehen werden, fürchten die Länder der westlichen und südlichen Peripherie (Portugal, Spanien, Irland und Griechenland) die wachsende Konkurrenz der MOEL um Investitionen und Transfereinnahmen aus den Struktur- und Agrarfonds der EU. Allerdings können die Mitgliedsländer im PHARE-Verwaltungsausschuss kein Veto einlegen, da PHARE ein originäres Programm der EU ist und abschließende Entscheidungen nur den Organen der EU vorbehalten sind.

Die schwierige Entstehungsphase von PHARE-CBC deutet auch auf längerfristige strukturelle Probleme hin: INTERREG II und PHARE-CBC sind beide EU-Förderprogramme zur Durchführung grenzüberschreitender Zusammenarbeit zwischen EU- und MOE-Partnern. Allerdings sind diese Instrumente zu unterschiedlichen Zeitpunkten, mit unterschiedlicher inhaltlich-rechtlicher Zielsetzung und vor allen Dingen für unterschiedliche Partner - EU-Mitglieder und Nicht-EU-Mitglieder - konzipiert worden.

---

[103] Der Grundkonflikt bezieht sich auf die unterschiedliche Interessenlage der EU-15 an der Osterweiterung (Osterweiterung, Süderweiterung und Konkurrenz um Agrar-/Struktur-/Regional-/Kohäsionsfonds), vgl. Kap. 1.4.1. und Kapitel 1.7.1.

Die Koordination dieser unterschiedlichen Instrumente erforderte zusätzlich völlig neue Koordinationsgremien und Entscheidungsprozesse, auf die im folgenden eingegangen werden soll. Zunächst sollen die unterschiedlichen Zielvorgaben und Entscheidungsprozesse bei INTERREG II und PHARE-CBC jeweils in Deutschland und Polen dargestellt werden. Zur Koordinierung und Durchführung von Aktivitäten im Rahmen des polnischen Programms für grenzüberschreitende Zusammenarbeit auf der Grundlage der Aktion PHARE/CBC sowie der relevanten Maßnahmen der deutschen Operationellen Programme INTERREG II wurde am 20.12.1994 ein deutsch-polnisches Rahmenabkommen beschlossen.

3.3.3. Koordination der grenzüberschreitenden Zusammenarbeit im Rahmen der EU-Gemeinschaftsinitiative und der EU-Aktion PHARE-CBC

3.3.3.1. Antragstellung und Durchführung der Projekte bei GI INTERREG II

Mit der neuen Förderperiode der Strukturfonds können in der Bundesrepublik Deutschland die neuen Bundesländer (NBL) an den von der Europäischen Kommission ausgeschriebenen Gemeinschaftsinitiativen, also auch an INTERREG II, teilnehmen. Von 1994 bis 1999 unterliegen die NBL als Ziel-1-Region der höchsten Förderpriorität. Die neue Förderperiode konnte sich nahtlos an das Sonderprogramm anschließen, in dessen Rahmen den NBL für den Zeitraum 1991-1993 unbürokratisch Mittel aus den Strukturfonds zur Verfügung gestellt wurden.[104] Aus Mitteln der Technischen Hilfe konnten bspw. in Brandenburg Mittel für den Aufbau der Euroregionen aufgebracht werden (Studien, laufende Kosten, Informationsveranstaltungen der Kommission).

Dies war als Vorbereitung für die Beantragung der INTERREG-II-Mittel gedacht. Die Teilgebiete entlang der EU-Außengrenze, welche für Aktionen im Rahmen von INTERREG II in Frage kommen, werden als Euroregionen (s.o.) definiert - an der deutsch-polnischen Grenzregion sind das Pomerania, Spree-Neiße-Bober und Pro Europa Viadrina. Nur in diesen drei als Euroregionen definierten Gebieten werden Projekte im Rahmen von INTERREG II im deutschen Teil der Grenzregion möglich sein.

Bevor Projekte im Rahmen der Gemeinschaftsinitiative genehmigt und durchgeführt werden können, müssen die finanziellen Mittel in Operationellen Programmen (OPs)[105] bei der Europäischen Kommission in Brüssel beantragt werden. Diese OPs werden von den deutschen Ländern unter Berücksichtigung der Euroregionen erstellt. Die OPs enthalten Daten über die soziale, wirtschaftliche und bildungspolitische Lage in der jeweiligen Region, Angaben über die in Zukunft zu

---

[104] S. Verordnung 3575/90 des Rates vom 4.12.1990 über die "Interventionen der Strukturfonds im Gebiet der ehemaligen DDR"; bereits am 31.3.1991 konnte die Kommission das gemeinschaftliche Förderkonzept für die NBL und Ostberlin genehmigen.

[105] Vgl. bspw. Operationelles Programm des Landes Brandenburg für die EG-Gemeinschaftsinitiative INTERREG II für die Euroregionen Spree-Neiße-Bober und Pro Europa Viadrina in der brandenburgisch-polnischen Grenzregion.

erwartenden Entwicklungen in diesen Bereichen und einen strukturierten Plan zur Lösung anstehender Probleme.

Mit der anschließenden Anerkennung der Operationellen Programme entscheidet die Europäische Kommission über die Verteilung der Mittel an die europäischen Regionen aus den drei Strukturfonds (Europäischer Sozialfonds [ESF], Europäischer Fonds für regionale Entwicklung [EFRE] und Europäischer Ausrichtungs- und Garantiefonds für die Landwirtschaft [EAGFL]). Auf Basis der OPs, die die Höhe der finanziellen Unterstützung der EU für die betroffene Region festlegen, vollzieht sich dann das Verfahren der Antragstellung bei INTERREG II folgendermaßen:

Die Antragstellung bei INTERREG II am Beispiel Land Brandenburg. Bei der Auswahl, Genehmigung und Bewilligung der grenzübergreifenden INTERREG-II-Projekte auf der deutschen Seite der Euroregionen lässt sich der Entscheidungsprozess zwischen lokalen, nationalen, regionalen und europäischen Akteuren, hier am Beispiel des Landes Brandenburg, in drei Phasen darstellen (s. Abb. 10):

1) Gemäß den Grundsätzen der Partnerschaft ist die *Euroregion* zuständig für die Abwicklung des INTERREG-II-Programmes und die Auswahl der Projekte. Unter Einhaltung bestimmter Fristen müssen die Projektanträge bei der zuständigen Geschäftsstelle der Euroregion eingereicht werden, wo dann die Beratung und anschließend die Prüfung nach INTERREG- und nationalen Förderkriterien erfolgt. Für den Antrag auf Gewährung eines Zuschusses liegt bei allen Geschäftsstellen der Euroregionen bspw. für Brandenburg ein spezielles, für die Euroregionen entwickeltes Antragsformular (8seitig, mit Kosten- und Finanzplan) für die Antragsteller vor.
Der so geprüfte Projektantrag wird bspw. in der Euroregion Pro Europa Viadrina zunächst einer dafür eingerichteten *AG Projektmanagement* vorgelegt. Nach Konsultation mit der AG und auf Basis des vorliegenden Finanzplans trifft dann der *Rat der Euroregion* eine erste positive/negative Entscheidung. Bei Ablehnung geht die Vorlage an den Antragsteller zurück.

2) Bei Befürwortung richtet sich die Geschäftsstelle der Euroregion mit dem Projektträger zur Konsultation an das *zuständige Fachministerium beim Land*, welches für die fachliche Begutachtung und für die Sicherung der Kofinanzierung zuständig ist. Hier erfolgt eine zweite positive/negative Entscheidung: Im Fall der Ablehnung geht die Vorlage an den Antragsteller zurück, oder es wird nach neuen Möglichkeiten einer Kofinanzierung gesucht.
Bei Befürwortung durch die Fachministerien des Landes Brandenburgs wird die zuständige *Generaldirektion 16 der Europäischen Kommission (GD 16)*[106] benachrichtigt. Außerdem werden die so vorläufig befürworteten Projekte den *drei Fondsverwaltern* zur Beratung vor-gelegt. Für Brandenburg sind zuständig: für den ESF (Europäischer Sozialfonds) das MASGF (Ministerium für Ar-

---

[106] Generaldirektion XVI, Generaldirektion Regionalpolitik der Europäischen Kommission; im Januar 1995 erfolgte die Einsetzung der neuen Europäischen Kommission, die Frau Monika Wulf-Mathies die Regionalpolitik als Aufgabenbereich zugeteilt hat.

beit, Soziales, Gesundheit und Frauen), für den EAGFL (Europäischer Ausrichtungs- und Garantiefonds für die Landwirtschaft) das MELF (Ministerium für Ernährung, Landwirtschaft und Forsten) und für den EFRE (Europäischer Fonds für regionale Entwicklung) das MWMT (Ministerium für Wirtschaft, Mittelstand und Technologie), da diese dann auch in dem sogenannten *Lenkungsausschuss des Landes Brandenburg* vertreten sein werden. Neuerdings werden die Projektvorschläge zuvor zur Information an die Europäische Kommission (GD 16) weitergeleitet.

3) Der *Lenkungsausschuss des Landes Brandenburg*, der sich am 22.3.1995 konstituiert hat (2. Sitzung: 22.6.1995), trifft die dritte und letzte positive/negative Entscheidung, die im Konsens-verfahren erfolgt und hauptsächlich von der Frage der erfolgreichen Kofinanzierung der geplanten Projekte abhängt.
Den Vorsitz im brandenburgischen Lenkungsausschuss hat das *Land Brandenburg*, vertreten durch das *MDJBE* (Ministerium der Justiz und für Bundes- und Europaangelegenheiten). Ebenfalls stimmberechtigt vertreten sind die drei genannten *Fondsverwalter der Ministerien* sowie *alle anderen Ministerien des Landes Brandenburg* (mit jeweils einer Stimme). Stimmberechtigt sind auch mit je einer Stimme die Vertreter der *Euroregionen Spree-Neiße-Bober* und *Pro Europa Viadrina*.
Lediglich Beobachterstatus haben die Vertreter der zuständigen *GD 16, Europäische Kommission*, als auch die Vertreter der zuständigen Abteilung im *Bundeswirtschaftsministerium (BMWI)*. Ebenfalls Beobachterstatus wird den *polnischen Vertretern der Euroregionen* gewährt.
Bei der Ablehnung der deutschen Projekte gehen diese an die Antragsteller zurück, im Fall der Befürwortung werden die Bewilligungsbescheide über die drei Fondsverwalter an die Antragsteller zugestellt, d.h., der Antragsteller wird zum Projektträger. Gleichzeitig werden die *Europäische Kommission (GD 16)* und der *Deutsch-Polnische Programmierungs- und Monitoringausschuss* informiert.
Das Antragsverfahren für INTERREG-II-Projekte vollzieht sich, wie oben geschildert, zwischen den zuständigen deutschen Akteuren auf lokaler und Landesebene. Die Europäische Kommission hat Beobachterstatus. Die polnische Seite hat auf Ebene der Euroregionen ebenfalls Beobachterstatus, und Europäische Kommission und Deutsch-Polnischer Programmierungsausschuss werden anschließend informiert. INTERREG II ist demnach eine besondere Interventionsform der Europäischen Kommission, neben der regulären Projektförderung der drei Strukturfonds, die sich auf die Mitgliedstaaten (hier: Deutschland) als Empfängerländer bezieht. Die polnische Seite hat (als Nicht-EU-Mitglied) kein Mitentscheidungsrecht.
Das Entscheidungsverfahren im Rahmen von INTERREG II zeichnet sich durch ein hohes Maß an Dezentralisierung und Subsidiarität aus. In Anschluss an die Genehmigung der mehrjährigen Operationellen Programme können Landesregierung und Euroregionen in den geschilderten, festgelegten Verfahren über die Bewilligung der Projekte entscheiden. Die Euroregionen haben entscheidenden Einfluss bei der Vorauswahl und Sichtung der Projektanträge (durch die Projektmanagement-Ausschüsse der Euroregion). In deutsch-polni-

schen Ausschüssen auf Ebene der Euroregion werden auch die Projekte im Auswahlverfahren mit den polnischen Euroregionenvertretern abgesprochen. Im Lenkungsausschuss des Landes Brandenburg können die deutschen Euroregionen zwar vom Land überstimmt werden, generell hat aber das Land (und die EU-Kommission, die als Beobachter im Lenkungsausschuss anwesend ist) ein Interesse, Projekte zu bewilligen, mit denen sich die lokalen Akteure in den Euroregionen identifizieren. Außerdem verfügt die deutsche Seite der Euroregionen seit der Einrichtung einer Finanzierungsfazilität für kleinere Projekte auch über einen kleineren Etat, über den sie selbstverantwortlich verfügen kann. Hier können kleinere, kurzfristige Projekte finanziert werden.

194   Kapitel 3

```
                    ┌──────────────────────┐
                    │ deutscher Antragsteller │
                    └──────────────────────┘
                         Projektvorschlag
                              ▼
```

Geschäftsstelle der Euroregion
(z.B. in Brandenburg: Spree-Neisse-Bober, Pro Europa Viadrina)
Basis: Gemeinsamer Antrag für die Euroregionen

Vorlage des Projektantrages
▼

Rat der Euroregion/AG Projektmanagement
(auf Basis der Konsultation und Prüfung des Finanzplanes)

Zusage ▼ bei Ablehnung zurück an Antragsteller

Geschäftsstelle der Euroregion

Projektantrag zur Konsultation
▼

Antragsteller wird an **fachlich zuständiges Ministerium in Brandenburg** vermittelt; dort erfolgt die fachliche Begutachtung und Überprüfung der Kofinanzierung

Zusage ▼ bei Ablehnung zurück an Antragsteller

Projektantrag zur Beratung an die **drei Fondsverwaltung, Land Brandenburg**
▼

Projektantrag zur Information an die **Europäische Kommission (GD 16)**
▼

Lenkungsausschuss des Landes Brandenburg (am 22.3.1995 konstituiert)
stimmberechtigt:
Vorsitz: Land Brandenburg MDJBE (eine Stimme)
drei Fondsverwaltung der Ministerien: MASGF-ESF, MELF-EAGFL, MWMT-EFRE
alle Ministerien des Landes Brandenburg (jeweils zuständiges Ministerium eine Stimme)
Vertreter der dt. Seite der 2 Brandenburger Euroregionen
Beobachterstatus: Europäische Kommission (GD 16), BMWI,
Poln. Vertreter der Euroregionen
Empfehlungen werden im **Konsens** abgegeben (abh. u.a. von der Kofinanzierung)
Aufgabe: Begutachtung von Projekten im deutschen Teil der Euroregionen

Zusage ▼ bei Ablehnung zurück an Antragsteller

Bewilligungsbescheide über die 3 Fondsverwalter an die Antragsteller,
d. h. Antragsteller wird zum Projektträger

Information
▼

Deutsch-Polnischer Programmierungs- und Monitoringausschuss
und **Europäische Kommission (GD 16)**

Abb. 10: INTERREG II Antragstellung am Beispiel des Landes Brandenburg

Neue Geschäftsgrundlage für grenzüberschreitende Zusammenarbeit 195

3.3.3.2. Antragstellung und Durchführung der Projekte bei PHARE-CBC

Da eine Gemeinschaftsunterstützung im Rahmen der Initiative INTERREG II nur in Gebieten innerhalb der Europäischen Union gewährt werden kann, wurde im Rahmen des EU-Hilfsprogramms PHARE eine eigene Haushaltslinie zur Unterstützung grenzübergreifender Zusammenarbeit zwischen der Europäischen Union und den angrenzenden Staaten Mittel- und Osteuropas geschaffen. Für den Zeitraum 1994-1999 stehen im Rahmen von PHARE-CBC Cross Border Cooperation insgesamt 2,4 Mrd. ECU zur Verfügung.[107] Finanzielle Hilfe kann demnach auch Polen in Anspruch nehmen, wie alle anderen Länder, die im Rahmen von PHARE gefördert werden und an einen Mitgliedstaat der EU angrenzen. PHARE stellt nicht rückzahlbare Zuschüsse zur Verfügung, um den Prozess der wirtschaftlichen Umgestaltung zu befördern, zur Stärkung der demokratischen Gesellschaften und um langfristig den PHARE-Partnerländern die Mitgliedschaft in der EU zu ermöglichen.

PHARE- und PHARE-CBC-Antragstellung. PHARE bildet als Teil der Außenwirtschaftspolitik der EU im wesentlichen ein *Programm von Regierung zu Regierung*, dessen Zielsetzung, Umfang, Mittel und Methoden in einem Dialog zwischen Europäischer Kommission/Generaldirektion 1 (GD1)[108] und den Partnerländern in einem mehrstufigen Verfahren folgendermaßen festgelegt werden (s. Abb. 11):

1) Jedes PHARE-Wirtschaftsjahr beginnt mit einer großen Diskussionsrunde, in der die Empfängerstaaten ihre Wunschliste in bezug auf die EU-Unterstützung darlegen, indem sie vorrangige Hilfsbereiche definieren.

---

[107] Verordnung (EG) Nr. 1628/94 der Kommission vom 4.7.1994 über die Durchführung eines Programms zwischen Ländern in Mittel- und Osteuropa und Mitgliedstaaten der Europäischen Union im Rahmen der Aktion PHARE, ABl. Nr. L 171/14.
[108] Generaldirektion 1, Generaldirektion für Außenwirtschaftsbeziehungen der Europäischen Kommission.

Kapitel 3

Polen als Empfängerstaat beginnt das **PHARE Wirtschaftsjahr** mit **Diskussionsrunde in Polen;** ("Wunschliste" wird definiert zu vorrangig betrachteten Hilfsbereichen)

▼

EU- und PHARE-Staaten erarbeiten das **jährliche Richtprogramm/indikative Programm** (Förderziele und Schwerpunkte für das jeweilige Land und grobe Mittelverteilung)

Für PHARE-CBC: "Poland PHARE-CBC Cross Border Cooperation Multiannual Programme - MIP (1995 - 1999)"

PHARE Mittel aus EU-Gemeinschaftshaushalt (Ein- oder Mehr-Jahres-Vereinbarungen)

▼

Auf Grundlage der indikativen Programme werden die **Operationellen Programme (OPS)** erstellt (spezifische Details für einzelne Sektoren)

▼

Operationeller Dienst PHARE und **nationaler polnischer Koordinator,** Minister oder Staatssekretär erarbeiten aus den Ops einzelne **Sektorprogrammentwürfe und Finanzierungsvorschläge**

| Stellungnahme
▼

Verwaltungsausschuss aus Vertretern der EU-Mitgliedstaaten

| Stellungnahme
▼

Europäische Kommission fasst **Finanzierungsbeschluss über einzelne Sektorprogramme:** Finanzprotokoll und Finanzierungsbeschluss über die einzelnen Sektorprogramme (Sachgebiete, Aufgaben, Zuschüsse für das jeweilige Jahr)

| Bewilligung zur Durchführung der Sektor- und Regionalprojekte
▼

Die praktische Durchführung der Sektor- und Regionalprojekte obliegt in **Polen** den **polnischen Projektdurchführungseinheiten (PMU/PIU)**

| Prüfung
▼

Operationeller Dienst PHARE prüft Ausschreibungsverfahren und Zuschlagerteilung; Mittel werden im allg. in Form nicht zurückzahlbarer Zuschüsse vergeben

Abb. 11: PHARE/PHARE-CBC Antragstellung am Beispiel Polens

2) Auf dieser Basis stellen EU und PHARE-Staat zusammen die jährlichen Richtprogramme mit den grundlegenden Förderzielen für das jeweilige Land fest. Ab 1993 gab es Veränderungen zugunsten von Mehrjahresprogrammen. Für das PHARE-CBC-Programm haben Polen und die Europäische Kommission (GD

1) das "Poland PHARE-CBC Cross Border Cooperation Multiannual Indicative Programme - MIP (1995-1999)" vorgelegt.

3) Das Richtprogramm wird dann vom Operationellen Dienst PHARE gemeinsam mit dem nationalen Koordinator in einzelne Sektorprogramm-Entwürfe (mit Finanzierungsvorschlägen) zergliedert.

4) Die Entwürfe gehen anschließend zur Stellungnahme an den *Verwaltungsausschuss aus Vertretern der EU-Mitgliedstaaten*, wo ein Votum erfolgt (Beratung und Stellungnahme).[109]

5) Bei erfolgter Stellungnahme kann die EU-Kommission den Finanzierungsbescheid über die einzelnen Sektorprogramme fassen. Mit dem Finanzprotokoll oder Finanzierungsmemorandum liegt die entscheidende Vereinbarung zwischen der Regierung des PHARE-Staates und der Europäischen Kommission vor. Das Sektorprogramm wird anschließend für die Ausschreibung der Einzelmaßnahmen veröffentlicht.

6) Die Durchführung der Programme wie auch die praktische Vergabe der Aufträge obliegen den PHARE-Staaten, wozu sogenannte "Project Management Units" (PMU) von den nationalen Regierungen eingesetzt werden. Die Projektverträge selbst werden von der örtlichen EU-Delegation und dem Empfängerland gemeinsam geschlossen. Die EU-Delegationen haben während der Durchführungsphase die Aufgabe, die Projekte zu betreuen, ihren Verlauf zu überwachen und ggf. für eine Anpassung des Projektinhaltes an geänderte Bedingungen zu sorgen. Sie sollen die EU-Kommission in ihrer Koordinierungsaufgabe unterstützen.

Die Antragstellung bei POLAND PHARE-CBC Cross Border Cooperation (1995-1999) verläuft im großen und ganzen analog zu dem dargestellten Antragsverfahren von PHARE.

Das eigentliche PHARE-CBC-Antragsverfahren (von der Projektauswahl bis zur Projektbewilligung) verläuft in einem sehr komplizierten Verfahren:

1) Die polnische Geschäftsstelle der Euroregion Pro Europa Viadrina (derzeit in Gorzów) nimmt die Anträge der lokalen Gebietskörperschaften und anderer öffentlicher Einrichtungen aus dem polnischen Teil der Grenzregion entgegen und begleitet die Antragsteller beim Prozess der Antragstellung. Da das PHARE-CBC-Verfahren nur eine jährliche Auswahlrunde vorsieht, trifft sich die polnische AG Projektmanagement der Euroregion seltener als ihr deutsches Pendant.

---

[109] Der Art. 9 der Verordnung (VO) des Rates (EWG) 3906/89 verleiht dem Verwaltungsausschuss und damit den Mitgliedstaaten nur ein Recht zur Stellungnahme. Weitergehende Kompetenzen, z.B. ein Vetorecht gegen Entscheidungen der Kommission, sind ausgeschlossen.

2) Die polnische Geschäftsstelle der Euroregion Viadrina leitet dann die Projektanträge an die Verwaltung der Wojewodschaft weiter, die die Projektvorschläge dem Sejmik (Wojewodschaftsparlament) vorlegt, der dann eine Prioritätenliste der zu fördernden Projekte erstellt. Eine polnische Prioritätenliste (in Polnisch und Englisch) wird dann der PHARE-CBC Management Unit in Warschau zugestellt.

3) Diese Prioritätenliste wird dann einem Lenkungsausschuss in Warschau vorgelegt. Dieser Lenkungsausschuss kommt unter nationalem Vorsitz (Unterstaatssekretär des Ministeriums für Innere Angelegenheiten und Administration) mit stimmberechtigten Vertretern aller am PHARE-CBC beteiligten Wojewodschaften sowie Vertretern der betroffenen Ministerien (Umwelt, Transport, Komitee für Europäische Integration, Regierungszentrum für Strategische Studien, Landwirtschaft, Finanzen, Wirtschaft) einmal jährlich zusammen (aufgrund des jährlichen Zulassungsverfahren von Anträgen bei PHARE). Beobachterstatus im polnischen Lenkungsausschuss haben die Vertreter der EU-Delegation in Polen. Die polnische Seite der Euroregion ist weder stimmberechtigtes noch beobachtendes Mitglied im Lenkungsausschuss. Die Vertreter der Wojewodschaften müssen nun die Vertreter der Ministerien von der Sinnhaftigkeit der jeweiligen Projekte überzeugen (in der Regel kommen auf ein bewilligtes Projekt vier Anträge, die abgelehnt werden müssen), während die EU die Anträge hinsichtlich der Erfüllung der PHARE-CBC-Richtlinien überprüft. Der Lenkungsausschuss stimmt sich dann zu einer polnischen Prioritätenliste ab. Damit ist der Entscheindungsprozess aber noch nicht abgeschlossen.

4) Die vorläufige polnische Prioritätenliste wird (im Fall der Euroregion Pro Europa Viadrina) dem deutschen Grenzbundesland (Land Brandenburg, Ministerium für Justiz- und Europaangelegenheiten) und gleichzeitig der EU-Kommission (GD 1) zur Abstimmung vor-gelegt. Schließlich muss noch der Deutsch-Polnische Monitoringausschuss (auf diesen Ausschuss wird im folgenden eingegangen) eine abschließende Stellungnahme zu der polnischen Prioritätenliste abgeben. Diese endgültige Liste wird dann von der PHARE-CBC Management Unit in Warschau bestätigt.

5) Schließlich erfolgt die Unterzeichnung der Finanzierungsvereinbarung und der Durchführungsvereinbarung zwischen der EU-Kommission und der polnischen Regierung.

Der Entscheidungs- und Abstimmungsprozess dauert, aufgrund des zentralisierten Verfahrens, in der Regel ein Jahr. 1998 wurde dieser Zeitraum sogar überschritten (da PHARE-Mittel für Polen wegen unsachgemäßer Antragstellung von der EU-Kommission gekürzt wurden). Auch 1999/2000 wird mit Verzögerungen von der Antragstellung bis zur Bewilligung der Projekte aufgrund der Verwaltungsreform in Polen gerechnet.

Die Höhe der finanziellen Unterstützung durch die EU richtet sich bei PHARE/CBC nach den Haushaltsentscheidungen über die Mittelausstattung für diese Haushaltslinie und den auf die Republik Polen entfallenden Anteil - im Fall von INTERREG II nach den in den Operationellen Programmen für die betroffenen Regionen festgelegten Mitteln. Die Mittelverwaltung erfolgt auf deutscher Seite auf regionaler Ebene (über die drei Strukturfondsmanager des Landes Brandenburg), ebenso ist das Land für die sachlich und rechtlich richtige Durchführung der Projekte gemäß den Landes- und EU-Richtlinien verantwortlich. Die Mittelverwaltung auf polnischer Seite erfolgt über die PHARE-Büros in Warschau. Die monatliche Auszahlung der Mittel sowie die konkrete Umsetzung der PHARE-CBC-Projekte werden von unabhängigen Consultants, die im Auftrag der EU-Kommission arbeiten, regelmäßig überprüft.

PHARE ist als ein Programm, das in einem mehrstufigen Verfahren zwischen Europäischer Kommission (DG 1A) und der polnischen Regierung ausgehandelt wird, im wesentlichen ein Programm von Regierung zu Regierung. Die polnische Seite der Euroregionen spielt bei der Auswahl der Projekte eine untergeordnete Rolle, die allenfalls als beratend zu bezeichnend ist. Das geschilderte INTERREG-II-Verfahren weist einen wesentlich höheren Grad an Dezentralisierung und Subsidiarität auf; allerdings erfordert dieses dezentrale Entscheidungs-verfahren auch eine entsprechende Leistungskraft, was die Finanzkontrolle und die Durchführung des Programms angeht. Möglicherweise wäre Polen, angesichts des Dezentralisierungsprozesses der eigenen Verwaltung, derzeit mit einer strukturfondsähnlichen Ausrichtung des PHARE-CBC-Programms auch überfordert.

Die Einbindung der lokalen Kräfte in das Entscheidungsverfahren bei der Auswahl der Projekte funktioniert für die polnische Seite nur im Rahmen der Einrichtung der Finanzierungsfazilität für kleine Projekte im Rahmen von PHARE-CBC ("Small-scale projects"). Diese beschränkte Handlungskompetenz empfinden die lokalen Euroregionenvertreter in Polen als frustrierend - zumal sie sich dessen in den gemeinsamen Arbeitsgruppen vor Ort mit den deutschen Euroregionenvertretern zusätzlich bewusst werden. Andererseits sind die polnischen Euroregionenvertreter beratend in den Entscheidungsprozeß eingebunden (sowohl im deutschen Lenkungsausschuss für INTERREG II als auch im deutsch-polnischen JPMC-Ausschuss, auf den im folgenden eingegangen werden soll), so dass sie sich auf eine langfristig stärkere Einbindung ihrer lokalen Kompetenzen lernend und begleitend einstellen können. Die polnische Seite der Euroregionenvertreter wird spätestens beim Beitritt Polens zur EU mit der INTERREG-Förderung im Rahmen der Strukturfonds konfrontiert werden. PHARE-CBC kann in der derzeitigen Form, auch nach der neuen Förderphase 2000-2006 in überarbeiteter Form, als Instrument der institutionellen Heranführung auch der polnischen Euroregion an die Instrumente der EU-Strukturförderung verstanden werden.

3.3.3.3. *Koordination von Aktivitäten im Rahmen des PHARE-CBC- und INTERREG-II-Programms durch den JPMC-Ausschuss*

Um Aktivitäten im Rahmen des polnischen Programms für grenzüberschreitende Zusammenarbeit auf der Grundlage der Aktion PHARE (PHARE/CBC) sowie der relevanten Maßnahmen der deutschen Operationellen Programme INTERREG II zu koordinieren, wurde am 20.12.1994 in Warschau ein *"Rahmenabkommen zwischen dem Projektmanager für das polnische Programm im Rahmen der Aktion PHARE und dem Bundesministerium für Wirtschaft der Bundesrepublik Deutsch-*

land über den Einsatz von Mitteln der Europäischen Union für die grenzüberschreitende Zusammenarbeit im Zeitraum 1995-1999" in Kraft gesetzt.

Als Schwerpunkte für die Entwicklung der grenznahen, grenzüberschreitenden deutsch-polnischen Zusammenarbeit nennt das Rahmenabkommen die Bereiche Verkehr, kommunale Infrastrukturen, Umweltschutz, wirtschaftliche Entwicklung, Landwirtschaft, menschliche Ressourcen und technische Hilfe.

Deutsch-Polnischer Programmierungs- und Monitoringausschuss (1995-1999).
In diesem Rahmenabkommen wurde (zusätzlich zu dem beschriebenen PHARE-CBC-Antragsverfahren) im Dezember 1994 ein "Deutsch-Polnischer Programmierungs- und Monitoringausschuss (1995-1999)" (kurz: Monitoringausschuss oder JPMC-Ausschuss) eingerichtet, als neuer und dritter Unterausschuss der seit 1991 bestehenden Deutsch-Polnischen Regierungskommission.[110]

Diese Entscheidung, den sogenannten Monitoringausschuss als dritten Unterausschuss neben den beiden genannten Ausschüssen für grenznahe Fragen und interregionale Zusammenarbeit anzusiedeln, wirkt zunächst befremdlich, da der dritte Unterausschuss inhaltlich eine völlig andere Funktion wahrnimmt. Die Deutsch-Polnische Regierungskommission ist ein bilaterales Beratungsgremium auf Regierungsebene, während der Monitoringauschuss für die Koordination von EU-Programmen zwischen Deutschland und Polen eingesetzt wurde.[111] Aus diesem Grund ist die Deutsch-Polnische Regierungskommission nicht weisungsbefugt gegenüber dem Monitoringausschuss, während der Monitoringausschuss lediglich bericht-erstattungspflichtig gegenüber der Regierungskommission ist. Auf das "Eigenleben" des neuen, dritten Unterausschusses soll im folgenden eingegangen werden.

Nach Artikel 6 des Rahmenabkommens soll der Monitoringausschuss

"... im Rahmen seiner Tätigkeit die Entwicklungsnotwendigkeiten beobachten, geeignete Maßnahmen und Projekte vorschlagen sowie den Realisierungsstand der angenommenen Programme der grenzüberschreitenden Zusammenarbeit im Rahmen der Aktion PHARE und der Operationellen Pro-

---

[110] Vgl. Kapitel 2.2.5.
[111] Die Ansiedlung des JPMC-Ausschusses als 3. Unterausschuss der Deutsch-Polnischen Regierungskommission hatte auch politische Gründe. Nach einer Regierungsumbildung in Polen wurde die Zuständigkeit für EU-Fragen vom Zentralen Planungsamt zum Amt des Ministerrates transferiert. Der polnische Vertreter im Monitoringausschuss kommt deshalb aus dem Amt des Ministerrates/Departement für grenzüberschreitende Zusammenarbeit, während die Delegationsleitung in der Deutsch-Polnischen Regierungskommission weiterhin vom Zentralen Planungsamt ausgeführt wird. Deshalb bestand das Zentrale Planungsamt darauf, den Monitoringausschusses als dritten Unterausschuss der Deutsch-Polnischen Regierungskommission anzusiedeln. Trotzdem führt der Monitoringausschuss inhaltlich und rechtlich ein "Eigenleben" gegenüber den beiden anderen Ausschüssen für grenznahe und interregionale Zusammenarbeit. Der Monitoringausschuss erstattet lediglich Bericht gegenüber der Deutsch-Polnischen Regierungskommission, die aber nicht weisungsbefugt gegenüber dem Monitoringausschuss ist.

gramme von INTERREG II, die diesem Abkommen unterliegen, evaluieren."[112]

Der Ausschuss, der sich alle 6 Monate trifft, entscheidet im Konsensverfahren und gibt die Stellungnahmen als Empfehlungen ab. In bezug auf die polnischen Projekte im PHARE-CBC-Entscheidungsprozess werden diese JPMC-Empfehlungen über die zuständigen Stellen in Polen zunächst an die GD 1 der EU-Kommission weitergeleitet, die einen Finanzierungsvorschlag vorbereitet (vgl. Kapitel 3.3.3.2). Die Empfehlungen zu den deutschen Projekten gehen an den Lenkungsausschuss der deutschen Länder.

Weiterhin legt das Rahmenabkommen die Aufgaben des Monitoringausschusses fest. Seine Aufgaben sind: Stellungnahmen zum Mehrjahres-Indikativen-Programm PHARE-Cross-Border und Operationellen Programm INTERREG II, Bestimmen konkreter Projekte und Aktivitäten initiieren, unterstützen und beaufsichtigen, um die grenzüberschreitende Zusammenarbeit zu fördern und um zukünftige Programme effektiver zu gestalten.

Der Ausschuss setzte sich aus jeweils einem deutschen und polnischen Ko-Vorsitzenden zusammen, die die Zusammensetzung ihrer Ausschüsse jeweils autonom bestimmen. Im folgenden wird der Ausschuss in seiner ersten Zusammensetzung beschrieben:

- Für Deutschland ist der Ko-Vorsitzende der Leiter der Unterabteilung für regionale Strukturpolitik im BMWI, Dr. Funkschmidt, mit dem Sekretariat (dem Leiter Herrn Senftleben, BMWI). Im Ausschuss vertreten sind je nach Sachlage die deutschen Bundesministerien, das Auswärtige Amt, die Ländervertreter (MDJBE Brandenburg, Staatskanzlei Sachsen, Wirtschaftsministerium Mecklenburg-Vorpommern) und Vertreter der deutsch-polnischen Euroregionen. Darüber hinaus gibt es Arbeitsgruppen für das jeweilige Bundesland.

- Für Polen ist als Ko-Vorsitzender der Direktor des Departements für grenzüberschreitende Zusammenarbeit im Amt des Ministerrates, Herr Grabowski, und im Sekretariat Herr Przespolewski (PHARE-CBC, Programme Management Unit) vertreten. Analog gibt es Arbeitsgruppen und einen Ausschuss, bei dessen letzten Treffen im Mai 1995 erstmals auch die Vertreter der polnischen Euroregionen beobachtend vertreten waren. Allerdings hat die polnische Seite festgelegt, dass der Monitoringausschuss aus ihrer Sicht ein Ausschuss der Zentralregierungen sein soll.

Während auf der deutschen Seite die INTERREG-Lenkungsausschüsse im Anschluss an die Genehmigung der OPs durch die EU-Kommission selbst über die

---

[112] Rahmenabkommen zwischen dem Projektmanager für das polnische Programm für grenzüberschreitende Zusammenarbeit im Rahmen der Aktion PHARE und dem Bundesministerium für Wirtschaft der Bundesrepublik Deutschland über den Einsatz von Mitteln der Europäischen Union für die grenzüberschreitende Zusammenarbeit im Zeitraum 1995 - 1999, vom 20.12.1994, Artikel 6, S. 7. Zum Indikativen Finanzplan INTERREG und PHARE-CBC.

Projekte entscheiden können (z.B. das Land Brandenburg in Abstimmung mit den deutschen Euroregionenvertretern), ist dies im Rahmen von PHARE-CBC erst nach einer Stellungnahme des betroffenen deutschen Grenzbundeslandes und einer deutsch-polnischen, einstimmig formulierten Stellungnahme des JPMC-Ausschusses zu den polnischen Vorschlägen im Rahmen von PHARE-CBC möglich. Auch haben - im Unterschied zu INTERREG II - die EU-Mitgliedstaaten die Möglichkeit, im PHARE-Verwaltungsausschuss eine Stellungnahme zu den polnischen Sektorprogrammentwürfen abzugeben (vgl. Kapitel 3.3.3.2).

Der Monitoringausschuss ist bemüht, durch konsensorientierte Zusammenarbeit, die polnische Seite möglichst gleichberechtigt in den Abstimmungsprozess bei PHARE-CBC, aber auch bei INTERREG II auf der deutschen Seite, einzubeziehen. Grundsätzliche Konflikte bei der Bewertung und Auswahl der polnischen Projekte im JPMC-Aussschuss zwischen deutschen und polnischen JPMC-Vertretern sind nicht bekannt. Im Gegenteil: der Monitoringausschuss hat sich zu einem Kristallisationspunkt in einem äußerst komplexen nationalen und europäischen Entscheidungsverfahren entwickelt. Sowohl deutsche als auch polnische Regierungsvertreter sind bemüht, trotz der parallelen inhaltlichen und rechtlichen Förderinstrumentarien gemeinsame deutsch-polnische "Schnittstellen" zu finden. Die polnische Regierung ist zudem der deutschen Seite in dem Wunsch entgegengekommen, auch lokale Vertreter der polnischen Euroregionen im JPMC zuzulassen. Dies entsprach zunächst nicht den Vorstellungen der polnischen Regierung, die den JPMC eindeutig als einen Regierungsausschuss betrachtet.

3.3.3.4. *Die Probleme mit der mangelnden Komplementarität der Förderinstrumente INTERREG II und PHARE-CBC*

Die grenzüberschreitende deutsch-polnische Zusammenarbeit findet in einem komplexen Gefüge einerseits binationaler deutsch-polnischer Beziehungen, andererseits europäischer Regional- und europäischer Außenwirtschaftspolitik statt. Dies hat zur Folge, dass eine Vielzahl von Akteuren auf unterschiedlichen Ebenen (lokal, regional, national, europäisch) beteiligt sind. Dies bedeutet, daß Entscheidungs- und Koordinierungsprozesse komplex und zum Teil unübersichtlich werden.

Deshalb soll abschließend versucht werden, thesenartig die Chancen und Konfliktlinien aufzuzeigen, die sich für die Gestaltung grenzüberschreitender deutsch-polnischer Kooperation im "europäischen Mehre-Ebenen-Spiel", insbesondere durch die europäische Grenzlandförderung im Rahmen von INTERREG II und PHARE-CBC, bereits andeuten. Sie können als Ausgangspunkt für die weiteren Forschungsbemühungen angesehen werden:

Die fehlende Komplementarität von INTERREG II und PHARE-CBC führt zu unterschiedlichen Konfliktlinien zwischen den Partnern. Es gab anfänglich einen grundsätzlichen Interessenkonflikt zwischen Deutschland und Polen über die regional-politischen Schwerpunkte bei PHARE.

Da die INTERREG-Mittel als EU-Gemeinschaftsinitiative nur innerhalb der EU eingesetzt werden dürfen, haben die neuen Grenzbundesländer (Mecklenburg-

Vorpommern, Brandenburg, Sachsen, Bayern und Berlin) in einer gemeinsamen Initiative der Länder gegenüber der EU-Kommission gefordert, INTERREG-II-Mittel auch in Nicht-EU-Ländern (Polen und Tschechien) einzusetzen. Da dieses Anliegen aus rechtlichen und politischen Gründen nicht zu realisieren war, wurde aus den PHARE-Mitteln die sogenannte neue Haushaltslinie PHARE-CBC gegründet, welche Mittel für die Durchführung eines Programms zur grenzüberschreitende Zusammenarbeit zwischen MOE- und EU-Ländern bindet.

Die PHARE-Länder reagierten zunächst empört, da PHARE-CBC eher den regionalpolitischen Förderschwerpunkten der NBL entsprach, während in Polen und Tschechien andere Förderschwerpunkte vorrangig waren und diese deshalb auch bis dahin keine PHARE-Mittel in den grenznahen Bereich zu Deutschland einsetzten. Die polnische Regierung in Warschau gab der Förderung ihrer Ostregionen und dem Ausbau der Grenzübergänge an ihrer Ost- bzw. Südgrenze Priorität und setzte dort entsprechende PHARE-Mittel und nationale Mittel ein.[113]

Außerdem konnten die PHARE-Partnerländer bisher in Absprache mit der Kommission ihre nationalen Prioritäten für die PHARE-Unterstützung selbst festlegen und ihre nationalen Interessen entsprechend in den Richtprogrammen dokumentieren. Durch die erfolgreiche Initiative der NBL wurde der polnischen Regierung bewusst, dass Deutschland als EU-Mitgliedstaat Einfluss auf die PHARE-Mittel nehmen kann, wohingegen in Polen PHARE schon als "nationales Regierungsprogramm" angesehen wurde, was es de facto nicht ist.

War es für die polnische Regierung zunächst nicht offensichtlich, dass die Förderung der deutsch-polnischen, grenzüberschreitenden Zusammenarbeit durch die EU auch Vorteile für Polen bringen würde, so hat sich diese Zurückhaltung seit den 90er Jahren stark gewandelt. Polen öffnete sich und trat am 19.1.1993 dem Europäischen Rahmenabkommen über grenzüberschreitende Zusammenarbeit des Europarates[114] bei; im Februar 1993 folgte der Beitritt Polens zur Europäischen Charta der kommunalen Selbstverwaltung.[115] Polen verhandelte in dieser Zeit über einen Assoziierungsvertrag mit der EG[116] und über Verträge mit all seinen Nachbarn zwecks Verbesserung der grenzüberschreitenden Zusammenarbeit. Die Bedeutung der Heranführung Polens an die EU[117] wurde ebenso ausführlich wie die Rolle des deutsch-polnischen Nachbarschaftsvertrages[118] und des deutsch-polnischen Grenzvertrages[119], für die grenzüberschreitende Zusammenarbeit, in den vorangegangenen Kapitel dargestellt.

Interessant ist auch, dass im PHARE-Verwaltungsausschuss, der sich aus den Vertretern der EU-Mitgliedstaaten zusammensetzt und der auch im PHARE-CBC-Antragsverfahren Empfehlungen abgeben kann, sich andere EU-Mitgliedstaaten kritisch äußern. Kritisiert wird, dass an der deutsch-polnischen Grenze EU-Gelder für ein Nicht-EU-Mitglied ausgegeben werden, aber nicht alle EU-Staaten davon

---

[113] 1994 wurden dort 6 neue Übergänge an diesen Grenzen eröffnet.
[114] Vgl. Kapitel 2.2.4.
[115] Vgl. Kapitel 2.2.4.
[116] Vgl. Kapitel 1.1.
[117] Vgl. Kapitel 1.
[118] Vgl. Kapitel 2.2.
[119] Vgl. Kapitel 2.1.

indirekt (PHARE-CBC als komplementäres Programm zu INTERREG II) profitieren können. Damit wurde deutlich, dass der Wunsch, das INTERREG-Programm auch an den EU-Außengrenzen grenzüberschreitend einzusetzen, politisch bei den anderen Mitgliedstaaten kaum Unterstützung finden konnte, da bis Ende 1994 nur zwei weitere Mitgliedstaaten Außengrenzen zu den MOE-Staaten hatten.

Obwohl Europäische Kommission und Europäisches Parlament versucht haben, eine Spiegelbildlichkeit zwischen INTERREG II und PHARE-CBC herzustellen, ist eine Komplementarität weder formalrechtlich noch inhaltlich vorhanden.

INTERREG II ist eine EU-Gemeinschaftsinitiative, bei der Strukturfondsmittel auf EU-Territorium eingesetzt werden (zuständig ist deshalb die GD16 der Europäischen Kommission). Aus diesem Grund kann Polen nicht über die Vergabe von INTERREG-II-Mitteln verfügen.

PHARE-CBC ist im Rahmen von PHARE Teil der Außenwirtschaftspolitik der EU (zuständig ist deshalb die GD1 der Europäischen Kommission). Hier werden EU-Fördermittel in einem Nicht-Mitgliedstaat der EU eingesetzt, so dass die EU-Mitgliedstaaten (auch Deutschland) Einfluss im Verwaltungsausschuss im Rahmen der PHARE-Antragstellung nehmen können. Der gemeinsame Deutsch-Polnische Monitoringausschuss ermittelt zuvor PHARE-CBC-Projekte und formuliert Empfehlungen, die einstimmig von beiden deutsch-polnischen Vorsitzenden angenommen werden müssen. Diese Empfehlungen werden über den Verwaltungsausschuss der EU-Kommission zur endgültigen Begutachtung zugeleitet.

Unterschiedlich sind deshalb auch die Programmierungsverfahren (bei INTERREG II sind diese mehrjährig/bei PHARE-CBC einjährig) sowie die Genehmigung von Projekten (auf regionaler und nationaler Ebene im Falle von INTERREG II/ auf Ebene der EU-Kommission für PHARE-CBC).

Der Monitoringausschuss nimmt eine Schlüsselfunktion für die deutsch-polnische Kooperation im Rahmen der EU-Grenzlandförderung (INTERREG II-PHARE-CBC) wahr. So wurde verhindert, dass Polen aufgrund der geschilderten unterschiedlichen Einflussnahme auf Entscheidungsprozesse gegenüber Deutschland sich möglicherweise als "Partner 2. Klasse" fühlen könnte. Im Monitoringausschuss haben beide nationalen Regierungen die Möglichkeit, ihre unterschiedlichen nationalen Förderphilosophien und Handlungsspielräume für grenz-überschreitende Zusammenarbeit kennen zu lernen. Die Verfahrensweisen und Instrumente europäischer Grenzraumförderung erleben deutsche und polnische nationale und lokale Akteure in ihrer Komplexität und Widersprüchlichkeit eher als negativ. Allerdings haben auch hier beide Seiten eine pragmatische Grundhaltung entwickelt. Die gegebenen Förderrichtlinien werden mittlerweile als der momentan kleinste westeuropäische politische Konsens für eine grenzüberschreitende EU-MOEL-Grenzlandförderung begriffen. Diesen Handlungsspielraum will man finanziell und politisch so gut wie möglich ausschöpfen. Diese schwierige Abstimmungsarbeit wird aber auch positiv als mittelfristige Heranführungsstrategie der polnischen Seite an die Strukturfonds der EU (und an INTERREG III) verstanden.

Die unterschiedlichen formalrechtlichen und inhaltlichen Ausrichtungen von PHARE-CBC und INTERREG II auf konkrete Projekte in der Grenzregion: autonome polnische oder autonome deutsche Projekte haben eher eine Förderungschance als grenzüberschreitende deutsch-polnische Projekte.

Auf der Basis der aktuellen INTERREG II- und PHARE-CBC-Förderrichtlinien lassen sich eher autonome deutsche und autonome polnische Projekte in der Grenzregion realisieren, die jeweils "grenzübergreifend" auf deutscher/polnischer Seite wirken. Wirkliche gemeinsame "grenzüberschreitende" deutsch-polnische Projekte sind langfristig erst nach einer Reform der Gemeinschaftsinitiative INTERREG II und dem Außenwirtschaftsprogramm PHARE-CBC ab 2000 möglich. Momentan muss versucht werden, auf der bestehenden rechtlich/inhaltlich vorgegebenen Basis, geeignete Maßnahmen zu entwickeln. Das Ergebnis wird von der EU-Kommission allerdings kritisiert, da bei der Realisierung von jeweils "nationalen" Projekten auf der deutschen oder der polnischen Seite der Grenze der sogenannte "europäische Mehrwert" nicht mehr ersichtlich sei.

Innerhalb des komplizierten Entscheidungsverfahrens führt neben der Nicht-Mitgliedschaft Polens in der EU auch das unterschiedliche rechtlich-politische System Deutschlands und Polens auf bilateraler Ebene zu Konfliktpotentialen. Diese Machtasymmetrien haben auch innerhalb Deutschlands zu Konflikten geführt.

In der Bundesrepublik Deutschland ist die grenzüberschreitende Zusammenarbeit eigentlich Sache der Bundesländer, die sich mit den zuständigen lokalen Akteuren koordinieren. Der Bund ist in erster Linie moderierend tätig und schafft gegebenenfalls die entsprechenden Rahmenbedingungen (z.B. über einen deutsch-polnischen Staatsvertrag). Hierzu wurde beispielsweise die bilaterale Deutsch-Polnische Regierungskommission eingerichtet, in der Bund, Länder, polnische Zentralregierung und Wojewodschaften sich beraten und Empfehlungen an die nationalen Regierungen weiterleiten können.[120]

Da aber der polnische Partner Entscheidungen bezüglich der grenzüberschreitenden Zusammenarbeit auch im PHARE-CBC-Verfahren eindeutig auf Ebene der Zentralregierungen fällt, werden deutsche Gesprächspartner auf Landes- oder kommunaler Ebene nicht akzeptiert. Aus diesem Grund ist der Bund gefordert (BMWI, AA), über die moderierende Rolle hinauszuwachsen. Dies trifft insbesondere für den JPMC-Ausschuss zu.

Diese Asymmetrie in den Kompetenzen stellt auch für die anderen Ebenen ein Problem dar: den deutschen Ländervertretern stehen auf polnischer Seite mit den Wojewoden relativ machtlose Partner gegenüber, gleiches gilt für deutsche Kommunalpolitiker (mit der deutschen kommunalen Selbstverwaltung ausgestattet), denen ebenfalls vergleichbar schwache lokale polnische Partner gegenüberstehen.

---

[120] Allerdings ohne die Euroregionen, dafür ist der Deutsche Städte- und Gemeindebund vertreten.

Diese Machtasymmetrien haben auch innerhalb Deutschlands zu Konflikten geführt: Die Vertreter der Bundesländer fühlen sich vom Bund "gegängelt". Entsprechend der Aufwertung der Bundesebene wird auch die Rolle der Kommunen geschwächt. Die Euroregionen tragen immer wieder Kompetenzstreitigkeiten mit der Landesregierung aus (z.B. über die Gestaltung der Operationellen Programme).

Langfristig wird man sich in der Bundesrepublik auf die zentralstaatlichen Strukturen im Nachbarland Polen einstellen müssen, da Polen sich auf absehbare Zeit nicht zu einem föderalen Bundesstaat entwickeln wird. Allerdings werden sich die beiden Nachbarländer durch gegenseitige Lernprozesse auch annähern und Kompromissbereitschaft entwickeln. Dies deutet sich schon im Deutsch-Polnischen Monitoringausschuss an, bei dem die polnische Regierung immerhin die Euroregionen zugelassen hat, obwohl die polnische Regierung diesen Ausschuss als einen Ausschuss der Zentralregierungen ansieht.

Die genannten Thesen können nur als vorläufig betrachtet werden, zumal die geschilderten Prozesse, Entscheidungsstrukturen und Institutionen nach der ersten Erprobungsphase ab 2000 erneut geprüft werden müssen. Vorstellbar sein könnten eine "Transitperiode" sowie eine "Transitfinanzierung" für diejenigen Staaten, die in Kürze der EU beitreten, da die derzeitigen PHARE-CBC-Gebiete in absehbarer Zeit INTERREG-Gebiete werden können. Des weiteren wird die EU-Kommission sich bemühen, bei der Neugestaltung von PHARE-CBC eine größere Kompabilität herzustellen bzw. langfristig PHARE-CBC an INTERREG II anzugleichen bzw. zu überführen. Auch ist derzeit noch nicht absehbar, wie sich die Dezentralisierung in Polen auf ein mögliches neues "Selbstbewusstsein" der Grenzkommunen und Grenzwojewodschaften (im Verhältnis zueinander und im Verhältnis zur polnischen Regierung, aber auch im Verhältnis zum deutschen Nachbarn), auswirken wird.[121]

Die Auswirkungen dieser unterschiedlichen formalrechtlichen und inhaltlichen Ausrichtung der beiden ungleichen Förderinstrumentarien auf der deutschen und polnischen Seite sollen im folgenden exemplarisch an Projekten aus den Bereichen Bildung/Aus- und Weiterbildung sowie Beschäftigung/Forschung anhand von konkreten Fallbeispielen aus der deutsch-polnischen Euroregion selbst erläutert werden. Dazu wurden alle Geschäftsführer der deutsch-polnischen Euroregionen (bzw. einer deutsch-polnisch-tschechischen) von der Autorin schriftlich befragt.

3.3.3.5. *Fallbeispiele für Projektantragstellung und Umsetzung im Rahmen von INTEREG II und PHARE-CBC in der deutsch-polnischen Grenzregion*

Willy Brandt hat das Wort von der auswärtigen Kulturpolitik als der "dritten Säule der Außenpolitik" in den öffentlichen Diskurs eingebracht. Das hat auch in den 90er Jahren noch Relevanz. Auch der deutsche Bundespräsident Roman Herzog würdigt den Kulturdialog als "die umfassendste vertrauensbildende Maßnahme, die man sich vorstellen kann". Herzog weiter: "Ihm kommt eine ähnlich

---

[121] Vgl. Kap. 2.4.1.

friedenssichernde Rolle zu wie vor dem Ende des Kalten Krieges der Rüstungskontrolle".[122]

Der Kulturdialog als vertrauensbildende Maßnahme spielt auch in den deutschpolnischen Euroregionen eine wichtige Rolle, wenn auch die Hauptakteure nicht die Regierungen oder die Auswärtigen Ämter sind. Bei der sogenannten „kleinen Außenpolitik" in den Grenzregionen sind die lokalen Akteure die Initiatoren des Kulturdialogs. Kritisch bilanziert werden sollen im folgenden die Projekte von Bildungseinrichtungen in den deutsch-polnischen Euroregionen, wobei die Palette der deutschen und polnischen Akteure von Vorschulen, Grundschulen, Gymnasien, berufsbildenden Schulen bis hin zu Universitäten reicht.

In einem ersten Teil werden die Ergebnisse einer schriftlichen Umfrage bei den 8 Euroregionen zu den Projekten aus den Bereichen Bildung/Aus-, Weiterbildung und Beschäftigung/Forschung im Rahmen von INTERREG II und PHARE-CBC anhand der Darstellung der praktischen Probleme bei der Antragstellung ausgewertet. In einem zweiten Teil soll an zwei konkreten Fallbeispielen aus dem Bereich Wissenschaft und Schule an der brandenburgisch-polnischen Grenze exemplarisch auf die Chancen und Probleme des Dialogs und der Zusammenarbeit eingegangen werden.

Generelle Probleme von Antragstellern bei PHARE-CBC und INTERREG II.
Die Förderinstrumentarien PHARE-CBC und INTERREG II sollen sich zwar komplementär ergänzen, tatsächlich ergänzen sich die Programme, wie bereits dargestellt, weder formalrechtlich noch inhaltlich. Für die Projekte aus dem Bereich Bildung/Aus- und Weiterbildung, Beschäftigungspolitik/Forschung bedeutet das:

- Aufgrund der unterschiedlichen rechtlichen und inhaltlichen Ausrichtung von PHARE-CBC und INTERREG II sehen die indikativen Finanzpläne von Anfang an andere Schwerpunkte bei den einzelnen Handlungsfeldern vor[123]: Die Mittelaufteilung für die Priorität Humanressourcen macht auf der deutschen Seite der deutsch-polnischen Grenze 20,5 % der INTERREG-II-Mittel aus; auf der polnischen Seite werden nur 5 % der PHARE-CBC-Mittel für Humanressourcen vorgesehen. Der Förderschwerpunkt bei PHARE-CBC liegt mit 85 % der Gesamtmittel auf der polnischen Seite eindeutig bei dem Handlungsfeld Verkehr, Infrastruktur und Umweltschutz.[124]

- Aufgrund der unterschiedlichen indikativen Finanzpläne bleibt aber ein Vergleich der Schwerpunkte nach Handlungsfeldern zugleich auch relativ vage. Dies wird insbesondere beim Vergleich der Operationellen Programme der

---

[122] Vortrag zum Thema "Deutschland im internationalen Kulturdialog" im Bonner Haus der Geschichte der Bundesrepublik, Berliner Tagesspiegel vom 14. Oktober 1996, S. 24.
[123] Indikativer Finanzplan INTERREG und PHARE-CBC 1995 - 1999.
[124] Die INTERREG-II-Mittel werden auf der deutschen Seite verstärkt durch kommunale Eigenmittel, Mittel der Länder und des Bundes sowie private Mittel; zu den Mitteln aus PHARE-CBC kommen nationale polnische Mittel hinzu (1994 ca. 64 % des Gesamtaufwands).

deutschen Bundesländer für INTERREG II deutlich. Allen OPs gemein ist das Handlungsfeld "Humanressourcen". Allerdings wählen die Bundesländer für ihr jeweiliges OP eine andere Zusammensetzung des Handlungsfeldes: in Mecklenburg-Vorpommern (Euroregion Pomerania) "Ausbildung, Soziales, Jugend und Kultur", bei Brandenburg unterscheidet das OP "Menschliche Ressourcen" Ausbildung, Beschäftigungsmaßnahmen, Bildung, Jugend, Kultur, Sport).

- Es wäre sinnvoller gewesen, auch auf deutscher Seite mehr Einheitlichkeit durch ein einziges OP für die ganze deutsche Seite der Grenzregion mit Unterprogrammen zu schaffen, ähnlich wie es die polnische Seite bei den MIPs vorsieht, anstelle von 4 unterschiedlichen (polnisch-)ostdeutschen OPs mit unterschiedlich zusammengesetzten Handlungsfeldern auszugehen. Das erleichtert nicht nur die wissenschaftliche Vergleichbarkeit der Daten, sondern würde das Verfahren insgesamt vereinfachen.

- Der unterschiedliche rechtliche Förderrahmen bewirkt auch, dass eher autonome deutsche und polnische Projekte in der Grenzregion verwirklicht werden. Dies hängt damit zusammen, dass weder INTERREG II- noch PHARE-CBC-Mittel grenzüberschreitend verwendet werden dürfen. Für die Projekte im Bereich der Humanressourcen ist dieses Kriterium inhaltlich aber nicht ausschlaggebend: inhaltlich und in der Zielgruppenorientierung sind fast alle Projekte "grenzübergreifend". Zu nennen wären beispielsweise die deutschen INTERREG-II-Projekte wie deutsch-polnische Schulprojekte an deutschen Schulen; Schüler- und Lehrlingsaustausch in Sachsen, grenzüberschreitende Datenbanken in Sachsen und Brandenburg etc. Diese Projekte zeigen auch sehr gut, dass das Ungleichgewicht bei den Projekten im Bereich der Humanressourcen nicht gleichzusetzen ist mit einem Desinteresse auf polnischer Seite. Eher das Gegenteil ist der Fall. Schließlich ist es ja beispielsweise dem Interesse der polnischen Schüler an Deutschland und am Deutschlernen zu verdanken, dass sie deutsche Schulen besuchen. Umgekehrt wäre es sehr schwierig, deutsche Schüler in ausreichender Zahl zu finden, die beispielsweise ihr Abitur in Polen erlangen möchten.

- Alle Euroregionen und Antragsteller von Projekten leiden unter den langen Bearbeitungszeiten von der eigentlichen Antragstellung über die Anerkennung der Förderfähigkeit bis hin zur endgültigen Bewirtschaftungsbefugnis. Dabei ist das unterschiedliche und getrennte Antrags- und Entscheidungsverfahren sowohl für INTERREG II, als auch für PHARE-CBC gleichermaßen langwierig und schwierig. Für die Antragsteller sind die Zeitverzögerungen schwer vermittelbar. Insbesondere im Bereich Humanressourcen sind die Schwierigkeiten evident. Projekte, die zu einem bestimmten Zeitpunkt stattfinden sollen (z.B. wissenschaftliche Konferenzen), oder kleine, kurzfristig angesetzte Projekte mit geringem Budget sind durch das Antragsverfahren gefährdet, bzw. Aufwand und Ertrag stehen in keinem Verhältnis zueinander.

- Angesichts dieser schwierigen Verfahren hat der Deutsch-Polnische Programmierungs- und Monitoringausschuss (JPMC) eine Schlüsselfunktion eingenommen, was die gemeinsamen Absprachen der PHARE-CBC- und INTERREG-II-Projekte angeht. Außerdem wird der Ausschuss regelmäßig über den Stand der beiden Programme PHARE-CBC/INTERREG II informiert. Die Treffen der Programmierungsausschüsse finden vor Ort in der Grenzregion statt, so dass die Umsetzung der in INTERREG II oder PHARE-CBC geförderten Projekte auch - entsprechend der Aufgabe des Programmierungsausschusses - geprüft wird.

- Auf deutscher Seite wird auch durchaus der Wunsch geäußert, das bestehende Ungleichgewicht von deutschen Projekten aus dem Bereich Humanressourcen zu dem überwiegenden Anteil von Infrastrukturprojekten auf polnischer Seite langfristig auszugleichen. Im Juni 1996 hat die deutsche Delegation des JPMC bei der Vorstellung der deutsch-polnischen INTERREG-II-Projekte auf die große Zahl der "weichen Projekte" der deutschen Gemeinden in der Grenzregion hingewiesen, die dafür deutlich höhere Mittel einsetzen als die polnische Seite. Dabei wurde von der deutschen Seite der Wunsch geäußert, dass eine Erhöhung der Mittel für weiche Projekte im Rahmen von PHARE-CBC eine größere Annäherung der Programme ermöglichen würde.

- Die Euroregionen beiderseits der Grenze fordern seit langem die Einsetzung eines Fonds für kleine Projekte. Dies sind Projekte aus dem Bereich der Humanressourcen/Soziokultur mit kleinem Etat, die kurzfristig stattfinden und deren Finanzierung aufgrund fehlender Kapitaldecke bei den Antragstellern auch bei kleinen Beträgen möglichst umgehend erstattet werden muss. Um eine schnelle, unbürokratische Umsetzung zu gewährleisten, wollen die Euroregionen diesen Etat selbstverantwortlich verwalten, mit dem Ziel, die langwierigen Antragsverfahren sowohl bei PHARE-CBC als auch bei INTERREG II zu umgehen. Dieser eigene Etat der Euroregionen würde ihren Handlungsspielraum gegenüber den regionalen und nationalen Partnern vergrößern, ebenso ihre Glaubwürdigkeit bei den Bürgern und Lokalpolitikern erhöhen, die konkrete Veranstaltungen und Projekte auch im Bereich der soziokulturellen Aktivitäten nachfragen und erwarten.

Die Euroregionen operieren seit 1995 mit diesen Mitteln, allerdings unterscheiden sich die deutsche und polnische Förderung im Rahmen des sogenannten "Small Scale Fund". Auf der deutschen Seite kann das Büro der Euroregionen relativ kurzfristig (aber mindestens 4 Wochen vor Beginn des Projektes) Veranstaltungen, Publikationen und kleinere Investitionen aus den Bereichen Kultur, Bildung, Jugend, Tourismus, Gesundheit und Soziales auf der deutschen Seite der Euroregion mit maximal 1.500 ECU/Projekt fördern, in einem Förderzeitraum von Mai 1997 bis Dezember 1999. Dieser Fördersatz bezieht sich auf 75 % der förderfähigen Ausgaben. Der deutschen Seite standen bisher jährlich ca. 55.000 ECU zur Verfügung. Die deutsche Seite der Euroregion kann autonom die Projektauswahl und Projektbewilligung vornehmen, ohne diese dem Lenkungsausschuss des Landes Brandenburg vorlegen zu müssen. Dies befördert die rasche und unbürokratische Projektabwicklung.

Auch auf der polnischen Seite der Euroregion können "Small Scale Fund"-Projekte gefördert werden - hier aus den Bereichen Kultur, örtliche Demokratie, Raumplanung, wirtschaftliche Entwicklung und Tourismus für einen Förderzeitraum von 1995 bis 1999. Die maximale Förderhöhe pro Projekt liegt mit 50.000 ECU um ein vielfaches höher als auf der deutschen Seite der Euroregion. Auch ist der Gesamtetat auf der polnischen Seite höher: Er stieg von 1995 bis 1999 von 240.000 ECU/Jahr auf 500.000 ECU/Jahr an. Die Projekte müssen bei der Euroregion beantragt werden und werden durch sogenannte „Spezialisten" nach einem von der EU-Kommission festgelegten Punktesystem eingestuft. Die Projekte können aber erst im Anschluss an eine eingehende Beratung in einem JPMC-Begleitausschuss (mit lokalen und nationalen Vertretern) durch die EU-Kommission *jährlich* bewilligt werden. Dennoch verschafft der "Small Scale Fund" der polnischen Seite der Euroregion einen größeren Handlungsspielraum über einen doch beträchtlichen Etat, bei dem sie sich gewichtig in die Entscheidung der zu fördernden Projekte einbringen können (auch wenn hier das Verfahren, verglichen mit der deutschen Seite der Euroregion, weniger dezentral ist).

Die deutschen und polnischen Euroregionen haben der EU-Kommission im Frühjahr 1999 den Vorschlag unterbreitet, für die Förderphase ab 2000 einen gemeinsamen deutsch-polnischen "Small Scale Fund" für die deutsch-polnischen Euroregionen einzurichten, aus dem gemeinsame deutsch-polnische Projekte nach gemeinsamer Abstimmung auf Ebene der Euroregionen unter identischen Förderbedingungen förderbar sein sollen. Bisher ist dies nicht möglich, da Auswahlkriterien, Zielgruppen, Beantragungsfristen, Höhe der zur Verfügung stehenden Mittel und Bewilligungskonditionen auch für die "Small Scale Funds" auf beiden Seiten der Grenze im Rahmen von PHARE-CBC und INTERREG II völlig unterschiedlich inhaltlich-rechtlich begründet sind. Bereits Anfang 1998 veranstaltete die Euroregion Pro Europa Viadrina einen ersten gemeinsamen Workshop für deutsche und polnische Antragsteller von "Small Scale Projects" als Kontaktbörse und Informationsveranstaltung für potentielle Antragsteller.

Während bisher eher die strukturellen und übergeordneten Probleme von Projekten im Bereich der Humanressourcen im Rahmen von PHARE-CBC/INTERREG II diskutiert wurden, soll die konkrete Realisierung grenzübergreifender Projekte nun an zwei Fallbeispielen aus dem Bereich Wissenschaft und Schule an der brandenburgisch-polnischen Grenze dargestellt werden.

3.3.3.5.1. "Wissenschaft an der Grenze" am Beispiel Europa-Universität Viadrina Frankfurt (Oder) im Land Brandenburg und Collegium Polonicum (Słubice/PL)

Am Beispiel der Europa-Universität Viadrina Frankfurt (Oder), in der Euroregion Pro Europa Viadrina gelegen, soll beispielhaft deutsch-polnische grenzüberschreitende Zusammenarbeit in Forschung und Lehre vorgestellt werden. "Die europäische Universität Viadrina, die anfänglich in Deutschland Brücke zu Polen oder Brücke zwischen Ost und West genannt wurde, entwickelte sich zu einem

Musterbeispiel für das Zusammenwachsen grenznaher Regionen"[125] - zu dieser Einschätzung kommt jedenfalls der damalige Außenminister der Republik Polen in seiner Laudatio bei der spektakulären Verleihung des Deutsch-Polnischen Preises im November 1995, vier Jahre nach der Gründung der Europa- Universität im September 1991. Bartoszewski verweist auf die "absolut neuen und unkonventionellen Lösungen"[126], die im Rahmen der deutsch-polnischen Beziehungen an der Europa-Universität in Frankfurt an der Oder zur Anwendung kamen:

- ein bedeutender Prozentsatz polnischer Studenten sowie an einer deutschen Hochschule beschäftigter polnischer Professoren (der Anteil der polnischen Studierenden, die ein volles Studium an der Viadrina absolvieren, beträgt z. Zt. ca. 40 %; diese werden von den Partneruniversitäten in Wroclaw und Poznan sorgfältig ausgewählt; darüber hinaus arbeiten drei polnische Professoren und zahlreiche polnische wissenschaftliche Mitarbeiter an den drei Fakultäten Jura, Wirtschaftswissenschaften und Kulturwissenschaften der Viadrina);

- eine gewisse "territoriale Union" zwischen dem deutschen Frankfurt und dem benachbarten polnischen Słubice in Form von Sozialeinrichtungen und Studentenwohnheimen[127] auf polnischer Seite, die für alle Studenten zugänglich sind;

- das gemeinsam mit der Adam-Mickiewicz-Universität in Poznan gebildete Collegium Polonicum in Słubice als integraler Bestandteil der Viadrina zur Ergänzung des didaktischen und wissenschaftlichen Angebots und zur Unterstreichung ihres europäischen Charakters.[128]

Die enge Verbindung zu den polnischen Nachbarn war von Anfang an ein zentrales Anliegen der im September 1991 begründeten Europa-Universität, die im Herbst 1992 mit dem Studienbetrieb an den drei Fakultäten für Jura, Wirtschaftswissenschaften und Kulturwissenschaften begann. Die Basis dieser Zusammenarbeit mit dem polnischen Nachbarn im Bereich der Wissenschaft bildet die Vereinbarung zwischen dem Ministerium für Nationale Bildung der Republik Polen und dem Ministerium für Wissenschaft, Forschung und Kultur des Landes Brandenburg vom 6. September 1991, der am 24. März 1992 ein Partnerschaftsvertrag zwischen der Adam-Mickiewicz-Universität Poznań (AMU) und der Europa-Uni-

---

[125] Ansprache des Außenministers der Republik Polen, Prof. Władysław Bartoszewski, am 22.11.1995 anlässlich der Verleihung des Deutsch-Polnischen Preises 1995 an die Europa-Universität Viadrina Frankfurt (Oder) und ihr Gemeinschaftsprojekt mit der Adam-Mickiewicz-Universität Poznań - das Collegium Polonicum/Hrsg. Europa-Universität Viadrina Frankfurt (Oder), Januar 1996, S. 11.
[126] Ebd., S. 11.
[127] Die AMU hat in Słubice in Zusammenarbeit mit dem Collegium Polonicum 800 Wohnheimplätze, das Studentenwerk Frankfurt (Oder) 850 Wohnheimplätze zur Verfügung gestellt.
[128] Ansprache des Außenministers der Republik Polen, Prof. Władysław Bartoszewski, am 22.11.1995, ebd., S. 11.

versität (EUV) folgte. Ähnliche Partnerschaftsabkommen hat die EUV inzwischen mit den Universitäten in Wroclaw/Breslau und Szczecin/Stettin sowie der Jagellonischen Universität Krakau, der Universität Warschau und der schlesischen Universität Katowice abgeschlossen. Aufgrund des gemeinsamen Projektes "Collegium Polonicum" hat sich die Zusammenarbeit mit der AMU besonders eng gestaltet.

Nach den Vorstellungen der Landesregierung von Brandenburg und des Gründungssenats der EUV sollte sich das unverwechselbare Profil der EUV in Forschung und Lehre durch einen besonders hohen Grad von Internationalität sowie wissenschaftlicher Interdisziplinarität auszeichnen. Kern der Internationalität war von Anfang an die Zusammenarbeit mit dem polnischen Partner und anderen mittel- und osteuropäischen Partnern.

Ein entscheidender Schritt dieser Zusammenarbeit war die Entscheidung, ein Minimum von dreißig Prozent der Studienplätze an der EUV für polnische Studierende vorzusehen. Im Herbst 1998 sind von den insgesamt 3132 Studierenden über 1179 junge Frauen und Männer aus Polen.[129]

Durch das besondere Qualifikationsprofil scheinen die polnischen Absolventen sehr gute Chancen auf dem polnischen (und in einigen Fällen auch auf dem deutschen) Arbeitsmarkt zu haben. Dies gilt für die Studiengänge der Wirtschaftswissenschaftlichen Fakultät, insbesondere den Studiengang Internationale Betriebswirtschaftslehre, sowie für den betont interdisziplinär und auf internationalen Vergleich angelegten Studiengang der Kulturwissenschaftlichen Fakultät. Das spezifische Qualifikationsprofil lässt sich aber besonders gut am Beispiel der Juristenausbildung erklären. Neben der Ausrichtung der deutschen Juristenausbildung auf das Berufsbild des deutschen Amtsrichters bietet die EUV einen Studiengang an, der an eine Grundausbildung im deutschen Recht eine Zusatzausbildung im polnischen Recht anschließt. Nach insgesamt zehn Semestern wird dieser Studiengang, der deutsches und polnisches Recht umfasst, mit einem Magisterexamen abgeschlossen, der in Polen als qualifizierender Berufsabschluss anerkannt wird. Diese Zusatzausbildung im polnischen Recht wurde gemeinsam von der Juristischen Fakultät der EUV und der Fakultät für Recht und Verwaltung der AMU entwickelt und wird von beiden Partnern als erstes größeres Lehrangebot am Collegium Polonicum im benachbarten polnischen Słubice angeboten. Neben Lehrkräften der EUV und der AMU sind vor allem Professoren der Universität Wroclaw beteiligt.

Das Collegium Polonicum in Słubice liegt direkt an der Oder, unmittelbar am polnischen Ende der Stadtbrücke, die Słubice und Frankfurt verbindet. Der erste Teil des Hauptgebäudes des Collegium Polonicum wurde am 10. Juni 1998 übergeben. Die Gesamtnutzfläche wird nach Fertigstellung des Gesamtkomplexes 20.000 Quadratmeter betragen.

Das Collegium Polonicum bildet eine neue Form grenzüberschreitender Zusammenarbeit auf dem Gebiet von Forschung und Lehre. Es wird in gemeinsamer Verantwortung getragen von der Republik Polen und dem Land Brandenburg und ist organisiert als eine gemeinsame Einrichtung der Adam-Mickiewicz-Universität

---

[129] Stand: 31.10.1998, Dezernat 1 der Europa-Universität Viadrina Frankfurt (Oder).

Poznan (AMU) und der Europa-Universität Viadrina (EUV). Anderen europäischen Hochschulen steht die Mitarbeit an Forschungs- und Lehrprogrammen des Collegium Polonicum grundsätzlich offen. Kern der Aufgabe des Collegium Polonicum ist die wissenschaftliche und kulturelle Begegnung zwischen Polen und Deutschland. Vor dem Hintergrund eines sich erweiternden Europa versteht sich das CP aber auch als eine wissenschaftliche Begegnungsstätte für Lehrende und Lernende aus ganz Europa. Die wichtigsten Aufgaben des Collegium Polonicum in Forschung, Lehre und Kultur sind:

- Studiengänge zur Ergänzung der Studienmöglichkeiten an der EUV und AMU[130]
- Förderung der wissenschaftlichen Begegnung zwischen Deutschland und Polen
- Förderung des Wissens über Polen und Osteuropa
- Untersuchung der Probleme von Grenzregionen
- Untersuchung interkultureller Kommunikationsprozesse zwischen West- und Ostmitteleuropa
- Rechts- und Verfassungsvergleich
- Förderung und Vertiefung der Idee des vereinten Europa
- Sprachkurse in Polnisch und Deutsch.[131]

Das erste Rahmenkonzept für das CP wurde vom Gründungssenat der Europa-Universität in seiner 14. Sitzung am 19. Dezember 1992 und vom Senat der Adam-Mickiewicz-Universität am 21. Dezember 1992 verabschiedet. Die gemischte Kommission des CP, deren Ko-Vorsitzende die Rektoren der AMU und der EUV sind, hat einen Entwurf eines Staatsvertrags zwischen der Republik Polen und dem Land Brandenburg ausgearbeitet. Dieser Staatsvertrag soll den rechtlichen Status des CP als einer grenzübergreifenden gemeinsamen Einrichtung der beiden Universitäten rechtlich absichern. Bis zur endgültigen Verabschiedung durch die beiden Regierungen übernimmt die gemischte Kommission die Funktion eines interimistischen Aufsichtsgremiums.

Die finanzielle Verantwortung für das CP spiegelt seinen grenzübergreifenden Charakter wider (s. Abb. 12). An den Kosten sind beteiligt die Regierung der Republik Polen, die Regierung des Landes Brandenburg, die EU mit Mitteln aus den EU-Förderprogrammen INTERREG II und PHARE-CBC, die Stiftung für deutsch-polnische Zusammenarbeit sowie die beteiligten Universitäten.

---

[130] Das CP bietet folgende Studiengänge: Zusatzausbildung im polnischen Recht (getragen von der EUV); Vergleichende Mitteleuropastudien - Masterstudiengang (getragen von der EUV); MBA-Studiengang "Management und Marketing für Mittel- und Osteuropa" (getragen von der EUV); Umweltschutz (getragen von der AMU Poznań); Politologie (getragen von der AMU Poznań); Aufbaustudiengang "Schutz europäischer Kulturgüter" (getragen von der EUV) und Fremdsprachenausbildung (aus: Studienführer der Europa-Universität Viadrina, S. 42-23, Stand: 1999).

[131] Collegium Polonicum - eine Idee stellt sich vor/ Hrsg. Europa-Universität Viadrina, Adam-Mickiewicz-Universität Poznań, 1996 (in Deutsch und Polnisch und anderen Sprachen erhältlich), S. 5-6.

Investitionen für den Bau des CP (1992-1997): Gesamtsumme 70 Mio. DM		
PHARE-CBC	23,5 Mio. DM	Errichtung des zweiten Teils des Hauptgebäudes
	7,8 Mio. DM	Bau eines Wohnheims auf dem Campus des CP
Stiftung für Deutsch-Polnische Zusammenarbeit, Warschau	12 Mio. DM	Errichtung des Bibliotheksgebäudes
Polnische Regierung	30 Mio. DM	Bau von Wohnheimen und Infrastruktur in Słubice
INTERREG II	8 Mio. DM	Forschungsprojekte, aus denen die Studiengänge des CP hervorgehen sollen; Anschubfinanzierung für das wissenschaftliche Personal (1996-1999)

Aus: Collegium Polonicum. Informationsbroschüre akademisches Jahr 1997/98. Hrsg. Europa-Universität Viadrina, Adam-Mickiewicz-Universität Poznań, 1997/98, S. 15.

Abb. 12: Investitionen für den Bau des Collegium Polonicum und Investitionen für Planung von Studiengängen sowie Anschubfinanzierung von wissenschaftlichem Personal

Neben den bereits angesprochenen schwierigen und noch nicht abgeschlossenen Verhandlungen über den rechtlichen Status der grenzüberschreitend konzipierten Einrichtung hat auch die Europa-Universität Viadrina Erfahrungen mit der langwierigen über zwei Jahre dauernden Bewilligungsphase der INTERREG-II-Mittel - trotz der vollen fachlichen Unterstützung des Projektes - machen müssen. Das CP ist eines der wenigen tatsächlich grenzüberschreitenden, z.T. aus INTERREG-II- und PHARE-CBC-Mitteln finanzierten Projekte in der deutsch-polnischen Grenzregion.

3.3.3.5.2. "Bildung an der Grenze" am Beispiel der Schulprojekte im Land Brandenburg

Aufgrund der Vielzahl an Bildungsprojekten erscheint eine exemplarische Auswahl anhand eines Bundeslandes sinnvoll. Deshalb sollen beispielhaft die deutsch-polnischen Schulprojekte im Land Brandenburg, deren Probleme und Herausforderungen, kritisch bilanziert werden. Ähnliche Projekte werden in den anderen

Bundesländern (Mecklenburg-Vorpommern, Sachsen, Bayern) mit den polnischen Partnern durchgeführt.

Das Experiment der deutsch-polnischen Schulpartnerschaften mit dem Abschluss des deutschen Abiturs läuft seit vier Jahren im Land Brandenburg, auf Initiative von Eltern, Schülern und Lehrern beiderseits der Grenze. Ziel der deutsch-polnischen Schulprojekte ist es, laut Ministerium für Bildung, Jugend und Sport des Landes Brandenburg, die Kinder und Jugendlichen "im Sinne gegenseitiger Toleranz zu bilden und zu erziehen" (Pressemitteilung vom Mai 1994). Wesentlich ist auch, die Verständigung insbesondere im grenznahen Raum zu fördern, da hier das gegenseitige Interesse und die erzielten Erfolge in den konkreten Projekten groß sind:

Polnische Schüler erlangen das deutsche Abitur an 4 Gymnasien in Brandenburg. Seit 1992/93, mit der Einführung der gymnasialen Oberstufe in der Ex-DDR, bereiten sich 230 polnische SchülerInnen ab der 11. Klasse in den Gymnasien von Frankfurt (Oder), Guben, Neuzelle und Gartz (ab 1993/94) auf das bundesdeutsche Abitur vor. Die polnischen Partnerschulen sind Słubice (Frankfurt (Oder), Gubin (Guben), Zielona Gora (Neuzelle) und Gryfino (Gartz).[132] Die Auswahl und Vorbereitung der SchülerInnen, insbesondere beim Erlernen der deutschen Sprache, erfolgt auf polnischer Seite. Das Land Brandenburg unterstützt dabei die polnischen Partner beim Deutschunterricht, zur Vorbereitung auf das Projekt. Auswahlkriterien in Polen sind sehr gute Deutsch- und ausreichende Fachkenntnisse.

Mit dem deutschen Abitur können sie sich an einer polnischen, deutschen oder an einer Hochschule oder Universität in einem Land der Europäischen Union bewerben. Solange Polen noch nicht der "*Europäischen Konvention zur Anerkennung von Studienabschlüssen*" beigetreten ist, wird die polnische Matura[133], das Pendant zum deutschen Abitur, in der EU nicht als Zulassungsberechtigung für Hochschulen und Universitäten anerkannt. Auch in der Bundesrepublik wird die polnische Matura nicht akzeptiert, wenn nicht neben der Matura eine erfolgreiche Hochschulaufnahmeprüfung in Polen absolviert wurde. Umgekehrt ist das deutsche Abitur in Polen anerkannt, für eine Studienzulassung in Polen wird dennoch der Nachweis einer universitären Aufnahmeprüfung in Polen verlangt.[134]

---

[132] S. "Die deutsch-polnischen Schulprojekte in Brandenburg"/Hrsg. Ministerium für Bildung, Jugend und Sport - Potsdam, Mai 1994, 38 S., (zweisprachig Deutsch-Polnisch).

[133] In Polen wird nach dem achtjährigen Besuch der Grundschule das Lyceum vier Jahre lang besucht, mit dem Abschluss der Matura in der 12. Klasse. In der Bundesrepublik Deutschland wird nach einer vierjährigen Grundschulzeit und einem neunjährigen Gymnasialbesuch das Abitur in der 13. Klasse abgelegt.

[134] Die deutsch-polnischen Schulpartnerschaften werden auf Bundesebene unterstützt durch das 1991 geschlossene "Deutsch-polnische Kulturabkommen" und die zur Erfüllung dieses Abkommens eingesetzten gemischten Kommission Deutschland - Polen; auch wurde das Deutsch-Polnische Jugendwerk auf der Basis dieses Abkommens begründet. Darüber hinaus unterstützten die Kultusministerkonferenz und die AG Polnischunterricht und Polonistik (mit Sitz in Bonn) die Zusammenarbeit der beiden Länder im Bereich Schule/Hochschule (Polonistik und Lehrerausbildung).

Bei dem deutsch-polnischen Schulprojekt haben sich die deutschen Partnerschulen verpflichtet, jeweils 25 polnische SchülerInnen pro Jahr aufzunehmen, die dann in gemischten deutsch-polnischen Klassen die gymnasiale Oberstufe (Klassen 11 bis 13) bis zum Abschluss des Abiturs durchlaufen.

Erste Erfahrungen mit den deutsch-polnischen Pilotprojekten. In dem ersten Schuljahr werden die polnischen Schüler in speziellen Fördermaßnahmen in der deutschen Fachsprache ausgebildet. Neben dem normalen Unterricht werden die polnischen Schüler in polnischer Sprache, Kultur und Literatur ca. 5 Stunden/Woche zusätzlich unterrichtet. Da anfänglich Deutsch nicht als Fremdsprache für die polnischen Schüler akzeptiert wurde, das deutsche Abitur aber zwei Fremdsprachen erfordert, die weder Deutsch noch Polnisch für die Betroffenen sein durften, mussten die polnischen Schüler oft eine weitere 2. Fremdsprache neu erlernen. Der Arbeitsaufwand für polnische Schüler lag so zwischen 7 bis 10 reinen Unterrichtsstunden am Tag, zusätzlich fielen Hausaufgaben an. Im Schuljahr 1995/96 konnte, mit der Zustimmung des *Schulausschusses der Ständigen Konferenz der Kultusminister der Länder* im Juni 1995 das Land Brandenburg eine Erleichterung der Regelung zum Fremdsprachenunterricht bewirken: Die polnischen Schüler können an deutschen Gymnasien Polnisch als Fremdsprache belegen (die Muttersprache wird zur "Fremdsprache") und müssen so keine weitere, 2. Fremdsprache neu beginnen, was eine geringere Arbeitsbelastung bedeutet.

Auch andere Anfangsprobleme konnten gelöst werden. So müssen polnische Schüler am deutsch-polnischen Grenzübergang nicht mehr den Nachweis von 40 DM erbringen, sondern können bei Vorzeigen des Schülerausweises die Grenze problemlos nach Deutschland hinüberqueren. Nach wie vor hinderlich sind die Umsatzsteuer auf Personenbeförderung in Deutschland (z.B. bei Busreisen mit Schülern) und die Einreisesteuer in Polen.

Auch das Problem der Unterbringung konnte gelöst werden. Die polnischen Schüler wohnen entweder im benachbarten Polen in einem Internat (Guben, Słubice, Gryfino) - im Fall von Neuzelle im Internat von Eisenhüttenstadt, da Neuzelle keinen Grenzübergang hat - oder sind in Familien in der jeweiligen deutschen Partnerstadt untergebracht. Durch das eher restriktive Hausrecht der polnischen Internate (die eigentlich für Berufsschüler konzipiert worden sind), aber auch durch lange Anfahrtswege (z.B. Anfahrt per Bus von Gryfino nach Gartz), wird der Kontakt deutscher und polnischer Schüler in der Freizeit zum Teil beeinträchtigt.

Positive Bilanz nach den ersten vier Jahren der Zusammenarbeit. Generell wird das deutsch-polnische Schulprojekt "Abitur polnischer Schüler an vier deutschen Schulen" sowohl von polnischer als auch von deutscher Seite akzeptiert und positiv bewertet. Die Initiative ging auch nicht vom Land Brandenburg aus, sondern basierte auf Vorarbeit von entsprechenden Eltern-Lehrer-Schüler-Initiativen in der Grenzregion, so dass die Motivation zur Zusammenarbeit beider Seiten vorhanden war. Die deutschen Lehrkräfte verweisen auf anfängliche Probleme insbesondere mit der deutschen Fachsprache, sind aber ansonsten überrascht von der großen Motivation und Lernbereitschaft der polnischen Schüler. Sogar der damalige

Außenminister der Republik Polen, Bartoszewski, lobt in einer Ansprache die gemischten polnisch-deutschen Schulklassen als "ein hervorragendes Beispiel für die praktische Umsetzung der Idee der Annäherung der Völker", allerdings weist er auch kritisch darauf hin, dass es nicht zu dem erwarteten Anstieg des Interesses deutscher Schüler am Erlernen der polnischen Sprache gekommen sei.[135]

Die vier deutschen Schulen bemühen sich dennoch, den deutschen Schülern die polnische Sprache und Kultur zu vermitteln: Beispielsweise werden in Frankfurt (Oder) am Gymnasium I (gleichzeitig UNESCO-Schule) die Schüler ab der 9. Klasse in Polnisch unterrichtet, zusätzlich werden seit 1991 die Fächer Kunst und Musik in polnischer Sprache unterrichtet. Auch in Neuzelle lernen die deutschen Schüler Polnisch ab der 7. Klasse, unterrichtet von zwei Muttersprachlerinnen; viermal im Jahr treffen sich die Schüler mit der Partnerschule in Zielona Gora, wo ebenfalls den polnischen Schülern Deutsch als Fremdsprache durch zwei Brandenburger Pädagogen vermittelt wird.[136]

Das Land Brandenburg unterstützt die genannten deutsch-polnischen Schulprojekte finanziell mit 1 Million Mark jährlich (Vorbereitung für den Deutschunterricht in Polen, Taschengeld für polnische Jugendliche, Unterbringung in deutschen Internaten, Verpflegung, Lehrbücher, Heimfahrten). Ein ähnliches Projekt wird in Mecklenburg-Vorpommern mit dem deutsch-polnischen Gymnasium in Löcknitz angestrebt, wo auch polnische Schüler das deutsche Abitur erlangen sollen. Dieses Projekt sowie die brandenburgischen Schulprojekte Frankfurt (Oder) und Neuzelle werden neben den Landesmitteln auch aus INTERREG-II-Mitteln finanziell gefördert.

Perspektive: bilinguale Schulen in der Grenzregion? Langfristig haben die genannten Schulen Interesse, ihr Angebot "Abitur für polnische Schüler an deutschen Schulen in gemischten Klassen" auszubauen, um bilinguale Schulen zu werden. Auch an der deutsch-tschechischen Grenze wird in Sachsen, genauer am Schillergymnasium Pirna, ab 1996 die Einrichtung eines deutsch-tschechischen, binationalen Zuges (aus INTERREG-II-Mitteln) geplant. Neben Schulen aus der deutsch-polnischen bzw. deutsch-tschechischen Grenzregion hat auch das Berliner Erich-Fried-Gymnasium[137] in Zusammenarbeit mit der polnischen Botschaftsschule, die dort bereits arbeitet, Interesse bekundet, eine "deutsch-polnische Europaschule" zu werden (in Berlin leben rund 30.000 Polen).

---

[135] Ansprache des Außenministers der Republik Polen, Prof. Władyslaw Bartoszewski, am 22.11.1995anläßlich der Verleihung des Deutsch-Polnischen Preises 1995 an die Europa-Universität Viadrina Frankfurt (Oder) und ihr Gemeinschaftsprojekt mit der Adam-Mickiewicz-Universität Poznań - das Collegium Polonicum/Hrsg. Europa-Universität Viadrina Frankfurt (Oder), Januar 1996, S. 10.

[136] Insgesamt wird im Land Brandenburg Polnisch als Fremdsprache an insgesamt 11 Schulen unterrichtet, davon 6 mit Polnisch als regulärer Unterrichtssprache (Schuljahr: 1995/96), das sind 220 Schüler, die Polnisch als Fremdsprache belegt haben, und 89 Schüler lernen Polnisch in Arbeitsgemeinschaften (Schuljahr 1994/95)/MDJBE, Oktober 1996.

[137] Tagesspiegel, 10. Oktober 1996, Nr. 15 770.

Allerdings werden solche Schulprojekte außerhalb der Grenzregionen eher die Ausnahme bleiben, da das wesentliche Ziel dieser Projekte die Verständigung im grenznahen Raum ist. Außerdem nimmt mit zunehmender Entfernung von der deutsch-polnischen Grenze das Interesse bei deutschen Schülern am Polnischunterricht ab. Das Land Brandenburg stellt im Oktober 1996 fest, dass der Wunsch nach Schulpartnerschaften auf polnischer Seite wesentlich größer sei, was mit den geänderten Fremdsprachenschwerpunkten an brandenburgischen Schulen zusammenhängt (Französisch, Englisch), wohingegen immer mehr polnische Schüler Deutsch lernen.[138] Dafür ist das Interesse auf deutscher Seite am Jugendaustausch größer. Trotzdem lassen sich große Erfolge bei den deutsch-polnischen Abiturklassen im grenznahen Raum verzeichnen, da bereits 53 polnische Schüler 1994/95 in Frankfurt (Oder), Guben und Neuzelle erfolgreich das Abitur bestanden haben, wobei einige der polnischen Abiturienten zu den besten ihres Jahrgangs gehörten.

Außerhalb der grenznahen Räume spielen andere Angebote der Zusammenarbeit von Schulen eine größere Rolle: Schulpartnerschaften, Schüleraustausch und Unterbringung in Gastfamilien, Klassenfahrten, gemeinsame Projektwochen und andere Formen von außerschulischen Kinder- und Jugendaustauschprogrammen in gemeinsamen Seminaren, Workcamps, etc. Allerdings werden diese Angebote aber auch in den Grenzregionen intensiv wahrgenommen; allein das Land Brandenburg zählt im August 1996 insgesamt 37 deutsch-polnische Schüler-/Jugendaustauschprojekte bzw. Schulpartnerschaften und 1995 70 außerschulische deutsch-polnische Maßnahmen. Im Bundesvergleich dominieren beim Schüleraustausch mit Polen allerdings die alten Bundesländer; knapp 90 % der an den Maßnahmen beteiligten Schüler stammen aus Westdeutschland.[139] Bei den deutsch-polnischen Kooperationen ist auf die wichtige Mittlerrolle des *Deutschpolnischen Jugendwerks* (DPJW, mit Sitz in Potsdam und Warschau) zu verweisen. Das DPJW hat 1996 bereits 60.000 Jugendliche gefördert, 1995 fanden 30 % aller DPJW-geförderten Begegnungen im grenznahen Raum statt.[140]

Deutsch-polnische Projekte bei berufsbildenden Schulen, Grundschulen, Kitas.
Neben dem Besuch polnischer Schüler der gymnasialen Oberstufe an brandenburgischen Schulen gibt es auch ein weiteres Kooperationskonzept, bei dem in Schwedt und Chojna allgemein- und berufsbildende Schulen durch "reisende Lehrkräfte" miteinander verbunden werden, die jeweils in der anderen Sprache in der Partnerstadt unterrichten. Am Technikum in Chojna wird Deutsch- und Fachunterricht in deutscher Sprache vermittelt, im Gegenzug unterrichten polnische Lehrkräfte an Schwedter und Tantower Grundschulen. Umgekehrt erhalten auch Kinder in zehn Klassen der Grundschulen in Chojna von deutschen Lehrkräften spielerischen und freiwilligen Unterricht in der deutschen Sprache und Kultur. An

---

[138] MDJBE, Referat E3, Oktober 1996, S. 7.
[139] MDJBE, 1996, ebd., S. 1.
[140] Protokoll der 9. Sitzung des Ausschusses für grenznahe Fragen der Deutsch-Polnischen Regierungskommission am 7./8.12 in Potsdam, S. 6, (Aussage: Herr Lingenthal vom DPJW).

zwei weiteren Brandenburgischer Grundschulen in Frankfurt (Oder) und Tantow werden im Rahmen des durch INTERREG II geförderten Projekts "Begegnungssprache" Schüler in drei Klassen in Polnisch unterrichtet. Ebenfalls interessant ist ein weiteres durch INTERREG II gefördertes, sogenanntes "Spotkanie"-Projekt der *Regionalen Arbeitsstellen für Ausländerfragen e.V. (RAA)*, die seit 1994 Arbeitsgemeinschaften an zahlreichen Grundschulen in den beiden Brandenburger Euroregionen zum Spracherwerb (für jeweils ca. 500 Schüler auf der deutschen und polnischen Seite) gründeten.[141] Dieses RAA-Projekt wird von der Landesregierung Brandenburg seit dem Schuljahr 1993/94 personell unterstützt. Schließlich gibt es auch deutsch-polnische Begegnungsprojekte im Vorschulbereich, den Kindertagesstätten. Beispielsweise wird in Eisenhüttenstadt eine deutsch-polnische Kindertagesstätte zur Begegnung und Sprachvermittlung auch aus INTERREG-II-Mitteln unterstützt.

3.3.3.5.3. Vorläufiges Fazit der Fallbeispiele

Zusammenfassend lässt sich konstatieren, dass im Rahmen der PHARE-CBC- und INTERREG-II-Förderung in den deutsch-polnischen Euroregionen eine Vielzahl von Projekten aus dem Bereich Humanressourcen umgesetzt werden. Das Übergewicht an Projekten zu Humanressourcen der deutschen Seite der Euroregion gegenüber denen der polnischen Partner ist mit dem unterschiedlichen Förderschwerpunkt bei Projekten im Bereich „Verkehr, Infrastruktur und Umweltschutz" bei PHARE-CBC zu erklären. Dies schließt aber nicht aus, dass kurzfristig auch die polnische Regierung auf das Interesse der deutschen Seite an Komplementarität von Projekten, besonders auch im Bereich der Humanressourcen, reagieren wird. Ein Entgegenkommen der polnischen Seite für eine Aufstockung von Projekten in diesem Bereich deutet sich bereits an. Dass Interesse an Projekten zu Humanressourcen vorhanden ist, zeigt auch das Engagement der Euroregionen beiderseits der Grenze in Rahmen des "Fonds für kleine euroregionale Projekte".
Die Europa-Universität zeigt als eine Bildungseinrichtung direkt an der deutsch-polnischen Grenze zukunftsweisende Perspektiven auf, wie nicht nur polnische Studierende, Professoren und wissenschaftliche Mitarbeiter in das deutsche akademische System, auch durch besondere Studienangebote, integriert werden können. Experimentiert wird auch im Bereich grenzüberschreitender Forschung und Lehre (Collegium Polonicum) sowie im alltäglichen Umgang, z.B. in den grenzüberschreitenden Einrichtungen der Wohnheime. Für den Rektor Prof. Dr. Hans N. Weiler war und bleibt die Europa-Universität Viadrina einer der wenigen Versuche, "nicht nur [...] das Modell der bestehenden westdeutschen Hochschullandschaft zu reproduzieren, sondern in bescheidenem Maße neue Wege der Hochschullandschaft zu erkunden. Für Frankfurt (Oder) sollten diese neuen Wege, so die hochschulpolitischen Vorgaben der neuen Landesregierung, vor allem in zwei Richtungen geschehen: Eine Universität zu schaffen, die als bewusst internationale und europäische Einrichtung den geistigen Brückenschlag nach Ostmit-

---

[141] Vgl. Jahresberichte der Büros der Regionalen Arbeitsstellen für Ausländerfragen (RAA) Potsdam und Frankfurt (Oder).

teleuropa und insbesondere nach Polen sucht, und die gleichzeitig einen Beitrag zur Überwindung der Isolierung der Fachwissenschaft voneinander - vor allem im Bereich der Geistes- und Sozialwissenschaften leistet."[142]

Bei den Schulprojekten wird eine überschaubare Bandbreite an verschiedenen Angeboten genutzt. Die Nähe zum Nachbarn wird von den Akteuren in der Grenzregion für anspruchsvolle Pilotprojekte genutzt: von dem anspruchsvollen Ziel, bilinguale Schulen zu gründen, über die Möglichkeit für polnische Schüler, das deutsche Abitur an Brandenburger Schulen abzulegen, bis hin zu Lehreraustauschprogrammen, bei denen polnische und deutsche Lehrer im Grenzgebiet im Nachbarland in der Fremdsprache unterrichten.

Dennoch bleibt ein problematisches Ungleichgewicht im Schüler- und Jugendaustausch zu konstatieren: Der Wunsch nach Schulpartnerschaften auf polnischer Seite ist wesentlich größer als auf deutscher (bzw. brandenburgischer) Seite.[143] Entsprechend unterschiedlich ist auch das Interesse am Spracherwerb: Während immer mehr polnische Schüler Deutsch lernen, orientieren sich Schüler der neuen Bundesländer hin zu westeuropäischen Sprachen.[144] Insbesondere auf der deutschen Seite muss das Interesse an einer Begegnung in der deutsch-polnischen Grenzregion zunächst geweckt werden, da ein Interesse von deutschen Kindern und Jugendlichen an der Situation in Polen (Sprache, Kultur und andere Bildungsbereiche) nicht vorausgesetzt werden kann. Diese Erfahrung hat auch die Europa-Universität gemacht. Das Interesse nicht-polnischer Studenten am Erlernen der polnischen Sprache oder an grenzüberschreitenden landeskundlichen Projekten ist noch zu wenig ausgeprägt.[145]

Die Einschätzungen der Lage der Soziokultur in der Grenzregion sind unterschiedlich: Die Landesregierung Brandenburg spricht bereits "in der grenzüberschreitenden Zusammenarbeit von einer Normalität in der Kulturarbeit Brandenburgs".[146] Für Hartmut Schröder, Professor an der Europa Universität Viadrina, scheint es gerade an der deutsch-polnischen Grenze vielmehr nach wie vor ein

---

[142] Hans N. Weiler: Wissenschaft an der Grenze. Zur geistigen Geographie der Frankfurter Europa-Universität. In: Experiment Grenzuniversität/Hrsg. Anna Schwarz u.a., Sonderdruck 1998 - Frankfurt (Oder), 1998, S. 23.
[143] MDJBE, Referat E3, Landesregierung Brandenburg, 10/1996, S. 1.
[144] Ebd., S. 1.
[145] Zu Herkunftsprofilen, Motivationstypen, Studien- und Berufsorientierungen von deutschen und polnischen Studierenden an der EUV vgl. Anna Schwarz, Jörg Jacobs: Experiment Grenzuniversität. Soziologische Erkundungen über die deutschen und polnischen Studierenden an der Europa-Universität Viadrina in Frankfurt (Oder) - Frankfurt a. M., 1998.
[146] Hier wird vom MWFK Bezug genommen auf: Städtepartnerschaften, Schulpartnerschaften und sonstige Beziehungen, die das Land Brandenburg unterstützt, aber darüber hinaus auch die Tätigkeit von Kommunen und Vereinen, die in der deutsch-polnischen Grenzregion aktiv sind. Lit.: Protokoll der 9. Sitzung des Ausschusses für grenznahe Fragen der Deutsch-Polnischen Regierungskommission am 7./8.12.1995 in Potsdam, S. 10.

"mehr oder weniger desinteressiertes Nebeneinander zu geben, das sich allerdings mittlerweile in Richtung auf gutnachbarliche Beziehungen entwickelt".[147]

Insofern ist das Engagement der Universitäten, Schulen, Berufsschulen, Grundschulen, Kindergärten in den Grenzregion von Deutschland, Polen und Tschechien als ständige Anstrengung und Herausforderung zu sehen, da sich die Akteure nicht auf einen "Automatismus in der gegenseitigen Verständigung" verlassen, sondern konkrete Angebote und Strukturen für die Kommunikation schaffen.

---

[147] Expertise zum Themenbereich "Sprache(n) und Grenzen" für das Seminar "Fremdsprachen-Grenzdidaktik"/Prof. Dr. Hartmut Schröder, Lehrstuhl für Sprachwissenschaft an der Europa-Universität Viadrina Frankfurt (Oder) u.a. - Frankfurt (Oder), 10/1996, S.19.

4. Fazit: Diskussion und Ausblick

Untersucht werden soll die Rolle der grenzüberschreitenden lokalen Zusammenarbeit in der deutsch-polnischen Grenzregion, einerseits im Rahmen der integrativen Tendenzen der Europäischen Union sowie andererseits der nationalen deutsch-polnischen Kooperation in einem gesamteuropäischen Entwicklungszusammenhang. Die deutsch-polnische Grenzregion dient in der vorliegenden Arbeit als Fallstudie für eine politikwissenschaftliche Untersuchung. Im Mittelpunkt der Arbeit steht die Frage, inwieweit sich bei der grenzüberschreitenden Zusammenarbeit in der deutsch-polnischen Grenzregion Grundlagen für die Kooperation der lokalen Akteure im europäischen Mehrebensystem ausmachen lassen. Die Handlungsspielräume für die politisch-institutionelle grenzüberschreitende Zusammenarbeit sollen nicht nur horizontal (lokale Ebene: Euroregion), sondern auch vertikal (Spannungsverhältnis von Grenzregion - Nation -Europäische Union) untersucht werden.

Lokale Politik in der deutsch-polnischen Grenzregion stellt sich somit in zweifacher Weise dar: einmal als "kleine Außenpolitik" der Akteure in der deutsch-polnischen Grenzregion selbst, aber auch in bezug auf Koordinationsprozesse mit regionalen, nationalen und europäischen Akteuren. Ausgehend von der Vernetzung lokaler Akteure im deutschen und polnischen Teil der Grenzregion kann konzeptionell und zielorientiert eine eigene Entwicklungsperspektive für die deutsch-polnische Grenzregion definiert werden. Darüber hinaus heißt die Herausforderung *Maßstabsvergrößerung des kommunalen Handelns*. Aufgrund der *Maßstabsvergrößerung von Entscheidungsfeldern* im Rahmen der europäischen Integration bzw. der gesamteuropäischen Kooperation mit den MOE-Staaten wächst die Notwendigkeit der Gemeinden, ihr Selbstführungspotential zu entwickeln, mittelfristige Handlungsorientierungen zu definieren und offensiv die Mitwirkung der anderen Akteure (Region, Staat, EU) einzufordern.

Aus diesen Überlegungen heraus sind für die Erforschung politisch-institutioneller, grenzüberschreitender Zusammenarbeit im Kontext europäischer Integration und neuer Formen der Ost-West-Kooperation folgende Forderungen an das Forschungsprofil von Theorien zu stellen: Wissenschaftlich ist zu fordern, dass die Wahl der Analyseebene sich nicht nur auf die lokale Ebene (auf die Akteure in der Grenzregion selbst) beschränken darf, sondern diese muss um die lokale, regionale, staatliche, europäische und internationale Ebene erweitert werden. Auch bei der Wahl der Methode reicht es nicht aus, grenzüberschreitende Zusammenarbeit auf die Kooperationsbeziehungen zwischen Staaten zu reduzieren, da lokale und regionale Akteure aus der deutsch-polnischen Grenzregion involviert sind.

Darüber hinaus bedarf es zusätzlicher theoretischer Überlegungen, um die Rolle der grenzüberschreitenden Kooperation im Kontext europäischer Integration und nationalstaatlicher Kooperation zu analysieren. In der vorliegenden Arbeit wurde versucht, einen Brückenschlag von der Vielfalt der theoretischen Annäherungen an die EG (Funktionalismus/Neofunktionalismus sowie Intergouvernementalismus, Regime- und Interdependenzforschung) hin zum Forschungsinteresse, wie sich in Gesamteuropa zukünftig grenzüberschreitende lokale Zusammenarbeit gestalten kann, vorzunehmen. Dabei ist die Einschätzung der möglichen Entwicklung der lokalen grenzüberschreitenden Zusammenarbeit in der deutsch-polnischen Grenzregion, im Spannungsverhältnis von europäischer Integration und neuen Formen der Ost-West-Kooperation eng an die Vorstellung der künftigen Verfasstheit der europäischen Gemeinschaft gebunden.

Die beiden diskutierten Theorieansätze erklären letztendlich das Phänomen EG auf der Basis unterschiedlicher Erkenntnisinteressen: Funktionalisten und Neofunktionalisten richten ihr Forschungsinteresse eher auf die Analyseebene der EG und auf das Prozesshafte der Integration, während Vertreter des Intergouvernementalismus, der Interdependenz- und Regimetheorie sich auf die Analyseebene Staat und staatliche Kooperationsformen der EG konzentrieren. Durch die Verbindung dieser beiden monokonzeptionellen Theorierichtungen soll in der vorliegenden Untersuchung von einer eher realitätsnahen Vorstellung der Verfasstheit der europäischen Gemeinschaft ausgegangen werden, in der neben der Analyseebene von EG und Staat auch die regionale/lokale Analyseebene Berücksichtigung findet, ebenso wie neben den Methoden Integration und Kooperation auch andere Kooperationsformen auf subnationaler Ebene theoretisch integrierbar sind.

Heute wird man davon ausgehen, dass es nicht zu einem schlichten Transfer von nationalen Kompetenzen kommen wird. Das europäische Mehrebenensystem der EU beruht auf einem stetig fortschreitenden Prozess der Einrichtung und des Ausbaus von Institutionen und der Einführung von Erneuerung von Entscheidungsverfahren. Dabei werden nationalstaatliche Kompetenzen nach oben auf die supranationale Ebene verlagert und in einigen Bereichen Aufgaben nach unten auf die subnationale Ebene übertragen. Das politische Mehrebenensystem wird dadurch charakterisiert, dass mehrere, an sich souveräne Staaten sich zusammenschließen, um gemeinsame Lösungen für Probleme, die von den einzelnen politischen Einheiten nicht mehr gelöst werden können, zu suchen.[1]

Politische Entscheidungen werden nicht länger in relativ abgeschlossenen nationalstaatlichen Systemen mittels eines hierarchischen Politikmodus getroffen. Chancen und Restriktionen des EG-Integrationsprozesses hängen nach Scharpf von der "Handlungsfähigkeit des modernen Staates am Ende des 20. Jahrhunderts" ab, einmal angesichts globaler Interdependenzen, zum anderen aus den sich ergebenden Restriktionen für die Herausbildung einer politischen Gemeinschaft auf supranationaler Ebene.[2] Die Hoheitsgewalt nach innen und die Souveränität nach außen weicht im Rahmen der Übertragung von Hoheitsrechten an die EU auf. Laut Scharpf ist der "... nach außen souveräne ... und nach innen hierarchisch inte-

---

[1] Nicola Staeck: Politikprozesse der Europäischen Union: Eine Policy-Netzwerkanalyse der europäischen Strukturfondspolitik - Baden-Baden, 1997, S. 37-39.
[2] Fritz W. Scharpf: Die Handlungsfähigkeit des Staates am Ende des Zwanzigsten Jahrhunderts. In: Beate Kohler-Koch (Hrsg.): Staat und Demokratie in Europa - Opladen, 1992, S. 93-116.

grierte Staat der frühen Neuzeit ..." abgelöst worden.[3] Durch die institutionellen Mehrebenenstrukturen hat sich die Qualität der Zusammenarbeit von Staaten geändert. Laut Scharpf wird die EU ein Verbundsystem bleiben, in dem politische Entscheidungen dem Muster horizontaler Verhandlungen folgen. Zwar ist das Rechtssystem mit dem Vorrang des Gemeinschaftsrechts vor nationalem Recht hierarchisch gegliedert, aber wenn es um die Festlegung von Politik geht, gibt es keine Priorität der Ebenen, sondern organisierte Politikverflechtung[4], in der Entscheidungen sich aufgrund eines technokratisch-bürokratisch verarbeiteten Mixes unterschiedlicher politischer Kalküle ergeben. Scharpf spricht in diesem Zusammenhang von der EG als einem transnationalen Verhandlungssystem, das von der Dominanz der nationalstaatlichen Systeme, ihren Mechanismen der innerstaatlichen Abstimmung und von der Rolle nationaler Regierungen im politischen Prozess auch weiterhin geprägt sein wird.

Neben den nationalen Akteuren wollen auch immer mehr subnationale Akteure ihre Rechte durch Einflussnahme am Willensprozess der EG sichern. Dies wird durch die große Zahl eigener EG-Vertretungen aller deutschen Bundesländer und deutscher Kommunen, europäischer Regionen und autonomer Gebietskörperschaften in Brüssel deutlich. Zusätzlich wurde auf Druck insbesondere der deutschen Bundesländer der beratende Ausschuss der regionalen und lokalen Gebietskörperschaften (AdR, nach Art. 198 a bis c des Maastrichter Vertrages) eingerichtet.

Die neofunktionalistische Integrationstheorie macht die überlegene Problemlösungskapazität supranationaler Institutionen dafür verantwortlich, dass wichtige gesellschaftliche Schlüsselgruppen ihre Erwartungen (eben auch subnationale Akteure), politische Aktivitäten und schließlich auch Loyalitäten auf eine neue Regulierungsinstanz ausrichten, kurz, dass Integration stattfindet.

Auch die lokalen Vertreter europäischer institutionalisierter Grenzregionen/ Euroregionen haben ihre Interessen in Form einer Lobby-Organisation, der "Arbeitsgemeinschaft europäischer Grenzregionen", europäisiert. So haben sich die Vertreter binational/trinational organisierter Euroregionen sich selbst, oder vermittelt über die AGEG, ebenfalls in Politiknetze mit transnationaler Dimension eingebracht und aufgrund einer Ausweitung in der Wahrnehmung ihres Handlungsfeldes die Definition der eigenen Interessen geändert. Außerdem finden die subnationalen Einheiten der europäischen Grenzregionen (Region/lokale Akteure) neben den Nationalstaaten durch die Gemeinschaftsinitiative INTERREG Zugang zu vernetzten Entscheidungssystemen im Rahmen der europäischen Strukturpolitik. Inwieweit dies auch für die deutsch-polnische Grenzregion zutrifft, wurde in der vorliegenden Arbeit untersucht.

Wie aber gestalten sich konkret die politisch-institutionellen Rahmenbedingungen für die grenzüberschreitende, deutsch-polnische Zusammenarbeit im europäischen Mehrebenen-Spiel zwischen den jeweiligen Analyseebenen und zwischen den jeweiligen Akteuren?

---

[3] Fritz W. Scharpf 1992, ebd., S. 93.
[4] Fritz W. Scharpf: Die Politikverflechtungsfalle: Europäische Integration und deutscher Föderalismus im Vergleich. In: Politische Vierteljahresschrift 26, 1985, S. 323-356.

Auf der Grundlage der im theoretischen Teil der Arbeit entwickelten Vorstellung von der Verfasstheit des EG-Systems wurden im Hauptteil der Arbeit der Handlungsspielraum der deutsch-polnischen-grenzüberschreitenden Zusammenarbeit auf drei Ebenen (Europa/Nationalstaat/Grenzregion) untersucht. Erst Anfang der 90er Jahre, durch den Wegfall des "Eisernen Vorhangs", haben sich neue Möglichkeiten nachbarschaftlicher, lokaler, grenz-überschreitender Kooperation zu den MOE-Staaten an der Außengrenze der EU ergeben. Der weltweite Entspannungsprozess, in Verbindung mit den friedlichen Revolutionen in den MOE-Staaten und der DDR, hat durch die deutsche Einigung zu einem Wegfall der Grenze BRD - DDR geführt und eine Öffnung der deutschen Grenze zu den östlichen Nachbarn ermöglicht. Nach der Wiedervereinigung Deutschlands am 3. Oktober 1990 bekam Deutschland im Osten eine gemeinsame Grenze mit Polen. Diese Grenze ist auch gleichzeitig EU-Außengrenze.

Durch die geschilderten veränderten Ordnungsstrukturen und Beziehungsmuster der (gesamt)europäischen Politik ist der Aufbau grenzüberschreitender Zusammenarbeit in der deutsch-polnischen Grenzregion erst möglich und erwünscht. Die grenzüberschreitende Zusammenarbeit findet auf drei Politikebenen statt, der lokalen, nationalen und europäischen Ebene:

Kapitel 1 reflektiert die Heranführungsstrategie der MOE-Staaten an die EU, unter besonderer Berücksichtigung Polens. *Kapitel 2* analysiert die Persistenz nationaler deutsch-polnischer Strukturen und ihre Bedeutung für die deutsch-polnische grenzüberschreitende Zusammenarbeit. *Kapitel 3* beschreibt zunächst die horizontale politisch-institutionelle Kooperation der Akteure in der deutsch-polnischen Grenzregion angesichts der besonderen Herausforderungen aufgrund extremer Ungleichgewichte. Gleichzeitig versucht Teil 3 mit Hilfe einer Prozessanalyse die grenzregionale Ebene sowohl mit der nationalen als auch (gesamt-) europäischen Ebene in Zusammenhang zu bringen. Dies gelingt durch die Konzentration auf das Politikfeld der EG-Regional- und Außenwirtschaftspolitik zur Förderung der deutsch-polnischen Grenzregion (INTERREG II und PHARE-CBC). So konnte die vorliegende Untersuchung Aussagen zu einer vergleichenden Darstellung der bereichsspezifischen Entscheidungssysteme auf euroregionaler, nationaler und EG-Ebene machen. Die Arbeitsergebnisse der drei Hauptteile lassen sich folgendermaßen zusammenfassen:

Teil 1. Auf europäischer Ebene wird im Rahmen der europäischen Regional- und Außenwirtschaftspolitik die deutsch-polnische grenzüberschreitende Zusammenarbeit an der EU-Außengrenze durch die EU-Gemeinschaftsinitiative INTERREG II und das EU-Hilfsprogramm PHARE-CBC unterstützt (vgl. Kapitel 3.3). Aufgrund dieser unterschiedlichen Förderinstrumentarien kann bei den deutsch-polnischen Euroregionen und den Antragstellern aus dieser Grenzregion der Eindruck entstehen, die EU sei nicht in der Lage, ein kohärentes grenzüberschreitendes Förderprogramm für die deutsch-polnische Grenzregion zu entwickeln, wie es seit Anfang der 90er Jahre im Rahmen von INTERREG an den EU-Binnengrenzen erfolgreich umgesetzt werden konnte. Derzeit wirkt sich der EU-Förderrahmen sogar kontraproduktiv auf die Formulierung *gemeinsamer* deutsch-polnischer grenzüberschreitender Projekte aus, da die EU-Kommission eine "echte Mitwirkung" an der Europäischen Regionalförderung (hier: INTERREG II) bei Ländern, die noch nicht Mitglieder in der EU sind, kategorisch ablehnt. Zwar sehen die Europa-Abkommen bereits die Teilnahme der MOE-Beitrittsländer an Programmen der Gemeinschaft vor (z.B. im Bereich der beruflichen Bildung, Forschung, Kultur, Umwelt etc.), eine Beteiligung der Beitrittsländer an INTERREG III (2000-2006) ist auch in Zukunft erst nach deren EU-Mitgliedschaft möglich.

In dem für die Grenzregion auf der polnischen Seite wirksamen Förderprogramm PHARE mit der Haushaltslinie PHARE-CBC, räumt die EU-Kommission Polen nur *Mitspracherechte* ein. Zukünftig will die EU-Kommission im Rahmen der "intensivierten Heranführungsstrategie" für alle 10 Bewerberländer eine *Mitwirkung* (neben der Mitsprache) bei PHARE erreichen - aber nur dann, wenn eine Neudefinierung bei der Mitfinanzierung von PHARE-Maßnahmen umgesetzt werden kann (vgl. Kapitel 1.5.1). Die Doppelgleisigkeit der EU-Förderpraxis zur Förderung der grenzüberschreitenden Zusammenarbeit an der EU-Außengrenze wird also über das Jahr 2000 hinaus beibehalten, mit den bereits bekannten Folgeproblemen bei der Auswahl und Abstimmung von Projekten sowie der unterschiedlichen Mitsprache- und Mitwirkungs-rechte Deutschlands und Polens im INTERREG-II- bzw. PHARE-CBC-Entscheidungsprozess.

Das Verständnis dieser scheinbar im Ergebnis für die Antragsteller schwer nachvollziehenden EU-Förderpraxis an der EU-Außengrenze ergibt sich erst aus der Analyse der neuen Geschäftsgrundlagen der EU nach dem Ende des Kalten Krieges, auf die in Kapitel 1 ausführlich eingegangen wird. Spätestens seit der Regierungskonferenz zur Revision des Maastrichter Vertrages und dem Abschluss des Vertrages von Amsterdam (der derzeit von den EU-Mitgliedstaaten ratifiziert wird) ist den Mitgliedstaaten bewusst, dass die europäische Integration seit 1989/90 in ein völlig anderes Kräftefeld geraten ist und sich deshalb gründlich verändert hat (vgl. Kapitel 1.4).

Die derzeit ungeklärten Fragen im Bereich der „institutionellen Fragen" (langfristige Zusammensetzung der Europäischen Kommission, Stimmengewichtung und Konstruktion des Ratsvorsitzes im Ministerrat, vgl. Kapitel 1.4.2.2) belasten die Beitrittsverhandlungen, die die EU seit 1998 mit Polen, Ungarn, der Tschechischen Republik, Slowenien, Estland und Zypern führt. Deshalb umfassen die Vorschläge der EU-Kommission zur Osterweiterung im Rahmen der AGENDA 2000 nicht nur die Reformvorstellungen der EU-Kommission zur Agrar-, Struktur und Finanzpolitik der EU, sondern auch solche zur Stärkung der Institutionen der Gemeinschaft (vgl. Kapitel 1.7). Das Ausmaß der Krise, in bezug auf die Dimension der sogenannten "Vertiefung" der EU, wurde angesichts des überraschenden Rücktritts der Europäischen Kommission am 16.3.1999 deutlich, mit der die EU-Kommission einem Misstrauensvotum des Europäischen Parlamentes zuvorgekommen war. Ein Sachverständigenausschuss des Europäischen Parlamentes kam nach Bekanntwerden zahlreicher Korruptionsaffären der Kommission zu dem Ergebnis, die Kommission habe insgesamt die Kontrolle über die Verwaltung verloren. Der Rücktritt der EU-Kommission, die jedoch zunächst geschäftsführend im Amt bleibt, fällt zusammen mit dem Berliner Gipfeltreffen der Staats- und Regierungschefs, auf dem Ende März unter deutscher Ratspräsidentschaft die Verhandlungen über die Reformvorschläge der AGENDA 2000 abgeschlossen werden.

Rückblickend war das Modell der Europa-Abkommen (vgl. Kapitel 1.1.1) ein erfolgreicher Ausgangspunkt für die darauf aufbauenden, unterschiedlichen Phasen der "Heranführungsstrategie", deren Chronologie in der vorliegenden Arbeit, insbesondere hinsichtlich der politisch-institutionellen Aspekte, ausführlich dargelegt wurde (vgl. Kapitel 1.1 bis 1.6). Die Heranführungsstrategie wird anhand strategischer Politikkonzepte und Vermittlung konkurrierender Prioritäten aus Sicht der EU, der einzelnen EU-Mitgliedstaaten und der MOE-Staaten analysiert (vgl. Kapitel 1.7) und als ein schwieriger, beidseitiger, vertrauensbildender politischer Prozess zwischen der EU und den MOE-Staaten begriffen, der noch andauert.

Stand bisher die Bewertung der Transformation zu Demokratie und Marktwirtschaft in Mittel- und Osteuropa im Blickpunkt, so wird den EU-Mitgliedstaaten mehr und mehr bewusst, dass sich die Osterweiterung auch in einer EU-Transformation fortsetzt. Während die MOE-Staaten auf einen raschen Beitritt mit Übergangslösungen um das Jahr 2000 drängen, macht die EU immer wieder unmissverständlich deutlich, dass u.a. zuvor der Besitzstand der EU ohne Einschränkungen von den MOEL zu akzeptieren sei (vgl. Kapitel 1.4.3). Zwar stellt sich die grundsätzliche Frage von Vertiefung und Erweiterung nicht mehr, aber sowohl die Tiefe des Integrationsprozesses ("Vertiefung") als auch seine räumliche Dimension ("Osterweiterung") bedürfen weiterer Überlegungen - auch über die AGENDA 2000 hinaus.

Teil 2. Auf der Basis der veränderten europäischen Rahmenbedingungen können die beiden Regierungen Deutschlands und Polens die Neuregelung ihrer nationalen Beziehungen auf einem neuen Niveau angehen: Bonn und Warschau haben gleichermaßen die Chance wahrgenommen, ihre Beziehungen auf wirtschaftlicher, kultureller, sozialer und sicherheitspolitischer Ebene unter den neuen Rahmenbedingungen zu gestalten. Im Bereich der Außenpolitik haben Deutschland und Polen außerordentlich erfolgreich gemeinsame nationale Interessen in Übereinstimmung bringen können: vertragliche Anerkennung der polnischen Westgrenze, vertraglich festgelegte Grundlagen für Interessenausgleich und Zusammenarbeit von Deutschland und Polen (auf lokaler, regionaler, nationaler Ebene) sowie die Öffnung Polens nach Westen (angestrebte EU- und NATO-Mitgliedschaft, trinationales "Weimarer Dreieck") mit vertraglich zugesicherter deutscher Unterstützung. Diese drei Kernelemente deutsch-polnischer Diplomatie bilden auch die Rahmenbedingungen und Grundlagen für die lokale grenzüberschreitende Zusammenarbeit in der deutsch-polnischen Grenzregion, die durch bilateral-nationale und supranational-europäische Unterstützung erst tragfähig und zukunftsweisend gestaltet werden kann (vgl. Kap. 2.1.1 und 2.3).

Der deutsch-polnische Grenzvertrag wird als Wendepunkt in den deutschpolnischen Beziehungen gewertet (vgl. Kapitel 2.1). Die Unterzeichnung des "Vertrages über die Bestätigung der zwischen ihnen bestehenden Grenzen" durch die dann vereinigte Bundesrepublik Deutschland und die Republik Polen am 14.11.1990 entsprach nicht nur "technisch" den zuvor in dem "Zwei-plus-vier"-Vertrag getroffenen Vereinbarungen. Der sogenannte "Grenzvertrag" entsprach darüber hinaus auch den jeweiligen nationalen Interessen, die sich hier in einer "Interessengemeinschaft" ergänzten: Das Fernziel der bundesdeutschen Außenpolitik seit 1949, die "Wiedergewinnung der staatlichen Einheit in Frieden und Freiheit", wurde gleichzeitig mit dem Hauptziel der polnischen Außenpolitik nach 1945, der allseitigen Anerkennung der polnischen Westgrenze an Oder und Neiße, erreicht. Mit dem Grenzvertrag wollten die deutsche und die polnische Regierung den Konfliktpunkt "Grenzfrage" in Form einer völkerrechtlichen Vereinbarung endgültig klären. Der Vertrag schafft Klarheit über eine Grenze, die aus polnischer Sicht zu einem wichtigen Stabilitätsfaktor in dem sich einigenden Europa gehört, innerhalb dessen die Grenzen an Bedeutung verlieren sollen (vgl. Kapitel 2.1.2.1).

Mit dem Abschluss des "Vertrages zwischen der Bundesrepublik Deutschland und der Republik Polen über gute Nachbarschaft und freundschaftliche Zusammenarbeit" vom 17.6.1991 erfolgt dann konkret eine umfassende Neuregelung der gegenseitigen deutsch-polnischen Beziehungen, besonders auch im Bereich der deutsch-polnischen, grenzüberschreitenden Zusammenarbeit (vgl. Kapitel 2.2).

Mangels genauer völkerrechtlicher und verfassungsrechtlicher Vorgaben im deutsch-polnischen Nachbarschaftsvertrag bleiben in der Praxis der deutsch-polnischen, grenzüberschreitenden Zusammenarbeit auf regionaler und kommunaler Ebene erhebliche Unsicherheiten bestehen:

- Die politischen Absichtserklärungen der deutschen und polnischen Regierung zur deutsch-polnischen grenzüberschreitenden Zusammenarbeit (Art. 12 Absatz 1) vermitteln noch keine partielle Völkerrechtssubjektivität an deutsche oder polnische Gemeinden oder Gemeindeverbände. Ebenso wenig werden die Vertragsparteien durch die Bestimmung des Nachbarschaftsvertrages verpflichtet, entsprechende staatliche Ermächtigungen durch Erlass abgestimmter paralleler Gesetze zu schaffen (vgl. Kapitel 2.2.3).

- Auch die politischen Absichtserklärungen der beiden Vertragsparteien, insbesondere die Tätigkeit der im April 1991 gegründeten "Deutsch-Polnischen Regierungskommission für regionale und grenznahe Zusammenarbeit" zu erleichtern und zu fördern (Art. 12 Absatz 2), haben weder eine Rechtsermächtigungsfunktion, noch enthalten sie einen Rechtsanwendungsbefehl. Die lokalen Akteure in der deutsch-polnischen Grenzregion werden auch nicht durch den Notenwechsel zur Einrichtung der Regierungskommission zu direkter Kontaktaufnahme ermächtigt ebenso wenig wie zum Abschluss von Verträgen auf der Grundlage des öffentlichen Rechtes (vgl. Kapitel 2.2.5).

- Die Bezugnahme des Nachbarschaftsvertrages auf die Konventionen des Europarates zu grenzüberschreitender Zusammenarbeit und kommunaler Selbstverwaltung (Artikel 12 Absatz 3) schafft auch keinen neuen rechtlichen Handlungsrahmen (vgl. Kapitel 2.2.4). Deutschland und Polen, als Unterzeichnerstaaten beider Abkommen des Europarates, übernehmen im wesentlichen nur die politische Pflicht, die grenzüberschreitende Zusammenarbeit der Gebietskörperschaften zu erleichtern und zu fördern. Beide Konventionen enthalten keine Bestimmungen, aus denen deutsche und polnische Gemeinden oder andere Gebietskörperschaften die Kompetenz zum grenzüberschreitenden Handeln unter dem Regime des Völkerrechtes ableiten können.

Deshalb empfiehlt die vorliegende Untersuchung, deutsch-polnische Anwendungsgesetze zur Madrider Rahmenkonvention des Europarates abzuschließen, die im einzelnen zwischen den betroffenen deutschen Grenzbundesländern und der Republik Polen festlegen, wie in diesen Rechtsformen grenzüberschreitend zusammengearbeitet werden könnte (vgl. Kapitel 2.2.8). Die deutsch-polnischen Verträge übernehmen bislang nicht die Funktion eines solchen völkerrechtlichen Dachvertrages, der den Grenzakteuren völkerrechtliche Handlungskompetenz und die Ermächtigung zur öffentlich-rechtlichen grenzüberschreitenden Zusammenarbeit einräumen würde. Solange die deutschen und polnischen Grenzgemeinden an der EU-Außengrenze nicht im Rahmen öffentlich-rechtlicher Vereinbarungen (kommunale Zweckverbände, kommunale Arbeitsgemeinschaften) - auch ohne einen speziellen Staatsvertrag - grenzüberschreitend zusammenarbeiten können, bleibt die grenzüberschreitende Zusammenarbeit auf lokaler Ebene aus rechtlichen Gründen in der deutsch-polnischen Grenzregion unzureichend. Ein deutsch-polnischer Anwendungsvertrag für die Madrider Rahmenkonvention könnte sich an bereits bestehenden Abkommen anderer europäischer Staaten orientieren, wie beispielsweise dem sogenannten "Karlsruher Abkommen" von 1994 (vgl. Kapitel 2.2.4).

Trotz der völkerrechtlich beschränkten Handlungskompetenz subnationaler deutscher und polnischer Gebietskörperschaften zum Staatsgrenzen überschreitenden Handeln wurden durch den Grenz- und Nachbarschaftsvertrag grundlegende politisch-rechtliche Voraussetzungen für die grenzüberschreitende Zusammenarbeit geschaffen. Die deutsche Bundesregierung und die polnische Regierung haben in dem Grenz- und Nachbarschaftsvertrag die Bedeutung der grenzüberschreitenden Zusammenarbeit lokaler Akteure zur Annäherung der beiden Nachbarstaaten ausdrücklich anerkannt (vgl. Kapitel 2.2.8). Durch die Zusammenarbeit der Bundesrepublik Deutschland und der Republik Polen in Erfüllung des Vertrages über gute Nachbarschaft und freundschaftliche Zusammenarbeit hat sich im Bereich der gemeinsamen grenzüberschreitenden Beziehungen ("Deutsch-Polnische Regierungskommission", vgl. Kapitel 2.2.5) und insbesondere bei der Umwelt- und Raumordnungspolitik ("Deutsch-Polnische Raumordnungskommission", vgl. Kapitel 2.2.6 und "Deutsch-polnischer Umweltrat", vgl. Kapitel 2.2.7) ein enges Beziehungsgeflecht entwickelt. Im Rahmen dieses deutsch-polnischen Netzwerkes erhalten deutsche und polnische Funktionsträger aus den jeweiligen Verwaltungen sehr genaue Kenntnisse der gegenseitigen Positionen und Interessenslagen bezüglich der behandelten Politikfelder. So konnte sich ein Vertrauensverhältnis zwischen den beteiligten deutschen und polnischen Akteuren ausbilden. Die ständig stattfindenden Lern- und Anpassungsprozesse zwischen den Akteuren münden in die Entwicklung gemeinsamer Orientierungen. Dies gilt nicht nur für die deutschen und polnischen nationalen Vertreter (die den Vorsitz der Ausschüsse innehaben) und die regionalen Vertreter (die Mitglieder der Ausschüsse/Unterausschüsse sind). Auch die lokalen deutschen und polnischen Vertreter der Grenzregion können sich mit Fragen und Anregungen an die deutsch-polnischen Kommissionen wenden bzw. werden von den Kommissionen als Experten zu bestimmten Sachthemen herangezogen.

Die Vielzahl der unterschiedlichen Akteure und Handlungsfelder ist ein Indiz dafür, dass sich die bilaterale grenzüberschreitende Zusammenarbeit dynamisch und gegenseitig verstärkend entwickelt. So können langfristig Rahmenbedingungen für grenzüberschreitende Regional- und Raumplanung entwickelt werden und gemeinsame verbindliche Vereinbarungen auf nationaler Ebene getroffen werden. Dies gilt auf der Ebene der national-regionalen grenzüberschreitenden Zusammenarbeit insbesondere für Politikbereiche wie z.B. die Ausweisung grenzüberschreitender Naturparks und grenzüberschreitende Abstimmung in der Landschaftsplanung, die Ausweisung grenzüberschreitender Siedlungsnetze und städtischer Verbindungen oder grenzüberschreitende Verkehrsinfrastrukturplanung unter Berücksichtigung europäischer Verkehrsstrassen. Neben der wichtigen politisch-institutionellen Vernetzung auf national-regionaler Ebene konnten die genannten Kommissionen Mitte der 90er Jahre gemeinsame wissenschaftliche Analysen des Grenzraumes in Auftrag geben und so erstmals deutsch-polnische nationale und regionale Entwicklungsvorstellungen für den Grenzraum aufeinander abgestimmt entwickeln.

Neben der vertraglichen Absicherung der grenzüberschreitender Zusammenarbeit im Rahmen von Grenz- und Nachbarschaftsvertrag ermöglichen der politisch-institutionelle Systemwandel und die damit einhergehende Dezentralisierung in der ehemaligen DDR und der ehemaligen Volksrepublik Polen ebenfalls neue Voraussetzungen für rechtsverbindliche grenz-überschreitende Kooperation auf lokaler Ebene in der deutsch-polnischen Grenzregion (vgl. Kapitel 2.4). Aber weder das Selbstverwaltungsrecht der polnischen noch der deutschen Gemeinden beinhaltet das Recht zur Aufnahme auswärtiger, völkerrechtlicher Beziehungen. Auch umfasst die Garantie der kommunalen Selbstverwaltung in Deutschland und Polen nicht die Ermächtigung zur grenzüberschreitenden Zusammenarbeit durch Abschluss öffentlich-rechtlicher Vereinbarungen, welche die Übertragung von Hoheitsrechten vorsehen oder die Bildung von neuen juristischen Personen des öffentlichen Rechts beinhalten (vgl. Kapitel 2.4.3 und 2.2.3 ff.).

Die Verringerung der Zahl der Wojewodschaften, die Wiedereinführung der Kreise und die Dezentralisierung der Verwaltungsstrukturen seit Januar 1999 in Polen werden als längst überfällige Reform der administrativen Strukturen sowohl in Polen als auch in Deutschland begrüßt. Erwartet wird die erleichterte grenzüberschreitende Zusammenarbeit durch die stärker dezentralisierten Strukturen. Die Einrichtung dezentraler Strukturen mit handlungsfähiger, effizienter Finanzverfassung in Polen wird auch von der EU-Kommission begrüßt, die sich davon eine verbesserte Umsetzung der EU-Außenwirtschaftsprogramme und langfristig der EU-Regionalfonds (nach dem Beitritt Polens in die EU) verspricht.

Teil 3. Während auf nationaler Ebene vertraglich und politisch-institutionell die grundlegende Voraussetzung für die grenzüberschreitende Zusammenarbeit geschaffen wurden haben sich parallel dazu seit 1992 über den gesamten Grenzverlauf zwischen der Republik Polen und der Bundesrepublik Deutschland sogenannte Euroregionen gegründet: die Pomerania, die Pro Europa Viadrina, die Spree-Neiße-Bober. Weder die EG-Verträge noch die deutsche und polnische Regierung konnten den neuen Euroregionen eine solide juristische Basis liefern: Die deutsch-polnischen Euroregionen sind keine Gebietskörperschaft im rechtliche Sinne und haben auch keine eigene Rechtspersönlichkeit. Sie leiten ihre Rechtsfähigkeit nur aus den geschlossenen Verträgen ab, auf deren Basis die

Euroregionen beiderseits der Grenze gegründet worden sind (vgl. Kapitel 3.1 und 3.2).

Dennoch konnten durch die umgehende Institutionalisierung der neu entstandenen, grenzüberschreitenden Zusammenarbeit sehr erfolgreich grenzüberschreitende Kommunikations- und Verhandlungsnetze zwischen den deutsch-polnischen lokalen Akteuren aufgebaut werden und so die Konzeption und Vorstellung einer "Euroregion" überhaupt entwickelt werden. Die europäische Grenzraumförderung spielte von Anfang an aus zweierlei Gründen eine entscheidende Rolle:

- Die Institutionalisierung der grenzüberschreitender Zusammenarbeit an der deutsch-polnischen Grenze wurde als Voraussetzung für die finanzielle Förderfähigkeit im Rahmen der EU-Grenzraumförderung angesehen. Außerdem wurde mit der Institutionalisierung zugleich die grenzüberschreitende Zusammenarbeit "begründet", da es kaum informelle Kontakte gab.

- Die "Europäisierung" der deutsch-polnischen, grenzüberschreitenden Beziehungen hat die anfänglichen polnischen Befürchtungen vor den angeblichen deutschen Ansprüchen und der "friedlichen Germanisierung" der westlichen Gebiete Polens abgeschwächt. Vorbehalte Polens gegenüber der Einrichtung der Haushaltslinie PHARE-CBC konnten im Zuge der EU-Vorbeitrittsstrategie relativiert werden. Seit 1999 kann PHARE-CBC auch an der polnischen Ostgrenze zum Einsatz kommen (vgl. Kapitel 3.3.2.2).

Unter dem Dach der supranationalen Grenzregionenförderung und im Rahmen der Heranführung Polens an die EU sowie der "neuen deutsch-polnischen Interessengemeinschaft" konnten vertrauensvolle Rahmenbedingungen für die deutsche und die polnische Regierung geschaffen werden, die euroregionale Zusammenarbeit nicht nur in politischen Absichtserklärungen, sondern auch substantiell (politisch, rechtlich, finanziell etc.) zu unterstützen.

Bemerkenswert ist, dass die Rahmenbedingungen für die grenzüberschreitenden Beziehungen auf lokaler Ebene (Gründung der lokalen Euroregionen), auf nationaler Ebene (deutsch-polnische Verträge, Regierungskommissionen, nationale Regionalreformen) und auf europäischer Ebene (EU-Grenzlandförderung im Rahmen von INTERREG II und PHARE-CBC; Unterzeichnung der Rahmenabkommen der Europarates für grenzüberschreitende Zusammenarbeit und kommunale Selbstverwaltung durch Polen; Heranführungsstrategie Polens an die EU) fast zeitgleich Anfang bis Mitte der 90er Jahre wirksam wurden. Dadurch wurde die Arbeit der Euroregionen schon während deren Gründungsphase "dynamisiert" und von Anfang an als ein nachbarschaftlich-nationales, aber zugleich auch als europäisches Projekt umgesetzt. Dieses "dynamische Element" darf gerade angesichts der besonderen Problemlage (vgl. Kapitel 3.1.2) in der deutsch-polnischen Grenzregion nicht unterschätzt werden.

Durch den Rückgriff auf erprobte Formen grenzüberschreitender Zusammenarbeit (Euroregionen-Konstruktion; Antragsverfahren im Rahmen der EU-Regional- und EU-Außenwirtschaftsförderung) konnte der deutsch-polnische Dialog in der Grenzregion kanalisiert, formalisiert und somit überhaupt in Gang gesetzt werden (vgl. Kapitel 3.1.3, 3.3.3). Dabei hat die EU insbesondere durch das Förderinstrument INTERREG der europäischen Strukturpolitik Einfluss auf die nationale Politikgestaltung in der deutsch-polnischen Grenzregion genommen. Auf der Basis der INTERREG-Förderung konnten an zahlreichen Binnen- und Außengrenzen der EU bereits gemeinsame Problemlösungsstrategien sowie ein gemeinsames Selbstverständnis entwickelt werden. Dieses neue Euroregion-Selbstverständnis kam auch in der Gründung der AGEG als Lobbyist der europäischen Grenzregionen zum Ausdruck (vgl. Kapitel 3.1.3). Diese Erfahrungen konnten über das supranationale Steuerungsinstrument INTERREG mittels des vernetzten Entscheidungssystems in die deutsch-polnische Grenzregion transportiert werden (vgl. Kapitel 3.3.1.2). Zwar orientiert sich die Entwicklung der europäischen Strukturpolitik stark an der Osterweiterung der EU; solange jedoch Polen nicht EU-Mitglied ist, wird die europäische Grenzlandförderung in der deutsch-polnischen Grenzregion ein Kompromiss auf der Basis zweier unterschiedlicher Steuerungsinstrumentarien (INTERREG II und PHARE-CBC) bleiben.

Es ist ein großer Verdienst der europäischen Grenzraumförderung, die unterschiedlichen Akteure der lokalen, regionalen, nationalen und europäischen Ebene durch die Förderinstrumentarien INTERREG II und PHARE-CBC in den unterschiedlichen Ausschüssen überhaupt vernetzt zu haben. Dies ist trotz der unterschiedlich rechtlich-inhaltlichen Ausrichtungen und der gravierend unterschiedlichen Mitsprache- und Mitwirkungsrechte Polens und Deutschlands bei den Förderinstrumentarien PHARE-CBC/INTERREG II gelungen.

Die lokalen Akteure der deutsch-polnischen Grenzregion können ihre relativ schwache rechtliche Position (was ihren grenzüberschreitenden Handlungsradius angeht, s.o.) kompensieren, indem sie sich mit ihren Anliegen und Projektwünschen einerseits an die entsprechenden Deutsch-Polnischen Regierungskommissionen wenden können (diese können dann z.B. per Staatsvertrag den Bau einer gemeinsamen deutsch-polnischen Kläranlage in der Grenzregion bei den zuständigen nationalen Ministerien veranlassen).

Andererseits gewinnen die lokalen Akteure durch die EU-Grenzraumförderung auch an Handlungsspielraum gegenüber ihren jeweiligen Regierungen. Dies gelingt trotz der unter-schiedlichen EU-Genehmigungsverfahren bei INTERREG II (vgl. Kapitel 3.3.3.1) und PHARE-CBC (Kapitel 3.3.3.2) hauptsächlich über die Absprachen im Rahmen des Monitoringausschusses zwischen lokalen, regionalen, nationalen und europäischen Akteuren (vgl. Kapitel 3.3.3.3).

Schließlich gewinnen die Euroregionen in der Grenzregion vor Ort an Handlungskompetenz, da dort aus den EU-Fördermitteln (mit jeweils nationaler Kofinanzierung) Projekte von Antragstellern aus der deutsch-polnischen Grenzregion finanziert werden können. Eine besondere Rolle spielen auch die "small-scale projects", über die die deutschen Euroregionen direkt und ohne Einbeziehung des deutschen Lenkungsausschusses Projekte auswählen können (von 1997 bis 1999). Dies wertet die deutsche Seite der Euroregion in ihrem Handlungsspielraum auf und verkürzt die Bewilligungszeiten ganz erheblich, was eine bürgernahe Euroregionenpolitik ermöglicht. In Polen können die Euroregionen ebenfalls über ein Budget für "small-scale projects" verfügen (von 1995 bis 1999), allerdings ist das PHARE-CBC-Entscheidungsverfahren immer noch zentralisiert (vgl. Kapitel 3.3.3.5).

Neben den genannten Vorteilen bleiben gravierende Nachteile, die sich aus den unterschiedlichen Fördermechanismen (INTERREG II und PHARE-CBC) für einen EU-Mitgliedstaat (Deutschland) und einen Nicht-EU-Mitgliedstaat (Polen) in der deutsch-polnischen Grenzregion ergeben. Da das Territorialprinzip den grenzüberschreitenden Einsatz von INTERREG-Mitteln in einem Nicht-EU-Mitgliedstaat verbietet, müssen die deutsche und die polnische Seite unabhängig voneinander getrennte Budgets im Rahmen von unterschiedlichen inhaltlich-rechtlichen Fördermechanismen verwalten. In der Konsequenz werden nur vereinzelt "grenzüberschreitende" Projekte bewilligt (die sowohl aus PHARE-CBC als auch aus INTERREG-II-Mitteln finanziert werden), während die anderen nationalen Projekte zumindest einen "grenzüberschreitenden" inhaltlichen Bezug haben müssen.

Diese zweigleisige EU-Förderung bewirkt, dass sich der Entscheidungsprozess einerseits national, andererseits transnational/europäisch gestaltet:

- *Die Organe der Euroregionen* sind alle binational besetzt. Die AG Projektmanagement der Euroregion Pro Europa Viadrina z.B., die für die Auswahl der förderfähigen Projekte zuständig ist, entscheidet aber im Rahmen von INTERREG II und PHARE-CBC jeweils in einer rein nationalen Zusammensetzung. Deshalb wurden auch jeweils ein deutsches und ein polnisches Sekretariat beiderseits der Grenze eingerichtet (mit hauptamtlichen Geschäftsführern), die als Ansprechpartner im polnischen oder deutschen Entscheidungsverfahren zur Verfügung stehen. Die deutsch-polnische AG Projektmanagement der Euroregion Pro Europa Viadrina trifft sich zwar monatlich, hat aber keine Entscheidungskompetenz (vgl. Kapitel 3.2).

- *Die endgültige Auswahl bei der Entscheidung der Projekte (mit Ausnahme der "small-scale projects") wird weder in Deutschland noch in Polen auf Ebene der Euroregionen gefällt:* In Deutschland entscheidet das Bundesland und in Polen die polnische Regierung sowie die EU-Kommission. Das deutsche INTERREG-II-Entscheidungsverfahren ist dezentraler gestaltet (im INTERREG-II-Lenkungsausschuss des Landes Brandenburg sind die Euroregionen stimmberechtigt vertreten), während im PHARE-CBC-Lenkungsausschuss die Euroregionen nicht stimmberechtigt vertreten sind (stimmberechtigt sind das Ministerium der *Inneren Angelegenheiten und Verwaltung* der polnischen Regierung (Vorsitz) und die Wojewoden der Grenzwojewodschaften). Allerdings sind die Euroregionen (deutsche und polnische) im Monitoring-Ausschuss vertreten, der ebenfalls über die polnischen PHARE-CBC-Projekte abstimmt, während die deutsche Seite dort nur über die INTERREG-II-Projekte berichten muss. In Polen ist das PHARE-CBC-Verfahren nicht nur zentraler organisiert; Polen hat nur Mitspracherechte, während Deutschland als EU-Mitglied sowohl bei INTERREG II, als auch bei PHARE-CBC Mitwirkungsrechte wahrnehmen kann (vgl. Kapitel 3.3).

Neben dem komplizierten Abstimmungsverfahren sind auch andere Faktoren maßgeblich, die die Realisierung von grenzüberschreitenden, gemeinsam abgestimmten Projekten einschränken:

- *Inhaltliche Unterschiede:* PHARE-CBC verfolgt als Finanzierungsinstrument der intensivierten EU-Heranführungsstrategie grundsätzlich andere Förderschwerpunkte (hauptsächlich Infrastrukturprojekte) als die GI INTERREG II (neben Projekten aus dem Bereich Infrastruktur sind dies Projekte in den Bereichen wirtschaftliche Entwicklung, Landwirtschaft, menschliche Ressourcen).

- *Unterschiede im zeitlichen Projektmanagement:* PHARE-CBC-Projekte können nur einmal jährlich beantragt werden (entsprechend selten trifft sich die polnische AG Projektmanagement auf Ebene der Euroregion), während INTERREG-II-Projekte laufend beantragt werden (deshalb trifft sich die deutsche Seite der AG Projektmanagement alle 2 - 3 Wochen).

- *Unterschiede im zeitlichen Bewilligungsverfahren:* Sowohl bei PHARE-CBC als auch bei INTERREG II sind die Zeitphasen zwischen Projektierung und Umsetzung der Projekte für die Antragsteller schwer zeitlich kalkulierbar. Bei INTERREG II hängt dies mit der komplizierten Zusammensetzung der GIs aus den Strukturfonds zusammen, die durch 3 unterschiedliche Strukturfondsmanager auf regionaler Ebene (Land Brandenburg) verwaltet und abgestimmt werden müssen (die Fördermittel werden von der EU-Kommission über die deutsche Bundesbank an die Länder überwiesen - vgl. Kapitel 3.3.1); bei PHARE-CBC ist das zentrale Antragsverfahren (inklusive der zentralstaatlichen Verwaltung der Budgets über das PHARE-Büro in Warschau) für oft mehrmonatige Verzögerungen verantwortlich. Durch die reduzierte Mittelvergabe bei PHARE-CBC 1998 (wegen Defiziten bei der PHARE-Antragsstellung) kam es zu erheblichen, fast einjährigen Verzögerungen bei der Projektbewilligung. Auch 1999/2000 wird mit Verzögerungen bei der Projektauswahl und -bewilligung aufgrund der polnischen Regionalreform gerechnet (u.a. wegen personeller Veränderungen - vgl. Kapitel 3.3.2).

- Unterschiedliche Budgetierung bei PHARE-CBC (1995-1999: 275 MECU - ohne nationale Kofinanzierung) und INTERREG II (1995-1999: 185 MECU - ohne nationale Kofinanzierung) und kein gemeinsames deutsch-polnisches Budget für gemeinsame Projekte.

Meiner Meinung nach hat sich trotz der komplizierten Strukturen die derzeitige zweigleisige Förderinfrastruktur aus folgenden Gründen bewährt:

- Finanzielle Mittel wären aus dem "normalen" PHARE-Haushalt Polens wahrscheinlich nicht an der polnischen Westgrenze zum Einsatz gekommen (vgl. Kapitel 3.3.3.2). Außerdem entspricht die PHARE-CBC-Förderkulisse eher den nationalen polnischen Interessen: In Polen fehlt derzeit das Geld für entsprechende Investitionen im Infrastrukturbereich, während die ostdeutschen Grenzkreise eine kapitalintensive westdeutsche und europäische strukturelle Anpassungshilfe erhalten haben, so dass INTERREG II eher den ostdeutschen Interessen entspricht, da bereits flächendeckend Infrastrukturinvestitionen (Straßennetz, Telekommunikation, Aufbau kommunaler Selbstverwaltung) vorgenommen worden sind (vgl. Kapitel 2.4.3).

- Die PHARE-CBC-/INTERREG-II-Förderkulisse stellte, sowohl für die EU-Kommission, als auch für die übrigen EU-Mitgliedsländer den kleinsten (politisch-rechtlichen) gemeinsamen Nenner dar. Eine gemeinsame INTERREG-Förderung für die deutsch-polnischen Euroregionen wird erst nach dem EU-Beitritt Polens realisiert werden können (vgl. Kapitel 3.3.3.2).

- Nach anfänglichen Problemen (insbesondere aufgrund von Vorbehalten auf polnischer Seite) haben Deutschland und Polen sich auf die gegebenen Rahmenbedingungen eingelassen und haben pragmatisch die EU-Förderrichtlinien erfüllt. Aufgrund von geschicktem Management und gegenseitigen Absprachen konnten Konflikte verhindert werden, die die unterschiedlichen Mitsprache- und Mitwirkungsrechte Deutschlands und Polens hätten bewirken können (vgl. Kapitel 3.3.3.4).

- Das zentralistische Entscheidungsverfahren bei PHARE-CBC entsprach eher den Vorstellungen der polnischen Regierung, während sich das föderal strukturierte Deutschland eher mit den dezentralen Entscheidungsverfahren von INTERREG II identifizieren konnte. Trotz der unterschiedlichen politischen Systeme konnten sich die beiden Partner sehr gut verständigen, auch wenn die deutschen Länder und Euroregionen im Monitoringausschuss die Anwesenheit der deutschen Regierungsvertreter als wenig angemessen empfinden (da grenzüberschreitende Zusammenarbeit Sache der Länder ist). Für die polnische Regierung ist der Monitoringausschuss ein Ausschuss der nationalen Regierungen, und nur auf Drängen der deutschen Bundesregierung wurden auch die polnischen Euroregionen im JPMC zugelassen (vgl. Kapitel 3.3.3.4).

- Polen fällt derzeit die zentrale Verwaltung von PHARE-CBC-Mitteln leichter, da die Dezentralisierung der Verwaltung erst seit Januar 1999 auf allen Ebenen (Wojewodschaften, Kreise, Kommunen) umgesetzt wird (vgl. Kapitel 2.4.1). Das INTERREG-II-Verfahren weist einen wesentlich höheren Grad an Dezentralisierung und Subsidiarität auf, was auch in Polen eine entsprechende Leistungskraft - was die Finanzkontrolle und die Durchführung des Programms angeht - voraussetzen würde.

PHARE-CBC kann eindeutig als Instrument der institutionellen Heranführung Polens an die europäische Strukturförderung gewertet werden. Die ostdeutsche Seite der deutsch-polnischen Grenzregion erfuhr durch INTERREG II die Art und Weise der europäischen Politikprozesse, insbesondere durch den Einsatz dieses supranationalen Steuerungsinstrumentes der europäischen Strukturpolitik mittels vernetzter Entscheidungssysteme.

Diese Verhandlungsnetze im Rahmen der europäischen Grenzlandförderung konnten die Berechenbarkeit der beteiligten Verhandlungspartner steigern, einen schnellen Zugang zu Informationen gewährleisten sowie Zuverlässigkeit und Verantwortung vermitteln. Dennoch bedeuten die enormen Koordinations- und Entscheidungsleistungen im Rahmen der INTERREG-II- und PHARE-CBC-Politikgestaltung hohe Kosten bei der Politikformulierung. Die Kontrolle der komplexen Entscheidungs- und Abstimmungsinfrastruktur gestaltet sich schwierig und führt zu mangelnder Transparenz nach außen sowie zu einer fehlenden Legitimität der teilnehmenden Akteure. Die enormen Zeitverzögerungen und die mangelnde "grenzüberschreitende" Dimension von der Projektantragstellung bis zur Projektimplementation sind den Antragstellern aus der deutsch-polnischen Grenzregion langfristig nur schwer zumutbar.

Im Rahmen von INTERREG II und PHARE-CBC wurden tragfähige Verhandlungsnetze auf lokaler, regionaler, nationaler und europäischer Ebene begründet, die ohne Probleme nach dem Beitritt Polens für eine beidseitige Grenzregionenförderung im Rahmen von INTERREG genutzt werden könnten. So könnten bereits bestehende Netzwerkstrukturen vereinfacht, dezentralisiert und effektiver genutzt werden: Der JPMC-Ausschuss, der u.a. für die Koordination von INTERREG II und PHARE-CBC zuständig war, könnte dann entfallen. Polen würde entsprechend den Lenkungsausschüssen auf Ebene der Bundesländer (z.B. Land Brandenburg unter Beteiligung der deutschen Seite der Euroregionen) solche polnischen Lenkungsausschüsse auf Ebene der Wojewodschaften einrichten (Wojewodschaften unter Beteiligung der polnischen Seite der Euroregionen). Der derzeitige polnische Lenkungsausschuss (polnische Regierung unter Beteiligung der Wojewodschaften) könnte entfallen. Die Euroregionen selbst verfügen bereits über leistungsfähige grenzüberschreitende Strukturen und binationale Entscheidungsgremien/-organe sowie Arbeitsgruppen und wären bestens für die INTERREG-Förderung auf deutscher und polnischer Seite eingerichtet.

Außerdem konnte die polnische Seite für das "Euroregionen-Konzept" auch ideell gewonnen werden, ohne dass diese auf ihre Interessen verzichten musste. Dies bezieht sich sowohl auf die Förderkulisse von PHARE-CBC als auch auf die eher zentralen Entscheidungsverfahren. Auch können seit 1999 verstärkt MOE-Euroregionen über PHARE-CBC gefördert werden, was von Anfang an eine polnische Forderung gewesen war. Dies geht allerdings zu Lasten des PHARE-CBC-Etats an der westpolnischen Grenze.

Langfristig ist zu fordern, dass PHARE-CBC möglichst bald eine strukturfondsähnliche Ausrichtung erhält oder, im Falle eines Beitritts Polens zur EU, umgehend INTERREG-Mittel auch auf der polnischen Seite der deutsch-polnischen Grenzregion zum Einsatz kommen können. Für die Übergangsphase haben die deutsch-polnischen Euroregionen vorgeschlagen, zumindest im Bereich der "Small-scale-projects" eine gemeinsame deutsch-polnische Mittelverwaltung bei dezentraler Auswahl der Projekte auf Ebene der Euroregion zu ermöglichen, mit der Option, deutsch-polnische, grenzüberschreitende Projekte zu fördern.

Derzeit ist nur bekannt, dass INTERREG III weitergeführt werden wird, da diese GI als außerordentlich erfolgreich in ihrer unmittelbaren Wirkung in den Euroregionen von der EU-Kommission eingeschätzt wird ("europäischer Mehrwert"). Das Entscheidungsverfahren bei INTERREG III soll vereinfacht werden (durch die Konzentration der Finanzmittel auf den EFRE-Fonds). Derzeit ist unklar, wie die zukünftige Struktur der Operationellen Programme für die ostdeutschen Grenzbundesländer aussehen wird und in welcher Form die Euroregionen beteiligt werden. Die EU-Kommission denkt auch an einen gemeinsamen Rahmenplan für die deutsch-polnische Grenzregion mit konkreten Entwicklungskonzepten für kleinere Gebietseinheiten (womit die Euroregionen gemeint sind).

Grundsätzlich wird das vorstehend geschilderte getrennte Förder- und Entscheidungsverfahren bei INTERREG III und PHARE-CBC für den Förderzeitraum 2000 bis voraussichtlich 2006 beibehalten werden, mit den geschilderten Konsequenzen. Dies ist bedauerlich, da die deutsch-polnische Grenzregion für eine grenzüberschreitende INTERREG-III-Förderung mittlerweile politisch, konzeptionell und vor allem logistisch sehr gut vorbereitet wäre.

Die deutsch-polnischen Euroregionen könnten perspektivisch ihren Handlungsspielraum im INTERREG-Entscheidungsverfahren aufwerten, indem sie auf nationaler Ebene ihren derzeit eingeschränkten lokalen grenzüberschreitenden rechtlichen Handlungsspielraum aufwerten (z.B. durch nationale deutsch-polnische Anwendungsgesetze zur Madrider Rahmenkonvention des Europarates, vgl. Kapitel 2.2.8). Hier bleibt abzuwarten, ob die deutsch-polnischen Euroregionen diese Forderung erheben werden und wie dieses Anliegen in der Deutsch-Polnischen Regierungskommission behandelt werden wird.

Meiner Meinung nach wäre diese "nationale Strategie" erfolgversprechender als eine "europäische Strategie", weil die Zahl der Verhandlungspartner geringer wäre (lokal, regional, national). Es ist jedenfalls relativ unwahrscheinlich, dass die EU-Kommission mittelfristig der Institutionalisierung deutsch-polnischer grenzüberschreitender Euroregionen eine solide juristische Basis liefern wird. Außerdem erfolgt die Politikimplementation im Rahmen der europäischen Strukturpolitik durch die Mitgliedstaaten: Die Mitgliedstaaten können, je nach ihren nationalen politisch-rechtlichen Voraussetzungen, dabei auch regionale und lokale Akteure einschalten. Aus diesem Grund könnte der veränderte nationale, rechtliche Handlungsspielraum der deutsch-polnischen Euroregionen auch eine verstärkte Einbeziehung der Euroregionen in die Politikimplementation bei der Gemeinschaftsinitiative INTERREG bedeuten - wenn die beteiligten EU-Mitgliedstaaten dies wünschen.

Diese Vision scheint momentan noch verfrüht zu sein. Hier ist langfristig wieder deutsch-polnischer Pragmatismus gefragt, der sich in den bisherigen Verfahren auf nationaler, regionaler und lokaler Ebene, aber auch im Rahmen der Zusammenarbeit bei der komplizierten, derzeit noch zweigleisigen EU-Grenzraumförderung, bestens bewährt hat. Wenn das Tempo und die Qualität der deutsch-polnischen Zusammenarbeit in der momentanen Form beibehalten werden können, halte ich solche Entwicklungsperspektiven für die deutsch-polnischen Euroregionen nicht für völlig ausgeschlossen.

Summary

The German-Polish border region serves as a case study for the political science research project described in this work. The study focuses on the issue of the extent to which cross-border collaboration in the German-Polish border region constitutes a foundation for cooperation by local actors within the European system of multi-level governance. The scope of possible cross-border cooperation on the political-institutional level is examined both horizontally (local level: Euroregion) and vertically (relationship dynamic within border regions – national – European Union).

Scientifically, the scope of the analysis must include the local level (the actors within the border region itself), as well as the regional, national, European, and international levels. Similarly, the methodology must go beyond merely reducing cross-border collaboration to the cooperative relationship between two countries.

The present study endeavors to provide a link between the many theoretical approaches to studying the EU (functionalism/neofunctionalism as well as intergovernmentalism, regime, and interdependency research) and research on implementing local cross-border collaboration throughout Europe. Given the dynamic of European integration and new forms of East-West cooperation, the assessment of potential positive developments in terms of local cross-border collaboration within the German-Polish border region is interrelated with the perception of the future political and institutional status of the European Union.

The two theoretical approaches discussed explain the phenomenon of the EU on the basis of various recognitional interests: functionalists and neofunctionalists tend to direct their research interest at the analysis level of the EU and the procedural aspects of integration, while proponents of the intergovernmentalism, interdependence, and regime theories focus on the national analysis level and the EU's forms of national cooperation. By linking these two monoconceptual theoretical directions, the present study proceeds from a realistic perception of the European Union's political and institutional status; it takes into account the EU, national, and regional/local analysis levels, and also allows theoretical integration of various forms of cooperation on the sub-national level, in addition to methods of integration and collaboration.

In terms of the political and institutional status of the EU, the present study assumes that the EU will not, in the foreseeable future, transform into a body with nation-state character. According to Scharpf, the EU will remain an associative system in which political decisions follow the pattern of horizontal negotiations. While the justice system is set up in a hierarchical manner, with EU law taking precedence over national law, Scharpf concludes that, when dealing with establishing policy, there is no priority of levels, but rather *organized political linking*, where decisions are made based upon a technocratic-bureaucratic amalgamation of various political calculations. In this context, Scharpf refers to the EU as a *transnational system of negotiations,* which will continue to be dominated by nation-state systems, their internal voting procedures, and the role of national governments in the political process.

In addition to national actors, an increasing number of sub-national actors are seeking to secure their rights by way influencing the political will of the EU. According to neofunctionalist integration theory, dominant problem-solving capability of supranational institutions is responsible for the fact that key groups in society (including sub-national actors) are addressing their expectations, political activities, and loyalties as well, to a new regulatory level – in short, that integration occurs. However, no Europeanization of interest representation – in the form of national associations losing significance to European federations of associations – has occurred; this indicates that the EU will continue to be shaped by the dominant role of national governments in the political process.

The local representatives of European institutionalized border regions/Euroregions have europeanized their interests as well, by establishing the lobbying organization "European Border Region Working Group" (AGEG). Representatives of binational/trinational organized Euroregions, either on their own or facilitated by AGEG, have gained influence in political networks with transnational dimensions. Furthermore, the sub-national units of the European border region (regional/local actors) have attained access to networked decision-making systems within the scope of European structural policy, both through the nation-states and through the INTERREG community initiative. The present study examines the extent to which this applies to the German-Polish border region.

How are the political and institutional framework conditions for cross-border German-Polish collaboration within the European system of multi-level governance concretely structured in terms of their respective levels of analysis and the actors involved?

The main portion of the study examines the scope of German-Polish cross-border collaboration on three levels (European/national/border region).

Chapter 1 discusses the strategy of initiating the CEE countries to the EU, whereby Poland is given special consideration. *Chapter 2* analyzes the steadfast nature of national German-Polish structures and their significance for German-Polish cross-border collaboration. *Chapter 3* describes the political and institutional cooperation of the actors within the German-Polish border region on the horizontal level, in the face of the particular challenges presented by existing severe imbalance. Simultaneously, process analysis is applied to link the border-region level with the national and European levels by focusing on the political scope of EU regional and foreign economic policies. The results of the three major parts of the study are briefly summarized in the following.

Part 1. An understanding of the EU support policies on its outer borders is facilitated by analyzing the change in the EU's fundamental business conditions following the end of the cold war. The government conference on the revision of the Maastricht Agreement and the Amsterdam Agreement (currently being ratified by the EU member states) has made it clear to the member states that, since 1989/90,

Summary   241

the concept of European integration has fundamentally changed, attaining entirely new dimensions (cf. Chapter 1.4).

The current unresolved "institutional issues" (long-term composition of the European Commission, weighting of votes, and staffing the chairmanship of the Council of Ministers, cf. Chapter 1.4.2.2) are hindering negotiations on new membership, which the EU has been leading with Poland, Hungary, the Czech Republic, Slovenia, Estonia, and Cyprus since 1998. As such, the suggestions made by the EU Commission regarding expansion to the east within the framework of AGENDA 2000 encompass not only its ideas for reform regarding EU agricultural, structural and economic policy; it also proposes reforms aimed at strengthening the Union's institutions (cf. Chapter 1.7).

In retrospect, the model of the Europe Agreements (cf. Chapter 1.1.1) was a successful point of departure for the subsequent various phases of "introduction strategy," whose chronology is presented in detail in the present study, especially with reference to its political-institutional aspects (cf. Chapter 1.1 to 1.6). Pursuant to strategic policy concepts and presentation of competing priorities from the standpoint of the EU, the individual EU member states, and the CEE states, the study analyzes the EU initiation strategy (cf. Chapter 1.7) and identifies it as a difficult, mutual trust-building political process between the EU and the CEE states which is still underway.

Part 2. Based on the changed framework conditions in Europe, Bonn and Warsaw have equally taken advantage of the opportunity to redefine their relations on the economic, cultural, social, and foreign policy levels. In the area of foreign policy, Germany and Poland have been extremely successful in coordinating common national interests: official recognition of the western border of Poland, contractual foundations for balancing of interests and German-Polish cooperation, as well as German support for opening Poland to the west. These three core elements of German-Polish diplomacy also constitute the framework conditions and the foundation for local cross-border collaboration in the German-Polish border regions (cf. Chapters 2.1.1 and 2.3).

The German-Polish border treaty is considered a turning point in German-Polish relations (cf. Chapter 2.1). The long-term goal of West German foreign policy following 1949, German reunification, was attained along with the primary goal of Polish foreign policy following 1945, the universal recognition of the western Polish border at the Oder and Neiße rivers (cf. Chapter 2.1.2.1).

The subsequent signing of the German-Polish Friendship and Cooperation Treaty resulted in a comprehensive new set of concrete policies in German-Polish relations, especially in the area of German-Polish cross-border collaboration (cf. Chapter 2.2).

Due to the lack of precise international and constitutional law precedents for the German-Polish Friendship and Cooperation Treaty, there is a great deal of uncertainty regarding German-Polish cross-border collaboration on the regional and community levels:

- The political expressions of intent by the German and Polish governments regarding German-Polish cross-border collaboration (Art. 12, Par. 1) do not yet authorize German or Polish communities or community associations any degree of subjectivity in terms of international law (cf. Chapters 2.2.3 and 2.2.5).

- The Friendship and Cooperation Treaty's reference to the conventions of the Council of Europe regarding cross-border collaboration and community self-administration (Article 12, Par. 3) likewise does not enable any increased legal scope of action (cf. Chapter 2.2.4). The signatory countries merely assume the political responsibility of facilitating and promoting cross-border collaboration by their units of government.

Therefore, the present study recommends the passage of German-Polish enabling legislation according to the Madrid Outline Convention of the Council of Europe (cf. Chapter 2.2.8).

Nonetheless, the Border Recognition and Friendship and Cooperation Treaties did establish fundamental political and legal prerequisites enabling cross-border collaboration. The signatory countries specifically recognized the importance of cross-border collaboration by local actors as a means of bringing the two neighboring states closer together (cf. Chapter 2.2.8). Implementation of the Friendship and Cooperation Treaty has resulted in the development of close relations in the area of mutual transboundary interests, particularly in the area of environmental planning and policy (cf. Chapters 2.2.6 and 2.2.7). This has enabled the establishment of long-term framework conditions for cross-border regional and environmental planning and the conclusion of mutually binding agreements on a national level.

Finally, the transformation of the political and institutional system, and the accompanying decentralization in the former GDR and the former People's Republic of Poland has also enabled new conditions facilitating cross-border collaboration on a local level in the German-Polish border region (cf. Chapter 2.4). However, the right of self-administration does not encompass the right to engage in foreign relations involving international law, neither in Polish nor in German communities (cf. Chapter 2.4.3 and 2.2.3 et seq.).

The decrease in the number of Polish voivodships (akin to French *départements*), the reintroduction of districts, and the decentralization of administrative structures since January 1999 have been welcomed as long overdue administrative-structural reforms, both within Poland and in Germany. It is expected that the more decentralized structures will facilitate cross-border collaboration. The introduction of decentralized structures with competent and efficient financial distribution policies in Poland has also been viewed with approval by the EU Commission, which expects improvements in the implementation of EU foreign economic programs and, on a long-term basis, the EU regional fund (following admittance of Poland to the EU).

Part 3. Since 1992, so-called Euroregions have been established along the entire border between the Republic of Poland and the Federal Republic of Germany. Neither the EU treaties nor the German and Polish governments were able to provide these new Euroregions with a solid legal foundation: the German-Polish Euroregions are not units of government in the legal sense, nor do they constitute distinct legal entities. Their activities are enabled only by cross-border agreements which form the basis for the establishment of the Euroregions on both sides of the border (cf. Chapters 3.1. and 3.2).

For two reasons, European support for border regions has played an important role from the outset:

- the institutionalization of cross-border collaboration on the German-Polish border was viewed as a precondition for qualifying for support within the scope of EU funding of border regions. Additionally, institutionalization simultaneously provided a "rationale" for cross-border collaboration, since informal contact had been virtually nonexistent.

- The "Europeanization" of German-Polish cross-border relations has served to mitigate early Polish fears of the presumed Germans demands and the "peaceful Germanization" of the western regions of Poland. Reservations on the part of Poland regarding the establishment of PHARE-CBC budgeting were alleviated by the EU's pre-membership strategy. Since 1999, PHARE-CBC may be utilized in Poland's eastern border region as well (cf. Chapter 3.3.2.2).

It is noteworthy that the framework conditions for cross-border relations on the local, national, and European levels all took effect almost simultaneously during the early and mid-1990s. As a result, the work of the Euroregions was approached with a dynamic attitude even during the introductory phase, and was implemented simultaneously as a project between neighboring countries and as a European project. This "dynamic element" should not be underestimated, particularly in the face of the concrete problems existing in the German-Polish border regions(cf. Chapter 3.1.2).

By relying on proven forms of cross-border collaboration, the German-Polish dialogue in the border regions was successfully channeled, formalized, and developed (cf. Chapters 3.1.3 and 3.3.3). In that process, the EU was able to influence national policy planning in the German-Polish border region by way of the INTERREG support program for European structural policies.

European support for border regions has provided a great service by networking the various actors on the local, regional, national, and European levels by way of the various committees associated with the INTERREG II and PHARE-CBC support mechanisms. This has succeeded in spite of their varied substantive content and legal status and the serious differences in voting and influence on the part of Poland and Germany within the PHARE-CBC/INTERREG II programs.

The local actors within the German-Polish border regions are able to compensate for their relatively weak legal position (in terms of the scope of possible cross-border activities; see above) by addressing their demands and ideas for projects to the responsible German-Polish government commission.

Furthermore, EU support for border regions increases the local actors' scope of influence as regards their respective governments, particularly within the framework of the monitoring committee, which involves consultations between local, regional, national, and European actors (cf. Chapter 3.3.3.3).

Finally, within the border regions themselves, the Euroregions enjoy increased responsibility for independent action, since projects submitted by applicants from the German-Polish border region may be financed with EU support funds (with the respective national co-financing).

The mentioned advantages are offset by serious disadvantages which result from the various support mechanisms (INTERREG II and PHARE-CBC) for an EU member state (Germany) and a non-EU member (Poland) in the German-Polish border region. Since the principle of territoriality prohibits the cross-border utilization of INTERREG funds in a non-EU member state, "cross-border" projects are approved only on a case-by-case basis (which are financed by both PHARE-CBC and INTERREG II funds).

This two-tiered EU support results in a decision-making process which is national on the one hand and transnational/European on the other:

- *The organs of the Euroregions* are all staffed bilaterally. However, the working group on project management of the Pro Europa Viadrina Euroregion, which is responsible for selecting the projects worthy of support, always has a purely national composition within the scope of INTERREG II and PHARE-CBC. For this reason, German and Polish secretariats were established on both sides of the border (with full-time directors), which serve as contact points in the course of the Polish or German decision-making process. The German-Polish project management working group of the Pro Europa Viadrina Euroregion meets monthly, but it does not have any decision-making competence (cf. Chapter 3.2).

- *The final decision in selecting projects (with the exception of "small-scale" projects) is not made at the Euroregional level, either in Germany or in Poland:* In Germany, the decision is made by the *Bundesland* (federal state); and in Poland, it is made by the Polish government and the EU Commission. However, the Euroregions (German and Polish) are represented in the monitoring committee, which also makes decisions regarding the Polish PHARE-CBC projects; but the German side is required only to report there on INTERREG II projects. In Poland, the PHARE-CBC procedure is more centrally organized; furthermore, Poland has the right only to have its opinions heard, while Germany, as an EU member state, has full participation rights in both INTERREG II and PHARE-CBC (cf. Chapter 3.3).

In addition to the complicated voting procedure, other factors also serve to limit the successful implementation of mutually agreed-upon cross-border projects:

- *Substantive differences:* As the financing instrument of the intensified EU-initiation strategy, PHARE-CBC necessarily focuses on other aspects of support than INTERREG II.

- *Differences in project management timetables:* PHARE-CBC projects may be applied for only once per year, while INTERREG II projects may be submitted at any time.

- *Differences in the procedural timetable for approval:* The time period between the initial application and implementation of the projects is difficult for the applicant to calculate, both for PHARE-CBC and INTERREG II projects. In the case of INTERREG II, this is due to the complicated composition of the community initiatives undertaken with structural funds. For PHARE-CBC, the centralized application procedure and the centralized state administration of the budget by the PHARE office in Warsaw is often responsible for delays of several months.

- *Various budgeting:* for PHARE-CBC (1995-1999: 275 million – not including national co-financing) and INTERREG II (1995-1999: 185 million – not including national co-financing). There is no unified German-Polish budget for common projects.

In my opinion, the current two-tiered support infrastructure has proven successful despite its complicated structure for the following reasons:

- Funds from Poland's "normal" PHARE budget would probably not have been utilized on Poland's western border (cf. Chapter 3.3.3.2). Furthermore, the scope of PHARE-CBC's support is more consistent with Polish national interests: currently, money is lacking in Poland for necessary investments in infrastructure, while the eastern German border areas have received capital-intensive western German and European structural adaptation assistance (cf. Chapter 2.4.3).

- The scope of PHARE-CBC/INTERREG II support represented the smallest (political-legal) common denominator, both for the EU Commission and for the other EU member states. Common INTERREG funding for the German-Polish Euroregions will be attainable only following Poland's admittance to the EU (cf. Chapter 3.3.3.2).

- Following some initial problems, Germany and Poland have adapted to the current framework conditions and have fulfilled the EU support guidelines in a pragmatic manner. Due to clever management and close communication, potential conflicts arising from the disparate rights to be heard and participation have been successfully averted (cf. Chapter 3.3.3.4).

- The centralized decision-making process employed by PHARE-CBC was more consistent with the position of the Polish government, while Germany's federalist structure was more suited to the decentralized decision-making procedure used by INTERREG II. Despite the different political systems, the two partners have been able to communicate very well in their work on the monitoring committee (cf. Chapter 3.3.3.4).

- The central administration of PHARE-CBC funds has become easier for Poland since the decentralization of the administration has been implemented on all levels (voivodships, districts, communities) (cf. Chapter 2.4.1). The INTER-

REG II procedure exhibits a significantly higher degree of decentralization and subsidiary character; this would require relevant levels competence – in terms of financial controlling and program implementation – in Poland as well. Clearly, PHARE-CBC may be viewed as an instrument promoting the institutional initiation of Poland to European structural support programs.

These networks of negotiation within the scope of European support for border regions have been successful in increasing the predictability of the participating negotiation partners, guaranteeing rapid access to information, and imparting an image of reliability and accountability. Nonetheless, the enormous achievements in terms of coordination and decision-making within the scope of the INTERREG II and PHARE-CBC policy development have resulted in high policy formulation costs. On a long-term basis, long time delays and the lack of a "cross-border" dimension which covers a project from application to implementation will impose a hardship on applicants from the German-Polish border region.

Within the scope of INTERREG II and PHARE-CBC, durable networks of negotiation on the local, regional, national, and European levels were established. Following Poland's EU admission, these could be employed within the scope of INTERREG for bilateral support of the border region. In this way, already-existing network structures may be simplified, decentralized, and utilized more effectively.

Long-term demands include PHARE-CBC reorientation to a structural fund as soon as possible or, in the case of Poland's admittance to the EU, that INTERREG funds also be permissible for use on the Polish side of the German-Polish border region.

As a general rule, the described separate support and decision-making procedures employed by INTERREG III and PHARE-CBC for the support period of 2000 until presumably 2006 will be retained, with the enumerated consequences. This is unfortunate, since the German-Polish border region would by then be very well prepared for cross-border INTERREG III support: politically, conceptually, and above all logistically.

Long-term perspectives for the German-Polish Euroregions include enhancing their scope of influence in the INTERREG decision-making process by first increasing their scope of legal actions on local, cross-border questions, which are currently restricted on a national level (cf. Chapter 2.2.8). In the foreseeable future, it is unlikely that the EU Commission will provide a solid legal foundation for the institutionalization of German-Polish cross-border Euroregions. Furthermore, implementation of policy takes place within the scope of the member states' European structural policies: dependent upon their respective political and legal framework conditions, they may utilize regional and local actors for that purpose as well. For this reason, the changes in the legal scope of opportunities of the German-Polish Euroregions on the national level could also result in their increasing involvement in policy implementation for the INTERREG common initiative – if the participating EU member states so desire.

This vision seems premature for the moment. Here again, long-range German-Polish pragmatism is required. In measures undertaken thus far, this has been successfully exhibited on the national, regional, and local levels; and also in terms of cooperation with the complicated, currently still two-tiered EU border region support system. If the current pace and quality of German-Polish collaboration is maintained in its present form, I do not consider these developmental perspectives for the German-Polish Euroregions to be impossible.

Verzeichnis der Abbildungen

Abb. 1   261 ausgewählte Fachaufsätze zur grenzüberschreitenden deutsch-polnischen Zusammenarbeit (ca. 1991 - 1998), geordnet nach Themen (1-22) und Häufigkeit der Veröffentlichungen

Abb. 2   Aufbau des Europaabkommens

Abb. 3   Die Deutsch-Polnische Regierungskommission für regionale und grenznahe Zusammenarbeit

Abb. 4   Die Deutsch-Polnische Raumordnungskommission und gemeinsam abgestimmte Projekte

Abb. 5   Der Deutsch-Polnische Umweltrat und seine Ausschüsse

Abb. 6   Hauptcharakteristika der deutsch-polnischen Euroregionen

Abb. 7   Verzeichnis der Grenzgebiete (NUTS III) in Deutschland, die unter INTERREG II je nach Zielgebiet förderfähig sind. Aus: Amtsblatt der Europäischen Gemeinschaft, Nr. C 180/67 vom 1.7.1994

Abb. 8   Verteilung der deutschen INTERREG-Mittel auf die deutschen Bundesländer 1994 - 1999, aus: Barbara Fabian: EU-Strukturpolitik in Deutschland 1994 - 1999. Leitfaden - Bonn u.a., 1996, S. 51

Abb. 9   PHARE-CBC-Mittel für Polen nach Programmsektoren, aus: PHARE: Programm über die Förderung der grenzüberschreitenden Zusammenarbeit im Rahmen der Aktion PHARE/Hrsg. EU-Kommission, 4/1996, S. 17

Abb. 10 INTERREG II Antragstellung am Beispiel des Landes Brandenburg

Abb. 11 PHARE/PHARE-CBC Antragstellung am Beispiel Polens

Abb. 12 Investitionen für den Bau des Collegium Polonicum und Investitionen für Planung von Studiengängen sowie Anschubfinanzierung von wissenschaftlichem Personal, aus: Collegium Polonicum. Informationsbroschüre Akademisches Jahr 1997/98/Hrsg. Europa-Universität Viadrina Frankfurt (Oder), Adam-Mickiewicz-Universität Poznan, 1996, S. 15

Literaturverzeichnis

Nachschlagewerke

AKADEMIE FÜR RAUMFORSCHUNG UND LANDESPLANUNG (Hrsg., 1995): Deutsch-Polnisches Handbuch der Planungsbegriffe - Hannover, 1995.

AKADEMIE FÜR RAUMFORSCHUNG UND LANDESPLANUNG HANNOVER (Hrsg., 1995): Handwörterbuch der Raumordnung - Hannover, 1995.

ANDERSEN/WOYKE (1985): Handwörterbuch Internationale Organisationen - Opladen, 1985.

BECK, Reinhart (1986): Sachwörterbuch der Politik: 2. erweiterte Aufl.- Stuttgart, 1986 (Kröners Taschenbuchausgabe; 400).

BOESLER, Klaus-Achim (1983): Politische Geographie - Stuttgart, 1983 (Teubner Studienbücher der Geographie).

BRÜCKNER, Michael/MAIER, Roland/PRZYKLENK, Andrea (1993): Der Europa Ploetz. Basiswissen über das Europa von heute - Würzburg, 1993 .

BUNZ, R. Axel/DERENBACH, Rolf/ROTH, Uwe (1992): EG-kommunal. Handbuch zu europäischen Themen für Kommunalpolitiker und lokale Medien/Hrsg. Vertretung der EG-Kommission in der Bundesrepublik Deutschland - Bonn, 1992.

HARTUNG, Sven/KADELBACH, Stefan (Hrsg., 1992): Bürger, Recht, Staat. Handbuch des öffentlichen Lebens in Deutschland - Frankfurt a. M., 1992.

MICKEL, Wolfgang W. (Hrsg., 1994): Handlexikon der Europäischen Union - Köln, 1994.

NOHLEN, Dieter/SCHULZE, Rainer-Olaf (Hrsg., 1992): Pipers Wörterbuch zur Politik. Bd. 1 Politikwissenschaft: Theorien - Methoden - Begriffe - München, 1992.

WEIDENFELD, Werner/WESSELS, Wolfgang (Hrsg., 1997): Europa von A - Z. Taschenbuch der europäischen Integration, 6. Aufl.- Bonn, 1997.

dies.: Jahrbuch der europäischen Integration - Bonn, jährlich.

Monographien und Sammelwerke

ACHLEITNER, Friedrich (1997): Region, ein Konstrukt? Regionalismus, eine Pleite? Birkhäuser, 1997.

ACHTEN, Peter (1996): Die Osterweiterung der Europäischen Union. Beitritts- und Erweiterungshindernisse im Spiegel ökonomischer Kritik - Köln u.a., 1996.

AGEG (Hrsg., 1998): Arbeitsgemeinschaft Europäischer Grenzregionen (AGEG) (1998): Note des Generalsekretärs der AGEG, Jens Gabbe, zum Stand der Reformen der Gemeinschafts-initiativen und Umsetzungsmechanismen, speziell INTERREG III - Gronau, Stand: 1. Juli 1998.

dies. (Hrsg., 1997): Infoblatt zur grenzüberschreitenden Zusammenarbeit: Wirtschaftliche Entwicklung/Hrsg. AGEG - Gronau, Oktober 1997.

dies. (Hrsg., 1997): LACE Infoblatt zur grenzüberschreitenden Zusammenarbeit: Fremdenverkehr und Umweltschutz /Hrsg. AGEG - Gronau, Dezember 1997.

dies. (Hrsg., 1997): LACE Infoblatt zur grenzüberschreitenden Zusammenarbeit: Raumentwicklungsplanung/Hrsg. AGEG - Gronau, Juni 1997.

dies. (Hrsg., 1996): LACE GUIDE, Practical guide to cross-border cooperation/Hrsg. Arbeitsgemeinschaft Europäischer Grenzregionen (AGEG) - Gronau, 1996.

AKADEMIE DER BUNDESWEHR FÜR INFORMATION UND KOMMUNIKATION (Hrsg., 1995): Deutsch-Polnisches Symposium 22.-24.1.1995 in Strausberg. Dokumentation - Strausberg, 1995 (Schriftenreihe der AIK, Bd. 10).

AKADEMIE FÜR RAUMFORSCHUNG UND LANDESPLANUNG (Hrsg., 1992): Grenzüberschreitende Raumplanung: Erfahrungen und Perspektiven der Zusammenarbeit mit den Nachbarstaaten Deutschlands - Hannover, 1992 (Forschungs- und Sitzungsberichte/Akademie für Raumforschung und Landesplanung; 188).

AKADEMIE FÜR RAUMFORSCHUNG UND LANDESPLANUNG (Hrsg., 1992): Räumliche Entwicklung in Mitteleuropa nach der Öffnung der Grenzen im Osten unter besonderer Berücksichtigung Bayerns. 14. Seminar für Landesplaner in Bayern - Hannover: Akademie für Raumforschung und Landesplanung, 1992 (Arbeitsmaterial der Akademie für Raumforschung und Landesplanung <Hannover>; 194).

ALEMANN, Ulrich von (Hrsg., 1990): Die Kraft der Region. Nordrhein-Westfalen in Europa - Bonn, 1990.

ANTE, Ulrich (1981): *Politische Geographie*. 1. Aufl. Braunschweig - 1981. (Das geographische Seminar).

ARBEITSSTELLE PRO EUROPA VIADRINA FRANKFURT (ODER) UND INSTITUT FÜR STADTENTWICKLUNG UND WOHNEN DES LANDES BRANDENBURG (Hrsg., 1993): Europa-Region im deutsch-polnischen Grenzgebiet: Ausgewählte Beiträge und Ergebnisse der Tagung vom 29.1.1993 in Frankfurt (Oder) - Frankfurt (Oder), 1993.

BALDAUF, Klaus (1995): Entwicklungs- und Handlungskonzept der Euroregion Pro Europa Viadrina, 1995.

BALDWIN, Richard (1994): Towards an Integrated Europe - London: Centre for Economic Policy Research, 1994.

BARTOSZEWSKI, Wladyslaw (1995): Es lohnt sich, anständig zu sein. Meine Erinnerungen, mit der Rede zum 8. Mai - Freiburg im Breisgau, 1995.

BAUER, Joachim (1992): Europa der Regionen. Aktuelle Dokumente zur Rolle und Zukunft der deutschen Länder im europäischen Einigungsprozess - Berlin, 1992.

BECHER, Klaus (1995): Die internationale Politik 1991-1992. Jahrbücher des Forschungsinstituts der Deutschen Gesellschaft für Auswärtige Politik/Hrsg. Wolfgang Wagner - München, 1995.

BENZ, Arthur/KÖNIG, Klaus (1995): Der Aufbau einer Region. Planung und Verwaltung im Verdichtungsraum Berlin/Brandenburg) - Nomos, 1995 (Schriftenreihe Verw.-Org.; Dienstrecht und Personalwirtsch., Band 32).

BENZLER, Susanne/KOBYLIŃSKA, Ewa/KLEER, Jerzy (1993): Polen, der neue Nachbar. Vorw. v. Erb, Gottfried - Gießen, 1993 (Gießener Diskurse 8).

BEYERLIN, Ulrich (1988): Rechtsprobleme der lokalen grenzüberschreitenden Zusammenarbeit. 1988 (Beiträge zum ausländischen öff. Recht 96).

BIBELRIETHER, Hans (Bearb., 1997): Studie über bestehende und potentielle Nationalparke in Deutschland. Ergebnisse aus dem F+E-Vorhaben 808 01 134 des Bundesamtes für Naturschutz/Föderation der Natur- und Nationalparke Europas. Sektion-Deutschland e.V. (FÖNAD) - Bonn-Bad Godesberg: Bundesamt für Naturschutz, 1997 (Angewandte Landschaftsökologie; 10).

BINDRICH, Oswald (1993): Umweltschutz und Raumordnung. Projektskizze. Ausgangsthema: Wirtschafts-, sozial- und physisch-geographische Grundlagen der integrierten Entwicklung einer Euroregion im Raum Sachsen/Böhmen/Schlesien - Zittau, 1993.

BINGEN, Dieter (1993): Die Deutschlandpolitik Polens 1945-1991. Von der Status-quo-Orientierung bis zum Paradigmenwechsel - Krakau, 1993.

ders. (1993): Die revolutionäre Umwälzung in Mittel- und Osteuropa - Berlin, 1993.

BISCHOF, Henrik (1994): Trendwende in Ostmitteleuropa? Wahlen in Polen und Ungarn/Hrsg. Forschungsinstitut der Friedrich-Ebert-Stiftung, Abt. Außenpolitikforschung - Bonn, 1994 (Stud. z. Abt. Außenpolit. Forschung im Forschungsinstitut der FES; 59).

BLUMENWITZ, Dieter (1994): Lokale grenzüberschreitende Zusammenarbeit auf der Grundlage des deutsch-polnischen Vertragswerks - Bonn: Kulturstiftung der Deutschen Vertriebenen, 1994 (Deutschland und seine Nachbarn; 11).

BORKENHAGEN, Franz H. U. (Hrsg., 1998): Europapolitik der deutschen Länder. Bilanz und Perspektiven nach dem Gipfel von Amsterdam - Opladen, 1998.

ders. (Hrsg., 1992): Die deutschen Länder und Europa. Politische Union und Wirtschafts- und Währungsunion - Baden-Baden, 1992.

BRANDENBURG/Landesamt für Datenverarbeitung und Statistik (Hrsg., 1997): Statistisches Jahrbuch 1997 - Potsdam: Landesamt für Datenverarbeitung und Statistik Brandenburg, 1997.

BROSZAT, Martin (1961): Nationalsozialistische Polenpolitik 1939-1945 - Stuttgart, 1961.

ders. (1972): Zweihundert Jahre deutsche Polenpolitik - Frankfurt a. M., 1972.

BUCHHOFER, Ekkehard/KORTUS, Bronislaw (Hrsg., 1994): Deutschland und Polen. Geographie einer neuen Nachbarschaft im neuen Europa - Frankfurt a. M., 1994

(Studien zur Internationalen Schulbuchforschung; Schriftenreihe des Georg-Eckert-Institutes, Bd. 81).

BÜCHNER, Wolfgang (1982): Die rechtliche Gestaltung kommunaler öffentlicher Unternehmen: Grenzen und Möglichkeiten d. gemeindl. Organisationshoheit unter bes. Berücks. d. Arbeitnehmermitbestimmung am Beispiel d. Verkehrs- und Versorgungseinr. - Frankfurt a.M. u.a., 1982 (Europäische Hochschulschriften: Reihe 2, Rechtswiss.; Bd. 313).

BULLMANN, Udo/HEINZE, Rolf G. (1997): Regionale Modernisierungspolitik. Nationale und internationale Perspektiven - Opladen, 1997.

BULLMANN, Udo (Hrsg., 1994): Die Politik der dritten Ebene: Regionen im Europa der Union, 1. Aufl. - Baden-Baden, 1994.

BUNDESMINISTERIUM FÜR RAUMORDNUNG, BAUWESEN UND STÄDTEBAU, REFERAT EUROPÄISCHE RAUMORDNUNG (1993): Raumordnungskonzept für den deutsch-polnischen Grenzraum, 1. Zwischenbericht - Essen/Warschau, 1993.

BUNDESMINISTERIUM FÜR RAUMORDNUNG, BAUWESEN UND STÄDTEBAU (BONN); MINISTERIUM FÜR RAUMWIRTSCHAFT UND BAUWESEN (WARSCHAU) (1994/1995): Raumordnerische Leitbilder für den Raum entlang der deutsch-polnischen Grenze, Bd. 1: Analyse der Ausgangssituation, Bd. 2: Entwicklungsziele und Handlungsansätze, Oktober 1994 und Mai 1995, erarbeitet durch: Instytut Gospodarki, Przestzennej i Komunalnej, Warschau, und PLANCO Consulting GmbH, Essen, mit Beiträgen anderer Institute - Essen-Warschau, Oktober 1994 und Mai 1995.

CIOK, Stanisław (1990): Problematyka obszarów przygranicznych Polski południowo-zachodniej. Studium społeczno-ekonomiczne. Warszawa [u.a.]: Państwowe Wadawn. Naukowe, 1990. (Studia geograficzne; 48). (Acta Universitatis Wratislaviensis; 1155). <Übers. d. Sacht.: Probleme der Grenzgebiete im südwestlichen Polen. Eine sozio-ökonomische Studie>

CRAMER, Markus (1996): Empirische Untersuchungen zu grenzüberschreitenden Kooperationen - Bochum, Ruhr-Univ., Diss., 1996.

CZYSZ, Armin (1993): EG-Förderfibel Neue Bundesländer. EG-Strukturhilfen: Antrags-verfahren und Informationsquellen für Kommunen und Unternehmen/Armin Czysz, Karin Retzlaff und Onno Simons - Köln, Deutscher Wirtschaftsdienst, 4. aktualisierte Aufl., 1993.

DAUDERSTÄDT, Michael (1995): Differenzieren beim Integrieren. Zur Strategie einer abgestuften Osterweiterung der EU; Perspektiven deutscher Außenpolitik/Michael Dauderstädt und Barbara Lippert, Hrsg. Friedrich-Ebert-Stiftung Bonn - Bonn, 3/1995.

ders. (1994): Außenwirtschaftliche Optionen für Mittel und Osteuropa - Bonn: Friedrich-Ebert-Stiftung Bonn, Januar 1994.

ders. (1993): The EC and Eastern Europe: the light is fading in the Light-house; EG und Osteuropa: im Leuchtturm geht das Feuer aus/Hrsg. Friedrich-Ebert-Stiftung Bonn (Serie Eurokolleg, 1993).

ders. (1992): Solidarität mit Osteuropa: Kooperation statt Katastophe/Michael Dauderstädt, Michael Domitra, Michael Ehrke/Hrsg. FES. Vierteljahresberichte, problems of international Cooperation, Sonderheft - Bonn, Dezember 1992.

DEILMANN, Benedikt (1995): Wissens und Technologietransfer als regionaler Innovationsfaktor. Ausgangsbedingungen, Probleme und Perspektiven am Beispiel der Hochschulen und Forschungseinrichtungen in den neuen Ländern - Dortmund: Dortmunder Vertrieb für Bau- und Planungsliteratur, 1995. (Duisburger geographische Arbeiten; 15). <Zugl.: Duisburg, Mercator-Univ., Diss., 1995. – u. d. T.: Hochschulen und Forschungseinrichtungen als regionaler Innovationsfaktor im Transformationsprozeß der neuen Bundesländer?>

DEUBNER, Christian (1995): Deutsche Europapolitik: Von Maastricht nach Kerneuropa? Aktuelle Materialien zur Internationalen Politik. Stiftung Wissenschaft und Politik - Baden-Baden, 1995.

ders. (1991): Die europäische Gemeinschaft in einem neuen Europa. Herausforderungen und Strategien - Baden-Baden, 1991.

DEUTSCH-POLNISCHE KOMMISSION FÜR NACHBARSCHAFTLICHE ZUSAMMENARBEIT AUF DEM GEBIET DES UMWELTSCHUTZES (POLSKO-NIEMIECKA KOMISJA DS. WSPÓŁPRACY SĄSIEDZKIEJ W DZIEDZINIE OCHRONY ŒRODOWISKA) (1995): Kraftwerke und Tagebaue beiderseits der deutsch-polnischen Grenze. (Elektrownie i kopalnie po obu stronach granicy Polsko-Niemieckiej). Informationen über den Umwelteinfluß von Kohlekraftwerken und Tagebauen, die in grenznahen Regionen liegen. (Informacja o wplywie na srodowisko elektrowni i kopalni odkrywkowych wegla brunatnego znajdujących sie̊ w regionach przygranicznych) - Berlin/Warszawa: Selbst-Verl., 1995. <Text in dt. und poln. Sprache>

DEUTSCHLAND <BUNDESREPUBLIK>/BUNDESMINISTERIUM FÜR RAUMORDNUNG, BAUWESEN UND STÄDTEBAU <BONN> (1995): Raumordnerische Leitbilder für den Raum entlang der deutsch-polnischen Grenze. Deutschsprachige Zsfg. [Erarbeitet vom] Institut für Raum- und Kommunalwirtschaft, Warschau [und] Planco Consulting GmbH, Essen - Bonn: Bundesministerium für Raumordnung; Bauwesen und Städtebau, 1995.

DEUTSCHLAND <BUNDESREPUBLIK>/STATISTISCHES BUNDESAMT(1994): Länderbericht Polen - Stuttgart, 1994.

ECKART, Karl/KOWALKE, Hartmut (Hrsg., 1997): Die Euroregionen im Osten Deutschlands - Berlin, 1997. (Schriftenreihe der Gesellschaft für Deutschlandforschung; 55).

ECKART, Karl (1994): Wirtschaftliche Strukturen und Entwicklungen in den östlichen Grenzgebieten Deutschlands im Umbruch. In: Buchhofer, Ekkehard/Kortus, Bronislaw (Hrsg.): Deutschland und Polen. Geographie einer Nachbarschaft im neuen Europa - Frankfurt/Main, 1994, S. 87-114 (Studien zur internationalen Schulbuchforschung; 81).

ECKERT, Marian (ca. 1993): Polnisch-deutsche Beziehungen. Ein historischer Rückblick. Stosunki polsko-niemieckie. Spojrzenie historyczne. In: Brandt, Christiane/ Czerwiakowski, Ewa (Hrsg.): Mit den Augen der Nachbarn. Oczami sąsiadów. Menschen - Landschaften - Verhältnisse an Oder und Neiße. Ludzie - okolice - stosunki nad Odrą i Nysą.- Potsdam: Brandenburgische Landeszentrale für politische Bildung, [ca. 1993]. (Schriftenreihe zur politischen Bildung; 3). S. 29. <Text in dt. und poln. Sprache>.

dies. (1992): Entwicklungsprobleme grenznaher Regionen - Grünberg, 1992.

EICKHOF, Norbert (1998): Perspektiven der Osterweiterung und Reformbedarf der Europäischen Union/ v. Norbert Eickhof, Hrsg. von Werner Zohlnhöfer - Berlin, 1998 (Schriftenreihe des Vereins für Socialpolitik, Gesellschaft für Wirtschafts- und Sozialwissenschaften; N.F., Bd. 255).

EISENMANN, Peter/RILL, Bernd (Hrsg., 1992): Das Europa der Zukunft. Subsidiarität, Föderalismus, Regionalismus - Regensburg, 1992.

ELLES, Lukas (1997): Europäische Verwaltungsförderung in Mittel- und Osteuropa: zugleich ein Beitrag über den Aufbau moderner Sozialversicherungssysteme am Beispiel des Programmes PHARE - Frankfurt a.M., u.a., 1997.

ENGEL, Christian (1993): Regionen in der EG: rechtliche Vielfalt und integrationspolitische Rollensuche. Gutachten im Auftrag der Staats- und Senatskanzleien der Länder. - Bonn, 1993 (Analysen zur Europapolitik des Instituts für Europäische Politik; Bd. 8).

ENTWICKLUNGS- UND HANDLUNGSKONZEPT FÜR DIE EUROREGION PRO EUROPA VIADRINA, erstellt im Auftrage des Vereins Frankfurter Brücke e.V. und mit Förderung des Landes Brandenburg/Software Union, Gesellschaft für Unternehmensberatung mbH Berlin, Bereich Regionale Wirtschaftsforschung - Berlin, 4/1994.

ERMISCH, Günter (ca. 1996): Die grenzüberschreitende Zusammenarbeit zwischen den beiden Städten Görlitz (Deutschland) und Zgorzelec (Polen) - Görlitz [ca. 1996]. <Text in dt. und poln. Sprache>

EUROPÄISCHE KOMMISSION, Phare Informationsbüro Brüssel: Phare Jahresbericht ... der Europäischen Kommission - Luxemburg: Amt für amtliche Veröffentlichungen der EU.

dies. (1997): AGENDA 2000 - Eine stärkere und erweiterte Union, Beilage 5/97 zum Bulletin der Europäischen Union - Luxemburg, 1997, 153 S. Die Veröffentlichung stützt sich auf das Dokument KOM(97) 2000 endg.

dies. (1996): In den Regionen für die Regionen Europas: Über die Aneignung eines neuen gewerkschaftlichen Arbeitsfeldes - Luxemburg: Amt für amtliche Veröffentlichungen der EU, 1996 (Regionale Entwicklungsstudien; Bd. 25).

dies. (1996): Indicative Programmes, No. 1, S. 7, 10 u. 21.- Luxemburg: Amt für amtliche Veröffentlichungen der EU, PHARE Informationsbüro, Generaldirektion für Außenwirtschaftsbeziehungen, GD 1, 1996.

dies. (1996): Programme and contract information 1995-99. Multi-country and cross-border programmes, No. 1, S. 27-34.- Luxemburg: Amt für amtliche Veröffentlichungen der EU, PHARE Informationsbüro, Generaldirektion für Außenwirtschaftsbeziehungen, GD 1, 1996.

dies. (1996): Programm für die Förderung der grenzüberschreitenden Zusammenarbeit im Rahmen der Aktion Phare - Luxemburg: Amt für amtliche Veröffentlichungen der EU, Generaldirektion für Auswärtige Beziehungen: Europa und die Neuen Unabhängigen Staaten, Gemeinsame Außen- und Sicherheitspolitik (GD 1A), 1996.

dies. (1995): Weißbuch über die Vorbereitung der assoziierten Staaten Mittel- und Osteuropas auf die Integration in den Binnenmarkt der Union, Europäische Kommission, KOM(95) 163 endg. vom 3.5.1995.

dies. (1995): Europa 2000+: europäische Zusammenarbeit bei der Raumentwicklung - Luxemburg: Amt für amtliche Veröffentlichungen der EU, 1995.

dies. (1995): PHARE-Jahresbericht 1994. 20.7.95, KOM (95) 366 endg.- Luxemburg: Amt für amtliche Veröffentlichungen der EU, 1995.

dies. (1994): Leitfaden der Gemeinschaftsinitiativen 1994-1999, Strukturfonds der Gemeinschaft - Luxemburg: Amt für amtliche Veröffentlichungen der EU, 1994.

dies. (1994): Was ist PHARE? Eine Initiative der Europäischen Union für die wirtschaftliche Integration mittel- und osteuropäischer Länder - Luxemburg: Amt für amtliche Veröffentlichungen der EU, PHARE Informationsbüro, Generaldirektion für Außenwirtschaftsbeziehungen, GD 1, 1994.

dies. (1991): Europa 2000 - Luxemburg: Amt für amtliche Veröffentlichungen der EU, 1991.

EUROPÄISCHES PARLAMENT (Hrsg., 1995): Europäisches Parlament und EU-Erweiterungen/Hrsg. Europäisches Parlament, Klaus Löffler, Informationsbüro für Deutschland - Bonn, 6/1995 (Europa-Dossier Nr. 3).

EUROPARAT (Hrsg., 1996): Funktion und Arbeitsweise/Hrsg. Europarat - Straßburg, 1996.

ders. (Hrsg., 1995): Handbook on transfrontier co-operation for local and regional authorities in Europe. 2nd edition/ Hrsg. Europarat (transfrontier co-operation in Europe, No. 4) - Strasbourg, 1995.

EUROREGION NEIßE (Hrsg., 1996): Euroregion Neisse - Nisa - Nysa. Geschichte, Entwicklung, Vision. 1991-1996, 1. überarb. Aufl.- Liberec: Tisk, 1996.

EUROREGION PRO EUROPA VIADRINA, MITTLERE ODER E.V. (Hrsg., 1999): Die Euroregion Pro Europa Viadrina stellt sich vor - Frankfurt (Oder), 1999, 34 S. (deutsch-polnisch-englische Version).

FABIAN, Barbara (1995): EU-Strukturpolitik in Deutschland 1994-1999. Leitfaden. Bonn, Brüssel 1996/Hrsg. Deutscher Industrie- und Handelstag - Bonn, 12/1995.

dies. (1998): EU-Strukturpolitik in Deutschland - Bonn: DIHT, 4/1998.

FÖRDERKONZEPT ODER-RAUM. Auftraggeber der Senator für Finanzen, Berlin, und der Minister für Finanzen, Brandenburg, durch die GOPA-Gesellschaft für Organisation, Planung und Ausbildung GmbH - Bad Homburg, April 1991.

FREUDENSTEIN von, Roland/BODEM, Ingrid (Bearb., 1993): Deutschland und Polen im veränderten Europa. Deutsch-Polnisches Forum Fellbach bei Stuttgart/Hrsg. Forschungsinstitut der dt. Gesellschaft für auswärtige Politik e.V., Bonn - Bonn, 1993.

FRIEDLEIN, Günter/GRIMM, Frank-Dieter (1995): Deutschland und seine Nachbarn. Spuren räumlicher Beziehungen. - Leipzig: Institut für Länderkunde, 1995.

FRIEDRICH-EBERT-STIFTUNG, BÜRO WARSCHAU (Hrsg., 1992): Die deutsch-polnischen Grenzgebiete als regionalpolitisches Problem. Seminar in Warschau, 8.5.1992.- Warschau, 1992.

FROMHOLD-EISEBITH, Martina (1992): Wissenschaft und Forschung als regional-wirtschaftliches Potential? Das Beispiel von Rheinisch-Westfälischer Technischer Hochschule und Region Aachen - Aachen, 1992. (Informationen und Materialien zur Geographie der Euregion Maas-Rhein). <Zugl.: Aachen, Rheinisch-Westfälische Technische Hochschule, Diss., 1991>

FRÖHLER, Ludwig/OBERNDORFER, Peter (1977): Rechtsprobleme grenzüber-schreitender Raumplanung. Koordinationsschwierigkeiten, Koordinationsmöglichkei-ten - Linz, 1977.

GASTEYGER, Curt (1990): Europa zwischen Spaltung und Einigung 1945-1990. Eine Darstellung und Dokumentation über das Europa der Nachkriegszeit - Köln, 1990.

GERDES, Dirk/STURM, Roland/TIMMERMANN, Heiner (1987): Regionen und Regionalismus in Westeuropa - Stuttgart u.a., 1987.

GERKAN, Meinhard von (Hrsg., 1994): Culture bridge. Deutsch-polnischer Ideen-wettbewerb "Kulturbrücke Görlitz/Zgorzelec". Ein Projekt der Jürgen-Ponto-Stiftung und der Kulturstiftung des Freistaates Sachsen. [Berlin], 1994. <Beitr. teilw. dt., teilw. engl., teilw. franz.>

GERNER, Kristian (1996): The evolving political role of borders and border regions in Central Europe. In: Scott, James (Hrsg.): Border regions in functional transition. European and North American perspectives on transboundary interaction - Berlin: Inst. für Raumentwicklung und Strukturplanung, 1996, S. 107-121 (Regio; 9).

GLANTE, Norbert (1996): Industriepolitische Zusammenarbeit der Europäischen Union mit der Republik Polen/Hrsg. in Zusammenarbeit mit dem Bereich "Internatio-nale Wirtschaftskooperation" der Wirtschaftsforschung GmbH Berlin - Potsdam, 1/1996.

GLASSNER, Martin Ira (1993): Political geography - New York [u.a.], 1993.

VOM GRENZLAND ZUM RAUM DER KOOPERATION: ein Expertengespräch des Bundesministeriums für Raumordnung, Bauwesen, Städtebau - Göttingen, 1990. (Schriftenreihe für ländliche Sozialfragen; 109).

GRENZÜBERGÄNGE BUNDESREPUBLIK DEUTSCHLAND - REPUBLIK POLEN IM LAND BRANDENBURG/Hrsg. Ministerium für Stadtentwicklung, Wohnen und Verkehr Land Brandenburg - Potsdam, März 1993.

GRENZÜBERSCHREITENDE PLANUNG/Hrsg. Informationszentrum Raum und Bau der Fraunhofer Gesellschaft (IRB), Bearb. Bernd Koengeter - 1. Aufl.- Stuttgart, 1987.

GROß, Bernd/SCHMITT-EGNER, Peter (1994): Europas kooperierende Regionen. Rahmenbedingungen und Praxis transnationaler Zusammenarbeit deutscher Grenzregionen in Europa. 1. Aufl. - Baden-Baden, 1994.

GRÖNING, Gert/WOLSCHKE-BULMANN, Jochim (1987): Der Drang nach Osten: Zur Entwicklung der Landespflege im Nationalsozialismus und während des 2. Weltkrieges in den "eingegliederten Ostgebieten" - München, 1987.

GRUCHMAN, Bohdan (1994): The German-Polish Border Region/Bohdan Gruchmann, Franz Walk - Berlin/Poznan, 5/1994, 14 S.

GRUNDLAGEN DER WIRTSCHAFTLICHEN ZUSAMMENARBEIT DER GRENZNAHEN REGION POLENS, DER TSCHECHISCHEN REPUBLIK UND DEUTSCHLANDS. 9. Leipziger Weltwirtschaftsseminar, 25. und 26. November 1993 in Leipzig - Leipzig: Leipziger Univ.-Verl., 1994. (Transformation; 1).

HAAS, Ernst B. (1975): The Obsolescence of Regional Integration Theory, Research Series No. 25, Institute of International Studies, University of California, Berkeley, 1975.

ders. (1964): Beyond the Nation-State, Functionalism and International Organization - Stanford, 1964.

ders. (1958): The Uniting of Europe: political, social, and economic forces - Stanford, 1958.

HAFTENDORN, Helga (1975): Theorie der internationalen Politik. Gegenstand und Methoden der internationalen Beziehungen - Hamburg, 1975.

HANS BÖCKLER STIFTUNG (Hrsg., 1994): Euroregionen. Chancen und Grenzen (Manuskripte 182) - Bochum, 1994.

HARTEN, Hans-Christian (1996): De-Kulturation und Germanisierung. Die nationalsozialistische Rassen- und Erziehungspolitik in Polen 1939-1945 - Frankfurt a. M. u.a., 1996.

HAUS DER GESCHICHTE DER BUNDESREPUBLIK DEUTSCHLAND (Hrsg., 1996): Deutsche und Polen 1945-1995. Annäherungen-Zblizenia - Düsseldorf, 1996.

HAUSER, Jerzy (1992): Populist Threat in Transformation of Socialist Society/Hrsg. Friedrich-Ebert-Stiftung, Büro Warschau - Warschau, 1992 (Economic and Social Policy, No 29).

HÉRITIER, Adrienne (Hrsg., 1993): Policy-Analyse. Kritik und Neuorientierung - Opladen, 1993.

HESSE, Joachim (Hrsg., 1996): Regionen in Europa = Regions in Europe. Régions en Europe. Bd. 2: Das regionale Potential. The regional potential/Hrsg. Joachim Hesse - Baden-Baden, 1996.

HOFFMANN, Stanley (1966): Obstinate or Obsolete: The Fate of the Nation-State and the Case of Western Europe, Daedalus, 1966.

HOFFSCHULTE, Heinrich (1994): Europa für Kommunalpolitiker/ Kommunalpolitische Vereinigung Bildungswerk e. V., mit Beitr. von Ralf von Ameln - Bonn, 1994.

HOOGE, Lisbeth (1996): Cohesion Policy and European Integration: Building Multi-Level Governance/Hrsg. Lisbet Hooghe - Oxford, 1996.

HRBEK, Rudolf/WEYAND, Sabine (1994): betrifft: Das Europa der Regionen - München, 1994.

HRBEK, Rudolf/THAYSEN, Uwe (Hrsg., 1986): Die deutschen Länder und die Europäischen Gemeinschaften - Baden-Baden, 1986.

INSTITUT FÜR ANGEWANDTE WIRTSCHAFTSFORSCHUNG E.V. (Hrsg., 1992): Die deutsch-polnischen Grenzgebiete als regionalpolitisches Problem. Abschlußbericht zum Forschungsauftrag Nr. 38/91 des Bundesministers für Wirtschaft - Berlin, 2/1992.

INSTITUT FÜR REGIONALENTWICKLUNG UND STRUKTURPLANUNG (Hrsg., 1994): Stadt- und Regionalentwicklung in der Euroregion Viadrina. Materialien zu einem deutsch-polnischen Symposium. Berlin: Inst. für Regionalentwicklung und Strukturplanung, 1994 (Graue Reihe; 3).

INSTITUT FÜR STADTENTWICKLUNG UND WOHNEN, BRANDENBURG (Hrsg., 1995): Städtekooperation im deutsch-polnischen Grenzraum – sichtbare Auswirkungen polnisch-deutscher Städtebeziehungen - Frankfurt/Oder: Inst. für Stadtentwicklung und Wohnen, 1995.

DIE INTEGRATION MITTEL- UND OSTEUROPAS IN DIE EUROPÄISCHE WIRTSCHAFT. 8. Leipziger Weltwirtschaftsseminar am 30. und 31. Oktober 1991. ZIW, Zentrum für internationale Wirtschaftsbeziehungen an der Universität Leipzig/Hrsg. Friedrich Ebert Stiftung, Büro Leipzig - Leipzig 1992.

JACHTENFUCHS, Markus [u.a.] (1996): Regieren jenseits der Staatlichkeit. Legitimitätsidee in der Europäischen Union - Mannheim, 1996.

ders./KOHLER-KOCH, Beate (1996): Europäische Integration - Opladen, 1996.

JACOBSEN, Hans-Adolf/TOMALA, Meiczyslaw (Hrsg., 1992): Bonn-Warschau 1945-1991. Die deutsch-polnischen Beziehungen. Analysen und Dokumentation - Köln, 1992.

JAEDTKE, Eckhard (Hrsg., 1997): Zweite Konferenz mit den Euroregionen zwischen der Europäischen Union und der Tschechischen Republik sowie Polen. Dokumentation der EU-Kommission und des Europäischen Parlamentes in Berlin, vom 31.10.-2.11.1996 in Karlovy Vary - Berlin, 1997.

ders./PIEHL, Ernst (Hrsg., 1995): Konferenz der Euroregionen zwischen der Europäischen Union und Polen sowie der Tschechischen Republik. 28. bis 30. September in Frankfurt (Oder)/Słubice. Dokumentation. Berlin: Europäische Kommission, Europäisches Parlament, 1995.

KAETHER, Johann (1994): Großschutzgebiete als Instrumente der Regionalentwicklung - Hannover, 1994 (Akademie für Raumforschung und Landesplanung <Hannover>: Arbeits-material; 210).

KARL, Helmut (Hrsg., 1995): Regionalentwicklung im Prozeß der europäischen Integration - Bonn, 1995 (Bonner Schriften zur Integration Europas, Bd. 4).

KETTWIG, Knut (1994): Rechtsgrundlagen dezentraler grenzüberschreitender Zusammenarbeit im deutsch-polnischen und deutsch-tschechischen Grenzraum - Frankfurt/Main, 1994 (Schriften zum Staats- und Völkerrecht; 54). <Zugl.: Würzburg, Ludwig-Maximilians-Univ., Diss., 1993>

KLATT, Hartmut (1995): Das Europa der Regionen nach Maastricht. Analysen und Perspektiven - München, 1995.

KLEERBAUM, Klaus-Viktor (1995): Brandenburger Kommunalverfassung. Texte und Erläuterungen der Gemeinde-, Landkreis- und Amtsordnung. 2., überarbeitete und aktualisierte Auflage - Potsdam, 1/1995.

KLEßMANN, Christof (1971): Die Selbstbehauptung einer Nation. NS-Kulturpolitik und polnische Widerstandsbewegung im Generalgouvernement 1939-1945/Hrsg. Fritz Fischer u.a.- Hamburg, 1971 (Studien zur modernen Geschichte; Bd. 5).

KNEMEYER, Franz-Ludwig (1994): Europa der Regionen - Europa der Kommunen. Wissenschaftliche und politische Bestandsaufnahme und Perspektive - Baden-Baden, 1994.

ders. (1990): Die europäische Charta der kommunalen Selbstverwaltung, Entstehung und Bedeutung, Länderberichte und Analysen - Baden-Baden, 1990.

KOBYLINSKA, Ewa/LOWATY, Andreas/STEPHAN, Rüdiger (Hrsg., 1993): Deutsche und Polen. 100 Schlüsselbegriffe - München, 1993.

KÖNIG, Thomas (Hrsg., 1998): Europa der Bürger? Voraussetzungen, Alternativen, Konsequenzen - Frankfurt a. M., 1998.

ders. (Hrsg., 1997): Europäische Institutionenpolitik - Frankfurt a.M., 1997 (Mannheimer Jahrbuch für europäische Sozialforschung; Bd. 2).

ders./RIEGER, Elmar/SCHMITT, Hermann (Hrsg., 1996): Das europäische Mehrebenen-System. Konzeptionen und Perspektiven. Mannheimer Jahrbuch für europäische Sozialforschung, Bd. 1.- Mannheim, 1996.

KOHLER-KOCH, Beate (Hrsg., 1998): Regieren in entgrenzten Räumen/[Deutsche Vereinigung für Politische Wissenschaft], Politische Vierteljahresschrift, Sonderheft 29/1998 - Opladen, 39. Jhg., 1998.

dies. (1998): Interaktive Politik in Europa. Regionen im Netzwerk der Integration - Opladen, 1998.

dies. (1992): Interessen und Integration: Die Rolle organisierter Interessen im westeuropäischen Integrationsprozess. In: Politische Vierteljahresschrift, Sonderheft 23, 1992, S. 81-119.

dies. (Hrsg., 1991): Staat und Demokratie in Europa. 18. wiss. Kongreß der Deutschen Vereinigung für Politische Wissenschaften - Opladen, 1992.

dies. (1991): Die Osterweiterung der EG. Die Einbeziehung der ehemaligen DDR in die Gemeinschaft - Nomos, 1991.

KOMMUNALE WIRTSCHAFTS- UND TECHNOLOGIEFÖRDERUNG IN OSTDEUTSCHEN GRENZREGIONEN: DAS BEISPIEL VORPOMMERN/Hrsg. Forschungsinstitut der Friedrich-Ebert-Stiftung, Abteilung Wirtschaftspolitik - Bonn, 1992 (Wirtsch.-Polit. Diskurse 38).

KOMMUNALGEMEINSCHAFT POMERANIA E.V. (Hrsg., ca. 1997): Europaregion Pomerania. Eine Präsentation - Löcknitz: Kommunalgemeinschaft Pomerania e.V., ca. 1997.

dies. (Hrsg., 1996): Die Pomerania. Eine Euroregion stellt sich vor - Löcknitz, 1996.

KOMORNICKI, Tomasz/POWESKA, Halina (1996): Przejœcia graniczne. Kostrzyn, Słubice, œwiecko, Gubin – podstawowe funkcje i strefa oddziaływania na terenie Polski i Niemiec. – Warszawa: Instytut Geografii i Przestrzennego Zagospodarownia, PAN, 1996. (Zeszyty Instytutu Geografii i Przestrzennego Zagospodarowania PAN; 38).

KONRAD, György (1995): Identität und Hysterie - Frankfurt a.M., 1995.

KORGER, Dieter (1993): Die Polenpolitik der deutschen Bundesregierung von 1982-1991 - Bonn, 1993 (Mainzer Beiträge zur Europäischen Einigung; Bd. 15).

KORZYCKI, Wlodzimierz (1992): Republik Polen. Eine kleine politische Landeskunde - Bonn, 1992.

KRÄMER, Raimund (Hrsg., 1998): Regionen in der Europäischen Union: Beiträge zur Debatte - Berlin, 1998 (Reihe Potsdamer Textbücher; 1).

ders. (1997): Im internationalen Netzwerk. Brandenburg und seine auswärtigen Beziehungen - Potsdam: Brandenburgische Landeszentrale für politische Bildung, 1997 (Internationale Probleme und Perspektiven; 2).

ders. (1997): Grenzen der Europäischen Union - Potsdam: Brandenburgische Landeszentrale für Politische Bildung, 1997 (Internationale Probleme und Perspektiven; 6).

KRÄTKE, Stefan/HEEG, Susanne/STEIN, Rolf (1997): Regionen im Umbruch. Probleme der Regionalentwicklung an den Grenzen zwischen "Ost" und "West" - Frankfurt a. M. u.a., 1997.

KRZEMINSKI, Adam (1992): Polen im 20. Jahrhundert. Ein historischer Essay. 1992 (Beck'sche Reihe 476).

LÄUFER, Thomas (Bearb., 1993): EG-Polen-Ungarn. Die Vertragstexte von Maastricht und die Europa-Abkommen - Bonn, 1993.

ders. (Bearb., 1992): Europäische Gemeinschaft - Europäische Union: die Vertragstexte von Maastricht - Bonn, 1992.

LANDESAMT FÜR DATENVERARBEITUNG UND STATISTIK BRANDENBURG UND URZAD STATYSTYCZNY W GROZOWIE WIELKOPOLSKIM (Hrsg., 1997): Euroregion Pro Europa Viadrina/Hrsg.- Poznan, 1997, 131 S. (deutsch-polnische Fassung).

LANDESAMT FÜR DATENVERARBEITUNG UND STATISTIK BRANDENBURG (1998): Statistisches Jahrbuch 1991-1998 - Potsdam, 1998.

LANG, Winfried (1982): Der internationale Regionalismus. Integration und Desintegration von Staatenbeziehungen in weltweiter Verflechtung - Wien, 1982 (Forschung aus Staat und Recht; 61).

LANGHAMMER, Rolf (1992): Die Assoziierungsabkommen mit der CSFR, Polen und Ungarn: wegweisend oder abweisend?/Hrsg. Universität Kiel, Institut für Weltwirtschaft - Kiel, 1992 (Kieler Diskussionsbeiträge 182).

LANGKAU, Jochen (Hrsg., 1992): Euroregion Neisse. Grenzüberschreitende Kooperation im deutsch-polnisch-tschechischen Dreiländereck/Hrsg. Friedrich-Ebert-Stiftung, Forschungsinstitut, Abt. Wirtschaftspolitik - Bonn, 1992, 50 S. (Wirtschaftspol. Diskurse 28).

LEHMANN, Hans-Georg (1979): Der Oder-Neiße-Konflikt - München, 1979.

LEIMGRUBER, Walter (1980): Die grenzüberschreitende Region als Forschungsobjekt der Geographie - Basel, 1984.

LILGE, Carsten (1995): Die Entstehung der Oder-Neiße-Linie als Nebenprodukt alliierter Großmachtpolitik während des Zweiten Weltkrieges - Frankfurt/Main, 1995 (Europäische Hochschulschriften: Reihe 3, Geschichte und ihre Hilfswissenschaften; 650).

LIPPERT, Barbara (1993): Europäische Gemeinschaft und Mittel-/Osteuropa. Interessen, Strategien, Szenarien/Hrsg. FES Bonn - Bonn, September 1993.

dies./SCHNEIDER, Heinrich (1995): Monitoring Association and Beyond - Bonn, 1995.

dies. (Hrsg., 1995): Monitoring Association and Beyond. The European Union and the Visegrad States - Bonn, 1995 (Europäische Schriften des Instituts für Europäische Politik, Band 74).

LINDBERG, Leon Nord/SCHEINGOLD, Stuart (1970): Europe's Would-be Polity, Patterns of Change in the European Community - New York, 1970.

ŁOBODA, Jan/CIOK, Stanisław (1994): Beispiele polnisch-deutscher Zusammenarbeit in den grenznahen Gebieten. In: Ekkehard Buchhofer und Bronislaw Kortus (Hrsg.): Deutschland und Polen (...) - Frankfurt a. M., 1994.

LUDWIG, Michael (1991): Polen und die deutsche Frage. Mit einer Dokumentation zum deutsch-polnischen Vertrag vom 17.6.1991/Hrsg. Forschungsinstitut der Deutschen Gesellschaft für auswärtige Politik e.V. Bonn - Bonn, 1991.

MACK, Manfred (1991): Karl Dedecius und das Deutsche Polen-Institut. Laudationes, Berichte, Interviews, Gedichte/Hrsg. Magistrat d. Stadt Darmstadt - Darmstadt, 1991.

MADAJCZYK, Czesław (1994): Vom Generalplan Ost zum Generalsiedlungsplan/ Hrsg. Czesław Madajczyk u.a. - München u.a., 1994.

ders. (1987): Die Okkupationspolitik Nazideutschlands in Polen 1938-45 - Berlin (Ost), 1987.

MALCHUS, Viktor Freiherr von (1992): Sachstandsbericht über grenzüberschreitende Zusammenarbeit zwischen Deutschland und Polen. o.O.: Selbst-Verl., 1992.

ders. (1975): Partnerschaft an europäischen Grenzen. Integration durch grenzüberschreitende Zusammenarbeit/Hrsg. Institut für Europäische Politik - Bonn, 1975 (Europ. Schriften 39/40).

MARTIN, Armin D. (1993): Chancen und Probleme einer deutsch-polnischen Zusammenarbeit an der EG-Außengrenze unter besonderer Berücksichtigung der Euroregion Neiße - Dresden, 1993. <Zugl.: Berlin, Technische Univ., Dipl.-Arb., 1993>

ders./RICHTER, Konrad/WALCHA, Henning (1994): Euroregion Neiße - Nisa - Nysa. Möglichkeiten grenzüberschreitender kommunale Zusammenarbeit - St. Augustin: Konrad-Adenauer-Stiftung, Bereich Forschung und Beratung, Kommunalwissenschaften, 1994 (Interne Studien und Berichte der Konrad-Adenauer-Stiftung; 69). <Text in dt., poln. und tschech. Sprache>

MARX, Frank (1992): EG-Regionalpolitik: Fortschritt und Stagnation im Spannungsfeld von Integrationsziel und nationalstaatlichen Interessen - Aachen, 1992 (Aachener Studien Sozialwiss.; Bd. 10).

MAYER, Otto G. (Hrsg., 1997): Osterweiterung der Europäischen Union: sind die mittel- und osteuropäischen Länder und die EU reif für eine Erweiterung? - Baden-Baden, 1997 (Veröffentlichung des HWA-Institut für Wirtschaftsforschung; Hamburg; Bd. 35).

MEIER, Christian (1994): Neue regionale Kooperationsmuster in Mittel- und Osteuropa. Ergebnisse, Probleme, Perspektiven - Köln, 1994.

MEISTER, Petra Ines (1994): Förderprogramme und Finanzierungsinstrumente für Osteuropa. Ein praxisorientierter Leitfaden/Hrsg. FAZ GmbH Informationsdienste u.a. - Frankfurt a.M., 2/1994.

MICHALSKI, Anna (1992): The European Community. The challenge of enlargement/Hrsg. Michalski, Anna/Wallace, Helen - 2ed.- London, 1992.

MITRANY, David (1944): A Working Peace System - Chicago, 1944.

MORASS, Michael (1994): Regionale Interessen auf dem Weg in die Europäische Union. Strukturelle Entwicklung und Perspektiven der Interessensvermittlung österreichischer und deutscher Landesakteure im Rahmen der europäischen Integration - Wien, 1994.

MORHARD, Bettina (1992): Grenzüberschreitende Kooperation und europäische Integration am Beispiel der deutsch-französisch-schweizerischen Grenzregion am Oberrhein. Diplomhausarbeit zum Diplom-Examen an der FU Berlin, Fachbereich Politikwissenschaft - Berlin, 1992.

MÜNCH, Richard (1993): Das Projekt Europa. Zwischen Nationalstaat, regionaler Autonomie und Weltgesellschaft (suhrkamp taschenbuch wissenschaft 1103) - Frankfurt a. M., 1993.

NEDELMANN, Britta (Hrsg., 1995): Politische Institutionen im Wandel - Opladen, 1995 (Kölner Zeitschrift für Soziologie und Sozialpsychologie: Sonderhefte; 35).

OPERATIONELLE PROGRAMM des Landes Brandenburg für die EG-Gemeinschaftsinitiative Interreg II für die Euroregionen Spree-Neiße-Bober und Pro Europa Viadrina in der brandeburgisch-polnischen Grenzregion, Land Brandenburg - Potsdam, 18.7.1995.

OSSENBÜHL, Fritz (Hrsg., 1990): Föderalismus und Regionalismus in Europa. Verfassungskongreß in Bonn - Baden-Baden, 1990.

PIEHL, Ernst (Hrsg., 1995): Runde Tische für Europa in allen Neuen Bundesländern und Berlin. Beiträge zum Integrationsprozeß von Ostdeutschland in die Europäische Union/Hrsg. Ernst Piehl, Europäisches Parlament, Außenstelle Berlin des Informationsbüros für Deutschland - Lahr, 1995.

ders. (Hrsg., 1995): Erst innere Reform des Europa der Fünfzehn, dann äußere Erweiterung nach Osten? Dokumentation der Podiumsdiskussion vom 10.1.1995 mit u.a. Janusz Reiter, Heidemarie Wieczorek-Zeul, Peter Kittelmann/Hrsg. Ernst Piehl, Europäisches Parlament, Außenstelle Berlin des Informationsbüros für Deutschland - Berlin, März 1995.

ders. (1995): Euro-Runder-Tisch zu den Förderungen aus den Europäischen Strukturfonds und anderen EU-Programmen für das Land Brandenburg in Potsdam am 23./24. Januar 1995. Dokumentation Nr. 3/Hrsg. Europäisches Parlament, Informationsbüro für Deutschland, Außenstelle Berlin - Berlin, Januar 1995.

ders. (1994): Euro-Runder-Tisch zu den Förderungen aus den Europäischen Strukturfonds und anderen EU-Programmen für Berlin am 12./13. September 1994. Dokumentation Nr. 1/Hrsg. Europäisches Parlament, Informationsbüro für Deutschland, Außenstelle Berlin - Berlin, 1994.

PFEIFFER, Waldemar (1994): Uniwersytet Europejski Viadrina Frankfurcie nad Odrą i Collegium Polonicum. Powstanie, koncepcja i plany rozwoju. In. Przegląd Zachodni 50, 1994, Nr. 2. S. 1-22. <Übers. des Sacht.: Die Europa-Universität Frankfurt an der Oder und das Collegium Polonicum. Entstehung, Konzept und Entwicklungspläne>

PFLÜGER, Friedbert/LIPSCHER, Winfried (Hrsg., 1993): Feinde werden Freunde. Von den Schwierigkeiten der deutsch-polnischen Nachbarschaft - Bonn, 1993.

PIEPENSCHNEIDER, Melanie (1998): Der Vertrag von Amsterdam - Analyse und Bewertung/Hrsg. Konrad Adenauer Stiftung, Bereich Forschung und Beratung - Internationale Politik - Sankt Augustin, Januar 1998.

PLANUNGSRECHT UND PLANUNGSPRAXIS IN POLEN. Stadt- und Regionalplanung - Übergang vom zentralstaatlichen Prinzip zur kommunalen Selbstverwaltung.

Gutachten im Auftr. d. Instituts f. Stadtentwicklung und Wohnen des Landes Brandenburg/erst. P.L.A.N. B, Architekturgesellschaft mbH - Berlin, 1/1993.

PLATZER, Hans-Wolfgang (1992): Lernprozeß Europa. Die EG und die neue europäische Ordnung. Eine Einführung/Hrsg. Frank D. Karl - Bonn, 1992 (Reihe Praktische Demokratie).

PLUM, W. (Hrsg., 1984): Ungewöhnliche Normalisierung. Beziehungen der Bundesrepublik Deutschland zu Polen/Hrsg. FES Bonn - Bonn, 1984.

POLEN. Länderanalysen der Frankfurter Allgemeinen Zeitung GmbH Informationsdienst.

POLEN "Phare 1994 Crossborder Co-operation Programme Poland-Germany"/Hrsg. BFAI, Bundesstelle für Außenhandelsinformation - Köln u.a., 1994.

PRESCOTT, John Robert Victor (1990): Political frontiers and boundaries. Revised and expanded edition - London u.a. 1990. <frühere Aufl. u.d.T.: Boundaries and frontiers>

DAS PROJEKT DEUTSCH-POLNISCHER NATIONALPARK/Hrsg. Ministerium für Umwelt, Naturschutz und Raumordnung des Landes Brandenburg (Broschüre und Karte ohne Datum der Veröffentlichung).

PUCHALA, Donald J. (1984): Fiscal Harmonization in the European Communities: National Politics and International Cooperation - London, 1984.

RAICH, Silvia (1995): Grenzüberschreitende und interregionale Zusammenarbeit in einem "Europa der Regionen" - Baden-Baden, 1995.

RÄUMLICHES STRUKTURKONZEPT Frankfurt (Oder)/Słubice, Bearbeitung: PLK Städtebau Berlin-Brandenburg und Stadtplanungsbüro TEREN mbh - Łódź, 1994.

RANDZIO-PLATH, Christa/FRIEDMANN, Bernd (1994): Unternehmen Osteuropa - eine Herausforderung für die Europäische Gemeinschaft. Zur Notwendigkeit einer EG-Ostpolitik - Baden-Baden, 1994.

RAPPORT explicatif relatif à la Convention-cadre européenne sur la coopération transfrontalière des collectivités ou autorités territoriales/Hrsg. Conseil de l'Europe - Strasbourg, 1980.

RATTI, Remigio/REICHMANN, Shalom (Hrsg., 1993): Theory and Practice of Transborder Cooperation/Hrsg. Remigio Ratti, Shalom Reichmann - Basel, 1993.

RECHTLICHE GRUNDLAGEN, AUFGABEN UND KOMPETENZEN DER GEMEINDEN IN POLEN/Hrsg. Friedrich-Ebert-Stiftung Büro Warschau, Projektleiter Witold Sartorius - Warschau, 1992.

DIE REFORM DER EUROPÄISCHEN UNION. Analysen, Positionen, Dokumente zur Regierungskonferenz 1996/1997/Hrsg. Mathias Jopp/Otto Schmuck - Bonn, 1996.

REGIONEN IN WESTEUROPA. Regionale Akteure im Netzwerk. WeltTrends. Internationale Politik und vergleichende Studien - Berlin, 11 (Juni 1996).

REGIONALE INPUT-OUTPUT ANALYSE. Workshop Regionale Input-Output Analyse: Nutzen und Probleme, am 20.1.1993 - Hamburg, 1993.

REGIONALE VERFLECHTUNG DER BUNDESREPUBLIK DEUTSCHLAND. Empirische Analysen und theoretische Probleme - München, 1973 (Schriften des Forschungsinstituts der dt. Gesellschaft für auswärtige Politik e.V.; Bd. 33).

REGIONALE WIRTSCHAFTSPOLITIK AUF DEM WEGE ZUR EUROPÄISCHEN INTEGRATION - Hannover, 1992 (Forschungs- und Sitzungsberichte/Akademie für Raumforschung und Landesplanung; 187).

REIS, Eckhard (1992): Euroregion Neiße. Grenzüberschreitende Kooperation im deutsch-polnisch-tschechischen Dreiländereck. Eine Tagung der Friedrich-Ebert-Stiftung am 10. April 1992 in Zittau - Bonn: Forschungs-Inst. der Friedrich-Ebert-Stiftung, Abteilung Wirtschaftspolitik, 1992 (Wirtschaftspolitische Diskurse; 28).

RETZLAFF, Karin/SIMONS, Onno (1992): EG-Wegweiser Osteuropa. Brüsseler Förderprogramme. Antragswege, Ansprechpartner, Auftragsvergabe - Berlin, 1992.

dies. (1992): EG-Wegweiser Osteuropa - Berlin, 1992.

RHODE, Gotthold (1980): Geschichte Polens. Ein Überblick - Darmstadt, 1980.

RIBHEGGE, Hermann (1997): Die Osterweiterung der Europäischen Union als Herausforderung für die neuen Bundesländer im Transformationsprozeß - Frankfurt (Oder), 1997 (Arbeitsberichte/Frankfurter Institut für Transformationsstudien; 5).

DIE RISIKEN DES UMBRUCHS IN OSTEUROPA und die Herausforderung für die Europäische Gemeinschaft/Forschungsinstitut der Dt. Gesellschaft f. Auswärtige Politik e.V.- Bonn, 1993 (Arbeitspapiere 7; Internationale Politik; 74).

ROCH, Isolde/SCOTT, James/ZIEGLER, Astrid (1998): Umweltgerechte Entwicklung von Grenzregionen durch kooperatives Handeln - Dresden: Inst. für ökologische Raumentwicklung, 1998 (IÖR-Schriften, 24).

RÖSSLER, Mechtild/SCHLEIRMACHER, Sabine (Hrsg., 1993): Der "Generalplan Ost". Hauptlinien der nationalsozialistischen Planungs- und Vernichtungspolitik - Berlin, 1993.

RUMMEL, Reinhardt (Hrsg., 1992): Toward Political Union. Planning a common foreign and security policy in the European Community - Baden-Baden, 1992.

SABATHIL, Gerhard/HÖRSTMANN-JUNGEMANN, Monika (1995/1996): Förderprogramme der EU - 1995/96, 5. Aufl. - Bonn, 1995.

SCHADE, Wulf (Hrsg., 1993): Die Mühen der Ebene - Ein Jahr nach den Verträgen. 40 Jahre Verständigung mit Polen: Die deutsch-polnische Gesellschaft. 4. Deutsch-Polnische Gespräche am 19./20 September 1992 in Potsdam - Düsseldorf 1993 (Begegnung mit Polen).

SCHAMP, Eike W. (Hrsg., 1994): Neue grenzüberschreitende Regionen im östlichen Mitteleuropa. 10. Frankfurter Wirtschaftsgeographisches Symposium 4./5. Februar 1994 - Frankfurt/Main: Selbst-Verl. des Instituts für Wirtschafts- und Sozialgeographie der Johann-Wolfgang-Goethe-Univ., 1994 (Frankfurter wirtschafts- und sozialgeographische Schriften; 67).

SCHARPF, Fritz (1994): Optionen des Föderalismus in Deutschland und Europa - Frankfurt am Main u.a., 1994.

ders. (1992): Horizontale Politikverflechtung: zur Theorie von Verhandlungssystemen/Fritz Scharpf, Arthur Benz - Frankfurt a. M., 1992 (Schriften des Max-Planck-Instituts für Gesellschaftsforschung, Köln, Bd. 10).

ders. (1991): Kooperation als Alternative zur Neugliederung? - Zusammenarbeit zwischen den norddeutschen Ländern/Fritz Scharpf/Arthur Benz - Baden-Baden, 1991 (Schriften zur Innenpolitik und zur kommunalen Wissenschaft und Praxis; Bd. 6).

ders. (1991): Koordination durch Verhandlungssysteme: analytische Konzepte und institutionelle Lösungen am Beispiel der Zusammenarbeit zwischen zwei Bundesländern - Köln, 1991.

SCHARPF, Fritz W./REISSERT, Bernd/SCHNABEL, Fritz (1976): Politikverflechtung, Theorie und Empirie des kooperativen Föderalismus in der Bundesrepublik - Kronsberg, 1976.

SCHELTER, Kurt/WUERMELING, Joachim (1995): Europa der Regionen: Eine Idee gewinnt Gestalt - Baden-Baden, 1995.

SCHÖLLGEN, Gregor (1996): Geschichte der Westpolitik von Hitler bis Gorbatschow 1941-1991 - München, 1996.

SCHMUCK, Otto (1996): Die Reform der Europäischen Union. Aufgaben der Regierungskonferenz 1996 - Bonn, 1995.

ders. (1994): Länder und Regionen in Europa: Mitwirkung - Meinungsbildung - Selbstverständnis. In: Karlsruher Pädagogische Beiträge, Heft 34/1994, S. 26-37.

ders. (Hrsg., 1990): Vierzig Jahre Europarat. Renaissance in gesamteuropäischer Perspektive?/Hrsg. Otto Schmuck - Bonn, 1990.

SCHULTZE, Claus J. (1997): Die deutschen Kommunen in der Europäischen Union. Europa-Betroffenheit und Interessenswahrnehmung - Baden-Baden, 1997 (Schriftenreihe des Europäischen Zentrums für Föderalismus-Forschung, Band 12).

SCHULZ, Matthias (1993): Regionalismus und die Gestaltung Europas. Die konstitutionelle Bedeutung der Region im europäischen Drama zwischen Integration und Desintegration - Hamburg, 1993 (Beiträge zur deutschen und europäischen Geschichte; 8).

SCHÜNOW, Bernd (1994): Transnationale Beziehungen in Europa. Grenzüberschreitende Zusammenarbeit am Beispiel der Euroregion Pro Europa Viadrina. Diplomarbeit, Universität Potsdam, FB Sozialwiss. - Frankfurt (Oder), Februar 1994.

SCHWARZ, Anna/JACOBS, Jörg (Hrsg., 1998): Experiment Grenzuniversität. Soziologische Erkundungen über die deutschen und polnischen Studierenden an der Europa-Universität Viadrina in Frankfurt (Oder) - Frankfurt a. M. u.a., 1998.

SENATSVERWALTUNG FÜR STADTENTWICKLUNG UND UMWELTSCHUTZ BERLIN. Provisorischer Regionalausschuß, Arbeitsgruppe 9 (1991): Regionalplanung, Stadtentwicklung, Stadterhaltung. Bericht über die Planung im grenznahen Raum - Berlin, 1991.

SOFTWARE UNION, Gesellschaft für Unternehmensberatung mbH, Bereich Regionale Wirtschaftsforschung (Hrsg., 1993): Entwicklungs- und Handlungskonzept für die Euroregion Pro Europa Viadrina - Berlin, 1993.

STAATSGRENZENÜBERSCHREITENDE ZUSAMMENARBEIT des Landes Nordrhein-Westfalen - Eine Dokumentation/Hrsg. Institut für Landes- und Stadtentwicklungsforschung des Landes NRW (ILS) - Dortmund, 1984.

STAECK, Nicola (1997): Politikprozesse in der Europäischen Union. Eine Policy-Netzwerkanalyse der europäischen Strukturfondspolitik - Baden-Baden, 1997.

STASIAK, Andrzej (Hrsg., 1994): Węzłowe problemy współpracy przygranicznej. Biuletyn poświęcony Andrzejowi Stasiakowi z okazji 40-lecia pracy naukowej.- Warszawa: Polska – Akademia Nauk, Instytut Geografii i Przestrzennego Zagospodarowania, 1994. (Podstawy rozwoju zachodnich i wschodnich obszarów przygranicznych Polski; Biuletyn; 5). <Übers. d. Sachtitels: Ausgewählte Probleme der Zusammenarbeit an der Grenze>

ders. (Hrsg., 1993): Materiały z konferencji "Problematyka zachodniego obszaru pogranicza", Zielona Góra, 16-17 października 1992.- Warszawa: Polska – Akademia Nauk, Instytut Geografii i Przestrzennego Zagospodarowania, 1993. (Podstawy rozwoju zachodnich i wschodnich obszarów przygranicznych Polski; Biuletyn; 1). <Übers. d. Sachtitels: Materialien der Konferenz "Problematik des westlichen Grenzgebietes">

ders. (Hrsg., 1993*):* Rolnictwo zachodnich i wschodnich obszarów przygranicznych Polski. Warszawa: Polska – Akademia Nauk, Instytut Geografii i Przestrzennego Zagospodarowania, 1993. (Podstawy rozwoju zachodnich i wschodnich obszarów przygranicznych Polski; Biuletyn; 4). <Übers. d. Sachtitels: Die Entwicklung der westlichen und östlichen Grenzgebiete Polens>

STEPPACHER, Burkhard (1996): Regional- und Strukturpolitik der EU und nationale Interessen. Aktuelle Probleme und Reformansätze/Hrsg. Konrad Adenauer Stiftung - Sankt Augustin, 1996 (Interne Studien Nr. 126/1996).

STIFTUNG WISSENSCHAFT UND POLITIK IN EBENHAUSEN (Hrsg., 1991): Die EG und die jungen Demokratien in Europa. Ein gemeinsamer Bericht westeuropäischer Außenpolitik-Institute - Baden-Baden, 1991.

STRUKTURELLE ANPASSUNGSERFORDERNISSE UND PERSPEKTIVEN DER EU-OSTERWEITERUNG. Berichte des Bundesinstitutes für Ostwissenschaftliche und Internationale Studien - Köln, Teil 2, 12/1998.

THURICH, Eckhart (1990): Schwierige Nachbarschaften. Deutsche und Polen - Deutsche und Tschechien im 20. Jahrhundert. Eine Darstellung in Dokumenten - Stuttgart, 1990.

TIMMERMANN, Heiner (Hrsg., 1990): Deutschland-Frankreich-Polen - Saarbrücken, 1990.

TIMMERMANN-LEVANAS, Andreas (1992): Die politischen Beziehungen zwischen der Bundesrepublik Deutschland und der Republik Polen von 1970 bis 1991. Vom Warschauer Vertrag bis zum Freundschaftsvertrag - Saarbrücken-Scheidt, 1992.

TOEPEL, Kathleen/WEISE, Christian (1995): Die Förderung von gewerblichen Investitionen in Ostdeutschland durch den Europäischen Fonds für Regionale Entwicklung - Fallstudien Ostberlin, Brandenburg und Mecklenburg-Vorpommern - DIW Diskussionspapiere Nr. 108.- Berlin, März 1995.

TOMUSCHAT, Christian (Hrsg., 1995): Mitsprache der dritten Ebene in der europäischen Integration: Der Ausschuß der Regionen - Bonn, 1995 (Bonner Schriften zur Integration Europas, Band 2).

UNIVERSITÄT <FRANKFURT, ODER> (Hrsg., 1996): Europa-Universität Viadrina Frankfurt (Oder): Ansprache des Außenministers der Republik Polen, Prof. Wladyslaw Bartoszewski, am 22.11.1995 anläßlich der Verleihung des Deutsch-Polnischen Preises 1995 an die Europa-Universität Frankfurt (Oder) und ihr Gemeinschaftsprojekt mit der Adam-Mickiewicz-Universität Poznan - das Collegium Polonicum, Januar 1996.

dies. (Hrsg., 1996): Europa-Universität Viadrina Frankfurt (Oder), Adam-Mickiewicz-Universität Poznań (Hrsg., 1996): Das Collegium Polonicum - eine Idee stellt sich vor - Frankfurt (Oder), 1996 (in Deutsch und Polnisch und anderen Sprachen erhältlich).

dies. (Hrsg., 1992): Denkschrift zur Gründung der Europa-Universität Viadrina Frankfurt (Oder). Vom Gründungssenat vorgelegt am 1. Juni 1992. Frankfurt/Oder: Europa-Univ. Viadrina - Frankfurt (Oder), 1992.

dies. (Hrsg., 1992): Reden zur Eröffnung der Europa-Universität Viadrina Frankfurt (Oder) am 6. September 1991 - Frankfurt/Oder: Europa Univ. Viadrina, 1992 (Europa-Universität Viadrina, Frankfurt/Oder: Universitätsschriften; 1).

VADEMECUM CROSS-BORDER AND INTERREGIONAL COOPERATION ON EXTERNAL BORDERS OF THE EUROPEAN UNION/Hrsg. LACE, "observatory for cross-border cooperation" - Gronau, September 1997.

VOß, Dirk-Hermann (1989): Regionen und Regionalismus im Recht der Mitgliedstaaten der Europäischen Gemeinschaft - Frankfurt a. M., 1989.

WAGENER, Hans-Jürgen/FRITZ, Heiko (Hrsg., 1998): Im Osten was Neues. Aspekte der EU-Osterweiterung - Bonn, 1998 (EINE Welt - Texte der Stiftung Entwicklung und Frieden; Bd. 7).

WAGNER, W. (1953): Die Entstehung der Oder-Neiße-Linie in den diplomatischen Verhandlungen während des zweiten Weltkrieges - Stuttgart, 1953.

WALCHA, Henning von (Hrsg., 1994): Euroregion Neisse - Nisa - Nysa. Möglichkeiten grenz-überschreitender kommunaler Zusammenarbeit. Dt./Tschech./Poln. - St. Augustin, 1994 (Internationale Stud. u. Berichte 69/1994, Konrad-Adenauer-Stiftung).

WALK, Frank u.a. (1993): Europa-Region im deutsch-polnischen Grenzgebiet. Handlungsrahmen zur kommunalen und regionalen Entwicklungspolitik. Dokumentation einer Tagung vom 29. Januar 1993 in Frankfurt/Oder - Berlin: 1993.

ders. (1993): Wirtschaftsentwicklung im deutsch-polnischen Grenzgebiet - Berlin, 1993.

WALLACE, Helen/WALLACE, William (Hrsg., 1996): Policy-making in the European Union, 3. Aufl.- Oxford, 1996.

WANDEL IN MITTELEUROPA. Länderberichte Polen, Ungarn, Tschechische Republik, Slowakische Republik/Hrsg. DEG Deutsche Investitions- und Entwicklungsgesellschaft mbH - 2. Aufl. Köln, 3/1995.

WEIDENFELD, Werner (Hrsg., 1996): Reform der Europäischen Union. Materialien zur Revision des Maastrichter Vertrages - Gütersloh, 1996.

ders. (Hrsg., 1995): Central and Eastern Europe on the way into the European Union - Gütersloh, 1995.

WEILER, Hans N./MINTROP, Heinrich/FUHRMANN, Elisabeth (1996): Educational change and social transformation. Teachers, schools and universities in Eastern Germany - London, 1996 (The Stanford series on education and public policy; 18).

WEISE, Christian (1997): Ostmitteleuropa auf dem Weg in die EU - Transformation, Verflechtung, Reformbedarf. DIW Beiträge zur Strukturforschung Heft 167 - Berlin, 1997.

ders. (1996): Osterweiterung der EU: Finanzierung erfordert Reformen. Wochenbericht des DIW 49/96.

WEIß, Bernd (1996): Einführung und Umsetzung der Europäischen Charta der kommunalen Selbstverwaltung in Deutschland, insbesondere in Bayern und Nordrhein-Westfalen - Frankfurt a. M., 1996.

WESSELS, Wolfgang (Hrsg., 1993): The European Union in the 90s - ever closer and larger? - Bonn, 1993 (Europäische Schriften des Instituts für europ. Politik; 70).

ders./SCHNEIDER, Heinrich (Hrsg., 1994): Föderale Union - Zukunft Europas? Analysen, Kontroversen, Perspektiven - München 1994.

WIELAND, Beate (1992): Ein Markt - 12 Regierungen? Zur Organisation der Macht in der europäischen Verfassung - Baden-Baden, 1992.

WINDHOFF-HÉRITIER, Adrienne (Hrsg., 1993): Policy-Analyse. Kritik und Neuorientierung [Deutsche Vereinigung für Politische Wissenschaft], Politische Vierteljahresschrift, Sonderheft 24/1993 - Opladen, 1993.

WIRTSCHAFTLICHE ENTWICKLUNG UND POLITISCHE ANNÄHERUNG durch grenzüberschreitende Zusammenarbeit entlang der deutsch-polnischen Grenze. Konferenz, Lubniewice/Polen, 9.-12.5.1991/Hrsg. Friedrich-Ebert-Stiftung, Büro Warschau - Warschau, 1991.

WISSENSCHAFTSEINRICHTUNGEN UND STRUKTURENTWICKLUNG IN DER GRENZREGION. Modellfall Europa-Universität Viadrina Frankfurt (Oder)/Hrsg. Waldemar Pfeiffer - Poznan, 1995 (Collegium Polonicum, Wissenschaftliche Reihe).

WIPPERMANN, Wolfgang (1981): Der deutsche Drang nach Osten. Ideologie und Wirklichkeit eines politischen Schlagwortes - Darmstadt, 1981.

WÖHLKE, Wilhelm (Hrsg., 1991): Länderbericht Polen - Bonn, 1991 (Schriftenreihe der Bundeszentrale für politische Bildung, Studien zur Geschichte und Politik, Bd. 296).

WOJCIECHOWSKI, Krzyszof (1996): Diskriminierung an der Grenze. Axiologische Topographie eines Tatortes/Vortrag an der Europa-Universität, vorläufige Fassung - Frankfurt (Oder), 1996.

ders. (1992): Die wissenschaftlichen Größen der Viadrina. Tagung der Stiftung Mitteldeutscher Kulturrat, Bonn, und des Universitätsbüros der Stadtverwaltung Frankfurt (Oder), 4.-7.12.1991. Frankfurt/O.: Europa-Univ. Viadrina. (Europa-Universität Viadrina <Frankfurt (Oder)>: Universitätsschriften; 2).

WOLLMANN, Hellmut (Hrsg., 1995): Transformation sozialistischer Gesellschaften: Am Ende des Anfangs (Leviathan Sonderheft 15/1995) - Opladen, 1995.

ders. (1994): Systemwandel und Städtebau in Mittel- und Osteuropa. Rußland, Ukraine, Weißrußland, baltische Länder, Polen, Ungarn, Tschechische Republik, Slowakische Republik - Basel u.a., 1994.

WOLLMANN, Hellmut (1978): Kommunalpolitische Praxis und lokale Politikforschung/Hrsg. Paul Kevenhörster und Hellmut Wollmann - Berlin, 1978.

WOYKE, Wichard (1990): Nordrhein-Westfalen und die Europäische Gemeinschaft - Opladen, 1990.

ZERNACK, Klaus (1994): Polen und Rußland. Zwei Wege in die europäische Geschichte - Berlin, 1994.

ZERNACK, Klaus (1991): Preußen - Deutschland - Polen. Aufsätze zur Geschichte der deutsch-polnischen Beziehungen - Berlin, 1991.

ZIMMERLING, Ruth (1991): Externe Einflüsse auf die Integration von Staaten. Zur politik-wissenschaftlichen Theorie regionaler Zusammenschlüsse - Freiburg i. Br. u.a., 1991 (Alber-Reihe Rechts- und Sozialwissenschaft).

ZUSAMMENFASSUNG des Abschlußberichtes zur Vorbereitung der Gründung der Deutsch-Polnischen Wirtschaftsfördergesellschaft/vorgel. INTEGRATION GMBH.- Frankfurt a. M., Warschau, 6/1993.

Aufsätze in Zeitschriften und Sammelwerken

ALBERT, Mathias (1998): Entgrenzung und Formierung neuer politischer Räume. In: Regieren in entgrenzten Räumen/Hrsg. Beate Kohler-Koch. Politische Vierteljahresschrift, Sonderheft 29/1998 - Opladen, 39. Jhg., 1998, S. 49-77.

ANDREW, Arto (1981): Civil Society Against the State. Poland 1980-1981. In: Telos, 47 (1981), S. 23-47.

ANTE, Ulrich (1995): Grenze. In: Akademie für Raumforschung und Landesplanung Hannover. (Hrsg.): Handwörterbuch der Raumordnung - Hannover, 1995, S. 432-436.

ARGAST, Frank/FEDDERSEN, Pierre/KLOSTERMANN, Rainer (1993): Entwicklungsstudie für das deutsch-polnische Grenzgebiet. Küstrin-Kietz/Kostrzyn - Oderinsel. In: Prosp (Den Haag) 4, 1993, S. 27-32.

BACH, Maurizio (1995): Ist die europäische Einigung irreversibel? Integrationspolitik als Institutionenbildung der Europäischen Union. In: Politische Institutionen im Wandel/Hrsg. Birgitta Nedelmann u.a., Kölner Zeitschrift für Soziologie und Sozialpsychologie. Sonderhefte - Opladen, 1995, S. 368-392.

BALDAUF, Klaus (1996): Euroregion "Pro Europa Viadrina". In: Planerische und raumordnerische Betrachtung der grenzüberschreitenden Zusammenarbeit aus polnischer und deutscher Sicht - Hannover, 1996, S. 103-114 (Akademie für Raumforschung und Landesplanung Hannover: Arbeitsmaterial; 232).

ders. (1995): Euroregion "Pro Europa Viadrina". Probleme und Chancen ein Jahr nach der Gründung. In: Höhner, Dirk/Mark, Matthias (Hrsg.): Euroregionen. Chancen und Grenzen. Frankfurt (Oder), 19. Oktober 1994 - [Düsseldorf], 1995, S. 84-96 (Hans-Böckler-Stiftung: Manuskripte; 182).

ders. (1994): Współpraca partnerskich miast Frankfurt n. Odrą i Słubice/Tłumaczenie: Anzelma Kwiatkowska. In: Przegląd Zachodni 50, 1994, Nr. 2. S. 70-183. <Übers. d. Sacht.: Partnerschaftliche Zusammenarbeit zwischen den Städten Frankfurt an der Oder und Słubice>

BANASZAK, Bogusław (1995): Das Rechtssystem Polens im Wandel. In: Recht in Ost und West. Jhg. 39, Heft 6, 1995, S. 185-190.

BENZ, Arthur/AST, Susanne/FRENZEL, Albrecht (1997): Regionale Institutionenpolitik im Prozeß der Europäisierung. In: Europäische Institutionenpolitik/Hrsg. Thomas König - Frankfurt a.M., 1997, S. 219-239 (Mannheimer Jahrbuch für europäische Sozialforschung; Bd. 2).

BERTRAM, Heike (1994): Ansätze zur Bildung einer Euroregion Viadrina. In: Schamp, Eike W. (Hrsg.): Neue grenzüberschreitende Regionen im östlichen Mitteleuropa. 10. Frankfurter Wirtschaftsgeographisches Symposium 4./5. Februar 1994 - Frankfurt/Main: Selbst-Verl. des Instituts für Wirtschafts- und Sozialgeographie der Johann-Wolfgang- Goethe-Univ., 1994, S. 31-50 (Frankfurter wirtschafts- und sozialgeographische Schriften; 67).

BEYERLEIN, Ulrich (1989): Dezentrale grenzüberschreitende Zusammenarbeit als transnationales Rechtsphänomen. In: Archiv des Völkerrechtes, Bd. 27 (3/1989), S. 286-327.

ders. (1980): Grenzüberschreitende unterstaatliche Zusammenarbeit in Europa - Zum Entwurf eines europäischen Rahmenabkommens über die grenzüberschreitende Zusammenarbeit von Gebietskörperschaften. In: ZaöRV Bd. 40 (1980), S. 573 ff.

BEYME, Klaus von (1994): Die Renaissance der Integrationstheorie, Zentripetale Kräfte und funktionale Sachzwänge in der Maastricht-Runde der Europäischen Einigung. In: Volker Eichener und Helmut Voelzkow (Hrsg.): Europäische Integration und verbandliche Interessenvermittlung - Marburg, 1994, S. 27-34.

BIEBER, Roland (1997): Reformen der Institutionen und Verfahren - Amsterdam kein Meisterstück. In: Integration, 4/97, S. 236 ff.

BINGEN, Dieter (1996): Deutschland, Polen und die europäische Integration. In: Montag, Claus/Sakson, Andrzej (Hrsg.): Die deutsch-polnischen Beziehungen. Bilanz nach fünf Jahren Nachbarschaftsvertrag - Potsdam: Brandenburgische Landeszentrale für Politische Bildung, 1996, S. 11-22 (Internationale Probleme und Perspektiven; 5).

BINGEN, Dieter (1995): Rahmenbedingungen deutsch-polnischer Beziehungen nach 1991. In: Deutsch-polnisches Symposium, 22.-24. Januar 1995 in Strausberg. Dokumentation/Hrsg. Akademie der Bundeswehr für Information und Kommunikation (AIK) - Strausberg, 1995, S. 62-73.

ders. (1992): Oder-Neiße-Grenze. In: Kobylinska, Ewa u.a. (Hrsg.): Deutsche und Polen. 100 Schlüsselbegriffe - München [u.a.], 1992. S. 406-413.

ders. (1989): Systemwandel durch Evolution: Polens schwieriger Weg in die Demokratie. In: Aus Politik und Zeitgeschichte. Beilage zur Wochenzeitung das Parlament. B 23/89, 2. Juni 1989, S. 23-32.

BLOTEVOGEL, Hans-Heinrich (1996): Auf dem Wege zu einer 'Theorie der Regionalität'. Die Region als Forschungsobjekt der Geographie. In: Brunn, Gerhard (Hrsg.): Region und Regionenbildung in Europa. Konzeptionen der Forschung und empirische Befunde. Wissenschaftliche Konferenz, Siegen, 10. - 11. Oktober 1995 - Baden-Baden, 1996, S. 44-68 (Schriftenreihe des Instituts für Europäische Regionalforschungen; 1).

BLUMENWITZ, Dieter (1996): Oder-Neiße-Linie. In: Korte, Karl-Rudolf/ Weidenfeld, Werner (Hrsg.): Handbuch zur deutschen Einheit. Aktualisierte Neuausgabe - Bonn: Bundes-zentrale für Politische Bildung, 1996, S. 515-525.

ders. (1990): Staats- und völkerrechtliche Überlegungen zur Regelung der deutschpolnischen Grenze. In: Odo Ratza (Hrsg.): Deutschland und seine Nachbarn, Forum für Kultur und Politik, Heft 3.- Bonn, September 1990, S. 5 ff.

BODZIACKI, Ryszard (1992): Słubice's experience in cross-border relationships with Germany. In: Sartorius, Witold/Werner, Franciszek (Hrsg.): Prospects of economic development along the border between Poland and the European Communities in the light of U.S.-Mexican experience in cross-border co-operation. Conference in Zielona Góra, Poland on November 22-23, 1991/Związek Gmin Zachodnich w Zielonej Górze (and) Friedrich-Ebert-Stiftung - Warszawa: Friedrich-Ebert-Foundation in Poland, 1992. S. 58-59.

BOEL, Sophia van de (1994): The challenge to develop a border region. German-Polish co-operation. In: European spatial research and policy 1, 1994, V. 1. S. 57-72.

BOGDANDY, Armin von/NETTESHEIM, Martin (1996): Die Europäische Union: Ein einheitlicher Verband mit eigener Rechtsordnung. In: Europarecht, 31. Jhg. 1996, H.1, S. 3-27.

BOJAR, Ewa (1996): Euroregions in Poland. In: Tijdschrift voor economische en sociale geografie 87, 1996, Nr. 5. S. 442-447.

BORKENHAGEN, Franz U. (1992): Vom kooperierenden Föderalismus zum "Europa der Regionen". In: Aus Politik und Zeitgeschichte, B 42/92, S. 36-44.

BORYS, Tadeusz (1995): Grundlage und Erfahrung in der Praxis der polnisch-deutschen Grenzgebiete. In: Sirsch, R[udolf] W./Sielepp, Christoph (Hrsg.): Deutsch-polnische Nachbarschaft. Zusammenarbeit in der Grenzregion. Beiträge einer Tagung in der Kreubergbaude in Jauernick-Buschbach bei Görlitz, veranstaltet vom Evangelischen Bildungswerk Johann Amos Comenius in Görlitz, der Univ. Wrocław/Breslau und dem Dresdner Büro der Friedrich-Ebert-Stiftung am 7. und 8. Oktober 1994.- Frankfurt/Main: Evangelischer Pressedienst, 1995, S. 21-27 (epd-Dokumentation; 1995/10).

BOSENIUS, Udo (1981): Grenzüberschreitende Zusammenarbeit. In: Der Landkreis, 1981, S. 112 ff.

BOTH, Paul (1994): Gemeindeübergreifende Entwicklungskonzeption Frankfurt (O.) - Eisenhüttenstadt - Guben (GEK). In: Dokumente und Informationen zur schweizerischen Orts-, Regional- und Landesplanung 30, 1994, H. 119, S. 30-33.

BOTHE, Michael (1997): Rechtsprobleme grenzüberschreitender Planung. In: AÖR 102 (1997), S. 68 ff.

BRACZYK, Hans-Joachim/KRAUSS, Gerhard (1997): Neue Herausforderungen an Innovationspolitik - Konsequenzen der regionalen Transformation in Baden-Württemberg. In: Bullmann, Udo/Heinze, Rolf G.: Regionale Modernisierungspolitik. Nationale und internationale Perspektiven - Opladen, 1997, S. 219-251.

BRENCZ, Andrzej (1996): Zur Problematik kultureller Veränderungen im ländlichen Milieu der polnisch-deutschen Grenzregion. In: Lisiecki, Stanisław (Hrsg.): Die offene Grenze. Forschungsbericht polnisch-deutsche Grenzregion (1991-1993)/Übers. von Ulrich Heiße. 1. Aufl. - Potsdam: Verl. für Berlin-Brandenburg, 1996. Einheitssacht.: Otwarta granica. (Frankfurter Studien zur Grenzregion; 2) S. 117-136.

BUCHHOFER, Ekkehard (1994): Polen - Deutschland östliches Nachbarland. In: Ekkehard Buchhofer/Bronislaw Kortus (Hrsg.): Deutschland und Polen (...) - Frankfurt a. M., 1994, S. 60-65.

BUFON, Milan (1998): Border and border landscapes. A theoretical assessment. In: Heffner, Krystian/Koter, Marek (Ed.): Borderlands or transborder regions. Geographical, social and political problems.- Opole: Instytut Śląski, 1998, S. [7]-14 (Region and regionalism; 3).

BULLMANN, Udo/GOLDSMITH, Michael/PAGE, Edward C. (1997): Regieren unter dem Zentralstaat: Regionen, Kommunen und eine sich verändernde Machtbalance in Europa. In: Bullmann, Udo/Heinze, Rolf G. (Hrsg., 1997): Regionale Modernisierungspolitik. Nationale und internationale Perspektiven - Opladen, 1997, S. 77-143.

BULLMANN, Udo/EIßEL, Dieter (1993): "Europa der Regionen". Entwicklung und Perspektiven. In: Aus Politik und Zeitgeschichte, B 20-21/93, S. 3-15.

BURKHARDT, Manfred W. (1995): Grenz-Transformation. Probleme regionaler Strukturpolitik in deutsch-polnischen Grenzregionen. In: Langer, Josef/Pöllauer, Wolfgang (Hrsg.): Kleine Staaten in großer Gesellschaft. Small States in the emerging new Europe - Eisenstadt, 1995, S. [369]-388.

BÜRKNER, Hans-Joachim (1997): Euroregionen in Mitteleuropa zwischen Globalisierung und Regionalisierung. In: Die Euroregionen im Osten Deutschlands/hrsg. von Karl Eckart u.a. - Berlin, 1997, S. 101-102.

ders. (1996): Geographische Grenzraumforschung vor neuen Herausforderungen - Forschungskonzeptionen vor und nach der politischen Wende in Ostmitteleuropa. In: Bürkner, Hans-Joachim/Kowalke, Hartmut (Hrsg.): Geographische Grenzraumforschung im Wandel - Potsdam: Inst. für Geographie und Geoökologie, Abteilungen Anthropogeographie und Geoinformatik, 1996, S. 1-11 (Praxis Kultur und Sozialgeographie; 15).

CHURCH, Andrew/REID, Peter (1996): Urban Power, International Networks and Competition: The Example of Cross-border Cooperation. In: Urban Studies, Vol. 33, No. 8, 1297-1318, 1996.

CIOK, Stanisław (1992): Polska granica zachodnia. Zmiana funkcji granicy. In: Kurcz, Zbigniew (Hrsg.): Problemy społecznogospodarcze miast pogranicza polskoniemieckiego - Wrocław: Wydawn. Uniw. Wrocławskiego, 1992. (Socjologia; N.F. 6). S. 32-48. <Übers. d. Sacht.: Die polnische Westgrenze. Die Veränderung der Grenzfunktion>.

ders./ŁOBODA, Jan (1995): Probleme und Perspektiven der deutsch-polnischen Zusammenarbeit in den Grenzgebieten. In: Pfeiffer, Waldemar (Hrsg.): Wissenschaftseinrichtungen und Strukturentwicklung in der Grenzregion. Modellfall Europa-Universität Viadrina Frankfurt (Oder) - Poznań: Wydaw. Naukowe Uniw. Im. Adama Mickiewicza, 1995. S. 73-80.

dies. (1994): Beispiele polnisch-deutscher Zusammenarbeit in den grenznahen Gebieten. In: Buchhofer, Ekkehard/Kortus, Bronislaw (Hrsg.): Deutschland und Polen. Geographie einer Nachbarschaft im neuen Europa - Frankfurt/Main, 1994, S. 115-132 (Studien zur internationalen Schulbuchforschung; 81).

CZAPLIÑSKI, Władysław (1993): Die neuen polnisch-deutschen Verträge und der Wandel in der politischen Struktur Europas. In: Schade, Wulf (Hrsg.): Die Mühen der Ebene - Ein Jahr nach den Verträgen (4. Deutsch-Polnisches Gespräch) - Düsseldorf, 1993, S. 21-31.

CZUBINSKI, Antoni (1985): Die Westgrenze Polens. In: Blätter für internationale Politik 30, 1985, H. 7, S. 833-841.

DĄBROWSKI, Marek (ca. 1993): Eine grüne Brücke im Grenzgebiet. Der Park "Unteres Odertal" - ein Vorbild für Europa. Zielony most nad pograniczem. Park Doliny Dolnej Odry - wzór dla Europy. In: Brandt, Christiane/Czerwiakowski, Ewa (Hrsg.): Mit den Augen der Nachbarn. Oczami sąsiadów. Menschen – Landschaften - Verhältnisse an Oder und Neiße. Ludzie - okolice - stosunki nad Odrą i Nysą.- Potsdam: Brandenburgische Landeszentrale für politische Bildung, [ca. 1993], S. 180-206 (Schriftenreihe zur politischen Bildung; 3) <Text in dt. und poln. Sprache>.

DACHÓWNA, Regina (ca. 1993): Gubin und Guben. Grenzstädte mit vielen Gesichtern. Gubin i Guben. Miasta przygraniczne o wielu obliczach. In: Brandt, Christiane/Czerwiakowski, Ewa (Hrsg.): Mit den Augen der Nachbarn. Oczami sąsiadów. Menschen - Landschaften - Verhältnisse an Oder und Neiße. Ludzie - okolice - stosunki nad Odrą i Nysą. Potsdam: Brandenburgische Landeszentrale für politische

Bildung, [ca. 1993], S. 128-158 (Schriftenreihe zur politischen Bildung; 3) <Text in dt. und poln. Sprache>.

DAHRENDORF, Ralf (1996): Warum Europa? Nachdenkliche Anmerkungen eines skeptischen Europäers. In: Merkur, Vol. 50, Nr. 7, 1996, S. 559-578.

DASCHER, Kristof (1996): Frankfurt (Oder) – Stadt an der Peripherie? In: Nothnagle, Alan/Schultz, Helga (Hrsg.): Grenze der Hoffnung. Geschichte und Perspektiven der Grenzregion an der Oder, 1. Aufl.- Potsdam: Verl. für Berlin-Brandenburg, 1996, S. 204-221 (Frankfurter Studien zur Grenzregion; 1) <zuerst erschienen in: Europa-Universität Viadrina Frankfurt an der Oder/Fakultät für Wirtschaftswissenschaften: Arbeitsbereich 46, 1995>.

ders. (1995): Frankfurt (Oder) - zentrale Peripherie? In: Höhner, Dirk/Mark, Matthias (Hrsg.): Euroregionen. Chancen und Grenzen - Frankfurt (Oder), 19. Oktober 1994 [Düsseldorf], 1995. (Hans-Böckler-Stiftung: Manuskripte; 182). S. 8-31.

DAUERDERSTÄDT, M. (1995): Osterweiterung der EU: Lösung ohne Problem? In: Wirtschaftsdienst, 10/1995, S. 533-541.

DENDA, Wolfgang (1992): Frankfurt's experience in cross-border relations with Poland. In: Sartorius, Witold/Werner, Franciszek (Hrsg.): Prospects of economic development along the border between Poland and the European Communities in the light of U.S.-Mexican experience in cross-border co-operation. Conference in Zielona Góra, Poland on November 22-23, 1991/Związek Gmin Zachodnich w Zielonej Górze (and) Friedrich-Ebert-Stiftung - Warszawa: Friedrich-Ebert-Foundation in Poland, 1992, S. 55-57.

DEUTSCH-POLNISCHE RAUMORDNUNGSKOMMISSION, 4. Sitzung: Entschließung der deutsch-polnischen Raumordnungskommission zu den Raumordnerischen Leitbildern für den Raum entlang der deutsch-polnischen Grenze vom 24. Mai 1995. In: Deutschland (Bundesrepublik)/Bundesministerium für Raumordnung Bauwesen und Städtebau: Raumordnerische Leitbilder für den Raum entlang der deutsch-polnischen Grenze - Bonn, 1995, S. 3.

DROTH, Alf/GROSSER, Konrad (1996): Eine Kartenserie zur Euro-Region Neiße. In: Europa regional 4; 1996, H. 1. S. 15-23. <Zsfg. in engl., franz. und russ. Sprache. S. 54-56>

dies./HENKER, Stephen (1995): Karten zur Bevölkerung der Euroregion Neiße. Stand: Anfang der 90er Jahre. In: Grimm, Frank-Dieter [u.a.]: Regionen an deutschen Grenzen. Strukturwandlungen an der ehemaligen innerdeutschen Grenze und an der deutschen Ostgrenze - Leipzig: Inst. für Länderkunde, 1995, S. 92-102 (Beiträge zur regionalen Geographie; 38).

ECKERT, Marian (ca. 1993): Entwicklungsmöglichkeiten der Wirtschaft Westpolens. Możliwości rozwoju gospodarki w Polsce Zachodniej. In: Brandt, Christiane/Czerwiakowski, Ewa (Hrsg.): Mit den Augen der Nachbarn. Oczami sąsiadów. Menschen – Landschaften – Verhältnisse an Oder und Neiße. Ludzie – okolice – stosunki nad Odrą i Nysą - Potsdam: Brandenburgische Landeszentrale für politische Bildung, [ca. 1993], S. 159-176 (Schriftenreihe zur politischen Bildung; 3) <Text in dt. und poln. Sprache>.

dies. (ca. 1993): Regionale Bedingungen der grenzüberschreitenden Zusammen-arbeit und Integration in Europa am Beispiel des Mittelodergebietes. In: Eckert, Marian (Red.): Das Mittelodergebiet. środkowe Nadodrze. Probleme der Entwicklung und Zusammenarbeit mit Deutschland. Problemy rozwoju i współpracy z Niemcami. Związek Gmin Zachodnich w Zielonej Górze. Towarzystwo Naukowe Organizacji i Kierownictwa w Zielonej Górze. Zielona Góra, [ca. 1993]. S. 5-14. <Buch enthält auch poln. Fassung der Aufsatzes u. d. T.: Rola środkowego Nadodrza we współpracy z Niemcami i integracji Polski z Europą>

ECKART, Karl (1994): Wirtschaftliche Strukturen und Entwicklungen in den östlichen Grenzgebieten Deutschlands. <erschienen in zwei Teilen> 1. Teil: Gedanken zum Thema unter besonderer Berücksichtigung der deutschen Grenzkreise an Oder und Neiße. In: Zeitschrift für den Erdkundeunterricht 46, 1994, H. 1. S. 9-15. 2. Teil: In: Zeitschrift für den Erdkundeunterricht 46, 1994, H. 2. S. 47-55.

EDELMANN, Peter (1994): Die Stadt Frankfurt (Oder) und ihre Potentiale. Initiativen der Wirtschaftsförderung und Stadtentwicklung für die Revitalisierung. In: Deutsches Seminar für Städtebau im grenznahen Raum am Beispiel der Region Frankfurt/Oder. Expertenkonferenz 13. Dezember 1994. Frankfurt/Oder - Bonn: Dt. Seminar für Städtebau und Wirtschaft, 1994. S. 9-19.

ENGEL, Christian (1991): Regionen in der Europäischen Gemeinschaft: Eine integrations-politische Rollensuche. In: Integration, 1/91, S. 9-20.

ERB, G. (1994): Asymmetries in Polish-German relations. In: Debatte 2, 1994, H. 1. S. 21-33.

ERNST, Christian/ERNST, Ulrike (1994): Der deutsch-polnische Nationalpark "Unteres Odertal" - ein Projekt des grenzüberschreitenden Naturschutzes. In: Buchhofer, Ekkehard/Kortus, Bronislaw (Hrsg.): Deutschland und Polen. Geographie einer Nachbarschaft im neuen Europa - Frankfurt/Main, 1994. (Studien zur internationalen Schulbuchforschung; 81). S. 175-188. <Zsfg. S. 196-197>

dies. (1992): Das Projekt Nationalpark im Odertal. Ein grünes Band, das Polen und Deutschland miteinander versöhnen soll. In: Praxis Geographie 22, 1992, H. 4. S. 53 ff.

ESTERBAUER, Fried (1991): Regionalisierung und Föderalisierung Europas - aktuelle Perspektiven. In: Esterbauer, Fried: Europäischer Regionalismus am Wendepunkt: Bilanz und Ausblick - Wien, 1991, S. 169-181.

ders. (1978): Grundzüge der Formen und Funktionen regionaler Gliederung in politischen Systemen. In: Esterbauer, Fried (Hrsg.): Regionalismus - Phänomen, Planungsmittel, Herausforderung für Europa - Wien, 1978, S. 43 ff.

FASSMANN, Heinz (1997): Regionale Transformationsforschung. Theoretische Begründung und empirische Beispiele. In: Alois Mayr: Regionale Transformationsprozesse in Europa. Institut für Länderkunde Leipzig - Leipzig, 1977, S. 30-44.

FICK, Karl E. (1993): Deutschlands Grenzen und Grenzräume in geographischer Sicht - Grundzüge ihrer Genese und Funktionswandlungen in Vergangenheit und Gegenwart. In: Ladwig, Rolf (Hrsg.): Liber Amicorum Günter Niemz. Internationale Beiträge zur geographischen Fachdidaktik und zur Regionalgeographie. Frankfurt/Main: Inst. für Didaktik der Geographie, 1993, S. 165-185 (Frankfurter Beiträge zur Didaktik der Geographie; 12).

FOKS, Robert (1995): Chancen und Barrieren polnisch-deutscher Zusammenarbeit in den Grenzgebieten. In: Sirsch, R. W./Sielepp, Christoph (Hrsg.): Deutsch-polnische Nachbarschaft. Zusammenarbeit in der Grenzregion. Beiträge einer Tagung in der Kreubergbaude in Jauernick-Buschbach bei Görlitz, veranstaltet vom Evangelischen Bildungswerk Johann Amos Comenius in Görlitz, der Univ. Wroclaw/Breslau und dem Dresdner Büro der Friedrich-Ebert-Stiftung am 7. und 8. Oktober 1994 - Frankfurt/Main: Evangelischer Pressedienst; 1995. (epd-Dokumentation; 1995/10). S. 31-37.

FÖRSTER, Horst (1996): Grenzübergreifende Zusammenarbeit - das Fallbeispiel "Euroregion Neiße". In: Aura, 1996, H. 4, S. 32-34 : Ill. <Text in dt. und poln. Sprache>

ders. (1994): Möglichkeiten grenzübergreifender Kooperation. Das Beispiel Euroregion Neiße. In: Brezinski, Horst (Hrsg.): Regionalismus im Transformationsprozeß Ostmitteleuropas. Marburg/L.: Herder-Inst., 1994. (Wirtschafts- und sozialwissenschaftliche Ostmitteleuropa-Studien; 19). S. 47-64. <u. d. T.: Möglichkeiten grenzüberschreitender Kooperation - das Beispiel der "Euroregion Neiße" auch erschienen in: Buchhofer, Ekkehard/Kortus, Bronislaw (Hrsg.): Deutschland und Polen. Geogra-

phie einer Nachbarschaft im neuen Europa. Frankfurt/Main, 1994. (Studien zur internationalen Schulbuchforschung; 81). S. 133-153 + Zsfg. S. 194-195.>

FRANK, Friedhelm (1994): Arbeiten und Wohnen in der Grenzregion. Anregungen zur Arbeit mit dem FWU-Film "Industriestandort Schwedt - Petrochemie an der Oder". In: Geographie heute 15, 1994, H. 121. S. 40-43.

FREUDENSTEIN, Roland (1993): Polen 1993: Licht am Ende des Tunnels? In: Europa-Archiv, Jhg. 48, Heft 12, 1993, S. 361-368.

FRÖHLICH, Stefan (1997): Verfassungsreformprozesse in Mittel- und Osteuropa. Typologien des modernen Verfassungsstaates. In: Internationale Politik, 5/1997, Nr. 5, 52. Jahr, S. 25-30.

FROMHOLD-EISEBITH, Martina (1995): Das "kreative Milieu" als Motor regionalwirtschaftlicher Entwicklung. Forschungstrends und Erfassungsmöglichkeiten. In: Geographische Zeitschrift 83, 1995, H. 1, S. [30]-47.

FUNCK, R. H./KOWALSKI, J. S. (1993): Transnational networks and co-operation in the new Europe. Experiences and prospects in the Upper Rhine Area and recommendations for Eastern Europe. In: Batey, P. W. J./Cappellin, R. (Ed.): Regional networks, border regions and European integration. London, 1993, S. 205-214 (European research in regional science; 3).

FÜRST, Dietrich/HESSE, Joachim Jens (1996): Steuerungspotentiale des Ausschusses der Regionen gegenüber ausgewählten Fachpolitiken: Thesen aus deutscher Sicht. In: Regionen in Europa = Regions in Europe. Régions en Europe. Bd. 2: Das regionale Potential. The regional potential/Hrsg. Jochim Hesse - Baden-Baden, 1996, S. 11-57.

ders. (1992): Regionen in Europa - Herausforderungen für die kommunale Zusammenarbeit. In: Staat und Demokratie in Europa. 18. wissenschaftlicher Kongreß der Deutschen Vereinigung für Politische Wissenschaft/Hrsg. Beate Kohler-Koch - Opladen, 1992, S. 313-325.

GABBE, Jens (1997): Die EU baut Brücken über Grenzen hinweg. Die Gemeinschaftsinitiative Interreg. In: LACE Magazin, 12/1997, S. 3-5.

ders. (1992): Institutionelle Aspekte der grenzüberschreitenden Zusammenarbeit. In: Grenzübergreifende Raumplanung. Erfahrungen und Perspektiven der Zusammenarbeit mit den Nachbarstaaten Deutschlands - Hannover: Akademie für Raumforschung und Landesplanung, 1992, S. 174-187 (Forschungs- und Sitzungsberichte der Akademie für Raumforschung und Landesplanung; 188).

ders. (1992): EUREGIO - Regionale grenzüberschreitende Zusammenarbeit an der Basis. In: Grenzübergreifende Raumplanung. Erfahrungen und Perspektiven der Zusammenarbeit mit den Nachbarstaaten Deutschlands - Hannover: Akademie für Raumforschung und Landesplanung, 1992 (Forschungs- und Sitzungsberichte der Akademie für Raumforschung und Landesplanung; 188), S. 187-209.

GERDES, Dirk (1987): Regionalismus in Westeuropa. Wie die Wissenschaft mit der Wirklichkeit Schritt zu halten versucht. In: Gerdes, Dirk/Sturm, Roland/Timmermann, Heiner: Regionen und Regionalismus in Westeuropa - Stuttgart u.a., 1987, S. 9-21.

GIERING, Claus (1997): Vertiefung durch Differenzierung - Flexibilisierungskonzepte in der aktuellen Reformdebatte. In: Integration, 20. Jhg., 2/97, S. 72-83.

GRAUBNER, Ines (1996): Träger für die grenzüberschreitende Zusammenarbeit. In: Institut für Stadtentwicklung und Wohnen des Landes Brandenburg (Hrsg.): Beiträge zu Stadtentwicklung und Wohnen im Land Brandenburg. Stadtentwicklung im Grenzraum Brandenburg - Polen - Potsdam, 1996, S. 34-57 (Institut für Stadtentwicklung und Wohnen des Landes Brandenburg: Schriftenreihe; 3).

dies./GREISER, Brunhild (1996): Situation und Rahmenbedingungen für die grenzübergreifende Zusammenarbeit. In: Institut für Stadtentwicklung und Wohnen des Landes Brandenburg (Hrsg.): Beiträge zu Stadtentwicklung und Wohnen im Land Brandenburg. Stadtentwicklung im Grenzraum Brandenburg - Polen - Potsdam, 1996, S. 7-22 (Institut für Stadtentwicklung und Wohnen des Landes Brandenburg: Schriftenreihe; 3).

dies./SCHULTZ, Christine (1996): Städte im Grenzraum. Institut für Stadtentwicklung und Wohnen des Landes Brandenburg (Hrsg.): Beiträge zu Stadtentwicklung und Wohnen im Land Brandenburg. Stadtentwicklung im Grenzraum Brandenburg - Polen - Potsdam, 1996, S. 23-33 (Institut für Stadtentwicklung und Wohnen des Landes Brandenburg: Schriftenreihe; 3).

GREISER, B. (1994): Städtekooperation im deutsch-polnischen Grenzraum am Beispiel des "Räumlichen Strukturkonzeptes Frankfurt (Oder) - Słubice". Frankfurt/O.: Inst. für Stadtentwicklung und Wohnen, Brandenburg, 1994.

GRIMM, Frank-Dieter (1997): Grenzen und Grenzregionen im mittleren und östlichen Europa. In: Mayr, Alois (Hrsg.): Regionale Transformationsprozesse in Europa. Festveranstaltung und Tagung anläßlich der 100-Jahrfeier des Inst. für Länderkunde und Jahrestagung der Deutschen Akademie für Landeskunde - Leipzig: Inst. für Länderkunde, 1997. (Beiträge zur regionalen Geographie; 44). S. 79-90. <Zsfg. in engl., franz. und russ. Sprache, S. 88-90>

ders. (1996): Diskrepanzen und Verbundenheiten zwischen den deutschen, polnischen und tschechischen Grenzregionen an der Lausitzer Neiße ("Euroregion Neiße"). In: Europa regional 4, 1996, H. 1. S. 1-14. <Zsfg. in engl., franz. und russ. Sprache, S. 54-56>

ders. (1993): Entwicklungsprobleme an der deutschen Ostgrenze am Beispiel der deutsch-polnischen-tschechischen Grenzregion. In: Raumforschung und Raumordnung 51, 1993, H. 1, S. 52-55.

ders. (1994): Veränderte Grenzen und Grenzregionen, veränderte Grenzbewertungen in Deutschland und Europa. In: Grimm, Frank-Dieter [u.a.]: Regionen an deutschen Grenzen. Strukturwandlungen an der ehemaligen innerdeutschen Grenze und an der deutschen Ostgrenze - Leipzig: Inst. für Länderkunde, 1994, S. 1-16 (Beiträge zur regionalen Geographie; 38).

ders./TAEGE, Günther/WEIGEL, Oliver (1994): Bewertung der Siedlungsstruktur im deutsch-polnischen Grenzraum. In: Roch, Isolde (Hrsg.): Umweltverträgliche Regionalentwicklung bei besonderer Berücksichtigung der Grenzräume. 2. IÖR-Symposium am 25./26. Oktober 1993 in Dresden - Dresden: Inst. für ökologische Raumentwicklung, 1994, S. 126-130 (IÖR-Schriften; 9).

ders./WEIGEL, Oliver (1995): Siedlungsstruktur und Zentrensysteme westlich von Oder und Neiße. Historischer Hintergrund und Entwicklungstrends. In: Grimm, Frank-Dieter [u.a.]: Regionen an deutschen Grenzen. Strukturwandlungen an der ehemaligen innerdeutschen Grenze und an der deutschen Ostgrenze - Leipzig: Inst. für Länderkunde, 1995. (Beiträge zur regionalen Geographie; 38), S. 73-91.

GROCHOCKA, Anna (1990): Polen: leidvolle Geschichte und 500 km gemeinsame Grenze - welche Erwartungen an eine Zukunft in Europa? In: Politik und Kultur, Jhg. 17, Heft 6/1990, S. 44-51.

GRUCHMAN, Bohdan/WALK, Frank (1996): Tansboundary co-operation in the Polish-German border region. In: Scott, James (Ed.): Border regions in functional transition. European and North American perspectives on transboundary interaction - Berlin: Inst. für Raumentwicklung und Strukturplanung, 1996, S. 129-138 (Regio; 9).

GRUDZINSKI, Przemysław (1997): Polen und Rußland. Polnische Befürchtungen und Erwartungen. In: Internationale Politik, 52. Jahr, Nr. 1/1997, S. 46-52.

GUÉRIN-SENDELBACH, Valérie/RULKOWSKI, Jacek (1994): "Euro-Trio" Frankreich-Deutschland-Polen. In: Aussenpolitik, Jhg. 45, 3. Quartal 1994, 11/1994, S. 246-253.

HAAS, Ernst B. (1976): Turbulent Fields and the Theory of Regional Integration. In: International Organization, 13/1976, S. 173-212.

HAEDRICH, Rainer (1992): Pomerania. Chancen und Probleme einer künftigen deutsch-polnischen Euroregion. In: Stadt und Gemeinde 47, 1992, H. 3. S. 101-103.

HAHN, Hans Henning (1996): Deutschland und Polen in Europa. Überlegungen zur Interdependenz zweier nationaler Fragen im 19. Jahrhundert. In: Hahn, Hans Henning [u.a.]: Polen und Deutschland. Nachbarn in Europa/hrsg. von der Niedersächsischen Landeszentrale für Politische Bildung. 2., aktualisierte Aufl. Hannover: Landeszentrale für Politische Bildung, 1996. S. 4-16.

HANF, Kenneth (1978): Introduction. In: Kenneth Hanf/Fritz W. Scharpf (Hrsg.): Interorganizational Policy Making, Limits to Coordination and Central Control - London, 1978, S. 1-15.

HANSEN, Niles (1983): International Cooperation in Border Regions: An Overview and Research Agenda. In: International Regional Science Review, Vol. 8, No. 3, pp. 255-70, 1983.

HEEG, Susanne/KRÄTKE, Stefan/STEIN, Rolf (1997): Regionen im Umbruch. Probleme der Regionalentwicklung an den Grenzen zwischen "Ost" und "West" - Frankfurt/Main, 1997.

HEINRICH, Peter (1994): Probleme der grenzüberschreitenden Regionalplanung an der EG-Außengrenze am Beispiel der sächsischen Planungsregion Oberlausitz-Niederschlesien. In: Regionalplanertagung Sachsen - Hannover: Akademie für Raumordnung und Landesplanung, 1994, S. 143-151 (Akademie für Raumordnung und Landesplanung <Hannover>: Arbeitsmaterial; 205).

HEINZE, Rolf G./HILBERT, Josef/POTRATZ, Wolfgang/SCHARFENORTH, Karin (1997): Innovative Standortpolitik auf Länderebene - das Beispiel Nordrhein-Westfalen. In: Bullmann, Udo/Heinze, Rolf G.: Regionale Modernisierungspolitik. Nationale und internationale Perspektiven - Opladen, 1997, S. 251-269.

ders./VOELZKOW, Helmut (1990): Subsidiarität und Binnenmarktintegration. Konzeptionelle Überlegungen zur europäischen Regionalpolitik. In: Die Kraft der Region. Nordrhein-Westfalen in Europa/Hrsg. Ulrich von Aleman u.a. - Düsseldorf, 1990, S. 252-385.

HEISE, Peter (1995): Erfahrungsbericht der Euroregion "Pomerania". In: Höhner, Dirk/Mark, Matthias (Hrsg.): Euroregionen. Chancen und Grenzen. Frankfurt (Oder),

19. Oktober 1994. [Düsseldorf], 1995, S. 97-107 (Hans-Böckler-Stiftung: Manuskripte; 182).

HELLER, Wilfried (1993): Politische Grenzen und Grenzräume aus anthropologischer Sicht. Mit einem schematischen Überblick. In: Weisbrod, Bernd (Hrsg.): Grenzland. Beiträge zur Geschichte der deutsch-deutschen Grenze/hrsg. vom Arbeitskreis Geschichte des Landes Niedersachsen (nach 1945).- Hannover 1993, S.173-194 (Veröffentlichung der historischen Kommission für Niedersachsen und Bremen; 38).

HENNES, Michael (1996): Die Reflexionsgruppe der Europäischen Union. In: Außenpolitik, Jhg. 47, H. 1 1996, S. 33-42.

HENNING, Ruth (1995): Chancen und Barrieren deutsch-polnischer Zusammenarbeit in der Grenzregion. In: Sirsch, R[udolf] W./Sielepp, Christoph (Hrsg.): Deutsch-polnische Nachbarschaft. Zusammenarbeit in der Grenzregion. Beiträge einer Tagung in der Kreubergbaude in Jauernick-Buschbach bei Görlitz, veranstaltet vom Evangelischen Bildungswerk Johann Amos Comenius in Görlitz, der Univ. Wroclaw/Breslau und dem Dresdner Büro der Friedrich-Ebert-Stiftung am 7. und 8. Oktober 1994. Frankfurt/Main: Evangelischer Pressedienst; 1995, S. 38-46 (epd-Dokumentation; 1995/10).

HENTSCHEL, Ehrenfried (1993): Grenzübergreifende Kooperation an den EG-Außengrenzen - Stand und Probleme. In: Internationale Wissenschaftliche Vereinigung Weltwirtschaft und Weltpolitik: FIWW-Berichte 1993, Nr. 7, Februar. S. 48-59.

HERBERG, Helga (1997): Polen: Erfolge der Schocktherapie und ungelöste Strukturprobleme. In: Transformation des Wirtschaftssystems in den mittel- und osteuropäischen Ländern: Außenwirtschaftliche Bedingungen und Auswirkungen/Dieter Schumacher (u.a.) - Berlin, 1997, S. 88-152 (Deutsches Institut für Wirtschaftsforschung; Sonderheft 161/1997).

HÉRITIER, Adrienne (1993): Einleitung. Policy-Anlayse. Elemente der Kritik und Perspektiven der Neuorientierung. In: Policy-Analyse. Kritik und Neuorientierung/ Hrsg. Adrienne Héritier. Politische Vierteljahresschrift. Sonderheft 24/1993 - Opladen, 1993, S. 9-39.

HÉRITIER, Adrienne (1993): Policy-Netzwerkerkanalyse als Untersuchungsinstrument im europäischen Kontext: Folgerungen aus einer empirischen Studie regulativer Politik. In: Policy-Analyse. Kritik und Neuorientierung/Hrsg. Adrienne Héritier. Politische Vierteljahresschrift. Sonderheft 24/1993 - Opladen, 1993, S. 432-447.

HESSE, Jens (1996): Steuerungspotentiale des Ausschusses der Regionen gegenüber ausgewählten Fachpolitiken: Thesen aus deutscher Sicht. In: Regionen in Europa =

Regions in Europe. Régions en Europe. Bd. 2: Das regionale Potential. The regional potential/Hrsg. Jochim Hesse - Baden-Baden, 1996, S. 11-57.

HILLESHEIM, Dieter [u.a.] (1992): Die deutschen und polnischen Regionen im Vergleich – unter besonderer Berücksichtigung der Grenzräume. In: Räumliche Folgen des politischen und gesellschaftlichen Strukturwandels in Osteuropa - Bonn: Bundesforschungsanstalt für Landeskunde und Raumordnung, 1992, S. 97-107 (Materialien zur Raumordnung; 49).

HILPERT, Ulrich/THIERSE, Wolfgang (1997): Deindustrialisierung in den Neuen Bundesländern und Probleme bei der innovativen Restrukturierung. In: Bullmann, Udo/Heinze, Rolf G.: Regionale Modernisierungspolitik. Nationale und internationale Perspektiven - Opladen, 1997, S. 299-317.

HOCKING, Brian (1996): Bridging Boundaries: Creating Linkages. Non-Central Governments and Multilayered Policy Environments. In: Regionen in Westeuropa. Regionale Akteure im Netzwerk. WeltTrends. Internationale Politik und vergleichende Studien - Potsdam u.a., 11 (Juni 1996), S. 36-52.

HOLTBRÜGGE, Dirk (1996): Ökonomische Voraussetzungen und Folgen einer Osterweiterung der Europäischen Union. In: Osteuropa, 1996, Vol. 46, Nr. 6, S. 544.

HRBEK, Rudolf (1998): Die Auswirkungen der EU-Integration auf den Föderalismus in Deutschland. In: Regionen in der Europäischen Union: Beiträge zur Debatte/Hrsg. Raimund Krämer - Berlin, 1998, S. 224-242 (Reihe Potsdamer Textbücher; 1).

ders. (1993/94): Der Ausschuß der Regionen. In: Jahrbuch der Europäischen Integration 1993/94, S. 105-110.

ders. (1993): Die Rolle der EG beim Aufbau einer gesamteuropäischen Ordnung. In: Cord Jacobeit (Hrsg.): Gesamteuropa. Analysen, Probleme und Entwicklungsperspektiven - Opladen, 1993, S. 586 ff.

ders. (1991/92): Die Regionen in Europa. In: Weidenfeld, Werner/Wessels, Wolfgang (Hrsg.): Jahrbuch der Europäischen Integration 1991/92 - Bonn, 1992, S. 282-289.

HUBER, Stefan (1991): EG-Regionalpolitik auf dem Weg zum Regionalismus? In: Esterbauer, Fried: Europäischer Regionalismus am Wendepunkt: Bilanz und Ausblick - Wien, 1991, S. 161-169.

HÜBLER, Karl-Hermann (1994): Methodische und inhaltliche Anforderungen an eine ökologisch orientierte räumlich grenzüberschreitende Entwicklungspolitik im Grenzraum Polen - Deutschland. In: Materialien zu den räumlichen Entwicklungen in

Europa aus polnischer und deutscher Sicht - Hannover: Akademie für Raumforschung und Landesplanung, 1994, S. 231-243 (Akademie für Raumforschung und Landesplanung <Hannover>: Arbeitsmaterial; 201).

IPSEN, Knut (1994): Die VIADRINA. Wiedergründung einer alten Hochschule als Europa-Universität in Frankfurt/Oder. In: Das Hochschulmagazin 42, 1994, Nr. 3. S. 125-128.

IRMEN, Eleonore/SCHMIDT, V. (1992): Die deutschen und polnischen Regionen im Vergleich - unter besonderer Berücksichtigung der Grenzräume. In: Bundesforschungsanstalt für Landeskunde und Raumordnung (Hrsg.): Strukturwandel in Osteuropa. Räumliche Folgen des politischen und gesellschaftlichen Strukturwandels in Osteuropa - Bonn: Bundesforschungsanstalt für Landeskunde und Raumordnung, 1992, S. 97-107.

JAHN, Egbert (1996): Osteuropäische Staaten und ihre Integration ins gesamteuropäische Mehrebenensystem. In: Das europäische Mehrebenensystem/Hrsg. König, Thomas/Rieger, Elmar/Schmitt, Hermann - Frankfurt a. M., 1996, S. 46-70.

JACHTENFUCHS, Markus/KOHLER-KOCH, Beate (1996): Regieren im dynamischen Mehrebenensystem. In: dies. (Hrsg.): Europäische Integration - Opladen 1996, S. 15-44.

JAKUBIEC, Jacek (1995): Erfahrungsbericht der Euroregion "Neiße - Nisa - Nysa". In: Höhner, Dirk; Mark, Matthias (Hrsg.): Euroregionen. Chancen und Grenzen. Frankfurt (Oder), 19. Oktober 1994. - [Düsseldorf], 1995, S. 108-113 (Hans-Böckler-Stiftung: Manuskripte; 182).

JEFFREY, Charlie/COLLINS, Stephen (1998): Zwischen Apple-Pie und Interessenspolitik: Die deutschen Länder und die EU-Osterweiterung. In: Regionen in der Europäischen Union: Beiträge zur Debatte/Hrsg. Raimund Krämer - Berlin, 1998, S. 242-260 (Reihe Potsdamer Textbücher; 1).

JUCHLER, Jakob (1997): Politische Polarisierung in Polen. Zur Entwicklung seit den Präsidentenwahlen. In: Osteuropa. Zeitschrift für Gegenwartsfragen des Ostens. 47. Jhg., Heft 4/1997, S. 315-327.

KACZMAREK, Tomasz (1996): Zmieność struktur terytorialno-administracyjnych na obszarze przygranicznym. In: Chojnicki, Zbyszko/Stryjakiewicz, Tadeusz (Hrsg.): Problemy współpracy regionalnej w polsko-niemieckim obszarze przygranicznym - Warszawa: Polska Akademia Nauk, Komitet Przestrzennego Zagospodarowania Kraju, 1996. (KPZK PAN Biuletyn; 171). S. 33-[42]. <Zsfg. in engl. Sprache u.d.T.: Changes in the territorial-administrative structures in the border region. S. 42>

KADE, A. (1996): Stand und Entwicklungsperspektiven der grenzübergreifenden Zusammenarbeit aus studentischer Sicht. In: Stredlisko pro koordinaci výkumu na vysokých skolách v Euroregionu Nisa (Hrsg.): Vedecká pojednání. II. 1. Liberec, 1996. S. 128-133. <Zsfg. in engl., poln. und tschech. Sprache, S. 133>

KAISER, Hermann Jozef (1997): "Mustergärten Europas"? Die Arbeit der Euregios - Erfolge und offene Probleme. In: Zeitschrift zur politischen Bildung - Eichholz Brief 34 (1997), H. 1, S. 65-72.

KEATING, Michael (1997): Politische Ökonomie des Regionalismus. In: Bullmann, Udo/Heinze, Rolf G.: Regionale Modernisierungspolitik. Nationale und internationale Perspektiven - Opladen, 1997, S. 77-109.

KENNARD, Ann (1996): Die deutsch-polnische Grenzkooperation. Auswirkungen und Entwicklungsziele im Vergleich zu anderen europäischen Grenzräumen. In: Roch, Isolde (Hrsg.): Umweltverträgliche regionale Entwicklungen im Grenzraum und im ländlichen Raum. 4. IÖR-Symposium am 11./12. September 1995 in Görlitz - Dresden: Inst. für ökologische Raumentwicklung, 1996. (IÖR-Schriften; 19). S. 51-55.

dies. (1996): Issues of identity in the Polish-German border region - In: Journal of area studies 1996, Nr. 8. - S. 106-119.

dies. (1995): The German-Polish border as a model for East-West European regional integration. Transborder co-operation on the Oder-Neisse line. In: German politics 1995, Nr. 4. S. 141-149.

KEßLER, Uwe (1996): Symbol für Abgrenzung und Brückenschlag. Die Oder-Neiße-Linie seit dem Zweiten Weltkrieg. Grenzübergreifende Projekte an Oder und Neiße. In: Haus der Geschichte der Bundesrepublik Deutschland <Bonn> (Hrsg.): Annäherungen. Deutsche und Polen 1945-1995. Begleitbuch zur Ausstellung im Haus der Geschichte der Bundesrepublik Deutschland, Bonn 7. März bis 5. Mai 1996. Sonderauflage für die Bundeszentrale für Politische Bildung - Düsseldorf, 1996, S. 156-163.

KIRKOW, Peter (1995): Regionale Besonderheiten systemischer Transformation in Rußland, Polen und Bulgarien. Eine Dreiländerstudie. In: Osteuropa. Jhg. 45, Heft 2, 1995, S. 120-133.

KLODZINSKI, Marek (1992): Wirtschaftliche Entwicklung der Grenzregionen und deutsch-polnischen Zusammenarbeit – Möglichkeiten und Richtungen. In: Klodzinski, Marek/Okuniewski, Józef (Hrsg.): Multifunktionelle Entwicklung der ländlichen Räume in den Grenzgebieten. Polnisch-Deutsche Regionenkonferenz in Myslibórz, 22. Oktober 1992/Inst. für Entwicklung des Landes und der Landwirtschaft der Polnischen Akademie der Wissenschaften (IRWiR PAN) [und] Friedrich-Ebert-Stiftung [Niederlassung Polen].- Warschau: Verl. SGGW, [1992]. S. 15-20.

KNOEPFEL, Peter/KISLING-NÄF, Ingrid (1993): Transformation öffentlicher Politiken durch Verräumlichung - Betrachtungen zum gewandelten Verhältnis zwischen Raum und Politik. In: Policy-Analyse. Kritik und Neuorientierung/Hrsg. Adrienne Héritier. Politische Vierteljahresschrift. Sonderheft 24/1993 - Opladen, 1993, S. 267-289.

KOCH, Dietrich [u. a.] (1996): Beispiele für die grenzüberschreitende Zusammenarbeit. In: Institut für Stadtentwicklung und Wohnen des Landes Brandenburg (Hrsg.): Beiträge zu Stadtentwicklung und Wohnen im Land Brandenburg. Stadtentwicklung im Grenzraum Brandenburg - Polen - Potsdam, 1996, S. 58-88 (Institut für Stadtentwicklung und Wohnen des Landes Brandenburg: Schriftenreihe; 3).

KOCIUBIńSKI, Krzysztof (1998): Euroregions on the Oder-Lausitsia Neisse border in the rebirth process of regional identity of societies. In: Heffner, Krystian/Koter, Marek (Ed.): Borderlands or transborder regions. Geographical, social and political problems - Opole: Instytut œl'ski, 1998, S. [241]-243 (Region and regionalism; 3).

KOHL, Helmut (1991): Erklärung des Bundeskanzlers Kohl bei der Unterzeichnung des deutsch-polnischen Nachbarschaftsvertrages am 17.06.1991, Bulletin Nr. 68 vom 18.06.1991, S. 551.

ders. (1990): Regierungserklärung vor dem Deutschen Bundestag am 15. November 1990. In: Presse- und Informationsamt der Bundesregierung (Hrsg.), Bulletin Nr. 13, Bonn, 16. 11.1990, S. 1390.

KOHLER-KOCH, Beate (1998): Einleitung. Effizienz und Demokratie: Probleme des Regierens in entgrenzten Räumen. In: Regieren in entgrenzten Räumen/Hrsg. Beate Kohler-Koch. Politische Vierteljahresschrift, Sonderheft 29/1998, Opladen, 39. Jhg., 1998, S. 11-29.

dies. (1998): Regionen im Mehrebenensystem der EU. In: Das europäische Mehrebenensystem/Hrsg. König, Thomas/Rieger, Elmar/Schmitt, Hermann - Frankfurt a. M., 1996, S. 203-228.

dies. (1998): Europäisierung der Regionen: Institutioneller Wandel als sozialer Prozeß. In: Kohler-Koch, Beate: Interaktive Politik in Europa. Regionen im Netzwerk der Integration - Opladen, 1998, S. 13-30.

dies. (1998): Regionale Leistungskraft und regionale Nutzenbilanz. In: Kohler-Koch, Beate: Interaktive Politik in Europa. Regionen im Netzwerk der Integration - Opladen, 1998, S. 125-147.

dies. (1996): Regionen als Handlungseinheiten in der europäischen Politik. In: Regionen in Westeuropa. Regionale Akteure im Netzwerk. WeltTrends. Internationale Politik und vergleichende Studien - Potsdam u.a., 11 (Juni 1996), S. 7-36.

dies. (1994): Die Zukunft der Staaten und Regionen in der EG. In: Universität Mannheim (Hrsg.): Baden-Württemberg-Kolloquiums 1993 "Europa der Regionen - Modell für eine europäische Föderation", 15.-18. Februar 1993, (Tagungsband) - Mannheim, 1994, S. 39-57.

dies. (1992): Interessen und Integration. Die Rolle organisierter Interessen im westeuropäischen Integrationsprozeß. In: M. Kreile (Hrsg.): Die Integration Europas, Politische Vierteljahresschrift 23, 1992, S. 81-119.

dies. (1992): Optionen deutscher Politik in einer veränderten internationalen Umwelt. In: Staat und Demokratie in Europa. 18. wissenschaftlicher Kongreß der Deutschen Vereinigung für Politische Wissenschaft Hrsg. Beate Kohler-Koch - Opladen, 1992, S. 47-71.

dies./EDLER, Jakob (1998): Ideendiskurs und Vergemeinschaftung: Erschließung transnationaler Räume durch europäisches Regieren. In: *Regieren in entgrenzten Räumen*/Hrsg. Beate Kohler-Koch. Politische Vierteljahresschrift, Sonderheft 29/1998, Opladen, 39. Jhg., 1998, S. 169-207.

KOLBLOOM, Ingo (1996): Deutschland-Frankreich-Polen. Das Weimarer Dreieck: Lust oder Frust zu Dritt? In: Dokumente, 1996. Jhg. 53, S. 21-30.

KOMLOSY, Andrea (1995): Räume und Grenzen. Zum Wandel von Raum, Politik und Ökonomie vor dem Hintergrund moderner Staatenbildung und weltwirtschaftlicher Globalisierung. In: Zeitgeschichte 22, 1995, H. 11/12. S. 385-404.

KOMORNICKI, Tomasz (1996): Ruch graniczny między Polską i Niemcami - analiza sytuacji na przejściach granicznych w trzy lata po pełnym otwarciu granicy. In: Przegląd geograficzny 68, 1996, z. 1-2. S. 57-65. <Zsfg. in engl. Sprache u.d.T.: The border traffic between Poland and Germany - an analysis of the situation on the border passages three years after complete border opening, S. 64-65>

ders. (1996): Trans-frontier traffic between Poland and Germany - a study of the situation at frontier crossing points three years after the full opening of the border. In: Planerische und raumordnungsrechtliche Betrachtungen der grenzüberschreitenden

Zusammenarbeit aus polnischer und deutscher Sicht - Hannover: Akademie für Raumforschung und Landesplanung, 1996, S. 144-155 (Akademie für Raumforschung und Landesplanung <Hannover>: Arbeitsmaterial; 232).

ders. (1994): Passenger traffic on the German-Polish border stations, and on the other polish borders. analysis of changes in 1980-1991. In: Materialien zu den räumlichen Entwicklungen in Europa aus polnischer und deutscher Sicht - Hannover: Akademie für Raumforschung und Landesplanung, 1994. (Akademie für Raumforschung und Landesplanung <Hannover>: Arbeitsmaterial; 201). S. 180-188.

ders./MIROS, Krzysztof (1997): Polsko-niemieckie transgraniczne powiazania społeczno-gospodarcze wzdłuż drogi europejskiej E 40. In: Przegląd geograficzny 69, 1997, H. 3/4. S. 285-299. <Zsfg. in engl. Sprache u.d.T.: Polish-German social and economic trans-frontier connections alongside the European highway E 40, S. 299>

KORTUS, Bronisław (1994, u.a.): Systembedingte Wandlungsprozesse in Polen. In: Deutschland und Polen/Hrsg. Ekkehard Buchhofer u.a. - Frankfurt a. M., 1994, S. 15-37.

KOTER, Marek (1998): Frontier peoples - origin and classification. In: Heffner, Krystian/Koter, Marek (Hrsg.): Borderlands or transborder regions. Geographical, social and political problems - Opole: Instytut śląski, 1998, S. 28-38 (Region and regionalism; 3).

ders. (1994): Transborder "Euroregions" round Polish border zones as an example of a new form of political coexistence. In: Gallusser, Werner A. (Hrsg.): Political boundaries and coexistence. Proceedings of the IGU-Symposium Basle/Switzerland, 24-27 May 1994 - Berne, 1994. S. 77-87.

KOWALKE, Hartmut (1996): Themen und Perspektiven der "neuen" Grenzraumforschung. In: H. H. Bürkner (Hrsg.): Geographische Grenzraumforschung im Wandel, Universität Potsdam, 1996, S. 77-82.

ders. (1996): Euroregion Nysa - szanse restrukturalizacji w międzynarodowym trójkącie: Saksonia - Dolny śląsk - Połnocne Czechy. In: Chojnicki, Zbyszko/Stryjakiewicz, Tadeusz (Hrsg.): Problemy współpracy regionalnej w polsko-niemieckim obszarze przygranicznym - Warszawa: Polska Akademia Nauk, Komitet Przestrzennego Zagospodarowania Kraju, 1996. - (KPZK PAN Biuletyn, 171). S. 59-72. Zsfg. in engl. Sprache u.d.T.: The Nysa/Neisse Euroregion - chances of the restructuring of the international triangle of Saxony - Lower Silesia - Northern Bohemia, S. 72>

ders. (1995): Die Euroregion Neiße - Chancen für die Umstrukturierung im Dreiländereck Sachsen-Schlesien-Böhmen. In: Schamp, Eike W. (Hrsg.): Neue grenzüberschreitende Regionen im östlichen Mitteleuropa. 10. Frankfurter Wirtschaftsgeographisches Symposium 4./5. Februar 1994 - Frankfurt/Main: Selbst-Verl. des Inst. für Wirtschafts- und Sozialgeographie der Johann-Wolfgang-Goethe-Univ., 1995, S. 75-90 (Frankfurter wirtschafts- und sozialgeographische Schriften; 67).

KRÄMER, Raimund (1998): Regionen als internationale Akteure - Eine Vorverständigung. In: Regionen in der Europäischen Union: Beiträge zur Debatte/Hrsg. Raimund Krämer - Berlin, 1998, S. 11-26 (Reihe Potsdamer Textbücher; 1).

KRÄTKE, Stefan (1998): Cross-Border Co-operation and Regional Development in the German-Polish Border Area. Europa-Universität Viadrina, Frankfurt (Oder) - Frankfurt (Oder), 1998.

ders. (1997): Regional Integration or Fragmentation? The Geman-Polish Border Region in a New Europe. Paper presented at the EURRN Conference "Regional Frontiers", 20.-23. September 1997 - Frankfurt (Oder), 1997.

ders. (1996): Probleme und Perspektiven der deutsch-polnischen Grenzregion. In: Nothnagle, Alan/Schultz, Helga (Hrsg.): Grenze der Hoffnung. Geschichte und Perspektiven der Grenzregion an der Oder. 1. Aufl.- Potsdam: Verl. für Berlin-Brandenburg, 1996, S. 162-203 (Frankfurter Studien zur Grenzregion; 1).

ders. (1996): Where East meets West. The German-Polish border region in transition. In: European planning studies 4, 1996, Nr. 6. S. 647-669.

KÜPPER, Herbert (1996): Die Wiedergutmachung nationalsozialistischen Unrechts in den Staaten Osteuropas. In: Osteuropa, 46. Jhg., Heft 8, August 1996, S. 758-769.

LANG, Winfried (1991): Regionen und Grenzen: Auf dem Weg zum neuen Europa. In: Esterbauer, Fried: Europäischer Regionalismus am Wendepunkt: Bilanz und Ausblick - Wien, 1991, S. 145-161.

LECHNER, Matthias (1992): Grenzüberschreitende Zusammenarbeit Görlitz-Zgorzelec. In: Stadt und Gemeinde 47, 1992, H. 3. S. 99-100.

LEIMGRUBER, Walter (1984): Die Grenze als Forschungsobjekt der Geographie. In: Regio Basiliensis 21, 1980, H. 1 und 2 Festschrift Paul Vosseler zum Gedenken. S. 67-78.

LEUPOLT, Bärbel (1994): Europaregion Pomerania. Weg aus der Peripherie? In: Schamp, Eike W. (Hrsg.): Neue grenzüberschreitende Regionen im östlichen Mitteleuropa. 10. Frankfurter Wirtschaftsgeographisches Symposium 4./5. Februar 1994 - Frankfurt/Main: Selbst-Verl. des Instituts für Wirtschafts- und Sozialgeographie der

Johann-Wolfgang-Goethe-Univ., 1994, S. 19-30 (Frankfurter wirtschafts- und sozialgeographische Schriften; 67).

LIJEWSKI, Teofil (1998): Border regions as tourist regions. In: Heffner, Krystian/Koter, Marek (Ed.): Borderlands or transborder regions. Geographical, social and political problems - Opole: Instytut śląski, 1998, S. [103]-107 (Region and regionalism; 3).

ders./POTRYKOWSKI, Marek (1994): Verkehrsverbindungen über die deutsch-polnische Grenze. In: Materialien zu den räumlichen Entwicklungen in Europa aus polnischer und deutscher Sicht - Hannover: Akademie für Raumforschung und Landesplanung, 1994. (Akademie für Raumforschung und Landesplanung <Hannover>: Arbeitsmaterial; 201). S. 199-215.

LIPPERT, Barbara (1993/1994): Politik gegenüber Mittel- und Osteuropa sowie den GUS-Staaten. In: Jahrbuch der Europäischen Integration 1993/1994 - Bonn, S. 253-258.

dies. (1994): The Europe Agreements: Beyond Eurocratic Language. In: The International Spectator, Volume XXIX, No. 1, 1-3 1994, S. 111-112.

dies. (1990): Der Europarat und Osteuropa: Brücken bilden für Gesamteuropa. In: Vierzig Jahre Europarat: Renaissance in gesamteuropäischer Perspektive?/Hrsg. Otto Schmuck - Bonn, 1990, S. 117-139 (Europäische Schriften des Instituts für Europäische Politik; Bd. 67).

LINK, Werner (1995): Integration und Kooperation. In: Die politische Meinung, 1995, Jhg. 40, H. 312, S. 35-41.

LISIECKI, Stanisław (1996): Die offene Grenze - Wandlungen im Bewußtsein der Grenzbewohner. In: Lisiecki, Stanisław (Hrsg.): Die offene Grenze. Forschungsbericht polnisch-deutsche Grenzregion (1991-1993)/Übers. von Ulrich Heiße. 1. Aufl. Potsdam: Verl. für Berlin-Brandenburg, 1996, S. 97-115, Einheitssacht.: Otwarta granica (Frankfurter Studien zur Grenzregion; 2).

ders. (1993): Polen und Deutsche - Öffentliche Meinungen und Urteile unter besonderer Berücksichtigung der Bewohner grenznaher Gebiete. In: Forschungs-Inst. der Friedrich-Ebert-Stiftung <Bonn> (Hrsg.): Deutsche und Polen. Zwischen Nationalismus und Toleranz. Eine Tagung der Friedrich-Ebert-Stiftung am 24. und 25. November 1992 in Cottbus - Bonn: Friedrich-Ebert-Stiftung, 1993. (Gesprächskreis Arbeit und Soziales; 19). S. 27-41.

LÖTTGERS, Rolf (1997): Unbekannte Oder. Hintergrundmaterial zum Oderhochwasser. In: Praxis Geographie 27, 1997, H. 11. S. 40-42.

LORENZ, Sabine/WEGRICH, Kai (1998): Lokale Ebene im Umbruch. Aufbau und Modernisierung der Kommunalverwaltung in Ostdeutschland. In: Aus Politik und Zeitgeschichte. Beilage zur Wochenzeitung Das Parlament. B 5/1998, S. 29-38.

LOTZMANN, Edith (1997): Die Euroregion Spree-Neiße-Bober. In: Klecker, Peter M./Rauschelbach, Burghard (Hrsg.): Regionale Leitbilder. Vermarktung oder Ressourcensicherung? - Bonn 1997, S. 99-106 (Material zur angewandten Geographie; 27).

MADAJCZYK, Czesław (1996): Der Generalplan Ost. In: Planung in Polen im Nationalsozialismus/Hrsg. von Gert Gröning, Hochschule der Künste Berlin - Berlin, 1996.

MALACHOWSKI, Krzysztof/MEYER, Beata (1998): Socio-economic aspects of the functioning of the Pomerania Euro-Region. In: Heffner, Krystian/Koter, Marek (Ed.): Borderlands or transborder regions. Geographical, social and political problems. Opole: Instytut Śląski, 1998, S. [172]-177 (Region and regionalism; 3).

MALCHUS, Viktor Freiherr von (1996): Grenzüberschreitende Zusammenarbeit als wichtige Voraussetzung für die europäische Integration aus europäischer und polnischer Sicht - eine Einführung. In: Planerische und raumordnungsrechtliche Betrachtung der grenzüberschreitenden Zusammenarbeit aus polnischer und deutscher Sicht - Hannover: Akademie für Raumforschung und Landesplanung, 1996, S. 1-19 (Akademie für Raumforschung und Landesplanung <Hannover>: Arbeitsmaterial; 232).

ders. (1996): Entwicklung der staatlich-regionalen grenzüberschreitenden Zusammenarbeit auf dem Gebiet der Raumordnung und Regionalpolitik zwischen Deutschland und Polen. In: Planerische und raumordnungsrechtliche Betrachtung der grenzüberschreitenden Zusammenarbeit aus polnischer und deutscher Sicht - Hannover: Akademie für Raumforschung und Landesplanung, 1996, S. 28-56 (Akademie für Raumforschung und Landesplanung <Hannover>: Arbeitsmaterial; 232).

ders. (1996): Regional-kommunale Zusammenarbeit in den vier grenzüberschreitenden Regionen an der deutsch-polnischen Grenze an Oder und Neiße. In: Planerische und raumordnungsrechtliche Betrachtung der grenzüberschreitenden Zusammenarbeit aus polnischer und deutscher Sicht - Hannover: Akademie für Raumforschung und Landesplanung, 1996, S. 57-77 (Akademie für Raumforschung und Landesplanung <Hannover>: Arbeitsmaterial; 232).

ders. (1996): Euroregion "POMERANIA". In: Planerische und raumordnungsrechtliche Betrachtung der grenzüberschreitenden Zusammenarbeit aus polnischer und deutscher Sicht - Hannover: Akademie für Raumforschung und Landesplanung, 1996, S. 78-102 (Akademie für Raumforschung und Landesplanung <Hannover>: Arbeitsmaterial; 232).

ders. (1996): Staatsgrenzen übergreifende Zusammenarbeit an der östlichen Grenze der Europäischen Union auf dem Hintergrund der Europäischen Integration. In: Grenzüberschreitende Zusammenarbeit in Landes- und Raumplanung. Russisch-Deutsches Seminar in St. Petersburg - Hannover: Akademie für Raumforschung und Landesplanung, 1996, S. 78-88 (Akademie für Raumforschung und Landesplanung <Hannover>: Arbeitsmaterial; 226).

ders. (1994): Überlegungen zur Raumordnung zwischen Polen und Deutschland in einem zusammenwachsenden Europa. In: Materialien zu den räumlichen Entwicklungen in Europa aus polnischer und deutscher Sicht - Hannover: Akademie für Raumforschung und Landesplanung, 1994, S. 1-12 (Akademie für Raumforschung und Landesplanung <Hannover>: Arbeitsmaterial; 201).

ders. (1992): Deutsch-polnische grenzübergreifende Zusammenarbeit. Erste Überlegungen und Folgerungen. In: Grenzübergreifende Raumplanung. Erfahrungen und Perspektiven der Zusammenarbeit mit den Nachbarstaaten Deutschlands - Hannover: Akademie für Raumforschung und Landesplanung, 1992, S. 160-173 (Forschungs- und Sitzungsberichte der Akademie für Raumforschung und Landesplanung; 188).

MARESCEAU, Marc/MONTAGUTI, Elisabetta (1995): The Relations Between the European Union and Central and Eastern Europe: A Legal Appraisal. In: Common Market Law Review 32, 1995, S. 1328 ff.

MARTINEZ, Oscar J. (1996): The dynamics of border interaction. New approaches to border analysis. In: Schofield, Clive H. (Ed.): Global boundaries. Repr. of the ed. 1994 - London u.a. 1996, S. 1-15 (World boundaries series; 1).

MATYKOWSKI, Roman/MIZGAJSKI, Andrzej (1996): Prämissen der sozialen und wirtschaftlichen Entwicklung des Grenzgebietes zu Deutschland. In: Lisiecki, Stanisław (Hrsg.): Die offene Grenze. Forschungsbericht polnisch-deutsche Grenzregion (1991-1993)/Übers. von Ulrich Heiße, 1. Aufl. - Potsdam: Verl. für Berlin-Brandenburg, 1996, S. 53-61. Einheitssacht.: Otwarta granica. (Frankfurter Studien zur Grenzregion; 2).

dies. (1996): Przesłanki rozwoju społecznogospodarczego pogranicza polsko-niemieckiego. In: Chojnicki, Zbyszko/Stryjakiewicz, Tadeusz (Hrsg.): Problemy współpracy regionalnej w polsko-niemieckim obszarze przygranicznym - Warszawa: Polska Akademia Nauk, Komitet Przestrzennego Zagospodarowania Kraju, 1996. (KPZK PAN

Biuletyn; 171). S. 43-57. <Zsfg. in engl. Sprache u.d.T.: Factors of socio-economic development in the Polish-German Border zone, S. 57>

MATYKOWSKI, Roman/SCHAEFER, Katja (1996): Społeczne i ekonomiczne aspekty funkcjonowania przygranicznego zespołu miejskiego Gubin-Guben. In: Chojnicki, Zbyszko/Stryjakiewicz, Tadeusz (Hrsg.): Problemy współpracy regionalnej w polsko-niemieckim obszarze przygranicznym - Warszawa: Polska Akademia Nauk, Komitet Przestrzennego Zagospodarowania Kraju, 1996. (KPZK PAN Biuletyn; 171). S. 91-103..<Zsfg. in engl. Sprache u.d.T.: Social and economic aspects of the operation of the cross-border Gubin-Guben urban system, S. 103>

MAURER, Andreas (1997): Demokratie in der Europäischen Union nach Amsterdam. In: Internationale Politik und Gesellschaft (Hrsg. FES), Heft 4/1997, S. 425-442.

MAYNTZ, Renate (1993): Policy-Netzwerke und Logik von Verhandlungssystemen. In: Policy-Analyse. Kritik und Neuorientierung/Hrsg. Adrienne Héritier - Opladen, 1993, S. 39-75.

MAZURSKI, Krzysztof R. (1996): Główne problemy ekologiczne Euroregionu Nysa. In: Stredlisko pro koordinaci výkumu na vysokých skolách v Euroregionu Nisa (Hrsg.): Vedecká pojednání. II. 1. Liberec, 1996. S. 46-53.<Zsfg. in dt., engl. und tschech. Sprache, S. 53>

MEIER, Christian (1997): Transformation der Außenwirtschaftspolitik: Zur Wechselbeziehung von EU-Integration und regionaler Kooperation der Staaten Ostmitteleuropas. In: Aus Politik und Zeitgeschichte. Beilage zur Wochenzeitung Das Parlament, B 30-31/1997, S. 23-30.

MENSCHING, Silke/SCOTT, James (1994): Wo Arm und Reich aufeinanderprallen. Grenzräume im internationalen Vergleich. In: Geographie heute 15; 1994, H. 121. S. 34-39.

MEYERS, Reinhard (1990): Theorie der Internationalen Beziehungen. In: Rittberger (Hrsg.): Theorien der internationalen Beziehungen. Bestandsaufnahme und Forschungsperspektiven - Opladen, 1990, S. 48-68.

MICHAELSEN, Jörn (1996): Das Kommunalrecht in Polen. In: Recht in Ost und West. Zeitschrift für Ostrecht und Rechtsvergleichung, 40. Jhg., Heft 1/1996, S. 1-8.

MICHNIK, Adam (1994): Im Namen der Vergebung. In: Die Neue Gesellschaft/Frankfurter Hefte, Jhg. 41, Heft 1/1994, S. 65-68.

MIKULOWSKI, Bogdan/WYRZYKOWSKI, Jerzy (1994): Stand und Perspektiven des Fremdenverkehrs im westpolnischen Grenzgebiet. In: Buchhofer, Ekkehard/Kortus, Bronislaw (Hrsg.): Deutschland und Polen. Geographie einer Nachbarschaft im neuen Europa - Frankfurt/Main, 1994, S. 155-173 (Studien zur internationalen Schulbuchforschung; 81). <Zsfg. S. 195-196>

MILDENBERGER, Markus (1998): Zwischen Konsens und Polarität. Zur Entwicklung der demokratischen politischen Kultur in Polen. In: Aus Politik und Zeitgeschichte. Beilage zur Wochenzeitung Das Parlament, B 6-7/1998, S. 39-45.

MIŁKOWSKI, Marian (ca. 1993): Transportbewirtschaftung der Oder und Aussichten einer polnisch-deutschen Zusammenarbeit. In: Eckert, Marian (Red.): Das Mittelodergebiet. środkowe Nadodrze. Probleme der Entwicklung und Zusammenarbeit mit Deutschland. Problemy rozwoju i współpracy z Niemcami. Związek Gmin Zachodnich w Zielonej Górze. Towarzystwo Naukowe Organizacji i Kierownictwa w Zielonej Górze - Zielona Góra, [ca. 1993]. S. 23-29. <Buch enthält auch poln. Fassung des Aufsatzes u.d.T.: Zagospodarowanie transportowe Odry a perspektywy współpracy polsko-niemieckiej>

MINGHI, Julian Vincent (1991): From conflict to harmony in border landscapes. In: Minghi, Julian Vincent/Rumley, Dennis (Ed.): The geography of border landscapes - London u.a., 1991, S. 15-30.

ders. (1977): Grenzen in der politischen Geographie/dt. von Sieglinde Kull. In: Matznetter, Josef (Hrsg.): Politische Geographie - Darmstadt 1977. (Wege der Forschung; 431). S. 338-389. <zuerst erschienen u.d.T.: Boundary studies in political geography. In: Annals of the Association of American Geographers 53, 1963. S. 407-428>

MIROS, Krzysztof/POTRYKOWSKI, Marek (1994): Charakterystyka geograficzna zachodniego i wschodniego regionu przygranicznego. In: Eberhardt, P./Miros, Krzysztof (Hrsg.): Węzłowe problemy współpracy przygranicznej - Warszawa: PAN, 1995. S.1-34. <Übers. des Sachtitels: Geographische Charakterisierung der westlichen und östlichen Grenzregion>

MISIAK, Władyslaw (1992): Present situation and prospects for the development of Polish Western border regions. In: Sartorius, Witold/Werner, Franciszek (Hrsg.): Prospects of economic development along the border between Poland and the European Communities in the light of U.S.-Mexican experience in cross-border co-operation. Conference in Zielona Góra, Poland on November 22-23, 1991/Związek Gmin Zachodnich w Zielonej Górze (and) Friedrich-Ebert-Stiftung - Warszawa: Friedrich-Ebert-Foundation in Poland, 1992. S. 61-68. <Disk. zum Beitr., S. 69>

MOORHOUSE, Jacqui (1996): Ostmitteleuropa auf dem Weg in die Europäische Union. In: Außenpolitik, Jhg. 47, H. 4, 1996, S. 367-378.

MORHARD, Bettina (1997): Desintegration - Kooperation - Integration: Szenarien zur Osterweiterung der EU. In: Jaedtke, Eckhard (Hrsg., 1997): Die Europäische Union und Polen. Konferenz der Europäischen Kommission und des Europäischen Parlamentes in Frankfurt (Oder) vom 13. und 14. September 1996 - Berlin, 1997, S. 37-40.

dies. (1997): Der Kulturdialog als vertrauensbildende Maßnahme an der Grenze. Bildung/Aus-, Weiterbildung und Beschäftigung/Forschung in den acht Euroregionen (Deutschland-Polen-Tschechien). In: Jaedtke, Eckhard (Hrsg., 1997): Zweite Konferenz mit den Euroregionen zwischen der Europäischen Union und der Tschechischen Republik sowie Polen. Dokumentation der EU-Kommission und des Europäischen Parlamentes in Berlin, vom 31.10.-2.11.1996 in Karlovy Vary - Berlin, 1997, S. 33-42.

dies. (1995): Lokale und grenzüberschreitende Kooperation in der deutsch-polnischen Grenzregion im Spannungsfeld regionaler, nationaler und europäischer Politik. In: Jaedtke, Eckhard/Piehl, Ernst (Hrsg.): Konferenz der Euroregionen zwischen der Europäischen Union und Polen sowie der Tschechischen Republik. 28. bis 30. September in Frankfurt (Oder)/Słubice. Dokumentation. Berlin: Europäische Kommission, Europäisches Parlament, 1995, S. 35-42.

MUDRICH, G. (1985): Grenzüberschreitende Zusammenarbeit im Europarat, Grenzübergreifende Raumplanung - Erfahrungen und Perspektiven der Zusammenarbeit mit den Nachbarstaaten Deutschlands. In: V. von Malchus: Europäische Raumordnungscharta, ILS-Schriftenreihe Bd. 0.028 - Dortmund, 1985.

MURPHY, Alexander (1993): Emerging Regional Linkages within the European Community: Challenging The Dominance of The State. In: Tijdschrift vorr Econ. En Soc. Geografie 84(1993), No. 2, S. 103-118.

MÜLLER-BRANDECK-BOCQUET, S. Gisela (1996): Reform der Europäischen Union. In: Dokumente, Jhg. 52, H.6, 1996, S. 456-461.

MYNCH, Agnieszka (1997): Entwicklungsfaktoren der grenzüberschreitenden Zusammenarbeit in östlichen Grenzgebieten Polens. Raumordnerische und ökonomische Perspektive. In. Kukliñski, Antoni (Ed.): European space, Baltic space, Polish space. Part two - Warsaw, 1997, S. 257-282 (Europa 2010 series; 4).

NECHAMKIS, Włodzimierz (ca. 1993): Die Grenze. Granica. In: Brandt, Christiane/Czerwiakowski, Ewa (Hrsg.): Mit den Augen der Nachbarn. Oczami sąsiadów. Menschen - Landschaften . Verhältnisse an Oder und Neiße. Ludzie - okolice - stosunki nad Odrą i Nysą - Potsdam: Brandenburgische Landeszentrale für politische Bildung, [ca. 1993], S. 100-127 (Schriftenreihe zur politischen Bildung; 3). <Text in dt. und poln. Sprache>

NUSS, Jean-JacquesTrautmann, Henrike (1995): Darstellung der Euroregionen an der deutsch-polnischen und der deutsch-tschechischen Grenze. In: Jaedtke, Eckhard/Piehl, Ernst (Hrsg.): Konferenz der Euroregionen zwischen der Europäischen Union und Polen sowie der Tschechischen Republik. 28. bis 30. September in Frankfurt (Oder)/ Słubice. Dokumentation - Berlin: Europäische Kommission, Europäisches Parlament, 1995, S. 25-33.

NICKEL, Dietmar (1997): Ein Kommentar zum Amsterdamer Vertrag aus Sicht des Europäischen Parlamentes. In: Integration 20. Jh., 4/97, S. 219-228.

OSSENBRÜGGE, Jürgen (1996): Oddziaływanie gospodarcze i współpraca na niemiecko-polskim obszarze przygranicznym - perspektywa porównawcza. In: Chojnicki, Zbyszko/Stryjakiewicz, Tadeusz (Hrsg.): Problemy współpracy regionalnej w polskoniemieckim obszarze przygranicznym - Warszawa: Polska Akademia Nauk, Komitet Przestrzennego Zagospodarowania Kraju, 1996, S. 21-31 (KPZK PAN Biuletyn; 171). <Zsfg. in engl. Sprache u.d.T.: Economic interaction and co-operation along the German-Polish border in comparative perspective, S. 31>

ders. (1994): Economic interaction and co-operation along the German-Polish border in comparative perspective. In: Gallusser, Werner A. (Hrsg.): Political boundaries and coexistence. Proceedings of the IGU-Symposium Basle/Switzerland, 24-27 May 1994 - Berne, 1994, S. 95-102.

PERKMANN, Markus (1997): The Politics of Regional Co-operation: New Regional Geo-economic Strategies and the Building of Transnational Pseudo-Territories. Paper presented at the EURRN Conference "Regional Frontiers", 20.-23. September 1997, Frankfurt (Oder).

ders. (1997): Cross-border Co-operation, "euroregions", and the Governance of Cross-Border Economies. Notes on an Emerging Field of Research. Lancaster Sociology working Paper 1, Departement of Sociology, Lancaster University - Lancaster, 1997.

PERNTHALER, Peter (1991): Die auswärtigen Beziehungen von Ländern und Regionen als neue Dynamik der wirtschaftlichen Integration. In: Esterbauer, Fried: Europäischer Regionalismus am Wendepunkt: Bilanz und Ausblick - Wien, 1991, S. 129-145.

PETERS, Guy (1993): Alternative Modelle des Policy-Prozesses: Die Sicht "von unten" und die Sicht "von oben". In: Policy-Analyse. Kritik und Neuorientierung/Hrsg.

Adrienne Héritier. Politische Vierteljahresschrift. Sonderheft 24/1993 - Opladen, 1993, S. 289-307.

PFLÜGER, Friedbert (1995): Polen und die Europäische Union. In: Aussenpolitik. Zeitschrift für internationale Fragen. 46. Jhg., Heft 3/1995, 3. Quartal 1995, S. 225-231.

PIEPENSCHNEIDER, Melanie/Steppacher, Burkhard (1998): Agenda 2000 und EU-Osterweiterung. In: EU-Magazin, Heft 1-2,1998.

PILT, Joanna/SOLON, Jerzy (1994): Preliminary characteristics of the natural environment in the western frontier zone of Poland. In: Materialien zu den räumlichen Entwicklungen in Europa aus polnischer und deutscher Sicht - Hannover: Akademie für Raumforschung und Landesplanung, 1994, S. 224-230 (Akademie für Raumforschung und Landesplanung <Hannover>: Arbeitsmaterial; 201).

PILTZ, Harald (1994): Die Chancen der Wirtschaft im deutsch-polnischen Grenzraum. In: Deutsches Seminar für Städtebau und Wirtschaft (Hrsg.): Expertenkonferenz "Wirtschaftsförderung im grenznahen Raum am Beispiel der Region Frankfurt/Oder". 13. Dezember 1994, Frankfurt/Oder - Bonn, 1994. S. 79-84.

PINTARITS, Sylvia/BLAAS, Wolfgang (1996): Regionalisierungsprozesse in der EU. In: Wirtschaftspolitische Blätter 3-4/1996, S. 385-394.

POLACK, Gerhard (1993): Summary of the seminar on German-Polish cooperation in the border area. In: Adult education and development 1993, Nr. 40. S. 228-233.

POND, Elizabeth (1997): Brief aus Bonn: Europäische Visionen, In: Europäische Rundschau, 25. Jhg., 4/97, S. 27-34.

POWESKA, Anna (1995): Polen - 50 Jahre danach. Zwischen traumatischer Erbschaft und pragmatischer Gegenwart. In: Osteuropa, Jhg. 45, Heft 5, 1995, S. 427-444.

dies. (1994): Polen - vier Jahre nach der Wende. Versuch einer Bilanz und gesellschaftlicher Reformen. In: Osteuropa, Jhg. 44, Heft 3, 1994, S. 207-218.

PUCHALA, Donald J. (1972): Of Blind Men, Elephants, and International Integration. In: Journal of Common Market Studies, 3/1972, S. 267-284.

PYSZKOWSKI, Andrzej (1992): Report on Polish government activities to promote integration and economic development along the German-Polish border. In: Sartorius, Witold/Werner, Franciszek (Hrsg.): Prospects of economic development along the border between Poland and the European Communities in the light of U.S.-Mexican experience in cross-border co-operation. Conference in Zielona Góra, Poland on November 22-23, 1991/Związek Gmin Zachodnich w Zielonej Górze (and) Friedrich-Ebert-Stiftung - Warszawa: Friedrich-Ebert-Foundation in Poland, 1992. S.92-96.

RIEDEL, Sabine (1996): Konzepte zur Osterweiterung der Europäischen Union. Eine kritische Analyse am Beispiel Bulgariens. In: Südosteuropa, 45. Jhg., H. 6-7/1996, S. 417-450.

RIEGER, Elmar (1995): Politik supranationaler Integration. Die Europäische Gemeinschaft in institutionentheoretischer Perspektive. In: Politische Institutionen im Wandel/ Hrsg. Birgitta Nedelmann u.a., Kölner Zeitschrift für Soziologie und Sozialpsychologie. Sonderhefte - Opladen, 1995, S. 349-368.

ROCH, Isolde (1998): Grenzraumentwicklung und kooperatives Handeln. Aktueller Entwicklungsstand und Empfehlungen für die Zukunft. In: WSi-Mitteilungen/Hrsg. Hans-Böckler-Stiftung - Düsseldorf 3/1998, S. 186-194.

dies. (1996): Die Grenzregionen des Freistaates Sachsen – analytische Ausgangssituation, Leitbilder und Ziele der Entwicklungskonzepte, aktueller Stand der grenzübergreifenden Zusammenarbeit. In: Geographie und Schule 18, 1996, H. 103, S. 29-34.

dies. (1995): Die gesamteuropäische Bedeutung der deutsch-polnischen Grenze. In: Institut für Regionalentwicklung und Strukturplanung <Berlin> (Hrsg.): Regionen im Umbruch/Regiones en transición. Dokumentation eines deutsch-mexikanischen Symposiums - Berlin: Inst. für Raumentwicklung und Strukturplanung, 1995, S. 175-185 (Regio; 6).

ROHWER, Gertrude (1994): Auf gute Nachbarschaft. Die Euroregion Pomerania. In: Geographie heute, 15, 1994, H. 121, S. 44-47.

dies. (1994): Europa an Oder und Neiße. In: Geographie heute 15, 1994, H. 121, S. 2-9.

ROMISZEWSKA, Ilona/RUTOWSKA, Maria (1996): Die Zusammenarbeit in der polnisch-deutschen Grenzregion 1949-1993 (am Beispiel der Städte Guben-Gubin und Frankfurt/Oder-Słubice). In: Lisiecki, Stanisław (Hrsg.): Die offene Grenze. Forschungsbericht polnisch-deutsche Grenzregion (1991-1993)/Übers. von Ulrich Heiße. 1. Aufl. Potsdam: Verl. für Berlin-Brandenburg, 1996. Einheitssacht.: Otwarta granica, S. 77-96 (Frankfurter Studien zur Grenzregion; 2).

ROSCISZEWSKI, Marcin (1994): Deutschland als Nachbar Polens - ein Abriß der geo-politischen Rahmenbedingungen. In: Buchhofer, Ekkehard/Kortus, Bronislaw

(Hrsg.): Deutschland und Polen. Geographie einer Nachbarschaft im neuen Europa - Frankfurt/Main, 1994, S. 77-86 (Studien zur internationalen Schulbuchforschung; 81).

ROYEN, Christoph (1993/94): Polen, Slowakei, Tschechien, Ungarn. In: Jahrbuch der Europäischen Integration, 1993/94, S. 401-406.

RUTOWSKA, Maria (1996): Die regionale Zusammenarbeit in der deutsch-polnischen Grenzregion in den Jahren 1945-1989. In: Nothnagle, Alan/Schultz, Helga (Hrsg.): Grenze der Hoffnung. Geschichte und Perspektiven der Grenzregion an der Oder - 1. Aufl. Potsdam: Verl. für Berlin-Brandenburg, 1996, S. 42-48 (Frankfurter Studien zur Grenzregion; 1).

RYKIEL, Zbigniew (1990): Koncepcje granic w badaniach geograficznych. - In: Przegląd geograficzny 62, 1990, H. 1/2. – S. 23-35. <Übersicht des Sachtitels: Konzepte der Grenze in geographischen Forschungen>

ders. (1990): Region przygraniczny jako przedmiot badan geograficznych. - In: Przegląd geograficzny 62, 1990, H. 3/4, S. [263]-273. <Übersicht des Sachtitels: Die Grenzregion als Gegenstand geographischer Forschungen - Zsfg. in engl. und russ. Sprache, S. 272-273>

SAKSON, Andrzej (1991): Die Einstellung polnischer Grenzbewohner zur Einheit Deutschlands/Aus dem Poln. Von Theo Mechtenberg. In: Deutschland-Archiv 24, 1991, H. 8. S. 822-831.

SAMUJŁŁO, Henryk (ca. 1993): Rechts- und Organisationsformen der grenzüberschreitenden [sic!] Zusammenarbeit in der Oder-Neisse-Zone. In: Eckert, Marian (Red.): Das Mittelodergebiet. środkowe Nadodrze. Probleme der Entwicklung und Zusammenarbeit mit Deutschland. Problemy rozwoju i wspołpracy z Niemcami. Związek Gmin Zachodnich w Zielonej Górze. Towarzystwo Naukowe Organizacji i Kierownictwa w Zielonej Górze - Zielona Góra [ca. 1993], S. [15]-22 <Buch enthält auch poln. Fassung des Aufsatzes u. d. T.: Prawne i organizacyjne formy współpracy transgranicznej w strefie Odra-Nysa>

SANCHEZ, Oscar (1992): Perspectives of economic development along the border between Poland and the European Communities in the light of U.S. - Mexican experiences in cross-border cooperation. In: Sartorius, Witold/Werner, Franciszek [Hsrg.]: Prospects of economic development along the border between Poland and the European Communities in the light U.S.- Mexican experiences in cross-border cooperation. Conference in Zielona Góra, Poland on November 22-23, 1991/Związek Gmin Zachodnich w Zielonej Górze [and] Friedrich-Ebert-Stiftung - Warszawa: Friedrich-Ebert-Foundation in Poland, 1992, S. 42-45. <Disk. Zum Beitrag S. 46>

SASSE, Peter (1992): Überlegungen zu Aufgaben und Problemen der Raumordnung in der Grenzregion "Bundesrepublik Deutschland - Republik Polen". In: Perspektiven der Raumentwicklung in Europa - Hannover: Akademie für Raumforschung und Landesplanung, 1992, S. 145-149 (Forschungs- und Sitzungsberichte der Akademie für Raumforschung und Landesplanung: Wissenschaftliche Plenarsitzung; 190).

SAUDER, Axel (1994): Trilaterale sicherheitspolitische Zusammenarbeit: Polen, Frankreich und die Bundesrepublik Deutschland. In: Dokumente 6/1994, 50. Jhg., S. 471-478.

SCHABHÜSER, Brigitte (1993): Grenzregionen in Europa. Zu ihrer derzeitigen Bedeutung in Raumforschung und Raumordnungspolitik. In: Informationen zur Raumentwicklung, 1993, H. 9/10, S. 655-668 (Themenheft: Raumordnung in Europa).

SCHAMP, Eike W. (1994): Die Bildung neuer grenzüberschreitender Regionen im östlichen Mitteleuropa. 10. Frankfurter Wirtschaftsgeographisches Symposium 4./5. Februar 1994 - Frankfurt/Main: Selbstverlag. des Inst. Für Wirtschafts- und Sozialgeographie der Johann- Wolfgang-Goethe-Univ., 1994, S. 1-18 (Frankfurter wirtschafts- und sozialgeographische Schriften; 67).

SCHARPF, Fritz W. (1998): Die Problemlösungsfähigkeit der Mehrebenenpolitik in Europa. In: Regieren in entgrenzten Räumen/Hrsg. Beate Kohler-Koch. Politische Vierteljahresschrift, Sonderheft 29/1998, Opladen, 39. Jhg., 1998, S. 121-145.

ders. (1996): Autonomieschonend und gemeinschaftsverträglich. Zur Logik einer europäischen Mehrebenen-Politik. In: Weidenfeld, Werner (Hrsg.): Europa '96: Reformprogramm für die Europäische Union. Strategien und Optionen für Europa - Gütersloh, 1996, S. 75-96.

ders. (1992): Die Handlungsfähigkeit des Staates am Ende des Zwanzigsten Jahrhunderts. In: Beate Kohler-Koch (Hrsg.): Staat und Demokratie in Europa - Opladen, 1992, S. 93-116.

ders. (1990): Regionalisierung des Europäischen Raums. Die Zukunft der Bundesländer im Spannungsfeld zwischen EG, Bund und Kommunen. In: Alemann, Ulrich von (Hrsg.): Die Kraft der Region: Nordrhein-Westfalen in Europa - Bonn, 1990, S. 32-45.

ders. (1985): Die Politikverflechtungsfalle: Europäische Integration und deutscher Föderalismus im Vergleich. In: Politische Vierteljahresschrift 26, 1985, S. 323-356.

SCHMITT, Hermann/SCHEUER, Angelika (1996): Region - Nation - Europa. Drei Ebenen politischer Steuerung und Gestaltung. In: Das europäische Mehrebenensystem/Hrsg. König, Thomas/Rieger, Elmar/Schmitt, Hermann - Frankfurt a. M., 1996, S. 160-180.

SCHMITTER, P. C. (1992): The Emerging Europolity and its Impact upon Euro-Capitalism. In: Boyer, R. (Hrsg): Contemporary Capitalism: The Embeddedness of Institutions, 1992.

SCHMUCK, Otto (1997): Der Amsterdamer Vertrag aus Sicht der Länder und Regionen. In: Integration, 4/1997, S. 228-236.

SCHNEIDER, Heinrich (1997): Von Amsterdam in die Zukunft. In: Integration 4/97, 20. Jhg., S. 197-203.

SCHNABEL, Michael/Schürer, Andrea (1994): Die Euroregion Oberlausitz-Niederschlesien-Nordböhmen (Neiße) - nur eine Zukunftsvision? In: Praxis Geographie 24, 1994, S. 38-41.

SCHOLICH, Dietmar (1996): Polnisch-deutsche Zusammenarbeit auf dem Gebiet der Raumplanung – ein wichtiger Baustein in einem zusammenwachsenden Europa. In: Hahn, Hans Henning [u.a.]: Polen und Deutschland. Nachbarn in Europa/hrsg. von der Niedersächsischen Landeszentrale für Politische Bildung. 2., aktualisierte Aufl. - Hannover: Landeszentrale für Politische Bildung, 1996, S. 89-102.

SCHRÖDER, D. (1996): Ungleiche Nachbarn an der Oder. Perspektiven der deutschpolnischen Grenzregion. In: Blätter für deutsche und internationale Politik, 1996, H. 1, S. 101-112.

SCHUMACHER, Dieter (1997): Perspektiven des Außenhandels zwischen West- und Osteuropa: ein disaggregierter Gravitationsansatz. In: Transformation des Wirtschaftssystems in den mittel- und osteuropäischen Ländern: Außenwirtschaftliche Bedingungen und Auswirkungen - Berlin, 1997, S. 325-390 (Deutsches Institut für Wirtschaftsforschung; Sonderheft 161/1997).

SCHUMANN, Wolfgang (1993): Die EG als neuer Anwendungsbereich für die Policy-Analyse: Möglichkeiten und Perspektiven der konzeptionellen Weiterentwicklung. In: Policy-Analyse. Kritik und Neuorientierung/Hrsg. Adrienne Héritier. Politische Vierteljahresschrift. Sonderheft 24/1993 - Opladen, 1993, S. 394-432.

SCHWAB, Oliver (1997): Euroregionen an der deutsch-polnischen Grenze - gefangen im Politik- und Verwaltungsnetz? In: Raumforschung und Raumordnung 55, 1997, H. 1. S. 4-13.

ders. (1995): Konferenz der Euroregion Frankfurt (Oder), 28. bis 30. September 1995. Kurzdokumentation. In: Jaedtke, Eckhard/Piehl, Ernst (Hrsg.): Konferenz der Euroregionen zwischen der Europäischen Union und Polen sowie der Tschechischen Republik. 28. bis 30. September in Frankfurt (Oder)/Słubice. Dokumentation - Berlin: Europäische Kommission, Europäisches Parlament, 1995. S. 12-23.

SCHWARZ, Jens (1995): Perspektiven grenzüberschreitender Tätigkeit im Rahmen der Euroregion POMERANIA - Sindelfingen, 1995 (Libertas-Papier; 17).

SCOTT, James Wesley (1997): Promoting Transboundary Regionalism on the German-Polish Border: Some Preliminary Observations. The Institute for Regional Development and Structural Planning (IRS), Erkner by Berlin, Paper presented at the EURRN Conference "Regional Frontiers", 20.-23. September 1997, Frankfurt (Oder).

SCOTT, James (1996): Die EU-Außengrenze: Kooperation als Integrationsfaktor in Mitteleuropa. In: Roch, Isolde (Hrsg.): Umweltverträgliche regionale Entwicklung im Grenzraum und im ländlichen Raum. 4. IÖR-Symposium am 11./12. September 1995 in Görlitz - Dresden: Inst. für ökologische Raumentwicklung, 1994, S. 41-50 (IÖR-Schriften; 19).

ders. (1995): Der grenzüberschreitende Regionalismus als Gegenstand der internationalen Forschung. In: Regionen im Umbruch (IR5, Vol. 6).- Berlin, 1995. S. 167-172.

ders. (1994): Aspekte der wirtschaftlichen Situation im deutsch-polnischen Grenzraum. In: Roch, Isolde (Hrsg.): Umweltverträgliche Regionalentwicklung bei besonderer Berücksichtigung der Grenzräume. 2. IÖR-Symposium am 25./26. Oktober 1993 in Dresden - Dresden: Inst. für ökologische Raumentwicklung, 1994, S. 108-125 (IÖR-Schriften; 9).

SEMPF, Harald/ZSCHIEDRICH, Harald (1995): Euroregion - Prüfstein auf dem Weg in die EU: Zur Entwicklung deutsch-polnischer, grenzüberschreitender Kooperation in der Euroregion Oder-Neiße - Potsdam: Univ., 1995. (Diskussionsbeiträge zur regionalen Wirtschaftspolitik; 3) <auch erschienen in: Osteuropa - Wirtschaft 40, 1995, H. 4, S. 255-278.>

SENGHAAS, Dieter (1996): Die Außenperspektive der Europa-Debatte. In: Universitas, 1996, Jhg. 51, Heft 7, 631-638.

SINKIN, Richard N. (1992): The Mexican Maquiladora Program: Implications for Poland. In: Sartorius, Witold/Werner, Franciszek (Hrsg.): Prospects of economic development along the border between Poland and the European Communities in the light of U.S.-Mexican experience in cross-border co-operation. Conference in Zielona Góra, Poland on November 22-23, 1991/Związek Gmin Zachodnich w Zielonej Górze (and) Friedrich-Ebert-Stiftung - Warszawa: Friedrich-Ebert-Foundation in Poland, 1992. S.33-40. <Disk. zum Beitr., S. 40-41>

SKUBISZEWSKI, Krzysztof (1997): Deutschland: Anwalt Mitteleuropas. Eine polnische Sicht der deutschen Europapolitik. In: Internationale Politik. Februar 1997, Nr. 2, 52. Jahr, S. 29-34.

SOUTH, Robert B.: Transnational "Maquiladora" Location/Department of Geography, University of Cincinnati, OH 45221-0131. In: Annals of the Association of American Geographers, 80(4), pp. 549-570, 1990.

STANKIEWICZ, Janina (ca. 1993): Bedingungen eines wirtschaftlichen Unternehmensgeistes und der Innovationsfähigkeiten in der Oder-Neisse-Niederwarthe-Zone. In: Eckert, Marian (Red.): Das Mittelodergebiet. Srodkowe Nadodrze. Probleme der Entwicklung und Zusammenarbeit mit Deutschland. Problemy rozwoju i współpracy z Niemcami. Związek Gmin Zachodnich w Zielonej Górze. Towarzystwo Naukowe Organizacji i Kierownictwa w Zielonej Górze - Zielona Góra, [ca. 1993]. S. [30]-40. <Buch enthält auch poln. Fassung des Aufsatzes u. d. T.: Uwarunkowania przedsiębiorczości w strefie Odra-Nysa-Dolna Warta>

STASIAK, Andrzej (1996): Transborder cooperation under the concept of the strategic development of Poland. In: Planerische und raumordnungsrechtliche Betrachtung der grenzüberschreitenden Zusammenarbeit aus polnischer und deutscher Sicht - Hannover, 1996, S. 20-27.

ders. (1994): Selected problems of the western frontier region of Poland. In: Materialien zu den räumlichen Entwicklungen in Europa aus polnischer und deutscher Sicht - Hannover: Akademie für Raumforschung und Landesplanung, 1994, S. 102-117 (Akademie für Raumforschung und Landesplanung <Hannover>: Arbeitsmaterial; 201).

ders. (1992): Ausgewählte Entwicklungsprobleme der westlichen Grenzgebiete Polens. In: Raumforschung und Raumordnung 50, 1992, H.1/2. S. 56-59.

STRACKENBROCK, Elke (1994): Ein Reservat für die Natur. Zukünftiger Nationalpark Unteres Odertal. Park Naradowy Doliny Dolnej Odry. In: Geographie heute 15, 1994, H. 121. S. 18-21.

STREECK, W. (1989): The Territrorial Organization of Interests and the Logic of Associative Action: The Case of Handwerk Organiszation West Germany. In: Coleman, W. D. und Jacek, J. J. (Hrsg.): Regionalism, Business Interests, and Public Policy - London, 1989, S. 59-95.

ders. (1989): Neo-Voluntarism: A New European Social Policy Regime? In: Marks, G./Scharpf, F./Schmitter, P. C./Streeck, W. (Hrsg.): Governance in the Emerging Euro-Polity - London, 1989.

STRYJAKIEWICZ, Tadeusz (1996): The changing role of border zones in the transforming economies of East-Central Europe. Paper presented at the 28th International Geographical Congress, The Hague, August 1996.

ders. (1996): Euroregionen an der deutsch-polnischen Grenze und Probleme der grenzüberschreitenden Zusammenarbeit. In: Bürkner, Hans-Joachim/Kowalke, Hartmut (Hrsg.): Geographische Grenzraumforschung im Wandel. Potsdam: Inst. für Geographie und Geoökologie, Abteilungen Anthropogeographie und Geoinformatik, 1996, S. 43-54 (Praxis Kultur und Sozialgeographie; 15).

ders. (1996): Euroregionen an Polens Westgrenze - territoriale Einordnung, grenzüberschreitende Zusammenarbeit und Wahrnehmung. In: Geographie und Schule 18, 1996, H. 103. S. 35-42.

ders. (1996): Uwarunkowania polsko-niemieckiej współpracy przygranicznej na tle polityki regionalnej. In: Chojnicki, Zbyszko/Stryjakiewicz, Tadeusz (Hrsg.): Problemy współpracy regionalnej w polsko-niemieckim obszarze przygranicznym - Warszawa: Polska Akademia Nauk, Komitet Przestrzennego Zagospodarowania Kraju, 1996. (KPZK PAN Biuletyn; 171). S. 7-[20]. <Zsfg. in engl. Sprache u.d.T.: Regional policy and determinants of Polish-German trans-border co-operation, S. 20.>

ders. (1996): Die Erfahrungen und Ergebnisse des gemeinsamen deutsch-polnischen raumplanerischen Feldpraktikums im Grenzgebiet der mittleren Oder. In: Planerische und raumordnungsrechtliche Betrachtungen der grenzüberschreitenden Zusammenarbeit aus polnischer und deutscher Sicht - Hannover: Akademie für Raumforschung und Landesplanung, 1996, S. 115-143 (Akademie für Raumforschung und Landesplanung <Hannover>: Arbeitsmaterial; 232).

ders. (1994): Die Voraussetzungen der grenzüberschreitenden Zusammenarbeit in der Euroregion Viadrina - aus polnischer Sicht. In: Schamp, Eike W. (Hrsg.): Neue grenzüberschreitende Regionen im östlichen Mitteleuropa. 10. Frankfurter Wirtschaftsgeographisches Symposium 4./5. Februar 1994.- Frankfurt/Main: Selbst-Verl. des Instituts für Wirtschafts- und Sozialgeographie der Johann-Wolfgang-Goethe-Univ., 1994, S. 51-58 (Frankfurter wirtschafts- und sozialgeographische Schriften; 67).

ders./KACZMAREK, Tomasz (1997): Transborder Co-operation and developement in the conditions of great socio-economic disparities: The case of the Polish-German border region/Institute of Socio-Economic Geography and Space Economy, Adam

Mickiewicz University, Fredry 10, 61-701 Poznań, Poland: Paper presented at the EURRN Conference "Regional Frontiers", 20.-23. September 1997, Frankfurt (Oder).

STURM, Roland (1992): Binnendifferenzierung von Staaten. Föderalismus, Regionalismus, De-zentralisierung. In: Staat und Demokratie in Europa. 18. wissenschaftlicher Kongreß der Deutschen Vereinigung für Politische Wissenschaft/Hrsg. Beate Kohler-Koch - Opladen, 1992, S. 337-341.

SUCCOW, Michael (1991): Stromlandschaft an der Ostsee. Deutsch-polnisches National-parktprojekt Unteres Odertal. In: Nationalpark 1991, H. 2, Nr. 71. S. 28-31.

SZARUGA, Leszek (ca. 1993): Nachbarschaft mit Hindernissen - Versuche einer Annäherung. Bariery sąsiedztwa i próby zbliżenia. In: Brandt, Christiane/ Czerwiakowski, Ewa (Hrsg.): Mit den Augen der Nachbarn. Oczami sąsiadów. Menschen - Landschaften - Verhältnisse an Oder und Neiße. Ludzie - okolice - stosunki nad Odrą i Nysą.- Potsdam: Brandenburgische Landeszentrale für politische Bildung, [ca. 1993], S. 55-80 (Schriftenreihe zur politischen Bildung; 3) <Text in dt. und poln. Sprache).

SZCZEGÓŁA, Hieronim (ca. 1993): Polnisch-deutsche Grenzbeziehungen in den Jahren 1945-1990. In: Eckert, Marian (Red.): Das Mittelodergebiet. środkowe Nadodrze. Probleme der Entwicklung und Zusammenarbeit mit Deutschland. Problemy rozwoju i współpracy z Niemcami. Związek Gmin Zachodnich w Zielonej Górze. Towarzystwo Naukowe Organizacji i Kierownictwa w Zielonej Górze. Zielona Góra, [ca. 1993], S. 41-50. <Buch enthält auch poln. Fassung der Aufsatzes u. d. T.: Polsko-niemieckie kontakty przygraniczne w latach 1945-1990>

TEBBE, Gerd (1997): Die Politik der Europäischen Union zur Assoziierung und Integration der mittel- und osteuropäischen Länder. In: Osterweiterung der Europäischen Union/Hrsg. Otto G. Mayer u.a. - Baden-Baden, 1997, S. 63-78.

TEMPEL, Sybille (1997): Städtepartnerschaften in der deutsch-polnischen Zusammenarbeit. In: Osteuropa, Jhg. 47, Heft 7, Juli 1997, S. 650-666.

dies. (1995): Deutsch-polnische Umweltprobleme - Ansätze gemeinsamer Umweltpolitik. In: Osteuropa, 45. Jhg., H. 8, August 1995, S. 755-769.

TIMMERMANN, Heinz (1993): Europa - Der zentrale Bezugspunkt für die Länder des Ostens. Erwartungen, Möglichkeiten, Konzeptionen. In: Osteuropa, 43. Jhrg., Heft 8, August 1993, S. 713-726.

TÖMMEL, Ingeborg (1997): Die Europäische Union: weniger als ein Staat, mehr als ein Regime? In: Europäische Integration und sozialwissenschaftliche Theoriebildung.

Fünf Osnabrücker Antrittsvorlesungen/Hrsg. György Széll - Osnabrück, 1997, S. 53-69.

TRABOLD, Harald/BERKE, Carla (1997): Veränderung der Außenhandelsspezialisierung Mittel- und Osteuropas von 1970-1994. In: Transformation des Wirtschaftssystems in den mittel- und osteuropäischen Ländern: Außenwirtschaftliche Bedingungen und Auswirkungen/Dieter Schumacher (u.a.) - Berlin, 1997, S. 263-287 (Deutsches Institut für Wirtschaftsforschung; Sonderheft 161/1997).

TROSIAK, Cezary (1993): Proces formowania się progranicza polsko-niemieckiego w latach 1945-1993. In: Przegląd Zachodni 39, 1993, H. 3, S. 81-103.

TYCNER, Janusz (1992): Polen und Deutsche – Probleme mit der Versöhnung. Einige Betrachtungen aus polnischer Sicht. In: Praxis Geographie 22, 1992, H. 4. S. 6-9.

ULMANN, Miroslav (1996): Anmerkungen zur Lösung der Gebietsproblematik der Euroregion Neiße. In: Planerische Zusammenarbeit und Raumentwicklung in tschechischen, slowakischen und deutschen Grenzregionen - Hannover: Akademie für Raumforschung und Landesplanung, 1996, S. 69-72.

VOBRUBA, Georg (1993): Bedeutungsverluste von Staatsgrenzen. In: Österreichische Zeitschrift für Politikwissenschaft 22, 1993, Nr. 1, S. 85-92.

VÖSSING, Ansgar (1994): Naturschutzprojekt "Unteres Odertal". In: Der Falke 41, 1994, Nr. 6 (Sonderheft), S. 220-250.

ders. (1993): Der Deutsch-Polnische Nationalpark "Unteres Odertal". In: Beiträge für Forstwirtschaft und Landschaftsökologie 27, 1993. S. 40-42.

WAARDEN, Frans van (1993): Dimensions and Types of Policy Networks. In: European Journal of Political Research, 21/1992, S. 131-162.

WAGENER, Hans-Jürgen (1997): A new university: The European University Viadrina at Frankfurt (Oder): In: Kuklinska, Antoni (Ed.): European space, Baltic space, Polish space. Part two - Warsaw u.a.: Euroreg u.a.1997, S. 445-452 (Europa 2010 series; 4).

WALLACE, Hellen (1996): Fit für Europa? Reform und Erweiterung der Europäischen Union. In: Integration, 1996, Vol. 19, Nr. 2, S. 77-92.

WALLACE, Helen (1996): Integration von Verschiedenheit. In: Das europäische Mehrebenensystem/Hrsg. König, Thomas/Rieger, Elmar/Schmitt, Hermann - Frankfurt a. M., 1996, S. 29-46.

WEIBERG, Hans-Karsten (1992): Möglichkeiten und Bedingungen für ländliche Informations-Centren im polnisch-deutschen Grenzgebiet. In: Klodzinski, Marek/Okuniewski, Józef (Hrsg.): Multifunktionelle Entwicklung der ländlichen Räume in den Grenzgebieten. Polnisch-Deutsche Regionenkonferenz in Myslibórz, 22. Oktober 1992/Inst. für Entwicklung des Landes und der Landwirtschaft der Polnischen Akademie der Wissenschaften (IRWiR PAN) [und] Friedrich-Ebert-Stiftung [Niederlassung Polen].- Warschau: Verl. SGGW, [1992], S.143-151.

WEISE, Christian (1997): Der EU-Beitritt ostmitteleuropäischer Staaten: Ökonomische Chancen und Reformbedarf für die EU. In: Integration, 20. Jhg., 3/97, S. 175-179.

ders. (1997): Von der Assoziierung zur Mitgliedschaft: Was kann die EU dazu beitragen, die Osterweiterung zu erleichtern? In: Transformation des Wirtschaftssystems in den mittel- und osteuropäischen Ländern: Außenwirtschaftliche Bedingungen und Auswirkungen/ Dieter Schumacher (u.a.) - Berlin, 1997, S. 411-435 (Deutsches Institut für Wirtschaftsforschung; Sonderheft 161/1997).

ders. (1995): EU-Politik zur Steigerung regionaler Wettbewerbsfähigkeit. In: DIW Vierteljahreshefte zur Wirtschaftsforschung 2 (1995), S. 266-278.

ders. (1995): Polen als Testfall der EU-Osterweiterung. In: Aus Politik und Zeitgeschichte. Beilage zur Wochenzeitung Das Parlament. Jhg. 18, B 3/1995, S. 177-182.

ders. (1994): Regionalpolitik und Infrastruktur. In: Jahrbuch der Europäischen Integration, 1993/94, S. 171-177.

WELFENS, Paul J. J. (1997): Konsequenzen einer Osterweiterung für die EU und deren Reformbedarf. In: Osterweiterung der Europäischen Union - Baden-Baden, 1997, S. 155-193.

ders. (1995): Die Europäische Union und die mittelosteuropäischen Länder: Entwicklungen und wirtschaftspolitische Optionen. In: Aus Politik und Zeitgeschichte, Beilage zur Wochenzeitung Das Parlament, 39/1995 S. 22-31.

ders. (1995): EU und ostmitteleuropäische Länder: Probleme und Optionen der Integration. In: Zeitschrift für internationale Fragen. 46. Jhg., Heft 3/1995, 3. Quartal 1995, S. 232-241.

WELTTRENDS, Sonderheft: Deutschland und Polen. Wege zu einem neuen Verhältnis. Internationale Politik und vergleichende Studien, Nr. 13.- Berlin, 1996.

WELZ, Christian/ENGEL, Christian (1993): Traditionsbestände politikwissenschaftlicher Integrationstheorien: Die Europäische Gemeinschaft im Spannungsfeld von Integration und Kooperation. In: Armin Bogdandy (Hrsg.): Die europäische Option, Eine interdisziplinäre Analyse über Herkunft, Stand und Perspektiven der europäischen Integration - Baden-Baden, 1993, S. 129-169.

WESSELS, Wolfgang (1997): An Ever Closer Fusion? A Dynamic Macropolitical View on Integration Process. In: Journal of Common Market Studies, 2 (1997), S. 267-299.

ders. (1996): Weder Vision noch Verhandlungspaket - der Bericht der Reflexionsgruppe im integrationspolitischen Trend. In: Integration 1 (1996), S. 14-21.

ders. (1992): Maastricht: Ergebnisse, Bewertungen und Langzeittrends. In: Integration 1 (1992), S. 2-16.

ders. (1986): Die Einheitliche Europäische Akte - Zementierung des Status Quo oder Einstieg in die Europäische Union. In: Integration 2 (1986), S. 65-79.

ders. (1989): Der Amsterdamer Vertrag - Durch Stückwerkreformen zu einer effizienteren, erweiterten und föderalen Union? In: Integration, Nr. 3/97, S. 117-135.

WIERZCHOSLAWSKI, Stanisław (1996): Demographische Veränderungen im mittleren Grenzgebiet in der Nachkriegszeit. In: Lisiecki, Stanisław (Hrsg.): Die offene Grenze. Forschungsbericht polnisch-deutsche Grenzregion (1991-1993)/Übers. von Ulrich Heiße. 1. Aufl. Potsdam: Verl. für Berlin-Brandenburg, 1996, S. 21-52. Einheitssacht.: Otwarta granica. (Frankfurter Studien zur Grenzregion; 2).

WILLERS, D. (1995): Kooperationspotentiale der Wirtschaft in der Euroregion Neiße. Ergänzungsprojekt zum Forschungsvorhaben "Regionale Wirtschaftsentwicklung und -förderung im Grenzgebiet Oberlausitz/Niederschlesien" - Halle/Saale, 1995.

WILLERS, Dieter (1992): Wirtschaftliche Zusammenarbeit zwischen Deutschland und Polen im Oder-Neiße-Grenzgebiet als regionalpolitisches Problem. In: Raumforschung und Raumordnung 50, 1992, H. 3/4. S. 168-174.

WINTERS, Peter Jochen (1989): Polen und die DDR einigen sich über die Seegrenze. In: Deutschland-Archiv 22, 1989, H. 7. S. 784-788.

WIPPERMANN, Wolfgang (1996): "Deutscher Drang nach Osten" und "polnische Wirtschaft". Stereotypen und Feindbilder in den deutsch-polnischen Beziehungen in Geschichte und Gegenwart. In: Planung in Polen im Nationalsozialismus/Hrsg. von Gert Gröning, Hochschule der Künste Berlin - Berlin, 1996, S. 1-5.

WOJNA, Ryszard (1990): Deutschland-Frankreich und die neuen Horizonte Polens. In: Dokumente, 46. Jhg., Heft 4/1990, S. 307-312.

WOLLMANN, Hellmut (1998): Um- und Neubau der politischen und administrativen Landesstrukturen in Ostdeutschland. In: Aus Politik und Zeitgeschichte. Beilage zur Wochenzeitung Das Parlament, B 5/1998, S. 18-28.

ders. (1997): Der Systemwechsel in Ostdeutschland, Ungarn, Polen und Rußland. Phasen und Varianten der politisch-administrativen Dezentralisierung. In: Aus Politik und Zeitgeschichte. Beilage zur Wochenzeitung Das Parlament, B 5/1997, S. 3-15.

ZAWADZKA, Barbara (1996): Aktuelle Streitfragen des aktuellen Verfassungsstreites. In: Recht in Ost und West. Zeitschrift für Ostrecht und Rechtsvergleichung, 40. Jhg., Heft 5, Juni 1996, S. 141-147.

ZELLENTIN, Gerda (1992): Der Funktionalismus - eine Strategie gesamteuropäischer Integration. In: Michael Kreile (Hrsg.): Die Integration Europas, PVS-Sonderheft 23, Opladen, 1992, S. 62-77.

ZERNACK, Klaus (1990): Deutschlands Ostgrenze. In: Demandt, Alexander (Hrsg.): Deutschlands Grenzen in der Geschichte - München, 1990. S. 135-159.

ZIEBURA, Gilbert (1996): Transnationale Gesellschaft: Herrschaftsprojekte und Reformperspektiven in der Europäischen Union. In: Joachim Schuster/Klaus-Peter Weiner (Hrsg.): Maastricht neu verhandeln - Köln 1996, S. 20-35.

ZIEGLER, Bernard (1994): Rozwój miast pogranicza – na przykladzie miast: Gubin-Guben, Słubice-Frankfurt n. Odrą i Kostrzyn-Kietz (Küstrin). In: Przegląd Zachodni 50, 1994, Nr. 2. S. 184-188. <Übers. d. Sacht.: Entwicklung der Grenzbrücken am Beispiel der Brücken: Gubin-Guben, Słubice-Frankfurt an der Oder und Kostrzyn-Küstrin-Kietz>

ZIELIńSKI, Mirosław (1992): Cross-border relations from the border customs office perspective. In: Sartorius, Witold/Werner, Franciszek (Hrsg.): Prospects of economic development along the border between Poland and the European Communities in the light of U.S.-Mexican experience in cross-border co-operation. Conference in Zielona Góra, Poland on November 22-23, 1991/Związek Gmin Zachodnich w Zielonej Górze (and) Friedrich-Ebert-Stiftung. Warszawa: Friedrich-Ebert-Foundation in Poland, 1992, S. 70-71. <Disk. zum Beitr., S.71>

ZIELKE, Erich (1992): Report on activities by German federal and state authorities to promote integration and economic development along the German-Polish border. In: Sartorius, Witold/Werner, Franciszek (Hrsg.): Prospects of economic development along the border between Poland and the European Communities in the light of U.S.-Mexican experience in cross-border co-operation. Conference in Zielona Góra, Poland on November 22-23, 1991/Związek Gmin Zachodnich w Zielonej Górze (and) Friedrich-Ebert-Stiftung. Warszawa: Friedrich-Ebert-Foundation in Poland, 1992. S. 88-91.

ZIEMER, Klaus (1998): Die Konsolidierung der polnischen Demokratie in den neunziger Jahren. In: Aus Politik und Zeitgeschichte. Beilage zur Wochenzeitung Das Parlament, B 6-7/1998, S. 29-38.

ZOERNER, Hendrik (1993): Euroregion Neiße. Wir mußten unsere Erwartungen dämpfen - In: Die demokratische Gemeinde 45, 1993, Nr. 4. S. 14-17.

ZYKIEL, Zbigniew (1995): Polish core and periphery under economic transformation. In: Geographia Polonica 66, 1995. S. 111-124.

Ausgewählte Artikel aus Zeitungen:

ASH, T. Garton/MERTES, M./MOISI, D.: Warten auf ein Ja aus Brüssel. In: Die Zeit, 4.2.1994, S. 8.

BÖRNECKE, Stephan: Geld muß fließen, wenn die Natur so reich bleiben soll. Die Odermündung als "Landschaft des Jahres" und möglicher Baustein für ein ökologisches Europa. Frankfurter Rundschau, 17.05.1994.

BUHL, Dieter: Chaoskompetenz im fernen Osten. In Frankfurt an der Oder studieren Deutsche und Polen gemeinsam. Ein Examen am Rande der Republik. In: Die Zeit, Nr. 16, 11.04.1997. S. 34.

FICHTNER, Ullrich: Ein kleines Zimmer im europäischen Haus. Studierende der Universität Viadrina verwirklichen erfolgreich ihren Traum des nachbarlichen Zusammenlebens. In: Frankfurter Rundschau, 25.02.1997.

FRINGS, Ute: Krötenschlucken für den ersten Internationalpark. Ein deutsch-polnisches Naturschutzprojekt nützt der Umwelt und der Völkerverständigung. In: Frankfurter Rundschau, 28.06.1995.

GÖLLNER, Lutz: An der Frankfurter Viadrina lebt der Europa-Gedanke. Ein Drittel der Studenten aus Polen - Mit hohen Leistungsanforderungen zu kürzerem Studium. In: Berliner Morgenpost, 05.11.1996. S. 3.

OTTO, Jeannette: Bloß nicht auffallen. Polnische Studenten fühlen sich in der Stadt an der Oder unbehaglich. Sie sind mehr und mehr Anfeindungen ausgesetzt. In: Die Zeit, Nr. 48, 21.11.1998. S. 23.

STERN, Horst: Im Strom der Zeit. Nationalpark Unteres Odertal. In: Die Zeit, Nr. 7, 07.02.1997. S. 76.

THER, Philipp: Der völkerverbindende Schiet. Wie das deutsche Guben und das polnische Gubin gemeinsame Politik planen und praktizieren - die Bürgermeister treffen sich beim Bier. In: Die Zeit, Nr. 25, 16.06.1995.

WÜPPER, Thomas: Die "Euroregion" droht zum Armenhaus der Republik zu werden. Im Lausitzer Dreiländereck ist teilweise jeder zweite arbeitslos. Kooperation mit Polen und Tschechien stockt. In: Frankfurter Rundschau, 05.03.1994.

Gesetzestexte/Verträge etc.

Europäisches Rahmenabkommen über die grenzüberschreitende Zusammenarbeit zwischen Gebietskörperschaften vom 21.5.1980, Bundesgesetzblatt, Jahrgang 1981, Teil II, S. 965.

Europäische Charta der kommunalen Selbstverwaltung vom 15.10.1985, Bundesgesetzblatt, Jahrgang 1987, Teil II, S. 65.

Mitteilung an die Mitgliedstaaten über die Leitlinien für die von ihnen aufzustellenden Operationellen Programme im Rahmen einer Gemeinschaftsinitiative für die Entwicklung von Grenzregionen, grenzübergreifende Zusammenarbeit und Ausgewählte Energienetze (INTERREG II) (94/C 180/13). Amtsblatt der Europäischen Gemeinschaften, 1.7.1994.

Mitteilung an die Mitgliedstaaten über die Leitlinien für die von ihnen aufzustellenden Operationellen Programme im Rahmen der Gemeinschaftsinitiative Interreg für transnationale Zusammenarbeit auf dem Gebiet der Raumordnung (INTERREG II C), (96/C 200/07), Amtsblatt der Europäischen Gemeinschaften Nr. C 200/23 vom 10.7.1996.

Mitteilung an die Mitgliedstaaten über die Leitlinien für die von ihnen aufzustellenden Operationellen Programme im Rahmen einer Gemeinschaftsinitiative für die Entwicklung von Grenzregionen, grenzübergreifende Zusammenarbeit und ausgewählte Energienetze (Interreg II), Amtsblatt der Europäischen Gemeinschaften Nr. 94/C 180/13.

Rahmenabkommen zwischen dem Projektmanager für das polnische Programm für grenzüberschreitende Zusammenarbeit im Rahmen der Aktion PHARE und dem Bundes-ministerium für Wirtschaft der Bundesrepublik Deutschland über den Einsatz von Mitteln der Europäischen Union für die grenzüberschreitende Zusammenarbeit im Zeitraum 1995-1999. Deutsch-Polnisches Abkommen, am 20.12.1994 in Warschau unterzeichnet.

Vertrag über die Gründung der Euroregion "Pro Europa Viadrina" zwischen dem Verein "Mittlere Oder e.V." von deutscher Seite, dem Verein der Lubuser Gemeinden und dem Verband der Gorzower Gemeinden von der polnischen Seite. Unterzeichnet am 21.12.1993 in Rogi (Polen).

Vertrag zwischen der Bundesrepublik Deutschland und der Republik Polen über die Bestätigung der zwischen ihnen bestehenden Grenze, vom 17.10.1990. Bundesgesetzblatt 1991, Teil II, S. 1329-1330.

Vertrag zwischen der Bundesrepublik Deutschland und der Republik Polen über gute Nachbarschaft und freundschaftliche Zusammenarbeit, vom 17.11.1990. Bundesgesetzblatt 1991, Teil II, S. 1315-1327.

Verordnung (EG) Nr. 162S/94 der Kommission vom 4. Juli 1994 über die Durchführung eines Programms über grenzüberschreitende Zusammenarbeit zwischen Ländern in Mittel- und Osteuropa und Mitgliedstaaten der Europäischen Union im Rahmen der Aktion PHARE. Amtsblatt der Europäischen Gemeinschaften Nr. L 171/14, 6.7.1994.

"Zehn-Punkte-Programm zur Überwindung der Teilung Deutschlands und Europas". (Gekürzte Fassung). In: Europa-Archiv. 44. Jhg. 1989, Folge 24; S. D278-D 734.